The
Complete Works
of
Yu Wujin

俞 吾 金 全 集

第 11 卷

# 马克思主义中国化
# 研究文集

俞吾金 著

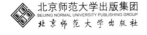
北京师范大学出版集团
BEIJING NORMAL UNIVERSITY PUBLISHING GROUP
北京师范大学出版社

# 俞吾金教授简介

俞吾金教授是我国著名哲学家，1948年6月21日出生于浙江萧山，2014年10月31日因病去世。生前任复旦大学文科资深教授、哲学学院教授，兼任复旦大学学术委员会副主任暨人文学术委员会主任、复旦大学学位委员会副主席暨人文社会科学部主席、复旦大学国外马克思主义与国外思潮研究中心（985国家级基地）主任、复旦大学当代国外马克思主义研究中心（教育部重点研究基地）主任、复旦大学现代哲学研究所所长；担任教育部社会科学委员会委员、教育部哲学教学指导委员会副主任、国务院哲学学科评议组成员、全国外国哲学史学会常务理事、全国现代外国哲学学会副理事长等职；曾任德国法兰克福大学和美国哈佛大学访问教授、美国Fulbright高级讲座教授。俞吾金教授是全国哲学界首位长江学者特聘教授、全国优秀教师和国家级教学名师。俞吾金教授是我国八十年代以来在哲学领域最具影响力的学者之一，生前和身后出版了包括《意识形态论》《从康德到马克思》《重新理解马克思》《问题域的转换》《实践与自由》《被遮蔽的马克思》等在内的30部著作（包括合著），发表了400余篇学术论文，在哲学基础理论、马克思主义哲学、外国哲学、国外马克思主义、当代中国哲学文化和美学等诸多领域都有精深研究，取得了令人嘱目的成就，为深入推进当代中国哲学研究做出了杰出和重要的贡献。

# 《俞吾金全集》主编

汪行福　吴　猛

## 《俞吾金全集》编委会（按姓名拼音排序）

## 本卷编校组

张雪魁　胡云峰

# 序　言

　　俞吾金教授是我国哲学界的著名学者，是我们这一代学人中的出类拔萃者。对我来说，他既是同学和同事，又是朋友和兄长。我们是恢复高考后首届考入复旦大学哲学系的，我们住同一个宿舍。在所有的同学中，俞吾金是一个好学深思的榜样，或者毋宁说，他在班上总是处在学与思的"先锋"位置上。他要求自己每天读150页的书，睡前一定要完成。一开始他还专注于向往已久的文学，一来是"文艺青年"的夙愿，一来是因为终于有机会沉浸到先前只是在梦中才能邂逅的书海中去了。每当他从图书馆背着书包最后回到宿舍时，大抵便是熄灯的前后，于是那摸黑夜谈的时光就几乎被文学占领了。先是莎士比亚和歌德，后来大多是巴尔扎克和狄更斯，最后便是托尔斯泰和陀斯妥耶夫斯基了。好在一屋子的室友都保留着不少的文学情怀，这情怀有了一个共鸣之地，以至于我们后来每天都很期待去分享这美好的时刻了。

　　但是不久以后，俞吾金便开始从文学转到哲学。我们的班主任老师，很欣赏俞吾金的才华，便找他谈了一次话，希望他在哲学上一展才华。不出所料，这个转向很快到来了。我们似乎突然发现他的言谈口吻开始颇有些智者派的风格了——这一步转得很合适也很顺畅，正如黑格尔所说，智者们就是教人熟悉思维，以代替"诗篇的知识"。还是在本科三年级，俞吾金就在《国内哲学动态》上发表了他的哲学论文《"蜡块说"小考》，这在班里乃至于系里都引起了不小的震动。不久以后，他便在同学中得了个"苏老师"（苏格拉底）的雅号。看来并非偶然，他在后来的研究中曾对智者派（特别是普罗泰戈拉）专门下过功夫，而且他的哲学作品中也长久地保持着敏锐的辩才与文学的冲动；同样并非偶然，后来复旦大学将"狮城舌战"（在新加坡举行的首届国际华语大专辩论赛）的总教练和领队的重任托付给他，结果是整个团队所向披靡并夺得了冠军奖杯。

本科毕业后我们一起考上了研究生，1984年底又一起留校任教，成了同事。过了两年，又一起考上了在职博士生，师从胡曲园先生，于是成为同学兼同事，后来又坐同一架飞机去哈佛访学。总之，自1978年进入复旦大学哲学系以来，我们是过从甚密的，这不仅是因为相处日久，更多的是由于志趣相投。这种相投并不是说在哲学上或文学上的意见完全一致，而是意味着时常有着共同的问题域，并能使有差别的观点在其中形成积极的和有意义的探索性对话。总的说来，他在学术思想上始终是一个生气勃勃地冲在前面的追问者和探索者；他又是一个犀利而有幽默感的人，所以同他的对话常能紧张而又愉悦地进行。

作为哲学学者，俞吾金主要在三个方面展开他长达30多年的研究工作，而他的学术贡献也集中地体现在这三个方面，即当代国外马克思主义、马克思哲学、西方哲学史。对他来说，这三个方面并不是彼此分离的三个领域，毋宁说倒是本质相关地联系起来的一个整体，并且共同服务于思想理论上的持续探索和不断深化。在我们刚进复旦时，还不知"西方马克思主义"为何物；而当我们攻读博士学位时，卢卡奇的《历史与阶级意识》已经是我们必须面对并有待消化的关键文本了。如果说，这部开端性的文本及其理论后承在很大程度上构成了与"梅林—普列汉诺夫正统"的对立，那么，系统地研究和探讨国外马克思主义的立场、观点和方法，就成为哲学研究(特别是马克思主义哲学研究)的一项重大任务了。俞吾金在这方面是走在前列的，他不仅系统地研究了卢卡奇、科尔施、葛兰西等人的重要哲学文献，而且很快又进入到法兰克福学派、存在主义的马克思主义、弗洛伊德主义的马克思主义、结构主义的马克思主义，等等。不久，哲学系组建了以俞吾金为首的当代国外马克思主义教研室，他和陈学明教授又共同主编了在国内哲学界影响深远的教材和文献系列，并有大量的论文、论著和译著问世，从而使复旦大学在这方面成为国内研究的重镇并处于领先地位。2000年，教育部在复旦建立国内唯一的"当代国外马克思主义研究中心"(人文社会科学重点研究基地)，俞吾金自此一直担任该基地的主任，直到2014年去世。他组织并领导了内容广泛的理论引进、不断深入的学术研究，以及愈益扩大和加深的国内外交流。如果说，40年前人们对当代国外马克思主义还几乎一无所知，而今天中国的学术界已经能够非常切近地追踪到其前沿了，那么，这固然取决于学术界同仁的共同努力，但俞吾金却当之无愧地属于其中的居功至伟者之一。

当俞吾金负责组建当代国外马克思主义学科时，他曾很热情地邀请我加入团队，我也非常愿意进入到这个当时颇受震撼而又所知不多的新领域。但我所在的马克思主义哲学史教研室却执意不让我离开。于是他便对我说：这样也好，"副本"和"原本"都需要研究，你我各在一处，时常可以探讨，岂不相得益彰？看来他对于"原本"——马克思哲学本身——是情有独钟的。他完全不能满足于仅仅对当代国外马克思主义的各种文本、观点和内容的引进介绍，而是试图在哲学理论的根基上去深入地理解它们，并对之开展出卓有成效的批判性发挥和对话。为了使这样的发挥和对话成为可能，他需要在马克思哲学基础理论的研究方面获得持续不断的推进与深化。因此，俞吾金对当代国外马克思主义的探索总是伴随着他对马克思哲学本身的研究，前者在广度上的拓展与后者在深度上的推进是步调一致、相辅相成的。

在马克思哲学基础理论的研究领域，俞吾金的研究成果突出地体现在以下几个方面。第一，他明确主张马克思哲学的本质特征必须从其本体论的基础上去加以深入的把握。以往的理解方案往往是从近代认识论的角度提出问题，而真正的关键恰恰在于从本体论的层面去理解、阐述和重建马克思哲学的理论体系。我是很赞同他的这一基本观点的。因为马克思对近代哲学立足点的批判，乃是对"意识"之存在特性的批判，因而是一种真正的本体论批判："意识在任何时候都只能是被意识到了的存在，而人们的存在就是他们的现实生活过程。"这非常确切地意味着马克思哲学立足于"存在"——人们的现实生活过程——的基础之上，而把意识、认识等等理解为这一存在过程在观念形态上的表现。

因此，第二，就这样一种本体论立场来说，马克思哲学乃是一种"广义的历史唯物主义"。俞吾金认为，在这样的意义上，马克思哲学的本体论基础应当被把握为"实践—社会关系本体论"。它不仅批判地超越了以往的本体论（包括旧唯物主义的本体论）立场，而且恰恰构成马克思全部学说的决定性根基。因此，只有将马克思哲学理解为广义的历史唯物主义，才能真正把握马克思哲学变革的实质。

第三，马克思"实践"概念的意义不可能局限在认识论的范围内得到充分的把握，毋宁说，它在广义的历史唯物主义中首先是作为本体论原则来起作用的。在俞吾金看来，将实践理解为马克思认识论的基础与核心，相对于近代西方认识论无疑是一大进步；但如果将实践概念限制在认识论层面，就会忽视其根本而首要的本体论意义。对于马克思来说，至为关键的是，只有在实践的本体论层面上，人们的现实生活才会作为决定性的存在进入到哲学的把握中，从而，人们的劳动和交往，乃至于人们的全部社会生活和整个历史性行程，才会从根本上进入到哲学理论的视域中。

因此，第四，如果说广义的历史唯物主义构成马克思哲学的实质，那么这一哲学同时就意味着"意识形态批判"。因为在一般意识形态把思想、意识、观念等等看作是决定性原则的地方，唯物史观恰恰相反，要求将思想、意识、观念等等的本质性导回到人们的现实生活过程之中。

在此意义上，俞吾金把意识形态批判称为"元批判"，并因而将立足于实践的历史唯物主义叫做"实践诠释学"。所谓"元批判"，就是对规约人们的思考方式和范围的意识形态本身进行前提批判，而作为"实践诠释学"的历史唯物主义，则是在"元批判"的导向下去除意识形态之蔽，从而揭示真正的现实生活过程。我认为，上述这些重要观点不仅在当时是先进的和极具启发性的，而且直到今天，对于马克思哲学之实质的理解来说，依然是关乎根本的和意义深远的。

俞吾金的博士论文以《意识形态论》为题，我则提交了《历史唯物主义的主体概念》和他一起参加答辩。答辩主席是华东师范大学的冯契先生。冯先生不仅高度肯定了俞吾金对马克思意识形态批判理论的出色研究，而且用"长袖善舞"一词来评价这篇论文的特点。学术上要做到长袖善舞，是非常不易的：不仅要求涉猎广泛，而且要能握其枢机。俞吾金之所以能够臻此境地，是得益于他对哲学史的潜心研究；而在哲学史方面的长期探索，不仅极大地支持并深化了他的马克思哲学研究，而且使他成为著名的西方哲学史研究专家。

就与马哲相关的西哲研究而言，他专注于德国古典哲学，特别是康德、黑格尔哲学的研究。他很明确地主张：对马克思哲学的深入理解，一刻也离不开对德国观念论传统的积极把握；要完整地说明马克思的哲学革命及其重大意义，不仅要先行领会康德的"哥白尼式革命"，而且要深入把握由此而来并在黑格尔那里得到充分发展的历史性辩证法。他认为，作为康德哲学核心问题的因果性与自由的关系问题，在"按照自然律的因果性"和"由自由而来的因果性"的分析中，得到了积极的推进。黑格尔关于自由的理论可被视为对康德自由因果性概念的一种回应：为了使自由和自由因果性概念获得现实性，黑格尔试图引入辩证法以使自由因果性和自然因果性统一起来。在俞吾金看来，这里的关键在于"历史因果性"维度的引入——历史因果性是必然性的一个方面，也是必然性与自由相统一的关节点。因此，正是通过对黑格尔的精神现象学、法哲学和历史哲学等思想内容的批判性借鉴，马克思将目光转向人类社会发展中的历史因果性；但马克思又否定了黑格尔仅仅停留于单纯精神层面谈论自然因果性和历史因果性的哲学立场，要求将这两种因果性结合进现实的历史运动中，尤其是使之进入到对市民社会的解剖中。这个例子可以表明，对马克思哲学之不断深化的理解，需要在多大程度上深入到哲学史的领域之中。正如列宁曾经说过的那样：不读黑格尔的《逻辑学》，便无法真正理解马克思的《资本论》。

就西方哲学的整体研究而言，俞吾金的探讨可谓"细大不捐"，涉猎之广在当代中国学者中是罕见的。他不仅研究过古希腊哲学（特别是柏拉图和亚里士多德哲学），而且专题研究过智者派哲学、斯宾诺莎哲学和叔本华哲学等。除开非常集中地钻研德国古典哲学之外，他还更为宏观地考察了西方哲学在当代实现的"范式转换"。他将这一转换概括为"从传统知识论到实践生存论"的发展，并将其理解为西方哲学发展中的一条根本线索。为此他对海德格尔的哲学下了很大的功夫，不仅精详地考察了海德格尔的"存在论差异"和"世界"概念，而且深入地探讨了海德格尔的现代性批判及其意义。如果说，马克思的哲学变革乃是西方哲学范式转换中划时代的里程碑，那么，海德格尔的基础存在论便为说明这一转换提供了重要的思想材料。在这里，西方哲学史的研究再度与马克思哲学的研究贯通起来：俞吾金不仅以哲学的当代转向为基本视野考察整个西方哲学史，并在这一思想转向的框架中理解马克思的哲学变革，而且站在这一变革的立场上重新审视西方哲学，特别是德国古典哲学和当代西方哲学。就此而言，俞吾金在马哲和西哲的研究上可以说是齐头并进的，并且因此在这两个学术圈子中同时享有极高的声誉和地位。这样的一种研究方式固然可以看作是他本人的学术取向，但这种取向无疑深深地浸染着并且也成就着复旦大学哲学学术的独特氛围。在这样的氛围中，当代国外马克思主义的研究要立足于对马克思哲学本身的深入理解之上，而对马克思哲学理解的深化又有必要进入到哲学史研究的广大区域之中。

今年 10 月 31 日，是俞吾金离开我们 10 周年的纪念日。十年前我曾撰写的一则挽联是："哲人其萎乎，梁木倾颓；桃李方盛也，枝叶滋荣。"我们既痛惜一位学术大家的离去，更瞩望新一代学术星丛的冉冉升起。十年之后，《俞吾金全集》由北京师范大学出版社出版了——这是哲学学术界的一件大事，许多同仁和朋友付出了积极的努力和辛勤的劳动，我们对此怀着深深的感激之情。这样的感激之情不仅是因为这部全集的告竣，而且因为它还记录了我们这一代学者共同经历的学术探索道路。一代人有一代人的使命，俞吾金勤勉而又卓越地完成了他的使命：他将自己从事哲学的探索方式和研究风格贡献给了复旦哲学的学术共同体，使之成为这个共同体悠长传统的组成部分；他更将自己取得的学术成果作为思想、观点和理论播洒到广阔的研究领域，并因而成为进一步推进我国哲学学术的重要支点和不可能匆匆越过的必要环节。如果我们的读者不仅能够从中掌握理论观点和方法，而且能够在哲学与时代的关联中学到思想探索的勇气和路径，那么，这部全集的意义就更其深远了。

吴晓明

2024 年 6 月

# 主编的话

一

2014 年 7 月 16 日，俞吾金教授结束了一个学期的繁忙教学工作，暂时放下手头的著述，携夫人赴加拿大温哥华参加在弗雷泽大学举办的"法兰克福学派对资本主义的批判"的国际学术讨论会，并计划会议结束后自费在加拿大作短期旅游，放松心情。但在会议期间俞吾金教授突感不适，虽然他带病作完大会报告，但不幸的是，到医院检查后被告知脑部患了恶性肿瘤。于是，他不得不匆忙地结束行程，回国接受治疗。接下来三个月，虽然复旦大学华山医院组织了最强医疗团队精心救治，但病魔无情，回天无力。2014 年 10 月 31 日，在那个风雨交加的夜晚，俞吾金教授永远地离开了我们。

俞吾金教授的去世是复旦大学的巨大损失，也是中国哲学界的巨大损失。十年过去了，俞吾金教授从未被淡忘，他的著作和文章仍然被广泛阅读，他的谦谦君子之风、与人为善之举被亲朋好友广为谈论。但是，在今天这个急剧变化和危机重重的世界中，我们还是能够感到他的去世留下的思想空场。有时，面对社会的种种不合理现象和纷纭复杂的现实时，我们还是不禁会想：如果俞老师在世，他会做如何感想，又会做出什么样的批判和分析！

俞吾金教授的生命是短暂的，也是精彩的。与期颐天年的名家硕儒相比，他的学术生涯只有三十多年。但是，在这短短的三十多年中，他通过自己的勤奋和努力取得了耀眼的成就。

1983 年 6 月，俞吾金与复旦大学哲学系的六个硕士、博士生同学一起参加在广西桂林举行的"现代科学技术和认识论"全国学术讨论会，他们在会上所做的"关于认识论的几点意见"（后简称"十条提纲"）的报告，勇敢地对苏联哲学教科书体系做了反思和批判，为乍暖还寒的思想解放和新莺初啼的马克思主义哲学新的探索做出了贡献。1993 年，俞吾金教授作为教练和领队，带领复旦大学辩论队参加在新加坡举办的首届国际大专辩论赛并一举夺冠，在华人世界第一次展现了新时代中国大学生的风采。辩论赛的电视转播和他与王沪宁主编的《狮城舌战》《狮城舌战启示录》大大地推动了全国高校的辩论热，也让万千学子对复旦大学翘首以盼。1997 年，俞吾金教授又受复旦大学校长之托，带领复旦大学学生参加在瑞士圣加仑举办的第 27 届国际经济管理研讨会，在该次会议中，复旦大学的学生也有优异的表现。会后，俞吾金又主编了《跨越边界》一书，嘉惠以后参加的学子。

俞吾金教授 1995 年开始担任复旦大学哲学系主任，当时是国内最年轻的哲学系主任，其间，复旦大学哲学系大胆地进行教学和课程体系改革，取得了重要的成果，荣获第五届全国高等学校优秀教学成果一等奖，由他领衔的"西方哲学史"课程被评为全国精品课程。在复旦大学，俞吾金教授是最受欢迎的老师之一，他的课一座难求。他多次被评为最受欢迎的老师和研究生导师。由于教书育人的杰出贡献，2009 年他被评为上海市教学名师和全国优秀教师，2011 年被评为全国教学名师。

俞吾金教授一生最为突出的贡献无疑是其学术研究成果及其影响。他在研究生毕业后不久就出版的《思考与超越——哲学对话录》已显示了卓越的才华。在该书中，他旁征博引，运用文学故事或名言警句，以对话体的形式生动活泼地阐发思想。该书妙趣横生，清新脱俗，甫一面世就广受欢迎，成为沪上第一理论畅销书，并在当年的全国图书评比中获"金钥匙奖"。俞吾金教授的博士论文《意识形态论》一脱当时国内博士论文的谨小慎微的匠气，气度恢宏，新见迭出，展现了长袖善舞、擅长宏大主题的才华。论文出版后，先后获得上海市哲学社会科学优秀成果一等奖和国家教委首届人文社会科学优秀成果一等奖，成为青年学子做博士论文的楷模。

俞吾金教授天生具有领军才能，在他的领导下，复旦大学当代国外马克思主义研究中心 2000 年被评为教育部人文社会科学重点研究基地，他本人也长期担任基地主任，主编《当代国外马克思主义评论》《国外马克思主义研究报告》《国外马克思主义与国外思潮译丛》等，为马克思主义的国际交流建立了重要的平台。他长期担任复旦大学哲学学院的外国哲学学科学术带头人，参与主编《西方哲学通史》和《杜威全集》等重大项目，为复旦大学成为外国哲学研究重镇做出了突出贡献。

俞吾金教授的学术研究不囿一隅，他把西方哲学和马克思哲学结合起来，提出了许多重要的概念和命题，如"马克思是我们同时代人""马克思哲学是广义的历史唯物主义""马克思哲学的认识论是意识形态批判""从康德到马克思""西方哲学史的三次转向""实践诠释学""被遮蔽的马克思""问题域的转换"等，出版了一系列有影响的著作和文集。由于俞吾金教授在学术上的杰出贡献和影响力，他获得各种奖励和荣誉称号，他是全国哲学界首位"长江学者奖励计划"特聘教授，在钱伟长主编的"20 世纪中国知名科学家"哲学卷中，他是改革开放以来培养的哲学家中的唯一入选者。俞吾金教授在学界还留下许多传奇，其中之一是，虽然他去世已经十年了，但至今仍保持着《中国社会科学》发文最多的记录。

显然，俞吾金教授是改革开放后新一代学人中最有才华、成果最为丰硕、影响最大的学者之一。他之所以取得令人瞩目的成就，不仅得益于他的卓越才华和几十年如一日的勤奋努力，更重要的是缘于他的独立思考的批判精神和"为天地立心、为生民立命"的济世情怀。塞涅卡说："我们不应该像羊一样跟随我们前面的羊群——不是去我们应该去的地方，而是去它去的地方。"俞吾金教授就是本着这样的精神从事学术的。在他的第一本著作即《思考与超越》的开篇中，他就把帕斯卡的名言作为题记："人显然是为了思想而生的；这就是他全部的尊严和他全部的优异；并且他全部的义务就是要像他所应该的那样去思想。"俞吾金教授的学术思考无愧于此。俞吾金教授以高度的社会责任感从事学术研究。复旦大学的一位教授在哀悼他去世的博文中曾写道："曾有几次较深之谈话，感到他是一位勤奋的读书人，温和的学者，善于思考社会与人生，关注现在，更虑及未来。记得 15 年前曾听他说，在大变动的社会，理论要为长远建立秩序，有些论著要立即发表，有些则可以暂存书箧，留给未来。"这段话很好地刻画了俞吾金教授的人文和道德情怀。

正是出于这一强烈担当的济世情怀，俞吾金教授出版和发表了许多有时代穿透力的针砭时弊的文章，对改革开放以来的思想解放和文化启蒙起到了推动作用，为新时期中国哲学的发展做出了重要贡献。但是，也正因为如此，他的生命中也留下了很多遗憾。去世前两年，俞吾金教授在"耳顺之年话人生"一文中说："从我踏进哲学殿堂至今，30 多个年头已经过去了。虽然我尽自己的努力做了一些力所能及的事情，但人生匆匆，转眼已过耳顺之年，还有许多筹划中的事情没有完成。比如对康德提出的许多哲学问题的系统研究，对贝克莱、叔本华在外国哲学史上的地位的重新反思，对中国哲学的中道精神的重新阐释和对新启蒙的张扬，对马克思哲学体系的重构等。此外，我还有一系列的教案有待整理和出版。"想不到这些未完成的计划两年后尽成了永远的遗憾！

# 二

俞吾金教授去世后，学界同行在不同场合都表达了希望我们编辑和出版他的全集的殷切希望。其实，俞吾金教授去世后，应出版社之邀，我们再版了他的一些著作和出版了他的一些遗著。2016年北京师范大学出版社出版了他的《哲学遐思录》《哲学随感录》《哲学随想录》三部随笔集，2017年北京师范大学出版社出版了《从康德到马克思——千年之交的哲学沉思》新版，2018年商务印书馆出版了他的遗作《新十批判书》未完成稿。但相对俞吾金教授发表和未发表的文献，这些只是挂一漏万，远不能满足人们的期望。我们之所以在俞吾金教授去世十年才出版他的全集，主要有两个方面的原因。一是俞吾金教授从没有完全离开我们，学界仍然像他健在时一样阅读他的文章和著作，吸收和借鉴他的观点，思考他提出的问题，因而无须赶着出版他的全集让他重新回到我们中间；二是想找个有纪念意义的时间出版他的全集。俞吾金教授去世后，我们一直在为出版他的全集做准备。我们一边收集资料，一边考虑体例框架。时间到了2020年，是时候正式开启这项工作了。我们于2020年10月成立了《俞吾金全集》编委会，组织了由他的学生组成的编辑和校对团队。经过数年努力，现已完成了《俞吾金全集》二十卷的编纂，即将在俞吾金教授逝世十周年之际出版。

俞吾金教授一生辛勤耕耘，留下650余万字的中文作品和十余万字的外文作品。《俞吾金全集》将俞吾金教授的全部作品分为三个部分：(1)生前出版的著作；(2)生前发表的中文文章；(3)外文文章和遗作。

俞吾金教授生前和身后出版的著作(包含合著)共三十部，大部分为文集。《俞吾金全集》保留了这些著作中体系较为完整的7本，包括《思考与超越——哲学对话录》《问题域外的问题——现代西方哲学方法论探要》《生存的困惑——西方哲学文化精神探要》《意识形态论》《毛泽东智慧》《邓小平：在历史的天平上》《问题域的转换——对马克思和黑格尔关系的当代解读》。其余著作则基于材料的属性全部还原为单篇文章，收入《俞吾金全集》的《马克思主义哲学研究文集（上、下）《外国哲学研究文集（上、下）》以及《国外马克思主义研究文集（上、下）》等各卷中。这样的处理方式难免会留下许多遗憾，特别是俞吾金教授的一些被视为当代学术名著的文集（如《重新理解马克思》《从康德到马克思》《被遮蔽的马克思》《实践诠释学》《实践与自由》等）未能按原书形式收入到《俞吾金全集》之中。为了解决全集编纂上的逻辑自洽性以及避免不同卷次的文献交叠问题（这些交叠往往是由于原作根据的不同主题选择和组织材料而导致的），我们不得不忍痛割爱，将这些著作打散处理。

俞吾金教授生前发表了各类学术文章 400 余篇，我们根据主题将这些文章分别收入《马克思主义哲学研究文集（上、下）》《国外马克思主义哲学研究文集》《外国哲学研究文集（上、下）》《马克思主义中国化研究文集》《中国思想与文化研究》《哲学观与哲学教育论集》《散论集》（包括《读书治学》《社会时评》和《生活哲思》三卷）。在这些卷次的编纂过程中，我们除了使用知网、俞吾金教授生前结集出版的作品和在他的电脑中保存的材料外，还利用了图书馆和网络等渠道，查找那些散见于他人著作中的序言、论文集、刊物、报纸以及网页中的文章，尽量做到应收尽收。对于收集到的文献，如果内容基本重合，收入最早发表的文本；如主要内容和表达形式略有差异，则收入内容和形式上最完备者。在文集和散论集中，对发表的论文和文章，我们则按照时间顺序进行编排，以便更好地了解俞吾金教授的思想发展和心路历程。

除了已发表的中文著作和论文之外，俞吾金教授还留下了多篇已发表或未发表的外文文章，以及一系列未发表的讲课稿（有完整的目录，已完成的部分很成熟，完全是为未来出版准备的，可惜没有写完）。我们将这些外文论文收集在《外文文集》卷中，把未发表的讲稿收集在《遗作集》卷中。

# 三

《俞吾金全集》的编纂和出版受到了多方面的支持。俞吾金教授去世后不久，北京师范大学出版社就表达了想出版《俞吾金全集》的愿望，饶涛副总编辑专门来上海洽谈此事，承诺以最优惠的条件和最强的编辑团队完成这一工作，这一慷慨之举和拳拳之心让人感佩。为了高质量地完成全集的出版，出版社与我们多次沟通，付出了很多努力。对北京师范大学出版社饶涛副总编辑、祁传华主任和诸分卷的责编为《俞吾金全集》的辛勤付出，我们深表谢意。《俞吾金全集》的顺利出版，我们也要感谢俞吾金教授的学生赵青云，他多年前曾捐赠了一笔经费，用于支持俞吾金教授所在机构的学术活动。经同意，俞吾金教授去世后，这笔经费被转用于全集的材料收集和日常办公支出。《俞吾金全集》的出版也受到复旦大学和哲学学院的支持。俞吾金教授的同学和同事吴晓明教授一直关心全集的出版，并为全集写了充满感情和睿智的序言。复旦大学哲学学院原院长孙向晨也为全集的出版提供了支持。在此我们表示深深的感谢。

《俞吾金全集》的具体编辑工作是由俞吾金教授的许多学生承担的。编辑团队的成员都是在不同时期受教于俞吾金教授的学者，他们分散于全国各地高校，其中许多已是所在单位的教学和科研骨干，有自己的繁重任务要完成。但他们都自告奋勇地参与这项工作，把它视为自己的责任和荣誉，不计得失，任劳任怨，为这项工作的顺利完成付出自己的心血。

作为《俞吾金全集》的主编，我们深感责任重大，因而始终抱着敬畏之心和感恩之情来做这项工作。但限于水平和能力，《俞吾金全集》一定有许多不完善之处，在此敬请学界同仁批评指正。

汪行福　吴　猛

2024 年 6 月

# 目　录

## 第一部分　著作

## 第二部分　文章

# 附　录

# 第一部分　著作

## 2008年

# 科学发展观[①]

## 一、重视对科学发展观的探索

在中国共产党第十七次全国代表大会的报告中，胡锦涛同志指出："新时期最显著的成就是快速发展。我们党实施现代化建设'三步走'战略，带领人民艰苦奋斗，推动我国以世界上少有的速度持续快速发展起来。我国经济从一度濒于崩溃的边缘发展到总量跃至世界第四、进出口总额位居世界第三，人民生活从温饱不足发展到总体小康，农村贫困人口从两亿五千多万减少到两千多万，政治建设、文化建设、社会建设取得举世瞩目的成就。中国的发展，不仅使中国人民稳定地走上了富裕安康的广阔道路，而且为世界经济发展和人类文明进步作出了重大贡献。"[②]为什么在中华人民共和国成立的前 30 年中，尤其是在史无前例的"文化大革命"中，中国的国民经济"一度濒于崩溃的边缘"，而在改革开放以来的后30 年，即胡锦涛同志所说的"新时期"中，中国

---

① 俞吾金：《科学发展观》，重庆出版集团 2008 年版。作为俞吾金主编"理论新视野丛书"之一出版。——编者注

② 胡锦涛：《高举中国特色社会主义伟大旗帜　为夺取全面建设小康社会新胜利而奋斗》，人民出版社 2007 年版，第 9 页。

经济、社会和文化的发展能够峰回路转、柳暗花明，"取得举世瞩目的成就"？一个根本性的原因是，中国共产党充分汲取了历史上的经验教训，不但把发展视为执政兴国的第一要务，而且在长期的实践和理论探索的过程中，在借鉴国外发达国家早期现代化的基本经验的基础上，创造性地概括并总结出富有中国特色的发展理论——科学发展观。正是在科学发展观的准确指引下，中国社会在新时期中发生了翻天覆地的变化，这一变化之神速，甚至令整个国际社会瞠目结舌。

由于科学发展观在中国新时期的发展中起着如此重要的作用，因此，在党的十七大报告中，胡锦涛同志不但专门辟出了第三个部分，对科学发展观进行了系统的论述，而且对它作出了高度的评价："科学发展观，是对党的三代中央领导集体关于发展的重要思想的继承和发展，是马克思主义关于发展的世界观和方法论的集中体现，是同马克思列宁主义、毛泽东思想、邓小平理论和'三个代表'重要思想既一脉相承又与时俱进的科学理论，是我国经济社会发展的重要指导方针，是发展中国特色社会主义必须坚持和贯彻的重大战略思想。"①在这段重要的论述中，胡锦涛同志把科学发展观放在"世界观和方法论"的高度上来加以论述，尤其是这段话中的后两句话，更值得引起我们的高度重视。也就是说，胡锦涛同志启示我们，不应该把"科学发展观"的提出仅仅理解为术语上的翻新或形式上的改变，因为科学发展观不但是今后中国经济社会发展的"重要指导方针"，而且是走中国特色的社会主义道路必须坚持和贯彻的"重大战略思想"。

尽管科学发展观具有如此重要的理论地位，但在当今社会的现实生活和精神生活中，它的重要性仍然没有引起人们的普遍重视。以下三种现象或许可以印证我们的看法。

其一，在普通人的观念中，科学发展观并不是发展理论上的一种新

---

① 胡锦涛：《高举中国特色社会主义伟大旗帜　为夺取全面建设小康社会新胜利而奋斗》，人民出版社 2007 年版，第12—13 页。

创造，而只是中国共产党新一代的领导人对发展问题的新提法。在他们看来，这种新提法并没有什么新的实质性的意义，而至多只具有形式上的、外观上的意义，即把不同代际的领导人所用的理论术语区分开来，以显示出新一代的领导人所运用的理论术语的独特性。显然，这类普通人的观念并没有对胡锦涛同志的在党的十七大的报告中关于科学发展观的全部论述进行认真的解读和深入的思考。事实上，科学发展观既不是对以前的发展理论的简单重复，也不是对已有的发展术语的修辞学上的改写，而是发展观念上的一场真正的革命。这场革命是奠基于马克思主义的发展理论之上的，也是以中国的具体国情和现代化建设为依据的。它的形成和提出，不但表明中国共产党的新一代领导人对发展问题的认识产生了新的飞跃，也表明他们具有深厚的理论学养和敏锐的创新精神。

其二，虽然报刊上发表了不少探讨科学发展观的文章，甚至还有一些篇幅颇大的"专论"，但看得出来，其中相当一部分的文章带有"应景"的色彩。它们或者对科学发展观中的某个概念或要素进行发挥，或者从总体上对科学发展观的来龙去脉和精神实质进行阐释，但在内容上大同小异，并没有提供任何新意。借用德国哲学家康德的话来说，在这些文章中，起主导性作用的是"分析判断"。所谓"分析判断"，是指谓词的内容被包含在主词中，并没有给主词增添任何新的东西。所以，康德也把这种判断称为"解释判断"，即它只满足于对主词中已有的、人所共知的内容进行解释，而不打算按照现实生活提供的新鲜经验或通过理论上的深入反思提供的新的见解，为主词增添新的内容或要素。毋庸讳言，虽然这类"应景式的"文章可以起到一定的宣传作用，但由于缺乏学理上的认真研究和对现实生活中的新鲜经验的概括，根本不可能对科学发展观作出创造性的阐释。

其三，理论界，尤其是马克思主义哲学界，本应对科学发展观的理论内涵和历史内涵作出深刻的、富有原创性的阐释，但奇怪的是，大部分理论研究者对科学发展观采取了沉默的态度。从这种沉默中，很容易解读出隐藏在他们内心深处的某种普遍性的偏见，即他们只重视对马克思主义经典作家的理论、对国外马克思主义者探索资本主义和社会主义的重要文本的研究，但对本国马克思主义者的理论创造却采取了不屑一顾的态度。毋庸讳言，这种偏见本身就蕴含着理论上的"不公正"，仿佛真正的理论创造只属于国外的马克思主义者，而本国执政党在理论上的任何言说只不过是意识形态式的言说。显然，这种偏见也是应该加以抛弃的。事实上，谁都不会否认，中国正在进行的改革开放和现代化事业是前无古人的，它同时也是人类思想史上的一场伟大的实验，将对全人类的命运和前景产生深刻的影响。作为执政党，中国共产党在这场伟大的思想实验中提出的许多理论见解，特别是像科学发展观这样的系统性的理论，是弥足珍贵的，值得所有的理论研究者深入地加以探索、领会、概括和阐释。在国际社会高度关注当今中国社会发展中出现的新的理论动向的时候，我们自己的理论研究者对此却采取沉默或回避的态度，确实是令人费解的。

总之，我们应该本着理论研究者的良知和责任心，对胡锦涛同志在党的十七大报告中提出的一系列新的理论见解，尤其是科学发展观，作出深入的探索和创造性的阐发，以便从理论上不断地完善科学发展观，使之指引我国的现代化建设沿着健康的轨道向前发展。为了加深人们对科学发展观的认识，本书重点阐述如下问题：什么是科学发展观？科学发展观是如何形成的？科学发展观的意义何在？通过对这些问题的解答，笔者将努力展示出自己观察问题、思考问题的独特视角：一方面，笔者将运用现象学的显现方法，对种种社会现象进行分析和解读；另一方面，笔者也将运用语义学和语用学的方法，对形形色色的概念、命题和表达方式进行分析和解读，从而努力对科学发展观作出新的富有创意的阐释。

# 二、什么是科学发展观①

在解读关于科学发展观的各种文本时，我们注意到了一个十分有趣的现象，即这些文本毫无例外地对科学发展观的内容作了大量的论述，但对这一发展观所包含的两个基本概念——"科学"和"发展"的含义却缺乏任何认真的解析，仿佛它们都是一些自明性的概念，无须再作任何阐释。这种有趣的现象正印证了中国人的一句谚语——台风中心没有风。遗憾的是，在我们最期待得到阐释的地方，却见不到任何有意义的阐释；而在我们已经弄明白的地方，即不再需要任何阐释的地方，见到的却是连篇累牍的、不断重复的，甚至是过度的阐释。本章的叙事方式与上述文本截然不同：先对科学发展观的基本概念作出详尽的考察，然后，才对其主要内容和基本特征作出论述。

## (一)科学发展观的概念分析

如前所述，在"科学发展观"这一表达式中，包含着"科学"和"发展"这两个基本概念。尽管这两个概念是我们耳熟能详的，但其含义却绝不是自明的。正如德国哲学家黑格尔所说："一般说来，熟知的东西所以不是真正知道了的东西，正因为它是熟知的。有一种最习以为常的自欺欺人的事情，就是在认识的时候先假定某种东西是已经熟知了的，因而就这样地不去管它了。这样的知识，既不知道它是怎么来的，因而无论怎样说来说去，都不能离开原地而前进一步。"②人们通常以为，自己对"科学"和"发展"这两个概念的含义是最熟悉不过的了，所以他们在探索科学发展观时，就轻易地把这两个基本概念放过去了。其实，熟知的东

---

① 原载《浙江省委党校学报》2008 年第 6 期，原题为"如何解读科学发展观"。——编者注

② [德]黑格尔：《精神现象学》(上卷)，贺麟、王玖兴译，商务印书馆 1979 年版，第 20 页。

西并不一定是真正知道了的东西。相反，正是这种熟知造成的自我幻觉会导致理论思维上的非批判的、麻木的状态。① 诚如另一位德国哲学家雅斯贝尔斯所说，真正的哲学思维应该从想当然的东西开始。所谓"想当然的东西"，也就是熟知的东西。这就启示我们，在对科学发展观进行全面考察之前，有必要先对"科学"和"发展"这两个基本概念的实质性含义加以澄清。

先来看"科学"这个概念。众所周知，英语中的 science 和法语中的 science(拼写与英文一致，但读音不同)通常用来指称自然科学，但在德语中，Wissenschaft 这个概念不但涵盖了自然科学，而且也涵盖了哲学社会科学，尤其是哲学。比如，德国的一些大哲学家，如黑格尔、胡塞尔等，都喜欢把自己的哲学称作 Wissenschaft。毋庸讳言，当代中国人使用的"科学"概念主要是从上面列举的三个西文名词中翻译过来的。现在的问题是：当当代中国人使用"科学"概念时，尤其是当他们把"科学"作为"发展观"的修饰词时，他们究竟是按照英国人和法国人的习惯，把它理解为一个单纯自然科学意义上的概念，还是按照德国人的习惯，把它理解为自然科学和哲学社会科学的统一？换言之，他们心目中的"科学"究竟是英国人和法国人谈论的 science，还是德国人谈论的 Wissenschaft？

如果我们运用现象学的显现方法对诸多社会现象进行考察的话，就会发现，当代中国人思维的自然倾向是从 science，即单纯自然科学的含义上，而不是从 Wissenschaft，即自然科学和哲学社会科学统一的含义上，来理解"科学"概念的内涵的。当代中国人谈论"科学性""科教兴国""科技是第一生产力"这样的话题时，他们言说的"科学"无疑是自然科学的代名词。事实上，当今中国高等院校中普遍存在的"重理轻文"现象，以及高等院校和研究机构只在理工科专业中设定院士的做法，都隐含着

---

① 据说，当人们谈到自己熟知的东西时，常常会说出下面这个成语"了如指掌"。我们的问题是：他们对自己指掌上纹路的走向和结构真的很清楚吗？其实，在大多数状况下，"了如指掌"只具有象征性的意义。

对哲学社会科学的"科学资质"的否认。要而言之，人们通常是在单纯自然科学的含义上来理解和使用"科学"这个概念、理解和使用包含"科学"概念的各种表达式的。

这样一来，就自然而然地产生了一个问题，即当人们解读科学发展观时，是不是也把其中的"科学"概念的含义理解为单纯的自然科学？我们的回答是肯定的。因为人们之所以用"科学"这个名词来修饰"发展观"，目的正是把自然科学所蕴含的合理性和确定性导入到发展理论中。显而易见，把"科学"这个名词作为形容词或修饰词来使用，乃是当今世界的时尚。普通人之所以要这样做，其目的是通过"科学"这个修饰词，把自然科学知识的确定性和合理性带入到自己的言说中，以确保自己言说的正确性。因为世界上还有哪一种知识会比自然科学的知识更具有合理性和确定性呢？

乍看起来，究竟是从 science，还是从 Wissenschaft 的含义上去理解"科学"概念，似乎是无聊的语言游戏，并没有什么实质性的意义。实际上，这里触及的正是科学发展观能否得到正确理解的关键问题，因为它直接关系到"以人为本"的理念能否在科学发展观中安顿下来。道理很简单，因为"以人为本"是一种价值观念，而自然科学是只问事实，不问价值的。假如人们是从自然科学的角度出发来理解科学发展观中的"科学"概念的，那么，"以人为本"这样的价值观念也就很难在这种发展观中安顿下来。所以，主张从 Wissenschaft，即自然科学和哲学社会科学统一的角度出发来理解科学发展观中的"科学"概念，绝不是无聊的语言游戏，而是正确地理解科学发展观的基本前提。

其实，早在《1844 年经济学哲学手稿》中，马克思在驳斥那种把自然科学与人的生活（包括人的科学）分离开来的错误观点时，就曾经这样写道："工业是自然界同人之间，因而也是自然科学同人之间的现实的历史关系。因此，如果把工业看成人的本质力量的公开的展示，那么，自然界的人的本质，或者人的自然的本质，也就可以理解了；因此，自然科学将失去它的抽象物质的或者不如说是唯心主义的方向，并且将成为人的科学的基础，正像它现在已经——尽管以异化的形式——成了真正人的生活的基础一样；至于说生活有它的一种基础，科学有它的另一种基础——这根本就是谎言。"①在马克思看来，无论是自然科学，还是人的科学，无论是自然界，还是人，都统一于人的现实的社会生活中，工业就是这种统一的根本性标志。这就启示我们，在阐释"科学"概念时，必须把它理解为自然科学与人的科学（或人文社会科学）的统一体，而决不应该把它看作单纯的自然科学。也正是在同一部手稿中，马克思预言："自然科学往后将包括关于人的科学，正像关于人的科学包括自然科学一样：这将是一门科学。"②

假如说，自然科学研究的对象是自然现象，并试图通过对自然规律的发现来指导人们合理地改造自然，那么，哲学社会科学的研究对象则是人类生活和社会现实，并试图通过对社会历史发展规律的发现来指导人们批判并改造传统社会，以追求更为合理的社会形式，从而实现自己的自由而全面发展。在马克思看来，自然科学的研究与哲学社会科学的研究是不可分离的，因为人们只有结成一定的社会关系，才可能去认识自然并对它进行改造。正是在这个意义上，马克思又指出："甚至当我从事科学之类的活动，即从事一种我只是在很少情况下才能同别人直接交往的活动的时候，我也是社会的，因为我是作为人活动的。不仅我的活动所需的材料，甚至思想家用来进行活动的语言本身，都是作为社会的产品给予我的，而且我本身的存在就是社会的活动；因此，我从自身所做出的东西，是我从自身为社会所做出的，并且意识到我自己是社会的存在物。"③显然，马克思之所以把人称为"社会的存在物"，因为正是社会性构成了人存在的本质特征。虽然自然科学家研究的是自然现象，但他们始终是作为社会的存在物而从事自己的研究活动的，不但他们的研究资料、研究手段和表达方式（语言）都是社会性的，而且他们的研究

①　《马克思恩格斯全集》第 42 卷，人民出版社 1979 年版，第 128 页。
②　《马克思恩格斯全集》第 42 卷，人民出版社 1979 年版，第 128 页。
③　《马克思恩格斯全集》第 42 卷，人民出版社 1979 年版，第 122 页。

动机、研究过程及对研究成果的解释也都会受到人文社会科学的影响。

说得直白一些，任何自然科学的研究要想回避哲学社会科学，尤其是哲学方法论的影响都是不可能的。恩格斯告诉我们："的确，蔑视辩证法是不能不受惩罚的。无论对一切理论思维多么轻视，可是没有理论思维，就会连两件自然的事实也联系不起来，或者连二者之间所存在的联系都无法了解。"①事实上，哲学社会科学不仅以背景意识和方法论意识的方式影响着自然科学，更为重要的是，它是为自然科学的研究澄明思想前提和价值导向的。脱离人文社会科学的思想前提和价值导向，自然科学的发展就会陷入迷途。当代自然科学研究中出现的新课题，如试管婴儿、遗传工程、电脑网络、航天技术、核能的运用等，无不需要哲学社会科学，尤其是哲学和伦理学为它们澄清思想前提和价值导向。

何况，随着现代自然科学和技术的发展，技术和科学本身的性质也正在发生重大的变化。德国哲学家海德格尔在1953年发表的演讲《技术的追问》中区分出两种技术：一种是"手工技术"（hand work technology），另一种是"现代技术"（modern technology）。前者如荷兰的风车、中国农村里的水车，它们主要通过人的体力来驱动，从而引导自然力为人类服务，不会对自然产生灾难性的破坏；后者如化学（改变事物的分子结构）、核物理学（改变事物的原子结构）和生命科学（改变基因的结构），不但导致了人类对自然的征服和控制（如对冰箱和空调、火力发电机和水力发电机、化肥和农药的普遍运用；围海造田和围湖造田；工业和交通工具排放的大量废气和污水等），也导致了一部分人对另一部分人的控制和奴役（如核武器和先进的常规武器、窃听器、定位仪、远程跟踪和摄影、电脑黑客、测谎仪等）。

在海德格尔看来，现代技术已不再是"一个中性的概念"（a neutral concept），而是"一个否定性的概念"（a negative concept），因为现代技术蕴含着"座架"。所谓"座架"就是把一个框架套到对象的身上，就像人们

---

① 恩格斯：《自然辩证法》，人民出版社1971年版，第43页。

给一块玻璃镜子上边框一样，人们也用"座架"去测量、控制自然万物或其他的人。海德格尔甚至认为，现代技术正在把整个人类及其文明带向深渊。另一位德国哲学家哈贝马斯在1968年出版的《作为"意识形态"的技术与科学》一书中强调，现代技术与自然科学不但已经成了第一生产力，而且也成了意识形态："作为意识形态，它一方面为新的、执行技术使命的、排除实践问题的政治服务；另一方面，它涉及的正是那些可以潜移默化地腐蚀我们所说的制度框架的发展趋势。"①在哈贝马斯看来，现代技术与自然科学正在不断地排除像政治学、法学、伦理学、宗教学这样的实践科学，而用"合理性""确定性"和"效率性"取代了诸如"民主""自由""正义""美德"这样基本的人文价值。

更值得注意的是，现代自然科学和技术的发展还蕴含着"科学主义"浊流的兴起和泛滥。所谓"科学主义"，就是把仅仅适合于数学和自然科学范围内的观念和方法简单地照搬应用到人文社会科学和日常生活中。比如，用数学上量化的方法来评价人文社会科学学术论著的质量；用工科（力学）中的"工程"概念来称呼日常生活中的一切活动，如"希望工程""形象工程""紧缺人才培训工程"等，甚至用"螺丝钉""工程师"这样的提法来比喻普通人和教师。其实，每个有生命的人都不是一颗被动的、被拧在某个地方的"螺丝钉"；教师也不是"人类灵魂的工程师"，而是"人类灵魂的导师"，因为工程师面对的是同样的零件，而导师面对的却是具有不同个性的学生。中国传统教育思想强调的"因材施教"就是要区别学生的不同情况，有针对性地进行教育。

科学主义还蕴含着一种更有害的思想倾向——对人与物之间关系的颠倒，即物被主体化了，而人则被物化了。上面提到的把有生命的个人比喻为无生命的"螺丝钉"的做法，就是人被物化的一种典型的表现形式。总之，在科学主义的视野中，人变得越来越微不足道了，最后不得

---

① ［德］哈贝马斯：《作为"意识形态"的技术与科学》，李黎、郭官义译，学林出版社1999年版，第64页。

不屈服于物的重压下。法国荒诞派剧作家尤涅斯科的《新房客》说的就是这样一个故事：某先生搬家，携带着无数家具。这些家具挤满了巴黎所有的街道，甚至漂浮在塞纳河上，占满了新公寓的整个楼道，以至于他不得不打开房间的天花板，把家具从屋顶上吊进去。最后，这位先生自己也被掩埋在家具中。尽管《新房客》采用了夸张的文学表现手法，但它寓意深刻地启示我们，由自然科学和现代技术的迅猛发展导致的人的物化和异化正在不断加剧，而要有效地遏制科学主义的蔓延，就必须全面弘扬蕴含在人文社会科学中的人文精神。

由此可见，在中国社会的未来发展中，唯有从 Wissenschaft 的含义出发去理解"科学"概念，从而在自然科学和哲学社会科学之间建立必要的张力，才能使"以人为本"这一核心思想所蕴含的独立人格、基本人权和每个人的自由而全面的发展真正地扎根于科学发展观中。

再来看"发展"这个概念。在当今中国社会的大众传媒和日常语言中，"发展"这个词是出现得最频繁的用语之一。人所共知，作为动词，它译自英文中的 develop，法文中的 développer 或德文中的 entwickeln。细心的研究者很容易发现，西文中的这三个动词都具有双重含义，即它既可以被解释为"改变"，又可以被解释为"显现"（这层含义也体现在胶卷冲洗中的"显影"的含义上，因而这三个西文字也都可以被解释为"显影"）。其实，正是这一双重含义勾勒出"发展"概念的深刻的哲学意蕴。

一方面，任何发展都蕴含着人们试图"改变"某个地区的主观上的愿望和努力。比如，人们对这个地区未来发展规划的制订、对电脑效果图的构想等。显然，"改变"这层含义更多的是从主观方面去设想并预期的，而未来发展规划的制订、电脑效果图的构想等，体现出来的正是主观方面的臆想，因为人们通常是根据一般化的、平均化的、完全顺利的进程来制订和构想这些东西的。所以，如果人们只是从"改变"这层含义上去理解"发展"这个概念，就会停留在单纯的主观愿望上，就有可能重蹈那个卖牛奶的女孩的覆辙。这个女孩头上顶着一罐牛奶向市场走去，她心里盘算着：把牛奶卖掉，可以买进许多鸡蛋，从鸡蛋中可以孵出小鸡，小鸡长大了又可以卖掉。她用赚来的钱买漂亮的衣服。而当她穿着新衣服出现在农村的舞会上时，一个英俊的小伙子竟然走过来邀请她跳舞。于是，她松开了扶着牛奶罐的手，以便接受那位小伙子的邀请，但不幸的事情发生了，牛奶罐翻倒在地上，她脑袋里盘算的一切都落空了。其实，这个卖牛奶的女孩所设想的种种将来的"变化"，就像人们现在制订的发展规划和电脑效果图一样，都不过是主观臆想，而这些主观臆想能否实现，完全取决于实际上发生了什么。

另一方面，在某个地区的发展过程中客观上"显现"出来的结果往往是不同于人们原初的主观臆想的，即不同于事先制订的发展规划和电脑效果图的。因为在任何发展过程中，都会出现原来未曾预想到的种种偶然因素，如气候的突变、材料的匮乏、干部使用上的失误、资金投入的受阻、技术上的困难、突发的灾祸、与地方保护主义之间的冲突等。这些原来未曾考虑到的因素可能会导致整个发展规划的滞后、停顿，甚至完全"下马"。比如，有的开发区的建设贸然启动，随后又被搁置起来了；有的建设项目破土动工后，随即又"下马"了；有的房地产工程起步时轰轰烈烈，后来竟成了无人顾问的"烂尾楼"。我们上面提到的卖牛奶的女孩因为不小心松开了扶着牛奶罐的手，她心中盘算的一切便都落了空。即使她没有松开自己的手，而是顺利地在市场上卖掉了牛奶，也不能保证她以后的买进卖出活动都不会亏本。因为现实生活中的一切都充满了偶然性，任何人的主观臆想都无法把随时随地都可能出现的种种偶然性预先考虑进去。更为重要的是，任何发展过程能否顺利地得以展开，并取得预期的效果，还取决于事先制订的发展规划是否符合这个地区发展的客观条件和客观规律。显而易见，如果人们在制订某个地区的发展规划和电脑效果图时没有遵循该地区的客观条件和客观规律，整个发展过程就可能不断地走弯路，从而在客观上"显现"出与原来的主观臆想完全不同的结果。

毋庸讳言，从哲学上看，"发展"概念中的"显现"含义比"改变"含义来得更为深刻。如果说，"改变"具有更多的主观意想方面的含义的话，那么，"显现"则具有更多的客观效果方面的含义。因为"显现"不仅包含着对种种风险和偶然因素作用的认可，也包含着对客观条件和客观规律的认可。德国哲学家胡塞尔创立的现象学就是以直接地向我们的意识呈现出来的现象作为合法的研究对象的，而现象学家提出的口号面向实事本身(Zuriick zur Sache selbst)正是要引导人们去面对向他们显现出来的最重要的现象。这里的"实事"也就是指最重要的现象。这种现象学的思考方式深刻地启示我们，尽管任何自觉的发展过程都需要事先制订发展规划，但决不应该把发展仅仅理解为"改变"外部世界的主观臆想、主观意志和主观规划，而应该更深入地把它理解为客观上的"显现"过程。不用说，在这一显现过程中，事物发展的客观条件和它必定遵循的客观规律都会顽强地发挥自己的作用。

诚然，对于任何地区的发展来说，发展规划的制订都是必要的，但不应该将其奠基于单纯的主观臆想或主观意志之上，而应该将其奠基于这个地区发展的客观条件、客观规律和对各种可能出现的偶然因素的估计上，并做好相应的思想准备和防范措施，以确保整个发展过程顺利地进行。

与此同时，我们也注意到，作为动词，英文中的 develop，法文中的 développer 和德文中的 entwickeln 也都具有"开发"的含义，而"开发""开发区"这样的概念也是在当今中国社会的大众传媒和日常用语中出现得最频繁的概念之一。其实，"开发"和"发展"都译自上面这三个西文动词。我们知道，"开发"这个用语一定会涉及作为开发主体的人们与作为开发对象的环境和资源之间的关系。而在日常的现象世界中向我们显现出来的通常有以下两种不同的"开发"模式：一种是"破坏性的开发"，即以环境和资源的破坏为代价的开发模式，某些地区的某些人或某些公司常常为了眼前的利益而牺牲子孙后代的长远利益，这种"杀鸡取蛋"的开发模式必定会造成灾难性的后果；另一种是"保护性的开发"，即以环境和资源的可持续发展为前提的开发。这种开发模式正确地理解了眼前利益与长远利益、当代人与后代人之间的关系。比如，法国普罗旺斯地区的发展就为我们提供了光辉的范例。毋庸讳言，我们提倡的是后一种开发形式。事实上，也只有这种模式才能确保人类、环境和资源的共存与和谐发展。

综上所述，在解析科学发展观这一表达式时，我们应该把"科学"理解为自然科学和人文社会科学的统一，而在这个统一中，人文社会科学起着基础性的作用，因为它必须为自然科学的研究先行地澄明思想前提和价值导向。同时，我们也应该更多地从"显现"的含义上、从保护性"开发"的含义上来理解"发展"这个概念。在我们看来，只有把对科学发展观的阐释奠基在对这两个基本概念的正确的理解上，这种阐释才会走上健康的轨道。

### (二)科学发展观的主要内容

在弄清楚科学发展观基本概念和含义的基础上，我们还要进一步追问：科学发展观的主要内容是什么？在党的十七大报告中，胡锦涛同志明确地告诉我们："科学发展观，第一要义是发展，核心是以人为本，基本要求是全面协调可持续，根本方法是统筹兼顾。"[①]显然，这段重要论述是对科学发展观的主要内容的高度概括，值得我们深入地加以领会。下面，我们将对科学发展观所蕴含的主要内容逐一加以阐释。

科学发展观的第一要义是发展。所谓"第一要义"也就是指观念上的第一个重要的含义，而在实践上则表现为"第一要务"。正如胡锦涛同志所强调的："必须坚持把发展作为党执政兴国的第一要务。发展，对于全面建设小康社会、加快推进社会主义现代化，具有决定性意义。要牢牢扭住经济建设这个中心，坚持聚精会神搞建设、一心一意谋发展，不断解放和发展社会生产力。"[②]无论是"第一要义"这样的用语，还是"第一要务"这样的说法，这些重量级的表述方式都传达了同一个信息，即

---

① 胡锦涛：《高举中国特色社会主义伟大旗帜　为夺取全面建设小康社会新胜利而奋斗》，人民出版社 2007 年版，第 15 页。
② 胡锦涛：《高举中国特色社会主义伟大旗帜　为夺取全面建设小康社会新胜利而奋斗》，人民出版社 2007 年版，第 15 页。

作为执政党，中国共产党在新时期面临的第一件大事就是积极推进中国经济社会的发展，而"发展"所包含的基础性内容则是"要牢牢扭住经济建设这个中心，坚持聚精会神搞建设、一心一意谋发展，不断解放和发展社会生产力"。

在这里，值得注意的是，"发展"这个概念的基础性含义被规定为"经济建设"。乍看起来，以这样的方式来规定"发展"概念似乎并没有什么新奇之处。其实，新时期"发展"概念的新意首先表现在对这一基础性含义的澄清上。人们在谈论科学发展观时，常常把"发展"解释为经济、社会、政治和文化的综合性的发展。从抽象的理论层面上看，这并没有错，我们在后面讨论到发展的"全面协调可持续"和"统筹兼顾"的特征时，也会涉及其综合性，但在这种综合性的、结构性的发展模式中，必须先行地领悟到，经济建设乃是基础性的、根本性的。事实上，也只有深刻地领悟到了这一点，才算把握了新时期"发展"概念的历史性。否则，人们就只是在空洞的学理层面上言说"发展"概念，以这样的方式去理解并解释科学发展观，必定会导致这一发展观的特定的历史内涵的流失。要言之，在科学发展观中，"全面协调可持续"和"统筹兼顾"的特征都是奠基于经济建设优先性的基础之上的。

历史和实践一再告诫我们，即便是同一个概念，比如"发展"，在不同的背景中也会获得完全不同的含义。众所周知，在中华人民共和国成立后的前30年中，尤其是在20世纪50年代后期到70年代中期，总的背景是"以阶级斗争为纲"。而在这样的背景中，虽然人们也把"发展"理解并解释为经济、社会、政治、文化的综合性的发展，但"发展"概念的首要含义是政治性的，具体说来，就是"抓阶级斗争"，就是"灵魂深处闹革命"，并试图通过这样的路径来推动中国经济社会的发展。然而，结果却事与愿违。从党的十一届三中全会以来，"以阶级斗争为纲"的旧的背景被抛弃了，取而代之的则是"以经济建设为中心"的新背景。正是在这一新背景中，"发展"概念的含义发生了根本性的转变，即成了"集中精力搞经济建设""不断提高社会生产力"。① 如前所述，正是新时期的新语境和"发展"概念的新含义的确定，使中国经济社会发生了举世瞩目的变化。

于是，我们发现，科学发展观中的"发展"概念的基础性含义是集中精力搞经济建设。胡锦涛总书记所使用的表达方式，比如，"牢牢扭住""聚精会神"和"一心一意"等，蕴含着以下两层含义：其一，没有重点就没有政策。在新时期的发展中，科学发展观将始终把发展的基础和重点放在经济建设上，不允许任何其他的因素来干扰这个基础和重点。其二，即使在中国经济社会的发展进程中出现或遭遇到某些重大的、非经济性的问题，这些问题也只能在紧紧抓住经济建设的基础上来加以解决，决不可重蹈"文化大革命"的覆辙，即不惜把经济建设停顿或搁置起来，以让位于政治思想领域里的所谓"阶级斗争"。显然，这种本末倒置的做法完全违背了历史唯物主义的基本理论。

总之，其他问题也许可以搁置起来，也许可以争论清楚了再实行，但作为"第一要义"和"第一要务"的"发展"，尤其是作为其基础性含义的经济建设和发展却绝不允许被搁置起来，更不允许停顿下来。也就是说，任何其他问题都必须在不间断的经济发展的基础上得到解决。也正是在这个意义上，我们才能理解胡锦涛同志下面这段话的深刻寓意："深入贯彻落实科学发展观，要求我们始终坚持'一个中心、两个基本点'的基本路线。党的基本路线是党和国家的生命线，是实现科学发展的政治保证。以经济建设为中心是兴国之要，是我们党、我们国家兴旺发达和长治久安的根本要求；四项基本原则是立国之本，是我们党、我们国家生存发展的政治基石；改革开放是强国之路，是我们党、我们国家发展进步的活力源泉。"②在胡锦涛同志看来，党的基本路线之所以是

---

① 人们在运用概念时经常出现的错误是，只注意抽象的概念本身，而不关注这些概念在特定历史时期的特定含义。

② 胡锦涛：《高举中国特色社会主义伟大旗帜 为夺取全面建设小康社会新胜利而奋斗》，人民出版社 2007 年版，第 16—17 页。

"实现科学发展的政治保证"，因为它规定了"以经济建设为中心是兴国之要"。这就启示我们，不要空泛地谈论新时期的"发展"概念，而应该明确地把新时期"发展"概念的基础含义理解为经济建设。

科学发展观的核心是以人为本。要了解"以人为本"这个表达式究竟是什么含义，就得先搞清楚"本"和"人"这两个基本概念的含义。许慎在《说文解字》中说："木下为本。"意思是说，对于一棵树来说，树根部分称之为"本"，而正是这一部分构成了树的基础。把"本"作为树根的含义引申开来，也就是"根本""基础"的意思。那么，这里所说的"人"的含义又是什么呢？许慎《说文解字》："人，天地之性最贵者也。"也就是说，人是万物之灵，是宇宙中最珍贵的存在者。显然，"以人为本"也就是把人理解为万事万物的根本。

在党的十七大报告中，胡锦涛同志主要是从"人民"出发去理解并阐释"人"这个概念和"以人为本"这个观念的。他这样写道："全心全意为人民服务是党的根本宗旨，党的一切奋斗和工作都是为了造福人民。要始终把实现好、维护好、发展好最广大人民的根本利益作为党和国家一切工作的出发点和落脚点，尊重人民主体地位，发挥人民首创精神，保障人民各项权利，走共同富裕道路，促进人的全面发展，做到发展为了人民、发展依靠人民、发展成果由人民共享。"①这段重要论述为我们准确地理解"人"的概念和"以人为本"的观念奠定了基础。我们知道，"人民"是一个历史范畴。也就是说，在不同社会的不同历史发展时期，"人民"具有不同的历史内涵。然而，只要是在"人民"的范围内来谈论"人"，必定会涉及以下三个方面的关系。

首先，"人"与"个人"之间的关系。众所周知，"人"（Mensch）这个抽象的概念可以用来称呼任何社会的任何历史发展时期中的人，但"个人"这个概念却只能用来称呼某些历史发展时期中的人。正如马克思所指出

---

① 胡锦涛：《高举中国特色社会主义伟大旗帜　为夺取全面建设小康社会新胜利而奋斗》，人民出版社2007年版，第15页。

的："我们越往前追溯历史，个人，从而也是进行生产的个人，就越表现为不独立，从属于一个较大的整体：最初还是十分自然地在家庭和扩大成为氏族的家庭中；后来是在由氏族间的冲突和融合而产生的各种形式的公社中。只有到18世纪，在'市民社会'中，社会联系的各种形式，对个人说来，才只是表现为达到他私人目的的手段，才表现为外在的必然性。"①在马克思看来，虽然从身体上看，人总是以个人的方式存在的，但真正的个人，即不仅在身体上，而且也在法权人格上、精神状态上完全独立的个人，直到18世纪的市民社会中，才开始形成。因此，在思想成熟时期的马克思的著作中，很少出现"人"这一抽象概念，即使有时候出现了，在大多数情况下，其指称的对象也是指从18世纪以来开始形成起来的个人，而马克思经常加以使用的倒是"个人"概念。比如，在《共产党宣言》中，当马克思和恩格斯谈到自由人的联合体，即未来的共产主义社会时，曾经这样写道："在那里，每个人的自由发展是一切人的自由发展的条件。"②在这段重要论述中，马克思和恩格斯把"每个人的自由发展"理解为"一切人的自由发展"的条件。由此可见，马克思首先加以重视的正是个人的自由发展。

在《1857—1858年经济学手稿》中，马克思在叙述其"三大社会形态"的理论时，曾经指出："人的依赖关系（起初完全是自然发生的），是最初的社会形态，在这种形态下，人的生产能力只是在狭窄的范围内和孤立的地点上发展着。以物的依赖性为基础的人的独立性，是第二大形态，在这种形态下，才形成普遍的社会物质变换，全面的关系，多方面的需求以及全面的能力的体系。建立在个人全面发展和他们共同的社会生产能力成为他们的社会财富这一基础上的自由个性，是第三个阶段。第二个阶段为第三个阶段创造条件。"③我们注意到，当马克思谈到第一个社会形态时，他使用的是"人"的概念；当马克思谈到第二个社会形态

---

① 《马克思恩格斯全集》第46卷（上），人民出版社1979年版，第21页。
② 《马克思恩格斯选集》第1卷，人民出版社1995年版，第294页。
③ 《马克思恩格斯全集》第46卷（上），人民出版社1979年版，第104页。

时，尽管他使用的仍然是"人"的概念，但他肯定了"人的独立性"，即人已经以"个人"的方式出现。不过，这种人的独立性仍然是"以物的依赖性为基础的"；当马克思谈到第三个社会形态时，他开始使用"个人"概念，如"个人全面发展""个性自由"等。从这段论述中可以看出，马克思并不泛泛地谈论"人的全面发展"，他实际上谈论的是"个人全面发展"。

有人也许会反驳说：马克思关于"个人全面发展"的说法只是偶尔出现的。其实，这样的反驳是缺乏学理上的基础的。就是在《1857—1858年经济学手稿》的另一处，马克思又一次明确指出："全面发展的个人——他们的社会关系作为他们自己的共同的关系，也是服从于他们自己的共同的控制的——不是自然的产物，而是历史的产物。"[1]在写于1875年的《哥达纲领批判》中，当马克思论述未来共产主义社会时，又一次提到了"个人的全面发展"[2]。由此可见，在"人"与"个人"这两个概念的关系中，马克思真正重视的是现代社会和未来社会意义上的"个人"。

其次，在谈到"个人"时，我们又要注意到蕴含在这一概念中的两重关系。

一方面，"普通个人"和"作为伟大人物的个人"之间的关系。在正统的马克思主义哲学阐释者们的视野中，这两种类型的"个人"之间的关系常常被阐释成相互分离的，甚至对立的关系。他们把"普通个人"归属到"群众"这个抽象的集合概念中，从而把"普通个人"理解为"群众"中的一个碎片，而这个碎片是缺乏任何真正意义上的独立性的。与此同时，他们又把"作为伟大人物的个人"从"群众"中剔除出去，使其处于完全独立的状态中，从而造成这样的印象，即唯有"作为伟大人物的个人"才是真正具有独立性的。在这种错误的阐释框架中，"普通个人"和"作为伟大人物的个人"之间的关系完全被对立起来了。如果说，"普通个人"最后消失在"群众"概念的硫酸池中的话，那么，只有"作为伟大人物的个人"

---

① 《马克思恩格斯全集》第 46 卷（上），人民出版社 1979 年版，第 108 页。
② 《马克思恩格斯选集》第 3 卷，人民出版社 1995 年版，第 305 页。

才拥有自己的独立人格，从而受到真正的重视。实际上，这些阐释者们完全曲解了马克思的本意。按照马克思的历史唯物主义理论，物质生活资料的生产和再生产乃是社会生活中最基本的事实，而物质生活资料的生产和再生产的主体正是"普通个人"，因此，马克思重视的正是"普通个人"，而不是"作为伟大人物的个人"。尽管马克思也肯定了"作为伟大人物的个人"在历史上的某些作用，但马克思认定，在人类历史上发挥根本性作用的乃是"普通个人"。

另一方面，"作为公民的个人"和"作为未成年人的个人"之间的关系。在现代民主社会中，公民的权利和义务都在法律上得到了明确的规定，而未成年人作为成年人（通常是父母）监护的对象，他们应有的权利常常在家庭生活和社会生活中得不到尊重，而成年人，尤其是父母经常把自己的权利意志强加到他们的身上。其实，在谈到"普通个人"时，我们也应该充分重视并维护"作为未成年人的个人"应有的尊严和权利。

最后，在谈到"个人的全面发展"时，我们也应该具体地分析两种不同的情况。第一种情况是：这里的"个人"是指"人民"范围中的所有的"个人"。对于所有的"个人"来说，能力上的全面发展是完全可能的。其实，马克思说的正是这种情况。第二种情况是：这里的"个人"是指"人民"范围内的任何一个"个人"。我们认为，对于单个人来说，能力的全面发展是不可能的，因为他不可能是全能的，至多在某一方面或某些方面具有自己的特长。在这个意义上可以说，对于任何单个人来说，片面发展，即发展自己具有天赋和特长的方面，才是明智的，而"全面发展"对于他来说，只是指素质上的发展。当单个人能够把人文精神和科学精神和谐地统一在自己身上时，他在素质上就是全面发展的。

综上所述，当我们谈到"人"这个概念时，必须像胡锦涛同志所说的那样，从"人民"这个概念出发，并沿着"普通个人"的角度去领会"以人为本"的深刻的理论含义。他关于"尊重人民主体地位，发挥人民首创精神，保障人民各项权利"和"发展为了人民、发展依靠人民、发展成果由人民共享"这样的提法，正是为了确保"人民"范围内所有"普通个人"的人格和权利都能够得到充分的尊重。

值得注意的是，当人们对"以人为本"的观念进行阐释时，常常把它与"以物为本"抽象地对立起来。诚然，"以物为本"这个提法，从全局上看，是不宜提倡的，但在局部范围内，它仍然可能是有效的。比如，一个人为了保护国家财产献出了自己宝贵的生命。人们之所以把这个人称为英雄人物，因为在他们看来，这个人所保护的国家财产比他的生命更重要，而"国家财产"也就是"物"。所以，"以物为本"在某些局部的情况下是说得通的。但从全局上看，一切物的存在都是服务于人的，因此，在全局范围内强调"以物为本"又显然是错误的。也就是说，在全局上从"以物为本"转向"以人为本"无疑是思想观念上的重大进步，充分体现出科学发展观对人的尊重和关注。然而，在谈论"以人为本"的观念时，把"人"与"物"尖锐地对立起来，甚至完全忽略"物"的重要性，这显然是不符合科学发展观的本意的，也是与马克思的历史唯物主义理论相冲突的。其实，细心的读者一定会发现，在我们前面引证的马克思关于"三大社会形态"的论述中，第一个社会形态被马克思称为"人的依赖关系"，即人与人之间的血缘关系在起着根本性的作用；第二个社会形态则被马克思称为"以物的依赖性为基础的人的独立性"，即作为财富（商品）的物起着根本性的作用。实际上，当今中国社会正处于从第一个社会形态向第二个社会形态的过渡中。因此，我们必须清醒地意识到，即使我们谈论"以人为本"，谈论"个人的全面发展"，也都是"以物的依赖性为基础的"。事实上，马克思在谈到第三社会形态中"全面发展的个人"和"自由个性"时说："要使这种个性成为可能，能力的发展就要达到一定的程度和全面性，这正是以建立在交换价值基础上的生产为前提的，这种生产才在产生出个人同自己和同别人的普遍异化的同时，也产生出个人关系和个人能力的普遍性和全面性。"[1]也就是说，没有生产的高度发展，没有物（作为财富的商品）的充分涌流，无论是全面发展的个人，还是自由

---

① 《马克思恩格斯全集》第 46 卷（上），人民出版社 1979 年版，第 108—109 页。

个性，都是不可能的。

这就深刻地启示我们，尽管在全局上抛弃"以物为本"这样的提法是正确的，但在倡导"以人为本"的观念时，我们应该清醒地意识到，在现阶段，这种观念实际上仍然是"以物的依赖性为基础的"。社会主义社会之所以要以经济建设为中心、要积极地推进生产力的发展，目的正是为了使"以人为本""个人的全面发展"和"自由个性"这样的理念获得现实的基础。

科学发展观的基本要求是全面协调可持续发展。这里说的"全面协调可持续发展"究竟是什么意思呢？胡锦涛同志作了如下的解释："要按照中国特色社会主义事业总体布局，全面推进经济建设、政治建设、文化建设、社会建设，促进现代化建设各个环节、各个方面相协调，促进生产关系与生产力、上层建筑与经济基础相协调。坚持生产发展、生活富裕、生态良好的文明发展道路，建设资源节约型、环境友好型社会，实现速度和结构质量效益相统一、经济发展与人口资源环境相协调，使人民在良好生态环境中生产生活，实现经济社会永续发展。"①在这段重要论述中，"全面协调可持续"这一表达式的含义得到了具体的阐述。在进入这些具体的阐述之前，我们将结合对一般发展过程的反思，对一些基本概念和基本关系先行地加以澄清。其实，在任何一个自觉的，即由人们自己积极地加以发动和推进的发展过程中必定会遭遇到以下三组基本的关系。

第一组关系：内在动力和全面协调之间的关系。什么是"内在动力"？内在动力就是一个社会（包括不同的地区）得以持续地向前发展的内在驱动力。没有这样的持久的驱动力，整个社会就会停滞不前。毋庸讳言，改革开放是当代中国社会整体发展的内在驱动力。其实，改革开放只是间接的驱动力，直接的驱动力则是人们的利益和欲望，而改革开

---

① 胡锦涛：《高举中国特色社会主义伟大旗帜　为夺取全面建设小康社会新胜利而奋斗》，人民出版社 2007 年版，第 15—16 页。

放不过是为人们合法的利益和欲望的追求提供了激励性的机制和条件。然而，一个社会一旦在其发展中获得了经久不息的驱动力，一个相关的问题也就随之而产生了，即发展在结构上的不均衡。几乎可以说，在任何发展过程中，不均衡都是绝对的，而均衡则是相对的。现在的问题是：究竟如何解决不均衡的问题？比如，从经济上看，在发展进程中必定会出现贫富差异和地区差异。假如人们对这些差异不加重视，就有可能引发各种社会冲突，甚至导致整个社会的解体。因此，必须做好全面协调的工作。什么是"全面协调"？按照我们的理解，全面协调就是根据发展中出现的新情况，对整体结构的各个部分，尤其是对社会不同阶层的利益关系作出相应的调整，以确保整个社会稳定地、持续地向前发展。总之，没有内在动力，任何自觉的发展过程都无法加以实现，但一旦获得了这种动力，就不光要通过全面协调，保持动力的持久性，而且也要对事物的结构作出及时的调整，以确保整个社会沿着健康的轨道向前发展。

第二组关系：外观发展与内涵发展之间的关系。什么是"外观发展"？所谓外观发展就是在发展过程中片面地注重外在形式的变化。比如，有的地区在发展中上了不少政绩工程、建了不少高楼大厦，上级领导检查起来很好看，该地区的主管干部也容易得到晋升，但该地区老百姓关切的实际问题却得不到实质性的解决。什么是"内涵发展"？所谓内涵发展就是在发展过程中注重实质性的变化，即该地区人民的实际收入和生活水平是否提高了？该地区的教育水平和人们的文化素质是否提高了？总之，外观发展涉及形式，内涵发展涉及实质。在经济社会的整体发展过程中，尽管外观发展也不可偏废，但从根本上看，应当注重内涵上的发展。

第三组关系：目前利益和长远利益之间的关系。这组关系涉及不同世代的人民利益之间的关系。一般说来，目前利益是对当前的世代来说的，而长远利益是对未来的世代来说的。所谓"可持续发展"（sustainable development），也就是要合理地解决发展进程中目前利益和长远利益之间的关系。在通常的发展进程中，我们既要确保长远利益，也要确保目前利益，而当这两种利益发生冲突的时候，我们又要坚定不移地把长远利益放在第一位，在最极端的情况下，甚至不得不通过牺牲目前利益的方式来确保长远利益。

在澄清上面三组基本关系和"全面协调""可持续"概念含义的基础上，胡锦涛同志上面的论述就容易理解了。他告诫我们：

第一，必须协调好经济建设、政治建设、文化建设和社会建设之间的关系。在前面论述发展概念的时候，我们已经肯定新时期发展概念的基础性含义是经济建设。但肯定经济建设的优先性，并不等于说，只要把经济建设搞上去就行了。事实上，经济建设是不可能以单枪匹马的方式向前发展的。按照历史唯物主义理论，整个社会是一个有机体，经济、政治、文化和社会都是不可分离地联系在一起的。也就是说，没有政治、文化和社会方面的相应发展，持续的经济发展也是不可能的。总之，我们既要确保经济建设的优先性，又要确保政治、文化、社会建设的同步性，从而确保整个发展的全面性和系统性。

第二，必须协调好生产关系与生产力、经济基础与上层建筑之间的关系。历史唯物主义理论告诉我们，在任何一个社会中，随着经济建设和社会生产力的发展，传统的生产关系（如产权、产品的分配形式等）必定会与生产力发生冲突，传统的上层建筑（各种制度、思想观念等）也必定会与经济基础发生冲突。在这样的情况下，就要自觉地通过对生产关系、上层建筑的改革来协调生产关系与生产力、上层建筑与经济基础之间的关系，以确保整个社会不断地向前发展。

第三，必须协调好生产、生活和生态之间的关系。我们知道，随着生产的发展，周围的生态环境会受到相应的影响，在严重的情况下甚至会受到破坏，从而引发生态危机。显然，如果生态环境受到破坏的话，人们的生活质量也必定会相应地下降。归根到底，发展生产也好，保护生态也好，目的都是使人民的生活更加幸福、更加美满。因此，协调好这三方面的关系也是十分重要的。

科学发展观的根本方法是统筹兼顾。胡锦涛同志说："要正确认识和妥善处理中国特色社会主义事业中的重大关系，统筹城乡发展、区域发展、经济社会发展、人与自然和谐发展、国内发展和对外开放，统筹中央和地方关系，统筹个人利益和集体利益、局部利益和整体利益、当前利益和长远利益，充分调动各方面积极性。统筹国内国际两个大局，树立世界眼光，加强战略思维，善于从国际形势发展变化中把握发展机遇、应对风险挑战，营造良好国际环境。既要总揽全局、统筹规划，又要抓住牵动全局的主要工作、事关群众利益的突出问题，着力推进、重点突破。"①从这段话中可以看出，作为科学发展观的根本方法，统筹兼顾的目的是"充分调动各方面积极性"，而要做到这一点，就要提纲挈领地处理好以下三个方面的关系。

第一，统筹国内和国际两个大局之间的关系。就国内大局而言，主要是坚持以经济建设为中心的发展模式；就国外大局而言，主要是在对外开放中"营造良好国际环境"，以确保中国经济社会的发展不会被恶化的国际环境所打断。显然，要处理好这两个大局之间的关系，必须如胡锦涛同志所说的，树立世界眼光，确立战略思维。

第二，统筹中央和地方之间的关系。在国内社会的各种关系中，中央和地方的关系是根本性的。只有把这一关系处理好了，其他关系，如城乡、区域、人与自然、不同利益主体之间的关系才能被处理好。这就需要从法律上对中央和地方各自的权利和义务作出明确的、合理的规定。中国是一个大国，又有着 10 多亿人口，各地区的发展也通常是不平衡的。在这样的情况下，处理好中央与地方的关系，有着非同寻常的意义。

第三，统筹全局和局部之间的关系。毋庸讳言，全局总是优先于局部的，但全局的存在又不是抽象的，而是通过各个局部表现出来的。在这里，统筹的焦点是善于发现并抓住那些关键性的、牵动全局的局部。

---

① 胡锦涛：《高举中国特色社会主义伟大旗帜　为夺取全面建设小康社会新胜利而奋斗》，人民出版社 2007 年版，第 16 页。

通过对关键性的局部问题的解决，来推动全局的发展。在这个意义上可以说，没有重点，就没有全局。但重点性的局部一旦被突破了，其他局部也不可偏废。总之，既要突出重点，又要带动其他的局部一起向前发展。

综上所述，科学发展观包含着极为丰富的理论内涵，胡锦涛同志用"第一要义""基本要求""根本方法"这些概念，高度概括地阐明了它的主要内容。不难看出，我们对科学发展观的探索越深入，就越会发现，它是一个极为丰富的理论宝库。

### (三)科学发展观的基本特征

在了解了科学发展观的主要内容后，我们还要进一步追问：科学发展观究竟具有哪些基本特征？通过深入的考察和反思，我们认为，科学发展观具有以下三个基本特征。

第一，目标明确。科学发展观陈述的既然是关于发展的观点，首先就会牵涉到如下的问题：发展究竟为了什么？换言之，发展的目标究竟是什么？其实，在前面论述科学发展观的核心时，这个问题已经得到了明确的解答。中国共产党的宗旨是全心全意为人民服务，而党所从事的一切工作，当然也包括提出和贯彻科学发展观，其目标都是为了造福人民。也就是说，维护和发展人民的根本利益，是党和国家一切工作的出发点和落脚点。正是出于这样的目标，胡锦涛同志反复强调，在促进中国经济社会发展的过程中，一定要"尊重人民主体地位，发挥人民首创精神，保障人民各项权利，走共同富裕道路，促进人的全面发展，做到发展为了人民、发展依靠人民、发展成果由人民共享"[1]。而人民的根本利益正体现在这些方面，把这些方面凝聚起来，也就是"实现全面建设小康社会的奋斗目标"。这就告诉我们，科学发展观的目标就是经过10多年的努力，把当代中国社会建设为全面发展的小康社会。

在党的十七大报告中，胡锦涛同志用生动的笔触描绘了未来小康社

---

[1] 胡锦涛：《高举中国特色社会主义伟大旗帜 为夺取全面建设小康社会新胜利而奋斗》，人民出版社 2007 年版，第 15 页。

会的理想图景:"到二〇二〇年全面建设小康社会目标实现之时,我们这个历史悠久的文明古国和发展中社会主义大国,将成为工业化基本实现、综合国力显著增强、国内市场总体规模位居世界前列的国家,成为人民富裕程度普遍提高、生活质量明显改善、生态环境良好的国家,成为人民享有更加充分民主权利、具有更高文明素质和精神追求的国家,成为各方面制度更加完善、社会更加充满活力而又安定团结的国家,成为对外更加开放、更加具有亲和力、为人类文明作出更大贡献的国家。"[①]而在未来 10 多年的奋斗中,最近 5 年则是全面建设小康社会的关键时期,一定要在这个时期中为未来的发展目标打下扎实的基础。

从上面的论述可以看出,科学发展观的目标是十分明确的。事实上,我们前面主张从 Wissenschaft 这个德语名词的含义,即从自然科学与哲学社会科学统一的视角出发来理解作为"发展观"的修饰词的"科学",正是为了阐明它隐含着"以人为本"的核心观念,从而也隐含着全面建设小康社会的长远目标。

第二,路径明确。当人们探索科学发展观的时候,在弄明白发展的根本目标的前提下,还会进一步追问:科学发展究竟是通过什么样的路径来实现的?我们认为,科学发展的根本路径是改革开放。历史和实践一再向我们证明,试图通过像"文化大革命"这样的路径来调动人民群众的积极性,从而推动中国经济社会的发展是行不通的。这样做不但行不通,而且必定会导致国民经济的衰落甚至解体。中国是一个社会主义国家,而在社会主义国家中谋求发展的唯一路径是改革开放。正如胡锦涛同志所说的:"改革开放是党在新的时代条件下带领人民进行的新的伟大革命,目的就是要解放和发展社会生产力,实现国家现代化,让中国人民富裕起来,振兴伟大的中华民族;就是要推动我国社会主义制度自我完善和发展,赋予社会主义新的生机活力,建设和发展中国特色社会

---

① 胡锦涛:《高举中国特色社会主义伟大旗帜　为夺取全面建设小康社会新胜利而奋斗》,人民出版社 2007 年版,第 21 页。

主义；就是要在引领当代中国发展进步中加强和改进党的建设，保持和发展党的先进性，确保党始终走在时代前列。"①中华人民共和国成立以来的历史表明，正是通过改革开放的路径，中国经济社会取得了引人瞩目的变化。当然，改革开放这一路径也不像北京的长安街一样是笔直的，而是充满了曲折和坎坷。尤其是当改革开放进入到当今阶段，触及某些深层次的矛盾和问题时，它本身也面临着种种挑战。比如，目前人民生活总体上达到了小康水平，但收入分配的差距也逐步拉大了，还存在着相当数量的城乡贫困人口和低收入人口。又如，统筹兼顾各方面利益的难度也大大地增加了，事实上，城乡之间、区域之间、人与自然之间的关系仍然处于紧张状态下。随着社会主义民主政治建设、法制建设和文化建设的发展，人民在精神文化方面的需求也日益旺盛，在思想活动方面的独立性、选择性和差异性也明显增强。再如，随着对外开放日益扩大，国际竞争也明显地加剧了，可预见的和不可预见的风险也日益增多了。总之，改革开放越深入，其难度也就越大，而不同的改革开放措施之间的协调也就越重要。同时，毫无疑问，改革者所要付出的代价和努力也就越大。

不管如何，我们一定要咬定青山不放松，坚持走改革开放的道路。正如胡锦涛同志所强调的："事实雄辩地证明，改革开放是决定当代中国命运的关键抉择，是发展中国特色社会主义、实现中华民族伟大复兴的必由之路；只有社会主义才能救中国，只有改革开放才能发展中国、发展社会主义、发展马克思主义。"②这就启示我们，尽管在今后的改革开放进程中可能出现各种各样的曲折和困难，但我们必须坚持这条正确的路径，停顿和倒退是没有出路的。

第三，方法明确。如前所述，胡锦涛总书记认为，科学发展观的根

---

① 胡锦涛：《高举中国特色社会主义伟大旗帜　为夺取全面建设小康社会新胜利而奋斗》，人民出版社 2007 年版，第 7 页。

② 胡锦涛：《高举中国特色社会主义伟大旗帜　为夺取全面建设小康社会新胜利而奋斗》，人民出版社 2007 年版，第 10 页。

本方法是统筹兼顾。在这里，"统筹兼顾"是对历史唯物主义所蕴含的辩证法思想的创造性的概括和总结。事实上，把统筹兼顾看作科学发展观的根本方法本身就意味着：首先，应该把中国经济社会的发展理解为一个系统工程。在这个系统工程中，尽管经济建设是基础性的，但政治建设、文化建设和社会建设在某些发展阶段也可能起决定性的作用。必须把发展理解为系统的、全面的发展。其次，在中国经济社会发展的不同阶段上，应该根据具体情况，突出相应的发展重点。没有重点，也就没有政策，也就会使系统的、全面的发展落不到实处。而在突出重点时，也应该意识到，机遇和挑战常常是一起降临的。① 因而要善于通过战略性的思索，努力把挑战转化为机遇，把消极因素转化为积极因素，把被动的局面转化为主动的局面，从而开拓发展的新境域，跃上发展的新境界。最后，在突出重点的同时，也一定要协调好重点与非重点之间的关系；同时也要意识到，重点和非重点之间的关系并不是固定不变的，在一定的条件下，它们之间的关系也是可以相互转化的。总之，既要有总揽全局的眼光，又要从实际出发，对具体问题作出具体的分析。

# 三、科学发展观的形成

按照历史唯物主义的理论，任何思想观念的产生或形成都会受到以下两个方面的因素的影响：一是所谓"源"，即人们通常所说的现实生活。归根到底，任何思想观念都是直接地或间接地指向现实生活的。正是在这个意义上，胡锦涛同志说："科学发展观，是立足社会主义初级阶段基本国情，总结我国发展实践，借鉴国外发展经验，适应新的发展

---

① 有趣的是，在英语中，chance（机遇）、challenge（挑战）和 change（变化）都是以"cha-"这三个字母为开端的。它们给人的启示是：挑战常常隐含着机遇，而机遇则常常会带来变化。

要求提出来的。"①这段话表明，科学发展观并不是从天而降的，也不是人们脑子里固有的，而是"源"于对中国社会和世界上不同类型的社会的现实生活，尤其是发展中的经验教训的深刻的反思和总结。二是所谓"流"，即人们通常所说的、以前已有的思想观念。只要思想史是可能的，后人的思想观念也就必定会受到前人的影响。事实上，后人永远只能站在前人的肩膀上进行思考。换言之，任何思考都不可能是"前无古人"和"后无来者"的。当然，肯定这一点，并不等于说，后人的思想观念都是缺乏创造性的，都是对前人思想的低水平重复。恰恰相反，肯定这一点，正是为了表明，后人的思想创造并不是凭空进行的，而是有充分的依据的。正如胡锦涛同志所说的："科学发展观，是对党的三代中央领导集体关于发展的重要思想的继承和发展，是马克思主义关于发展的世界观和方法论的集中体现，是同马克思列宁主义、毛泽东思想、邓小平理论和'三个代表'重要思想既一脉相承又与时俱进的科学理论……"②下面，我们主要考察科学发展观形成的"流"的方面。

### (一)经典作家的发展理论

马克思的历史唯物主义学说不但为科学发展观奠定了理论基础，而且在某种意义上，它本身就是关于发展问题的哲学理论。在《〈政治经济学批判〉序言》中，马克思对自己的哲学理论进行了简要的表述，而这一表述本身就包含着对发展问题的深刻的思索："人们在自己生活的社会生产中发生一定的、必然的、不以他们的意志为转移的关系，即同他们的物质生产力的一定发展阶段相适合的生产关系。这些生产关系的总和构成社会的经济结构，即有法律的和政治的上层建筑竖立其上并有一定的社会意识形式与之相适应的现实基础。物质生活的生产方式制约着整个社会生活、政治生活和精神生活的过程……社会的物质生产力发展到

---

① 胡锦涛：《高举中国特色社会主义伟大旗帜　为夺取全面建设小康社会新胜利而奋斗》，人民出版社 2007 年版，第 13 页。

② 胡锦涛：《高举中国特色社会主义伟大旗帜　为夺取全面建设小康社会新胜利而奋斗》，人民出版社 2007 年版，第 12—13 页。

一定阶段，便同它们一直在其中运动的现存生产关系或财产关系（这只是生产关系的法律用语）发生矛盾。于是这些关系便由生产力的发展形式变成生产力的桎梏。那时社会革命的时代就到来了。随着经济基础的变更，全部庞大的上层建筑也或慢或快地发生变革。"①在这里，马克思从其历史唯物主义学说出发，揭示出人类社会发展的普遍规律，即生产力的发展构成社会发展的根本动力，但当它发展到一定阶段时，便会与它置身于其中的生产关系发生矛盾，从而导致社会革命。在社会革命中，生产关系、经济基础和上层建筑都会发生相应的变化，而这一变化的方向则是切合生产力发展的内在要求的。

在马克思看来，无论哪一种社会形态，在它所能容纳的全部生产力发挥出来以前，是决不会灭亡的。也就是说，在不具备革命条件的地方策动革命，无异于堂吉诃德式的努力。与此相应的问题的另一面是，当新社会的物质条件在旧社会的胎胞里成熟之前，新社会是决不会出现的。"所以人类始终只提出自己能够解决的任务，因为只要仔细考察就可以发现，任务本身，只有在解决它的物质条件已经存在或者至少是在生成过程中的时候，才会产生。"②这就深刻地启示我们，人类社会的发展并不是服从人们主观意志的随意性的，而是以生产力和生产关系、经济基础和上层建筑之间的客观的矛盾运动作为基础的。在这些矛盾中，生产劳动和经济发展起着基础性的作用。既然马克思揭示的是人类社会发展的普遍规律，这一规律当然也适用于作为共产主义社会初级阶段或第一阶段的社会主义社会。

在《哥达纲领批判》一文中，当马克思谈到共产主义第一阶段中存在的各种弊病时，这样写道："但是这些弊病，在经过长久阵痛刚刚从资本主义社会产生出来的共产主义社会第一阶段，是不可避免的。权利决不能超出社会的经济结构以及由经济结构制约的社会的文化发展。"③这

---

① 《马克思恩格斯选集》第2卷，人民出版社1995年版，第32—33页。
② 《马克思恩格斯选集》第2卷，人民出版社1995年版，第33页。
③ 《马克思恩格斯选集》第3卷，人民出版社1995年版，第305页。

段重要论述暗含着这样的理论预设，即在社会主义社会中，经济建设依然是基础性的，所有的思想观念都无法超出该社会的经济结构。在马克思看来，这一基本的见解也适合于共产主义社会的高级阶段："在共产主义社会高级阶段，在迫使个人奴隶般地服从分工的情形已经消失，从而脑力劳动和体力劳动的对立也随之消失之后；在劳动已经不仅仅是谋生的手段，而且本身成了生活的第一需要之后；在随着个人的全面发展，他们的生产力也增长起来，而集体财富的一切源泉都充分涌流之后，——只有在那个时候，才能完全超出资产阶级权利的狭隘眼界，社会才能在自己的旗帜上写上：各尽所能，按需分配！"①在马克思看来，即使是共产主义社会的高级阶段，也是以生产力的发展和集体财富源泉的充分涌流为前提的。

然而，令人遗憾的是，马克思的历史唯物主义学说所蕴含的发展观常常被人们曲解为所谓"经济决定论"。马克思逝世后，恩格斯在1890年9月21日致约·布洛赫的信中无情地驳斥了这种曲解，从而捍卫了马克思发展理论的纯洁性。恩格斯写道："……根据唯物史观，历史过程中的决定性因素归根到底是现实生活的生产和再生产。无论马克思或我都从来没有肯定过比这更多的东西。如果有人在这里加以歪曲，说经济因素是唯一决定性的因素，那么他就是把这个命题变成毫无内容的、抽象的、荒谬无稽的空话。经济状况是基础，但是对历史斗争的进程发生影响并且在许多情况下主要是决定着这一斗争的形式的，还有上层建筑的各种因素：阶级斗争的政治形式及其成果——由胜利了的阶级在获胜以后确立的宪法等等，各种法的形式以及所有这些实际斗争在参加者头脑中的反映，政治的、法律的和哲学的理论，宗教的观点以及它们向教义体系的进一步发展。这里表现出这一切因素间的相互作用，而在这种相互作用中归根到底是经济运动作为必然的东西通过无穷无尽的偶然事件（即这样一些事物和事变，它们的内部联系是如此疏远或者是如此

---

① 《马克思恩格斯选集》第3卷，人民出版社1995年版，第305—306页。

难于确定，以致我们可以认为这种联系并不存在，忘掉这种联系）向前发展。否则把理论应用于任何历史时期，就会比解一个最简单的一次方程式更容易了。"①在这里，我们必须看到，马克思和恩格斯并不是无条件地谈论经济因素的决定性的，而是在"归根到底"的层面上加以谈论的。

显然，马克思和恩格斯都意识到，人类社会的发展是以错综复杂的形式表现出来的。这种发展，在不同的历史时期，表现为各种因素之间的相互作用。在这一相互作用的网络中，各种因素都有可能在特定的情形中起决定性的作用。只是在"归根到底"的层面上，经济因素才起着决定性的作用。为什么？因为人们不管从事什么活动，都有一个前提，即他们必须先生活在这个世界上，而要生活在这个世界上，就必须生产出满足人们需要的生活必需品。正如恩格斯所说的："正像达尔文发现有机界的发展规律一样，马克思发现了人类历史的发展规律，即历来为繁芜丛杂的意识形态所掩盖着的一个简单事实：人们首先必须吃、喝、住、穿，然后才能从事政治、科学、艺术、宗教等等；所以，直接的物质生活资料的生产，从而一个民族或一个时代的一定的经济发展阶段，便构成基础，人们的国家设施、法的观点、艺术以至宗教观念，就是从这个基础上发展起来的，因而，也必须由这个基础来解释，而不是像过去那样做得相反。"②这样，我们就明白了，马克思和恩格斯从来也没有否认人类社会发展的整体性和复杂性；相反，他们肯定了各种不同的因素在人类历史上的作用，他们肯定的只是经济因素在"归根到底"层面上的决定性作用。

尽管马克思和恩格斯主要生活在自由资本主义发展的历史阶段，但他们已经意识到资本主义社会的发展方式的种种弊端。马克思着重批判了资本主义大机器生产中出现的普遍的异化和物化现象。在《资本论》第一卷中，他这样写道："变得空虚了的单个机器工人的局部技巧，在科

① 《马克思恩格斯选集》第4卷，人民出版社1995年版，第695—696页。
② 《马克思恩格斯选集》第3卷，人民出版社1995年版，第776页。

学面前，在巨大的自然力面前，在社会的群众性劳动面前，作为微不足道的附属品而消失了；科学、巨大的自然力、社会的群众性劳动都体现在机器体系中，并同机器体系一道构成'主人'的权力。"①在马克思看来，在资本主义大机器生产中，一方面，工人成了机器的附庸；另一方面，机器则成了工人的主人。这就启示我们，资本主义社会的发展方式是违背人性的，它对人本身的生存和发展都产生了灾难性的影响。

与马克思不同，恩格斯在《自然辩证法》中着重探索了人类社会的发展可能给自然界造成的消极的、不可逆的影响。恩格斯在谈到人对自然界的征服的时候指出："但是我们不要过分陶醉于我们对自然界的胜利。对于每一次这样的胜利，自然界都报复了我们。每一次胜利，在第一步都确实取得了我们预期的结果，但是在第二步和第三步却有了完全不同的、出乎预料的影响，常常把第一个结果又取消了。美索不达米亚、希腊、小亚细亚以及其他各地的居民，为了想得到耕地，把森林都砍完了，但是他们梦想不到，这些地方今天竟因此成为荒芜不毛之地，因为他们使这些地方失去了森林，也失去了积聚和贮存水分的中心。阿尔卑斯山的意大利人，在山南坡砍光了在北坡被十分细心地保护的松林，他们没有预料到，这样一来，他们把他们区域里的高山畜牧业的基础给摧毁了；他们更没有预料到，他们这样做，竟使山泉在一年中的大部分时间内枯竭了，而在雨季又使更加凶猛的洪水倾泻到平原上。在欧洲传播栽种马铃薯的人，并不知道他们也把瘰疬症和多粉的块根一起传播过来了。因此我们必须时时记住：我们统治自然界，决不像征服统治异民族一样，决不像站在自然界以外的人一样，——相反地，我们连同我们的肉、血和头脑都是属于自然界，存在于自然界的；我们对自然界的整个统治，是在于我们比其他一切动物强，能够认识和正确运用自然规律。"②在恩格斯看来，人对自然界的每一次征服，都会引来自然界本身

---

① 马克思：《资本论》第1卷，人民出版社1975年版，第464页。

② 恩格斯：《自然辩证法》，人民出版社1971年版，第158—159页。

的报复。他列举了许多例子来说明这一点，尽管他在这里还没有明确提出人与自然界之间如何和谐相处的主题并提出相应的对策，但在他的论述中已经暗含着这方面的意思，并为未来经济社会的发展敲响了警钟。毋庸讳言，马克思和恩格斯的上述重要论述，为我们全面探索人类社会发展这一现象提供了重要的理论基础。

在恩格斯逝世后，社会主义革命的希望转向了俄国。1917年，列宁领导的布尔什维克党举行了"十月革命"，建立了世界上第一个社会主义国家。革命后，列宁非常清醒地意识到发展生产力和提高劳动生产率的重要性。

在写于1918年4月的《苏维埃政权的当前任务》一文中，列宁指出，当前面临的一项十分迫切的工作是生产和分配人们的生存必需品。他强调："在任何社会主义革命中，当无产阶级夺取政权的任务解决以后，随着剥夺剥夺者及镇压他们反抗的任务大体上和基本上解决，必然要把创造高于资本主义的社会结构的根本任务提到首要地位，这个根本任务就是：提高劳动生产率，因此（并且为此）就要有更高形式的劳动组织。"①

在写于1919年2月的《俄共（布）纲领草案》中，列宁进一步提出："发展生产力这一任务还要求立即广泛地和全面地利用资本主义遗留给我们的科学技术专家"②。

在写于1919年6月的《伟大的创举》一文中，列宁继续强调："劳动生产率，归根到底是使新社会制度取得胜利的最重要最主要的东西。资本主义制度创造了在农奴制度下所没有过的劳动生产率。资本主义可以被最终战胜，而且一定会被最终战胜，因为社会主义能创造新的高得多的劳动生产率。"③

作为马克思和恩格斯事业的继承者，作为马克思主义经典作家之一，列宁始终十分重视发展生产力和提高劳动生产率在社会主义社会发

① 《列宁选集》第3卷，人民出版社1995年版，第490页。
② 《列宁选集》第3卷，人民出版社1995年版，第747—748页。
③ 《列宁选集》第4卷，人民出版社1995年版，第16页。

展中的根本性作用。在 1918—1920 年，当俄国遭到 14 个国家的围攻和入侵时，列宁不断地强调经济建设的重要性。在击溃了帝国主义国家的疯狂干预后，在 1921 年召开的俄共（布）第十次代表大会上，列宁又不失时机地提出，要把战时共产主义的经济政策转变为新经济政策。

在写于 1921 年 10 月 17 日的《新经济政策和政治教育委员会的任务》一文中，列宁明确地告诉我们："新经济政策就是以实物税代替余粮收集制，就是在很大程度上转而恢复资本主义。究竟到什么程度，我们不知道。同外国资本家签订租让合同（诚然，已经签订的合同还很少，特别是同我们提出的建议相比），把企业租给私人资本家，这些都是直接恢复资本主义，是从新经济政策的根上萌发出来的。因为废除余粮收集制就意味着农民可以自由买卖完税后的剩余农产品，而实物税征收的只是他们产品中的一小部分。农民在全国人口和整个经济中占极大的比重，因此在这种自由贸易的土壤上不可能不滋长资本主义。"①尽管列宁清醒地意识到，新经济政策会导致资本主义的滋长，但在当时十分严峻的经济形势中，列宁不得不作出这样的退却，其目的是调动人民群众，尤其是农民的积极性，以确保第一个社会主义国家不至于在建国之初就夭折。

列宁所从事的一系列实践活动和理论活动表明，他始终从俄国的具体国情出发，坚定不移地把历史唯物主义的基本理论作为建设世界上第一个社会主义国家的指导思想。但由于列宁过早地逝世了，他生前关于社会主义社会发展的许多有价值的理念无法实现。今天，虽然世界上第一个社会主义国家已经在列宁的后继者那里衰落并解体了，但列宁在建国之初关于社会主义社会发展的许多想法和做法，尤其是他提出的新经济政策和把发展生产力、提高劳动生产率视为社会主义社会的首要任务的见解仍然是对发展理论的可贵探索和卓越贡献，值得我们深长思之。

在列宁逝世之后，毛泽东对发展理论，尤其是经济社会方面的发展

---

① 《列宁选集》第 4 卷，人民出版社 1995 年版，第 576—577 页。

理论，也作出了重要的贡献。众所周知，毛泽东在青年时期就已经接受了马克思的历史唯物主义理论。1921年1月21日，毛泽东在致蔡和森的信中这样写道："唯物史观是吾党哲学的根据，这是事实，不像唯理观之不能证实而容易被人摇动。"①事实上，正是通过对历史唯物主义理论的了解、探索和接受，毛泽东才会在观察中国社会、指导中国共产党的实际工作方面，处处表现出对经济发展问题的高度重视。

1925年12月，毛泽东在对当时中国社会的经济和政治状况作出了深入的考察和思索的基础上，撰写了《中国社会各阶级分析》这篇重要的论文，惟妙惟肖地描绘了中国社会各阶级（包括其中的不同的阶层）的经济状况、生活态度、发展前景和政治立场，从而为中国革命指出了明确的对象和方向。

在中国共产党在井冈山地区创建和发展根据地、努力击破国民党军队围剿的时期，毛泽东在写于1934年1月的《我们的经济政策》中明确地指出："我们的经济政策的原则，是进行一切可能的和必须的经济方面的建设，集中经济力量供给战争，同时极力改良民众的生活，巩固工农在经济方面的联合，保证无产阶级对于农民的领导，争取国营经济对私人经济的领导，造成将来发展到社会主义的前提。我们的经济建设的中心是发展农业生产，发展工业生产，发展对外贸易和发展合作社。"②在这段文字不多的论述中，毛泽东既高屋建瓴地阐明了当时欲加以实行的党的经济政策的目的、原则和意义，也因地制宜地强调了根据地经济建设的中心是发展农业生产，发展工业生产，发展对外贸易和发展合作社。

在抗日战争时期，毛泽东在写于1940年1月的《新民主主义论》中，明确地提出了新民主主义的经济政策，肯定无产阶级领导下的新民主主义共和国的国营经济具有社会主义的性质，是整个国民经济的领导力

---

① 《毛泽东书信选集》，人民出版社1983年版，第15页。
② 《毛泽东选集》第1卷，人民出版社1991年版，第130—131页。

量。由于中国经济还十分落后，所以共和国并不没收民族资本阶级的私有财产。在农村，共和国将实行孙中山先生的"耕者有其田"的政策，并允许富农经济的存在。总之，"中国的经济，一定要走'节制资本'和'平均地权'的路，决不能是'少数人所得而私'，决不能让少数资本家少数地主'操纵国民生计'，决不能建立欧美式的资本主义社会，也决不能还是旧的半封建社会"①。尽管毛泽东在这里没有指出中国经济社会的发展一定要走中国特色的道路，但这样的意思已经蕴含在他的论述中，尤其是他关于中国"决不能建立欧美式的资本主义社会"的见解中。

在写于 1942 年 12 月的《抗日时期的经济问题和财政问题》一文中，毛泽东反复强调了"发展经济才能保障供给"这一真理，并指出："发展经济的路线是正确的路线，但发展不是冒险的无根据的发展。有些同志不顾此时此地的具体条件，空嚷发展，例如要求建设重工业，提出大盐业计划、大军工计划等，都是不切实际的，不能采用的。党的路线是正确的发展路线，一方面要反对陈旧的保守的观点，另一方面又要反对空洞的不切实际的大计划。"②这段论述之所以特别重要，是因为毛泽东提出了"党的路线是正确的发展路线"的重要观点，这是他对发展理论的伟大贡献。在毛泽东看来，正确的发展路线既反对陈旧的保守主义，又反对不切实际的激进主义，而是要从实际出发，因地制宜、因时制宜地制定发展战略。

在写于 1945 年 1 月 10 日的《必须学会做经济工作》一文中，毛泽东主张从农村的实际情况出发，采用"统一领导，分散经营"的方针，努力做好生产和供给工作。并决定在陕甘宁边区开展大规模的生产运动。在写于同年 1 月 31 日的《解放日报》社论《游击区也能够进行生产》中，毛泽东总结了晋察冀游击区的经验，提倡游击区也要利用一切条件，开展生产运动，以解决军队和老百姓的供给问题。

---

① 《毛泽东选集》第 2 卷，人民出版社 1991 年版，第 678—679 页。
② 《毛泽东选集》第 3 卷，人民出版社 1991 年版，第 893 页。

在解放战争时期，毛泽东也十分重视经济工作和经济政策在解放区发展中的作用。在写于 1945 年 11 月 7 日的《减租和生产是保卫解放区的两件大事》一文中，毛泽东认为，为了达到粉碎国民党的进攻、保卫解放区，争取和平局面出现这样的目的，"使解放区农民普遍取得减租利益，使工人和其他劳动人民取得酌量增加工资和改善待遇的利益；同时又使地主还能生活，使工商业资本家还有利可图；并于明年发展大规模的生产运动，增加粮食和日用必需品的生产，改善人民的生活，救济饥民、难民，供给军队的需要，成为非常迫切的任务。只有减租和生产两件大事办好了，才能克服困难，援助战争，取得胜利"①。后来，解放战争的胜利表明，毛泽东领导下的中国共产党当时在解放区采取的一系列的经济政策都是正确的，解放区的经济发展保障了军队和老百姓的供给，从而为彻底摧毁国民党的反动统治奠定了物质条件。

在中华人民共和国成立初期，毛泽东也充分注意到了经济发展的重要性。在 1953 年 10 月、11 月的《关于农业互助合作的两次谈话》中，毛泽东明确地指出："生产力发展了，才能解决供求的矛盾。"②在写于 1956 年 11 月 15 日的《在中国共产党第八届中央委员会第二次全体会议上的讲话》中，毛泽东在谈到未来社会的时候说："那个时候还有生产关系同生产力的矛盾，上层建筑同经济基础的矛盾。生产关系搞得不对头，就要把它推翻。上层建筑（其中包括思想、舆论）要是保护人们不欢喜的那种生产关系，人民就要改革它……生产力是最革命的因素。生产力发展了，总是要革命的。"③这段话不但表明毛泽东精通历史唯物主义的基本理论，而且他实际上已经意识到，改革将成为社会主义社会向前发展的伟大动力。

---

① 《毛泽东选集》第 4 卷，人民出版社 1991 年版，第 1172 页。

② 中共中央文献研究室：《建国以来重要文献选编》第 4 册，中央文献出版社 1993 年版，第 470 页。

③ 中共中央党校编：《马列著作毛泽东著作选读（哲学部分）》，人民出版社 1978 年版，第 435—436 页。

毛泽东不但十分重视中国经济社会的发展，而且也非常强调发展工作的方法论问题。在新民主主义革命时期，毛泽东在写于 1943 年 6 月 1 日的《关于领导方法的若干问题》一文中告诫我们："在任何一个地区内，不能同时有许多中心工作，在一定时间内只能有一个中心工作，辅以别的第二位、第三位的工作……领导人员依照每一具体地区的历史条件和环境条件，统筹全局，正确地决定每一时期的工作重心和工作秩序，并把这种决定坚持地贯彻下去，务必得到一定的结果，这是一种领导艺术。"① 这段重要论述强调了在一个地区的发展工作中，全局和局部之间的辩证关系，即既要统筹全局，又要在每个不同的发展时期突出发展的重点。

在社会主义建设时期，在写于 1956 年 4 月的《论十大关系》一文中，毛泽东主张，在中国经济社会的发展中，要努力处理好重工业和轻工业、农业的关系，沿海工业和内地工业的关系，经济建设和国防建设的关系，国家、生产单位和生产者个人的关系，中央和地方的关系，汉族和少数民族的关系，党和非党的关系，革命和反革命的关系，是非的关系，中国和外国的关系。在上面提到的十大关系中，毛泽东关于中央和地方关系的论述尤其具有启发意义。他写道："中央和地方的关系也是一个矛盾。解决这个矛盾，目前要注意的是，应当在巩固中央统一领导的前提下，扩大一点地方的权力，给地方更多的独立性，让地方办更多的事情。这对我们建设强大的社会主义国家比较有利。我们的国家这样大，人口这样多，情况这样复杂，有中央和地方两个积极性，比只有一个积极性好得多。我们不能像苏联那样，把什么都集中到中央，把地方卡得死死的，一点机动权也没有。"② 事实上，在毛泽东谈到的十大关系中，中央和地方的关系是一个核心的关系。后来改革开放的历史进程也屡屡向我们表明，像中国这样的大国，在其经济社会的发展中必定会遭

① 《毛泽东选集》第 3 卷，人民出版社 1991 年版，第 901 页。
② 中共中央文献研究室：《建国以来重要文献选编》第 8 册，中央文献出版社 1994 年版，第 251 页。

遇到下面这样的难题：一方面，改革要求权力下放，从而调动地方的积极性；另一方面，改革又要求政府要做好宏观调控的工作，而要顺利地宏观调控，某些方面的权力又应该集中到中央。总之，在发展的实践中，我们应该明白，哪些权力应该下放，哪些权力应该集中，这里的关键就是处理好中央和地方的关系。

在写于 1957 年 1 月的《毛泽东在省市自治区党委书记会议上的讲话》中，毛泽东把"统筹兼顾，各得其所"看作"我们历来的方针"，并在谈到中国共产党面临的许多迥然各异的工作时指出："所有这些，都是统筹兼顾。这是一个什么方针呢？就是调动一切积极力量，为了建设社会主义。这是一个战略方针。"①这些论述表明，毛泽东已经清楚地意识到，在当代中国社会的发展中，统筹兼顾乃是一种根本性的方法。

从上面我们引证的、毛泽东关于经济社会发展的一系列论述中，不难发现，从总体上看，毛泽东坚持了历史唯物主义的基本理论，并努力从中国的具体国情和实际斗争的状况出发来制定发展路线。同时，他也充分肯定了经济社会发展中领导艺术的重要性，尤其是他关于"统筹兼顾"的方法的提出，为以后科学发展观的形成提供了重要的方法论的依据。正是以邓小平为核心的党的第二代领导集体在党的十一届三中全会上确立了"以经济建设为中心"的党的基本路线，从而使中国经济社会的发展重新出现了生机，并使中国经济社会发生了巨大的变化。尽管晚年毛泽东的发展理论出现了偏差，但从总体上看，他对发展理论也作出了重要的贡献，值得我们认真地加以探索。

### (二)邓小平的发展思想

作为中国共产党的第二代领导人的核心和代表，邓小平既追随毛泽东，参与并领导了新民主主义革命，而且在中华人民共和国成立后，也参与并领导了社会主义建设事业，强调"发展是硬道理"，为中国社会走

---

① 中共中央党校编：《马列著作毛泽东著作选读(科学社会主义部分)》，人民出版社1978 年版，第 525—526 页。

上健康的发展轨道奠定了正确的思想路线。他被人们誉为中国改革开放的总设计师，他对当代中国社会的影响是无与伦比的。与毛泽东一样，邓小平的发展理论也是奠基于历史唯物主义的基本理论之上的，而他又结合中国新民主主义革命时期和社会主义建设时期的不同的情况，对发展理论作出了创造性的推进。

在新民主主义革命时期，邓小平就对解放区的经济建设问题予以高度的重视。在 1943 年 7 月 2 日发表于《解放日报》的《太行区的经济建设》一文中，邓小平分析了当时太行区的复杂的情况，并明确地指出："首先，我们确定了发展生产是经济建设的基础，也是打破敌人封锁、建设自给自足经济的基础，而发展农业和手工业，则是生产的重心。"①邓小平的上述见解完全是从太行区的实际情况出发的。在他看来，我们既然处于农村中，自然要以农业生产为主，而农业生产的核心是粮食生产，只要有了粮食，军队和老百姓也就得到了生存和发展。同时，农业生产上去了，也为手工业生产提供了必要的原料，从而推动了手工业的发展，而手工业生产的发展又可以反过来推动农业生产的发展，从而实现太行区自给自足的经济，以打破敌人的封锁。

在写于 1948 年 6 月 6 日的《贯彻执行中共中央关于土改与整党工作的指示》一文中，邓小平细致地分析了当时在工作中出现的各种错误的倾向，强调："为着发展生产，繁荣经济，以便保障人民生计和支援战争，必须注意领导人民加紧生产，不误农时，不荒地，防止地富怠工和破坏；必须坚决执行保护城市、保护工商业的政策，纠正相当普遍存在的轻视城市、放弃城市工作领导的错误倾向。"②邓小平还表示，在实际工作中一定要努力克服各种过激的做法，以便尽快地恢复并发展农业生产，发展工商业，为新解放区建设的顺利开展创造条件。

在社会主义建设时期，邓小平对经济建设的重视更是溢于言表。在

---

① 《邓小平文选》第 1 卷，人民出版社 1994 年版，第 79 页。
② 《邓小平文选》第 1 卷，人民出版社 1994 年版，第 120 页。

1957 年 4 月 8 日的《今后的主要任务是搞建设》的报告中，邓小平指出：
"我们前一个阶段做的事情是干革命。从去年农业、手工业和资本主义
工商业的社会主义改造基本完成时起，革命的任务也就基本上完成了。
今后的任务是什么呢？革命的任务还有一部分，但是不多了。今后的主
要任务是搞建设。我们党的第八次全国代表大会提出的任务，就是要调
动一切积极因素，调动一切力量，为把我国建设成为一个伟大的社会主
义工业国而奋斗。"①邓小平表示，在搞建设方面，中国共产党还缺乏经
验，因此，一定要认真学习并汲取国内外经济建设方面的经验教训，从
国家的现实情况出发，推动社会主义经济的发展。

在写于 1962 年 7 月 7 日的《怎样恢复农业生产》的谈话中，邓小平
主张，要使中国的经济状况从三年自然灾害的困境中恢复过来，首先要
从恢复农业着手。但当时在农业上主要实行的是人民公社制度，很难把
农民的积极性调动起来，而有的地方已经出现了像"包产到户""责任田"
这样的新事物。但对这样的新事物，人们又存在着迥然不同的看法，怎
么办呢？邓小平认为："生产关系究竟以什么形式为最好，恐怕要采取
这样一种态度，就是哪种形式在哪个地方能够比较容易比较快地恢复和
发展农业生产，就采取哪种形式；群众愿意采取哪种形式，就应该采取
哪种形式，不合法的使它合法起来。"②在邓小平看来，当时最紧迫的问
题是恢复国民经济，尤其是农业，而不是停留在关于生产关系的抽象
的、无穷无尽的争论中。在他看来，中国共产党之所以能够打败蒋介
石，原因就是不按老规矩、不照老路子打，现在在生产关系上也不能采
取固定不变的形式，应该采取的思路是：哪种形式更能调动群众的积极
性就采取哪种形式。"总之，要把群众的积极性调动起来，首先是把农
民的积极性调动起来，同时也把城里人的积极性调动起来，好好地搞，
就有希望。"③在这里，邓小平的发展理论蕴含着一个极为重要的思想，

---

① 《邓小平文选》第 1 卷，人民出版社 1994 年版，第 261 页。
② 《邓小平文选》第 1 卷，人民出版社 1994 年版，第 323 页。
③ 《邓小平文选》第 1 卷，人民出版社 1994 年版，第 327 页。

即如何从实际情况出发，调动一切可以调动的积极性，来推进经济社会的发展。

在 1975 年 3 月 5 日题为《全党讲大局，把国民经济搞上去》的讲话中，邓小平明确地指出："现在有一个大局，全党要多讲。大局是什么？三届人大一次会议和四届人大一次会议的政府工作报告，都讲了发展我国国民经济的两步设想：第一步到 1980 年，建成一个独立的比较完整的工业体系和国民经济体系；第二步到 20 世纪末，也就是说，从现在算起还有 25 年时间，把我国建设成为具有现代农业、现代工业、现代国防和现代科学技术的社会主义强国。全党全国都要为实现这个伟大目标而奋斗。这就是大局。"[1]在当时的情况下，邓小平发现，要把国民经济搞上去，最薄弱的环节就是铁路。因此，他下决心采取一系列措施，先把铁路运输搞上去。随后，在发展工业，包括钢铁工业方面，邓小平反复重申要整顿企业的管理秩序，坚持按劳分配的原则，恢复和健全规章制度，引进新技术和新设备，加强企业的科研工作，把好产品的质量关，从而切实加快国民经济发展的步伐。

在 1977 年 5 月 24 日关于《尊重知识，尊重人才》的谈话中，邓小平又强调："我们要实现现代化，关键是科学技术要能上去。发展科学技术，不抓教育不行。靠空讲不能实现现代化，必须有知识，有人才。"[2]从这段论述中我们可以发现，邓小平发展理论的一个显著的特点是强调"发展科学技术"在整个经济社会发展中的核心作用，而要发展科学技术，就一定要把教育抓上去。正是基于这样的发展思路，邓小平举行了全国科学和教育工作座谈会，恢复了"文化大革命"中陷于停顿的高考招生制度，从而使科研和教育工作的发展出现了欣欣向荣的景象。

在 1978 年 3 月 18 日举行的全国科学大会的开幕式上，邓小平再度强调："四个现代化，关键是科学技术的现代化。没有现代科学技术，

①　《邓小平文选》第 2 卷，人民出版社 1994 年版，第 4 页。
②　《邓小平文选》第 2 卷，人民出版社 1994 年版，第 40 页。

就不可能建设现代农业、现代工业、现代国防。没有科学技术的高速度发展，也就不可能有国民经济的高速度发展。"[1]在邓小平看来，科学技术就是生产力，因为没有先进的科学技术，根本就不可能有生产力的巨大发展，也不可能大幅度地提高劳动生产率。而认识到这一点，就一定要尊重科研工作者和教育工作者，充分发挥他们的积极作用。

在 1978 年 4 月 22 日举行的全国教育工作会议上，邓小平也强调："我们要提高人民教师的政治地位和社会地位。不但学生应该尊重教师，整个社会都应该尊重教师。我们提倡学生尊敬师长，同时也提倡师长爱护学生。尊师爱生，教学相长，这是师生之间革命的同志式的关系。"[2]这些论述表明，在邓小平的发展理论中，科学技术和教育的发展始终处于核心的位置上。

1979 年 1 月 17 日，在同荣毅仁等工商界领导人的谈话中，邓小平指出："要用经济方法管理经济，从商业角度考虑签订合同，有利润、能创汇的就签，否则就不签。应该排除行政干扰。所谓全权负责，包括用人权。只要是把社会主义建设事业搞好，就不要犹豫。"[3]这一论述显露出邓小平发展理论中的一个重要的侧面，即经济发展不能靠行政命令，也不能靠长官意志，而应该服从经济自身的发展规律，应该起用真正懂经济的人来管理经济工作。只有这样，才能确保经济工作的顺利发展。正是基于这样的考虑，在 1979 年 10 月 4 日《关于经济工作的几点意见》的谈话中，邓小平又重申："按经济规律办事，就要培养一批能按经济规律办事的人。"[4]从而把培养专家和懂行的人看作干部培养中的一项根本性的任务。

1979 年 11 月 26 日，邓小平在会见美国不列颠百科全书出版公司编委会副主席吉布尼等人时，强调："我们革命的目的就是解放生产力，

---

① 《邓小平文选》第 2 卷，人民出版社 1994 年版，第 86 页。
② 《邓小平文选》第 2 卷，人民出版社 1994 年版，第 109 页。
③ 《邓小平文选》第 2 卷，人民出版社 1994 年版，第 157 页。
④ 《邓小平文选》第 2 卷，人民出版社 1994 年版，第 196 页。

发展生产力。离开了生产力的发展、国家的富强、人民生活的改善，革命就是空的……当然我们不要资本主义，但是我们也不要贫穷的社会主义，我们要发达的、生产力发展的、使国家富强的社会主义。我们相信社会主义比资本主义的制度优越。它的优越性应该表现在比资本主义有更好的条件发展社会生产力。"①正是基于这样的发展观念，邓小平指出，认为市场经济只存在于资本主义社会中的看法是错误的，社会主义也可以搞市场经济，也可以走自己的发展之路。经过长时期的思考后，邓小平还把小康社会确定为中国经济社会发展的未来目标。

1982 年 5 月 6 日，邓小平在会见利比里亚国家元首多伊时，简要地介绍了中国经济建设的经验。他认为，中国的经验主要是两条：第一条是"自力更生为主"。尽管经济上的开放政策和引进外资是必要的，但从根本上看，一个国家的经济发展要靠自力更生；第二条是"重视发展农业。不管天下发生什么事，只要人民吃饱肚子，一切就好办了"②。邓小平提出的上述两条经验，对于发展中国家的经济发展来说，确实具有重要的借鉴意义。从 20 世纪 80 年代初以后，在发展观念变得越来越深入人心以后，邓小平努力处理好中国经济社会的发展与下列五个要素之间的关系。

第一个要素是改革。邓小平认为，中国经济社会要向前发展，一定要进行改革，他甚至于把改革看作第二次革命。1987 年 6 月 12 日，在会见南斯拉夫共产主义者联盟中央主席团委员科罗舍茨时，邓小平说："目前我们国内正在进行改革。我是主张改革的，不改革就没有出路，旧的那一套经过几十年的实践证明是不成功的……中国社会从 1958 年到 1978 年 20 年时间，实际上处于停滞和徘徊的状态，国家的经济和人民的生活没有得到多大的发展和提高。这种情况不改革行吗?"③在邓小平看来，十一届三中全会制定的改革政策首先是在农村开始实行的。在

---

① 《邓小平文选》第 2 卷，人民出版社 1994 年版，第 231 页
② 《邓小平文选》第 2 卷，人民出版社 1994 年版，第 406 页。
③ 《邓小平文选》第 3 卷，人民出版社 1993 年版，第 237 页。

农村的改革中，由于施行了"家庭联产承包制"，也允许农民多种经营，农民的积极性很快就被调动起来了，农村经济的发展取得了巨大的成绩。没有料到的是，在农村的改革中，乡镇企业异军突起，对整个中国经济建设的发展产生了重大的推进作用。农村改革见效后，就转向了城市。但城市改革比农村改革更复杂，风险也更大。虽然城市改革目前仍然处于继续推进的过程中，但改革所取得的伟大成绩及给城市面貌带来的巨大变化是不可否认的。随着农村和城市经济体制改革的深入发展，政治体制改革也提到了议事日程上。正如邓小平所强调的："不改革政治体制，就不能保障经济体制改革的成果，不能使经济体制改革继续前进，就会阻碍生产力的发展，阻碍四个现代化的实现。"①

"中国一定要坚持改革开放，这是解决中国问题的希望。但是要改革，就一定要有稳定的政治环境。总的来说，中国人民是支持改革政策的，绝大多数学生是支持稳定的，他们知道离开国家的稳定就谈不上改革和开放。"②邓小平认为，在中国经济社会的发展中，改革之路是要长期坚持下去的。只有改革才能给中国带来生机，但改革又是以社会上、政治上的稳定为前提的，因而一定要努力处理好改革和稳定之间的辩证关系。这也是邓小平的发展理论所蕴含的最重要的思想资源之一。

第二个要素是开放。邓小平认为，中国经济社会要向前发展，就一定要对外开放。在 1984 年 10 月 6 日会见参加中外经济合作问题讨论会全体中外代表时，邓小平指出："我们在制定对内经济搞活这个方针的同时，还提出对外经济开放。总结历史经验，中国长期处于停滞和落后状态的一个重要原因是闭关自守。经验证明，关起门来搞建设是不能成功的，中国的发展离不开世界。"③如前所述，尽管中国作为一个大国，要坚持走自力更生的发展道路，但对外开放，吸收国外的资金和技术来帮助我们发展仍然是必要的。在这个意义上，开放乃是中国经济社会在

---

① 《邓小平文选》第 3 卷，人民出版社 1993 年版，第 176 页。
② 《邓小平文选》第 3 卷，人民出版社 1993 年版，第 284 页。
③ 《邓小平文选》第 3 卷，人民出版社 1993 年版，第 78 页。

发展中必须长期加以坚持的基本政策。

为了做好经济开放工作，在邓小平的积极推进下，建立了以深圳为代表的一系列经济特区。邓小平认为："特区是个窗口，是技术的窗口，管理的窗口，知识的窗口，也是对外政策的窗口。从特区可以引进技术，获得知识，学到管理，管理也是知识。特区成为开放的基地，不仅在经济方面、培养人才方面使我们得到好处，而且会扩大我国的对外影响。"①按照邓小平的主张，为了抓住机遇，尽快地推进中国经济的发展，还可以考虑开放港口城市，这些城市不叫特区但可以实行某些特区的政策。由此可见，对外开放和特区建设也是邓小平对发展理论的卓越贡献之一。

第三个要素是科技。1986 年 10 月 18 日，邓小平在会见李政道夫妇时表示："中国要发展，离开科学不行。"②在邓小平看来，中国是发展中国家，不但发展中国家离不开科学技术，而且维护世界和平也离不开科学技术。对于中国这样的国家，特别是要发展高科技，要努力赶上世界科学技术的先进水平。在 1988 年 9 月 5 日会见捷克总统胡萨克时，邓小平又强调："马克思说过，科学技术是生产力，事实证明这话讲得很对。依我看，科学技术是第一生产力。"③在邓小平看来，科学技术，尤其是现代科学技术对经济社会发展的影响是无与伦比的，尤其是高科技的发展甚至决定着一个国家的命运和前途。比如，今后农业问题的出路要靠生物工程来解决，工业生产的发展也要靠尖端技术来促进。邓小平关于"科学技术是第一生产力"的见解乃是他发展理论的一个极其重要的组成部分。

第四个要素是"一国两制"政策。由于特殊的历史原因，在中国内部形成了大陆和港、澳、台之间的特殊关系。如果这些关系得不到合理的处理，必定会使中国经济社会的发展举步维艰。好多年来，邓小平一直

---

① 《邓小平文选》第 3 卷，人民出版社 1993 年版，第 51—52 页。
② 《邓小平文选》第 3 卷，人民出版社 1993 年版，第 183 页。
③ 《邓小平文选》第 3 卷，人民出版社 1993 年版，第 274 页。

在苦苦地思索着这个关系问题，最后他以高度的政治智慧提出了"一国两制"的政策。邓小平说："我们提出的大陆与台湾统一的方式是合情合理的。统一后，台湾仍搞它的资本主义，大陆搞社会主义，但是是一个统一的中国。一个中国，两种制度。香港问题也是这样，一个中国，两种制度。"①显然，"一国两制"政策的意义是巨大的。它不仅为解决中国国内的政治争端提供了一条良好的通道，也为解决国际的各种争端提供了范本。邓小平说："从世界历史来看，有哪个政府制定过我们这么开明的政策？从资本主义历史看，从西方国家看，有哪一个国家这么做过？我们采取'一个国家，两种制度'的办法解决香港问题，不是一时的感情冲动，也不是玩弄手法，完全是从实际出发的，是充分照顾到香港的历史和现实情况的。"②由此看来，"一国两制"政策的提出，不光对中国经济社会的发展有巨大的现实意义，对国际社会的和平发展也有不可忽视的借鉴意义。

第五个要素是营造和平的国际环境。邓小平认为，和平和发展是我们这个时代的主题，而中国经济社会要取得长足的发展，就必须积极贯彻和平共处的五项原则，营造一个和平的国际环境。在 1984 年 5 月会见巴西总统菲格雷多时，邓小平明确指出："中国的对外政策是独立自主，是真正的不结盟。中国不打美国牌，也不打苏联牌，中国也不允许别人打中国牌。中国对外政策的目标是争取世界和平。在争取和平的前提下，一心一意搞现代化建设，发展自己的国家，建设具有中国特色的社会主义。"③现在世界上是北方发达，南方落后，但如果南方不发展，对北方的发展也会产生消极的影响。因而，邓小平主张，既要推动南南合作，也要推动南北对话和合作。

1988 年 12 月 21 日，邓小平在会见印度总理拉吉夫·甘地时说："中印两国不发展起来就不是亚洲世纪。真正的亚太世纪或亚洲世纪，

---

① 《邓小平文选》第 3 卷，人民出版社 1993 年版，第 49 页。
② 《邓小平文选》第 3 卷，人民出版社 1993 年版，第 60 页。
③ 《邓小平文选》第 3 卷，人民出版社 1993 年版，第 57 页。

是要等到中国、印度和其他一些邻国发展起来，才算到来。这就像巴西不发展就不是拉丁美洲世纪一样。所以，应当把发展问题提到全人类的高度来认识，要从这个高度去观察问题和解决问题。只有这样，才会明了发展问题既是发展中国家自己的责任，也是发达国家的责任。"①从这些相关的论述可以看出，邓小平的发展理论是以整个国际社会的共同发展为基础的，并努力通过对和平的国际环境的营造，为中国经济社会的发展创造良好的条件。

除了上面谈到的发展与五个要素之间的关系外，邓小平也十分重视发展中的领导艺术。一方面，他也和毛泽东一样，强调要以统筹兼顾的方法指导发展。他告诫我们："中国式的现代化，必须从中国的特点出发。比方说，现代化的生产只需要较少的人就够了，而我们人口这样多，怎样两方面兼顾？不统筹兼顾，我们就会长期面对着一个就业不充分的社会问题。"②在邓小平看来，指导中国经济社会的发展，既要突出重点，又要善于统筹兼顾，解决好重点与非重点之间的关系。另一方面，邓小平特别强调，在中国经济社会的发展中，要同时警惕"左"和右两种错误倾向。在1992年年初的南方谈话中，邓小平反复告诫我们："现在，有右的东西影响我们，也有'左'的东西影响我们，但根深蒂固的还是'左'的东西。有些理论家、政治家，拿大帽子吓唬人的，不是右，而是'左'。'左'带有革命的色彩，好像越'左'越革命。'左'的东西在我们党的历史上可怕呀！一个好好的东西，一下子被他搞掉了。右可以葬送社会主义，'左'也可以葬送社会主义。中国要警惕右，但主要是防止'左'。"③显然，邓小平关于经济社会的发展要同时排除"左"和右两种错误倾向干扰的见解，也为科学发展观的形成提供了宝贵的思想资源。

---

① 《邓小平文选》第3卷，人民出版社1993年版，第282页。
② 《邓小平文选》第2卷，人民出版社1994年版，第164页。
③ 《邓小平文选》第3卷，人民出版社1993年版，第375页。

### (三)第三代领导人的发展理念

1989年6月16日，邓小平在与几位中央领导谈话时，明确地指出："任何一个领导集体都要有一个核心，没有核心的领导是靠不住的。第一代领导集体的核心是毛主席。因为有毛主席作领导核心，'文化大革命'就没有把共产党打倒。第二代实际上我是核心。因为有这个核心，即使发生了两个领导人的变动，都没有影响我们党的领导，党的领导始终是稳定的。进入第三代的领导集体也必须有一个核心，这一点所有在座的同志都要以高度的自觉性来理解和处理。要有意识地维护一个核心，也就是现在大家同意的江泽民同志。开宗明义，就是新的常委会从开始工作的第一天起，就要注意树立和维护这个集体和这个集体中的核心。"[①]在这段话中，邓小平明确地告诉我们，中国共产党第三代集体领导的核心是江泽民。所以，我们在这个部分中探讨的第三代领导人的发展理念，实际上主要是指江泽民的发展理论。在邓小平退下来以后，江泽民高举邓小平关于中国特色社会主义理论的伟大旗帜，在努力贯彻落实邓小平发展理论的同时，也在以下七个方面为这一理论增添了新的内容。

第一，提出了"三个代表"的新理论。2000年2月25日，当江泽民在广东省考察工作时，提出了"三个代表"的著名理论。他指出："总结我们党七十多年的历史，可以得出一个重要结论，这就是：我们党所以赢得人民的拥护，是因为我们党在革命、建设、改革的各个历史时期，总是代表着中国先进生产力的发展要求，代表着中国先进文化的前进方向，代表着中国最广大人民的根本利益，并通过制定正确的路线方针政策，为实现国家和人民的根本利益而不懈奋斗。人类又来到一个新的世纪之交和新的千年之交。在新的历史条件下，我们党如何更好地做到这'三个代表'，是一个需要全党同志特别是党的高级干部深刻思考的重大

---

① 《邓小平文选》第3卷，人民出版社1993年版，第310页。

课题。"①在这段重要的文字中，江泽民提出了"三个代表"的新观念，这一观念启示我们，中国共产党作为中国经济社会发展的领导者和推动者，一定要使整个发展工作沿着"三个代表"的方向往前推进。

深入的研究表明，江泽民的"三个代表"的观念脱胎于邓小平在1992年南方谈话中的一段话。那段话是："改革开放迈不开步子，不敢闯，说来说去就是怕资本主义的东西多了，走了资本主义道路。要害是姓'资'还是姓'社'的问题。判断的标准，应该主要看是否有利于发展社会主义社会的生产力，是否有利于增强社会主义国家的综合国力，是否有利于提高人民的生活水平。"②邓小平提出的"三个判断标准"在表达方式上与江泽民的"三个代表"有所不同，但其含义是相近的。比较起来，江泽民更强调了中国经济社会发展中先进文化的重要作用，中国共产党应该始终"代表着中国先进文化的前进方向"。在以后的各种谈话和报告中，江泽民进一步阐述了"三个代表"观念的重要性。他告诫我们："始终做到'三个代表'，是我们党的立党之本、执政之基、力量之源。"③这就深刻地启示我们，中国经济社会的发展和党的建设应该始终沿着"三个代表"指明的方向往前迈进。

第二，提出了"以人民群众为本"的新口号。1994年1月1日，江泽民在全国政协新年茶话会上勉励大家："我们衷心希望大家处处以党和人民的利益为重，以人民群众为本，抛弃一切官僚主义、形式主义的不良习气，真正在领导方法和工作方法方面取得新的进步，在全心全意为人民谋利益方面创造出新的气象。"④为什么江泽民要提出"以人民群众为本"的口号来呢？因为在改革不断深化的情况下，各种利益关系必然会得到相应的调整。在这一过程中，一部分人民群众的利益可能会受损，虽然受损可能是暂时的，但应该尽量做好各方面的工作，使人民群

---

① 《江泽民文选》第3卷，人民出版社2006年版，第2页。
② 《邓小平文选》第3卷，人民出版社1993年版，第372页。
③ 《江泽民文选》第3卷，人民出版社2006年版，第15页。
④ 《江泽民文选》第1卷，人民出版社2006年版，第364页。

众拥护党和政府的各种合理的决策，从而确保改革和发展不断地向纵深推进。

毋庸讳言，江泽民的"以人民群众为本"的口号直接影响了科学发展观中的"以人为本"的口号的提出。

第三，提出了"不断创新，与时俱进"的新观念，强调了创新在中国经济社会发展中的重要作用。1992年10月19日，江泽民在中共十四届一中全会上指出："我们要继续在改革上下功夫，通过改革来推动经济发展。现在已经明确提出要建立社会主义市场经济体制。这就要求我们在思想认识、管理制度、领导方法等方面都必须相应地来一个很大的转变。过去有许多做法和经验已经不适用了，要根据新的实践要求，重新学习，不断创新，与时俱进。"①在江泽民看来，在中国经济社会的发展中，要尽量少走弯路，就应该做到：一方面，毫不动摇地坚持党的基本路线，始终不渝地坚持以经济建设为中心；另一方面，也要注意研究和解决一些深层次的和新出现的问题，比如盲目上新项目、铺新摊子，片面追求产值和指标，不注重提高效益和质量等问题。总之，中国经济社会的发展是史无前例的伟大事业，必定会遭遇到许多新问题、新情况，一定要在坚持党的基本路线的基础上，不断创新，与时俱进，把工作做好。

第四，提出了处理改革、发展和稳定三者关系的正确方针。1994年5月5日，江泽民在上海市考察工作时，明确地提到了党中央关于这三者之间的关系的考虑和引申出来的结论："中央确定了全党全国工作的大局，这就是：抓住机遇、深化改革、扩大开放、促进发展、保持稳定。这二十字是经过反复推敲、认真研究后提出的，是指导我们当前和今后的全局工作和正确处理改革、发展、稳定三者关系的重要方针，全党同志和全国各地都要认真贯彻执行。改革是动力，发展是目标，稳定是前提。没有改革，我们就不可能走出一条建设有中国特色社会主义的

---

① 《江泽民文选》第1卷，人民出版社2006年版，第256页。

正确道路，我们的事业就不可能顺利前进；没有发展，我们就不可能实现现代化，也就不可能保持党和国家长治久安；没有稳定，改革和发展都无从进行。各级领导干部在工作中一定要把握好这几个方面的关系。"①在这段重要论述中，江泽民辩证地阐述了改革、发展和稳定这三者之间的依存关系，从而为中国经济社会的健康发展提供了保障。

第五，肯定了党风廉政建设和反腐败斗争的重大意义。2000 年 12 月 26 日，江泽民在中共中央纪律检查委员会第五次全体会议上指出："党风廉政建设和反腐败斗争关系党和国家的生死存亡。我们党和政府的宗旨是全心全意为人民服务，这就决定了各级领导干部必须清正廉洁，始终同人民群众同甘共苦、息息相通。不解决好反腐倡廉的问题，改革发展稳定就没有坚强的政治保证，党和政府就会严重脱离群众，就有亡党亡国的危险。"②江泽民的这段重要论述既肯定了反腐倡廉工作的重大的现实意义，也揭示了这一工作与中国经济社会发展之间的内在联系。显然，如果改革开放的成果被一些腐败分子所侵吞的话，不但作为改革主体的人民群众的利益会受到根本性的损害，从而影响了社会稳定，而且也会严重地挫伤他们参加经济建设的积极性。在这个意义上，坚定不移地抓好反腐倡廉的工作，也就等于为当代中国的发展创造了良好的政治和人事的环境。

第六，强调了哲学社会科学发展的重要性。2002 年 7 月 16 日，江泽民在中国社会科学院建院 25 周年的座谈会上指出："各级领导干部尤其是主要负责同志，既要具有比较丰富的自然科学知识，又要具有比较丰富的社会科学知识，这样才能够善于讲政治，善于驾驭复杂局势，从宏观上把握社会主义现代化建设的规律，不断提高决策和领导水平。那种认为搞现代化建设只要掌握自然科学知识就可以了、社会科学知识可有可无的想法和看法，是片面的、错误的，必须加以纠正。"③如前所

①《江泽民文选》第 1 卷，人民出版社 2006 年版，第 365 页。
②《江泽民文选》第 3 卷，人民出版社 2006 年版，第 175 页。
③《江泽民文选》第 3 卷，人民出版社 2006 年版，第 491 页。

述，邓小平也十分重视科学技术在中国经济社会发展中的重要作用，但他主要是从自然科学的角度去理解并谈论"科学"的。在江泽民那里，"科学"这一概念获得了更加全面的认识和把握，即它不仅包括自然科学，也包括哲学社会科学。哲学社会科学本身的发展不仅是中国社会全面发展的一个重要的侧面，而且也必定会对经济发展产生重大的影响。但在江泽民那里，哲学社会科学与自然科学仍然被理解为科学中相互分离的两大阵营，而在胡锦涛同志提出的科学发展观中，这两大阵营在"科学"概念中获得了真正的统一。

第七，倡导了"可持续发展"和"协调发展"的新观念。1996 年 7 月 16 日，江泽民在第四次全国环境保护会议上指出："环境保护很重要，是关系我国长远发展的全局性战略问题。在社会主义现代化建设中，必须把贯彻实施可持续发展战略始终作为一件大事来抓。可持续发展的思想最早源于环境保护，现在已成为世界许多国家指导经济社会发展的总体战略。经济发展，必须与人口、资源、环境统筹考虑，不仅要安排好当前的发展，还要为子孙后代着想，为未来的发展创造更好的条件，决不能走浪费资源和先污染后治理的路子，更不能吃祖宗饭、断子孙路。"①江泽民不但阐述了可持续发展战略的重要性和必要性，而且从我国的具体国情出发，对可持续发展的战略的实施提出了具体的要求：一是坚持节水、节地、节能、节材、节粮以及节约其他各种资源；二是继续控制人口的增长，全面提高人口素质；三是消费结构要趋于合理，消费方式要有利于环境和资源保护；四是加强环境保护的宣传工作，增强干部群众自觉保护环境资源的意识；五是坚决遏制并扭转有些地方生态环境恶化的趋势。

在肯定可持续发展理念的同时，江泽民也积极倡导"协调发展"的观念。2002 年 3 月 10 日，在中央人口资源环境工作座谈会上，江泽民进一步指出："实现可持续发展，核心的问题是实现经济社会和人口、资

---

① 《江泽民文选》第 1 卷，人民出版社 2006 年版，第 532 页。

源、环境协调发展。现在，国际上形成了一个越来越明确的共识，就是发展不仅要看经济增长指标，还要看人文指标、资源指标、环境指标。为了实现我国经济社会持续发展，为了中华民族的子孙后代始终拥有生存和发展的良好条件，我们一定要高度重视并切实解决经济增长方式转变的问题，按照可持续发展的要求，正确处理经济发展同人口、资源、环境的关系，促进人和自然的协调与和谐，努力开创生产发展、生活富裕、生态良好的文明发展道路。"①在强调"协调发展"的观念时，江泽民认为，人口问题是协调发展中的首要问题，是影响中国经济社会发展的关键因素。从历史上看，我国已有一个庞大的人口基数，今后仍然要长期抓好计划生育工作，控制人口的增长；从总体上看，我国的资源也是相对短缺的，因此要对现有的资源进行调查、规划和管理，要结合市场经济的原则，对资源实行优化配置和合理利用；就环境保护来说，我国目前的压力也非常大，因此，一定要统筹兼顾，标本兼治，努力遏制生态环境的恶化趋势，大力调整产业结构，削减污染负荷，淘汰落后的生产工艺、设备和产品，加快城市污水和垃圾处理设施的建设，严格控制境外污染物和有害物种的入侵等。

江泽民还进一步把协调发展的观念引入到国际和平环境的建设中。2002年10月24日，江泽民访问美国期间在得克萨斯州大学城乔治·布什总统图书馆的讲演中指出："两千多年前，中国先秦思想家孔子就提出了'君子和而不同'的思想。和谐而又不千篇一律，不同而又不相互冲突。和谐以共生共长，不同以相辅相成。和而不同，是社会事物和社会关系发展的一条重要规律，也是人们处世行事应该遵循的准则，是人类各种文明协调发展的真谛。"②在江泽民看来，中国越发展，越开放，与世界的联系也就越紧密，就越需要一个和平稳定的国际环境。这样的环境的形成不仅符合中国发展的根本利益，也符合国际社会发展的根本利

---

① 《江泽民文选》第3卷，人民出版社2006年版，第462页。
② 《江泽民文选》第3卷，人民出版社2006年版，第522页。

益。协调发展的理论运用到国际关系的领域中，可以说是江泽民对发展理论的一个重要的贡献。

综上所述，作为第三代领导集体的核心，江泽民在其一系列的论文、谈话和报告中，丰富并推进了发展理论，从而为科学发展观的形成提供了重要的思想资源。

# 四、科学发展观的意义

从 2002 年召开十六大以来，以胡锦涛同志为核心的领导集体，高举毛泽东思想、邓小平理论和"三个代表"重要思想的旗帜，在全面推进中国经济社会发展的同时，勇于理论创新，提出了科学发展观、和谐社会、创新型国家、加强党的执政能力建设和先进性的建设、建设社会主义新农村、树立社会主义荣辱观、走和平发展道路等一系列重要的战略思想。① 其中，科学发展观的提出尤为重要。科学发展观是从中国的具体国情出发，在充分借鉴国内外经济社会建设经验教训的基础上，创造性地确立起来的重要指导方针和重大战略思想。科学发展观的提出，无论是对中国经济社会的发展，还是对国际社会的和平发展，都具有无法估量的现实意义和理论意义，值得我们认真领会和深入探讨。

## (一)科学发展观的理论定位

对科学发展观的理论定位要从两个不同的角度加以探讨。第一个角度是纵向的(亦即历史的)角度，即从马克思主义发展理论史的角度来探索科学发展观的理论地位；第二个角度是横向的(亦即结构的)角度，即从中国共产党确立的中国特色社会主义理论的总体框架中探索科学发展观的理论地位。

我们先从纵向的角度加以探讨。如前所述，马克思和恩格斯创立了

---

① 参见中宣部理论局编：《科学发展观学习读本》，学习出版社 2006 年版，第 1 页。

历史唯物主义这一划时代的伟大理论，从而为人们科学地理解人类社会的发展规律奠定了思想基础。在某种意义上可以说，历史唯物主义本身就是关于人类社会发展的哲学理论。作为历史唯物主义的创始人，马克思和恩格斯对发展理论的主要贡献如下。

其一，坚持从经济生活和物质生产的角度出发来观察并探索人类社会的发展。马克思在批判青年黑格尔派的历史唯心主义观点时曾经指出："我们遇到的是一些没有任何前提的德国人，所以我们首先应当确定一切人类生存的第一个前提也就是一切历史的第一个前提，这个前提就是：人们为了能够'创造历史'，必须能够生活。但是为了生活，首先就需要衣、食、住以及其他东西。因此第一个历史活动就是生产满足这些需要的资料，即生产物质生活本身。"①在马克思看来，物质生活资料的生产活动乃是人类在社会生活中必须进行的最基本的活动。这种活动不但使人类个体能够生存下去，并去从事精神上、政治上或其他方面的活动，也使他们有条件繁殖自己的后代，从而使整个人类种族得以不断地延伸下去。在这个意义上，人类社会的发展始终是以物质生活资料的生产作为基础的。正如马克思在批判费尔巴哈的直观唯物主义观点时所说的："这种活动、这种连续不断的感性劳动和创造、这种生产，是整个现实感性世界的非常深刻的基础，只要它哪怕只停顿一年，费尔巴哈就会看到，不仅在自然界将发生巨大的变化，而且整个人类世界以及他（费尔巴哈）的直观能力，甚至他本人的存在也就没有了。"②这就深刻地启示我们，在观察、认识并试图从实践上对人类社会的发展施加影响时，首先必须着眼于相应的历史时期人们的经济生活和物质生产，并努力从他们的经济生活和物质生产出发，对他们的其他活动作出合理的阐释。

在马克思看来，从经济生活和生产劳动出发来考察人类社会，不仅

---

① 《马克思恩格斯全集》第 3 卷，人民出版社 1960 年版，第 31 页。
② 《马克思恩格斯全集》第 3 卷，人民出版社 1960 年版，第 50 页。

适合于人类社会以往和现在的存在形式，也适合于人类社会未来的存在形式，即作为"自由王国"的未来共产主义社会。在《资本论》第三卷中，马克思写道："事实上，自由王国只是在由必需和外在目的规定要做的劳动终止的地方才开始，因而按照事物的本性来说，它存在于真正物质生产领域的彼岸。像野蛮人为了满足自己的需要，为了维持和再生产自己的生命，必须与自然进行斗争一样，文明人也必须这样做；而且在一切社会形态中，在一切可能的生产方式中，他都必须这么做。这个自然必然性的王国会随着人的发展而扩大，因为需要会扩大；但是，满足这种需要的生产力同时也会扩大。这个领域内的自由只能是：社会化的人，联合起来的生产者，将合理地调节他们和自然之间的物质变换，把它置于他们的共同控制之下，而不让它作为盲目的力量来统治自己；靠消耗最小的力量，在最无愧于和最适合于他们的人类本性的条件下来进行这种物质变换。但是不管怎样，这个领域始终是一个必然王国。在这个必然王国的彼岸，作为目的本身的人类能力的发展，真正的自由王国，就开始了。但是，这个自由王国只有建立在必然王国的基础上，才能繁荣起来。"①这段极为重要的论述表明，经济生活和物质生产是人类在一切社会形态的发展中都无法摆脱的"必然王国"，即使是作为"自由王国"的未来共产主义社会，也必定是奠基于这一"必然王国"之上的。这就暗示我们，无论是在作为共产主义第一阶段的社会主义社会中，还是在强制性的劳动已被终止的共产主义社会的高级阶段中，经济生活和物质生产仍然构成人类生活的基础。事实上，只有先行地领会马克思的这些论述，才能正确地认识社会主义社会的本质，才能正确地指导社会主义社会沿着健康的轨道向前发展。

其二，坚持人类社会的发展是有规律的。恩格斯在分析社会发展史和自然发展史的差别时，曾经写道："但是，社会发展史却有一点是和自然发展史根本不相同的。在自然界中（如果我们把人对自然界的反作

---

① 马克思：《资本论》第3卷，人民出版社1975年版，第926—927页。

用撇开不谈)全是没有意识的、盲目的动力,这些动力彼此发生作用,而一般规律就表现在这些动力的相互作用中……相反,在社会历史领域内进行活动的,是具有意识的、经过思虑或凭激情行动的、追求某种目的的人;任何事情的发生都不是没有自觉的意图,没有预期的目的的。但是,不管这个差别对历史研究,尤其是对各个时代和各个事迹的历史研究如何重要,它丝毫不能改变这样一个事实:历史进程是受内在的一般规律支配的。"①为什么呢?因为在社会历史的领域内,尽管各个人都有自觉的、预期的目的,因而一切似乎都充满了偶然性。然而,我们发现,人们所预期的东西大部分是相互冲突的,从而很少能够如愿以偿。于是,这些预期的东西在相互冲突中都被消耗掉了,历史领域也出现了与没有意识的自然界完全相似的情况,就如恩格斯所说的:"这样,历史事件似乎总的说来同样是由偶然性支配着的。但是,在表面上是偶然性在起作用的地方,这种偶然性始终是受内部的隐蔽着的规律支配的,而问题只是在于发现这些规律。"②那么,如何才能发现人类社会发展的规律呢?

第一,恩格斯认为,人们的欲望是推动社会发展的动力。他写道:"在黑格尔那里,恶是历史发展的动力的表现形式。这里有双重意思,一方面,每一种新的进步都必然表现为对某一神圣事物的亵渎,表现为对陈旧的、日渐衰亡的、但为习惯所尊奉的秩序的叛逆,另一方面,自从阶级对立产生以来,正是人的恶劣的情欲——贪欲和权势欲成了历史发展的杠杆,关于这方面,例如封建制度的和资产阶级的历史就是一个独一无二的持续不断的证明。"③由于贪欲和权势欲常常被人们视为"恶"的东西,所以在某种意义上,"恶"成了推动社会发展的动力。这就启示我们,任何社会,包括社会主义社会在内,如果要获得向前发展的巨大推动力,就一定要有相应的措施来激励人们的欲望。这样我们也就明白

---

① 《马克思恩格斯选集》第 4 卷,人民出版社 1995 年版,第 247 页。
② 《马克思恩格斯选集》第 4 卷,人民出版社 1995 年版,第 247 页。
③ 《马克思恩格斯选集》第 4 卷,人民出版社 1995 年版,第 237 页。

了，为什么邓小平会说："革命是解放生产力，改革也是解放生产力。"①因为在社会主义社会中，唯有通过改革开放的途径，才能唤醒和激励人们的欲望，从而极大地解放生产力，推动经济社会向前发展。

第二，恩格斯认为，除了探讨个别人物的欲望和动机外，更重要的是探讨那些使广大群众、使整个民族、使整个阶级行动起来的动机。实际上，正是通过阶级分析的方法，马克思主义经典作家揭示了人类社会发展的普遍规律。马克思告诉我们："大体说来，亚细亚的、古代的、封建的和现代资产阶级的生产方式可以看作是经济的社会形态演进的几个时代。资产阶级的生产关系是社会生产过程的最后一个对抗形式，这里所说的对抗，不是指个人的对抗，而是指从个人的社会生活条件中生长出来的对抗；但是，在资产阶级社会的胎胞里发展的生产力，同时又创造着解决这种对抗的物质条件。因此，人类社会的史前时期就以这种社会形态而告终。"②按照这一普遍的发展规律，社会主义取代资本主义乃是历史的必然趋势。当然，与自然界的发展规律不同，人类社会的发展规律是奠基于有目的、有意识、有欲望的人的活动之上的。在这个意义上，上面说的"必然趋势"也蕴含着革命阶级自身的努力。事实上，这正是人类社会发展规律的特殊性之所在。这样一来，我们就明白了，社会主义社会、共产主义社会都不会自动地从天上掉下来，而是通过革命政党和革命阶级的努力而争得的。

在对人类社会发展规律的认识上，还存在着另一个问题，即资本主义发展起步较晚的东方国家，比如俄国，有没有可能越过资本主义制度的"卡夫丁峡谷"？马克思在致维·伊·查苏利奇的信中谈到俄国现存的农村公社时写道："在整个欧洲，只有它是一个巨大的帝国内农村生活中占统治地位的组织形式。土地公有制赋予它以集体占有的自然基础，而它的历史环境(资本主义生产和它同时存在)又给予它以实现大规模组

---

① 《邓小平文选》第 3 卷，人民出版社 1993 年版，第 370 页。
② 《马克思恩格斯选集》第 2 卷，人民出版社 1995 年版，第 33 页。

织起来的合作劳动的现成物质条件。因此，它可以不通过资本主义制度的卡夫丁峡谷，而吸取资本主义制度所取得的一切肯定成果。它可以借使用机器而逐步以联合耕种代替小土地耕种，而俄国土地的天然地势又非常适合于使用机器。如果它在现在的形式下事先被引导到正常状态，那它就能直接变成现代社会所趋向的那种经济体系的出发点，不必自杀就能获得新的生命。"①当然，马克思对自己上面的论述也是有保留的。他清楚地知道，俄国农村公社内部已经出现种种分化的现象，尤其是土地私有制和高利贷正在农村公社内部蔓延，而国家的勒索、商人的劫掠、地主的剥削也在蚕食着农村公社得以存在的基础。因此，俄国的发展仍然面临着两种可能性：或者是跨过资本主义制度的卡夫丁峡谷，直接进入社会主义社会的发展阶段；或者是在资本主义制度的作用下逐渐解体。马克思的论述既表明了他对历史发展规律的尊重，也表明了他对革命阶级的主观努力的期待。这就启示我们，对于东方国家来说，即使进入了社会主义社会的发展阶段，也要充分尊重这一历史阶段发展的客观规律，并在这个基础上积极发挥主观能动作用来推进社会主义社会的发展。

第三，意识到人类社会的发展必定会遭遇到生态上的问题。如前所述，由于马克思和恩格斯主要生活在自由资本主义发展的阶段，当时资本主义的生产规模虽然扩展得很快，但生态问题还未上升为严重影响人类生存的重大问题。尽管马克思和恩格斯在表述他们创立的历史唯物主义理论时，没有触及生态问题，没有考虑到资源的有限性和人类生产发展的限度，但在他们所撰写的论著中，生态环境的问题已经引起了他们的关注和思索。

在马克思和恩格斯之后，列宁的伟大功绩是缔造了世界上第一个社会主义国家。仅这一点就足以使他彪炳于整个国际共产主义运动史了。在发展理论上，列宁清醒地意识到，社会主义社会作为共产主义社会的第一阶段，一定要把发展生产力、提高劳动生产率放在首位，并在战后

①《马克思恩格斯全集》第19卷，人民出版社1963年版，第451页。

大胆地实施了"新经济政策"，暂时向资本主义作出某种妥协，目的是保住社会主义社会的经济命脉，为其今后的大发展奠定基础。尽管列宁对未来共产主义社会的理解过于简单，即把它设想为"苏维埃＋电气化"，但他强调社会主义社会的首要任务是发展生产力，并且可以采用"新经济政策"这样的措施来推动社会主义生产力的发展，都是对发展理论的卓越贡献。

作为中国共产党第一代集体领导的核心，毛泽东在新民主主义革命时期就十分重视经济关系在社会发展中的基础性作用。他不仅通过实地调查和考察，对中国社会各阶级的经济状况和政治态度作出了客观的说明，而且在根据地和解放区的建设和发展中，都十分重视开展生产自救运动，从而确保了军队和老百姓的供给，为推翻国民党的反动统治创造了物质条件。在社会主义建设时期，毛泽东也提出了统筹兼顾、突出重点、十大关系、调动一切积极因素等发展理念来指导中国的经济建设，但由于晚年毛泽东深受唯意志主义的错误观点的影响，因此，他发起的"大跃进""人民公社化"等运动，严重地脱离了处于社会主义社会初级阶段的中国经济社会的实际，违背了经济发展的客观规律，从而对我国国民经济的发展产生了灾难性的影响。正如邓小平所说的："毛泽东同志是伟大的领袖，中国革命是在他的领导下取得成功的。然而他有一个重大的缺点，就是忽视发展社会生产力。不是说他不想发展生产力，但方法不都是对头的，例如搞'大跃进'、人民公社，就没有按照社会经济发展的规律办事。"①另外，由于晚年毛泽东坚持"以阶级斗争为纲"的错误思想路线，他原来奠基于历史唯物主义理论之上的发展理论也变了质，转化为所谓"抓革命，促生产"，即通过阶级斗争来推动经济社会的发展。历史证明，这样的发展理念和发展道路不但不会使中国富强起来，而且还会把中国经济社会在长期发展中积累起来的全部家底折腾掉。不管如何，作为中华人民共和国的缔造者，毛泽东关于中国经济社会发展

---

① 《邓小平文选》第3卷，人民出版社1993年版，第116页。

的某些理念仍然是富有启迪意义的，而晚年毛泽东的失误对于我们来说，也是具有借鉴意义的。

在发展理论，尤其是社会主义社会的发展理论上，作出伟大贡献的还有邓小平。我认为，邓小平的贡献主要可以归结为以下六点。

第一，确定社会主义社会的根本任务是发展生产力。1984年6月30日，邓小平在会见日本代表团时指出："什么叫社会主义，什么叫马克思主义？我们过去对这个问题的认识不是完全清醒的。马克思主义最注重发展生产力。我们讲社会主义是共产主义的初级阶段，共产主义的高级阶段要实行各尽所能、按需分配，这就要求社会生产力高度发展，社会物质财富极大丰富。所以社会主义阶段的最根本任务就是发展生产力，社会主义的优越性归根到底要体现在它的生产力比资本主义发展得更快一些、更高一些，并且在发展生产力的基础上不断改善人民的物质文化生活。"①邓小平对社会主义本质的认识之所以特别重要，是因为如果没有这样的认识，是不可能确立"以经济建设为中心"的党的基本路线的，甚至也不可能确立起整个中国特色的社会主义理论。

第二，确定改革开放为社会主义社会发展的着力点。1985年3月28日，当邓小平会见日本自由民主党副总裁二阶堂进时，曾经谈到在十五届三中全会后，中国共产党高层领导确定了中国社会今后发展的目标。"目标确定了，从何处着手呢？就要尊重社会经济发展规律，搞两个开放，一个对外开放，一个对内开放。对外开放具有重要意义，任何一个国家要发展，孤立起来，闭关自守是不可能的，不加强国际交往，不引进发达国家的先进经验、先进科学技术和资金，是不可能的。对内开放就是改革。改革是全面的改革，不仅经济、政治，还包括科技、教育等各行各业。"②这就启示我们，改革开放不是社会主义社会发展中采取的偶然性的措施，而是根本性的、长期性的措施。甚至可以说，改革

---

① 《邓小平文选》第3卷，人民出版社1993年版，第63页。
② 《邓小平文选》第3卷，人民出版社1993年版，第117页。

开放是社会主义社会发展的必由之路。在 1992 年的南方谈话中，邓小平对改革开放与社会主义社会发展之间的内在关系有了更深刻的认识。他告诉我们："社会主义基本制度确立以后，还要从根本上改变束缚生产力发展的经济体制，建立起充满生机和活力的社会主义经济体制，促进生产力的发展，这是改革，所以改革也是解放生产力。过去，只讲在社会主义条件下发展生产力，没有讲还要通过改革解放生产力，不完全。应该把解放生产力和发展生产力两个讲全了。"①这就深刻地启示我们，即使在社会主义基本制度确立以后，生产力也不会自然而然地向前发展，还得通过改革开放这一着手点来解放生产力，这就把改革开放在社会主义社会发展中的作用提到了前所未有的高度上。

第三，确定市场经济为社会主义社会的发展模式。在国际共产主义运动史上，长期以来，流行着一个错误的观念，即资本主义是搞市场的，而社会主义则是搞计划的。这一错误的观念规定了社会主义社会的发展模式，即计划经济的模式，而历史和实践都表明，这种僵化了的计划经济的模式只能严重阻碍社会主义社会的发展。1987 年 2 月 6 日，邓小平在同几位中央负责同志的谈话中指出："为什么一谈市场就说是资本主义，只有计划才是社会主义呢？计划和市场都是方法嘛。只要对发展生产力有好处，就可以利用。它为社会主义服务，就是社会主义的；为资本主义服务，就是资本主义的。好像一谈计划就是社会主义，这也是不对的，日本就有一个企划厅嘛，美国也有计划嘛。我们以前是学苏联的，搞计划经济。后来又讲计划经济为主，现在不要再讲这个了。"②这种"资本主义＝市场经济、社会主义＝计划经济"的错误观念一经打破，中国社会一旦选择了"社会主义市场经济"的发展模式，立即取得了巨大成就。

第四，确定了从实际出发、注重实效的灵活的发展策略。1985 年 4

---

① 《邓小平文选》第 3 卷，人民出版社 1993 年版，第 370 页。
② 《邓小平文选》第 3 卷，人民出版社 1993 年版，第 203 页。

月 15 日，邓小平在会见坦桑尼亚联合共和国副总统姆维尼时强调：“二十年的历史教训告诉我们一条最重要的原则：搞社会主义一定要遵循马克思主义的辩证唯物主义和历史唯物主义，也就是毛泽东同志概括的实事求是，或者说一切从实际出发。”①作为改革开放的总设计师，邓小平在指导中国经济社会的发展时，始终坚持从实际出发，具体问题具体分析的发展策略。比如，邓小平认为，抽象的、无休止的理论争论是无益的，中国经济社会面临从未有过的发展机遇，应该抓住机遇，尽一切可能发展自己。当农村经济发展中出现“包产到户”“责任田”这样的新生事物，而人们又为此争论不休时，邓小平主张，只要能收到实际效果，完全可以接受这样的新生事物。又如，在解决大陆同香港、澳门、台湾之间的关系时，邓小平极其灵活地提出了“一国两制”的发展策略，不但为香港、澳门的回归创造了条件，也为台湾问题的最终解决奠定了思想基础，从而确保了中国经济社会能够稳步地向前发展。

第五，确定了科学技术和教育是社会主义社会发展的关键。在邓小平看来，中国是发展中国家，中国要经过几十年的努力，才可能达到目前发达国家的水平，所以一定不能按照常规的方式发展自己，而要快步地向前迈进，就要优先发展科学技术和教育。邓小平说：“从长远看，要注意教育和科学技术。否则，我们已经耽误了二十年，影响了发展，还要再耽误二十年，后果不堪设想。”②显然，把科技和教育看作发展中国家经济社会发展的关键因素，是卓有见地的。

第六，确定了独立自主、自力更生的发展道路。其实，这一发展道路早已由毛泽东提出，但在晚年毛泽东那里，独立自主、自力更生的发展道路被曲解为闭关自守，从而与对外开放的政策完全对立起来了。然而，在邓小平看来，独立自主、自力更生的发展道路与对外开放、争取国外在资金与技术上的帮助是并不矛盾的。当然，中国是一个大国，在

---

① 《邓小平文选》第 3 卷，人民出版社 1993 年版，第 118 页。
② 《邓小平文选》第 3 卷，人民出版社 1993 年版，第 274—275 页。

总体上必须坚持独立自主、自力更生的发展道路，但又不排斥通过对外开放的途径，来获取尽可能多的支持和帮助。显而易见，这一发展道路的确定是与国际上流行的"依附论"相反的，它为中国这样的发展中大国在经济社会上的发展指明了方向，因而具有极端重要的意义。

在邓小平之后，江泽民作为中国共产党第三代领导集体的代表，也对发展理论作出了一定的贡献。他的贡献主要表现在以下三个方面。

其一，提出了"三个代表"的新观念，阐明了作为执政党的中国共产党的自身建设与中国经济社会发展之间的本质联系。众所周知，中国共产党是中国经济社会发展的策动者和领导者，因而中国共产党的自身建设对于确保中国经济社会的稳定而持久的发展来说具有决定性的意义。只有始终不渝地做到"三个代表"，中国共产党才能保持自己的合法性，并长久地执政下去，引导中国经济社会的发展达到预期目标。同时，"三个代表"也为中国经济社会的发展指出了明确的方向。

其二，提出了改革、发展和稳定三者之间的重要关系。通过对三者关系的深入思考，江泽民提出了一系列措施来巩固中国经济社会发展的前提——稳定，如消除社会分配不公现象、高度重视三农问题、保障工人阶级和广大劳动群众的权益、加强党的建设、反腐倡廉、做好民族工作、强调党对军队的绝对领导、切实加强社会治安、营造和平发展的国际环境等。事实上，正是这种稳定局面的形成，为中国经济社会的长足发展奠定了良好的基础。

其三，提出了"可持续发展"和"协调发展"的新观念，表明中国共产党的第三代领导集体充分汲取并总结了国际社会发展的经验教训，努力从保护生态环境和资源的角度出发，对传统的、粗放型的发展方式进行重大的修正。

通过上面的回顾，我们发现，从纵向看，胡锦涛同志提出的科学发展观与马克思主义经典作家、中国共产党三代领导人关于发展的观念之间可以说是"既一脉相承又与时俱进"的关系。从"一脉相承"的角度看，科学发展观概括和总结了前辈们关于发展问题的一切有价值的观念；从

"与时俱进"的角度看，科学发展观又对前辈们的发展理论作出了积极的、实质性的推进。下面，我们就主要的推进之点进行论述。

第一，在前辈们那里，尽管发展这个概念经常被论及，但它并没有作为一个专门的理论问题被提出来，并加以系统地探讨和论述，因而他们关于发展问题的论述常常散见于各种论文、谈话和报告中。而在党的十七大报告中，胡锦涛同志专门辟出第三部分来论述科学发展观。他明确指出："科学发展观，第一要义是发展，核心是以人为本，基本要求是全面协调可持续，根本方法是统筹兼顾。"这段简洁的文字乃是他对科学发展观的高度概括的、纲领式的表述。这充分表明，直到胡锦涛同志那里，发展问题才真正上升为一个独立的、重大的研究课题。

第二，在前辈们那里，只是在谈到各种具体问题时才会触及发展概念，并偶尔就发展问题发表一些零星的看法，而在胡锦涛同志那里，发展作为一种系统的观念得到了全面而深刻的论述。在理论层面上，它被提升到"世界观和方法论"的高度上；在实践层面上，它被视为"中国经济社会发展的重要指导方针"和"中国特色社会主义必须坚持和贯彻的重大战略思想"。

第三，在前辈们那里，"发展"只不过是他们用来描述各种社会现象的用语之一。虽然他们十分频繁地使用这个概念，却没有自觉地对这个概念本身进行深入地反思和拷问。而在胡锦涛同志看来，要建立正确的发展观，就要对"发展"这个概念进行明确的限定，以消除对"发展"的各种歧义。于是，他引入了"科学"这个名词作为"发展观"的修饰词。这样一来，在他那里，正确的发展观和不正确的发展观第一次被分离开来，并明确地被对立起来了。总之，直到胡锦涛同志那里，"发展"才被理解为一种蕴含着丰富的理论内涵和实践内涵的重大理论。

下面我们再从横向的角度加以探讨。假如我们把中国特色社会主义理论理解为中国共产党坚持的总体理论，那么科学发展观就是这个理论总体中的一个重要的组成部分。按照胡锦涛同志的论述，科学发展观乃是中国特色社会主义理论中的一个"重大的战略思想"。从胡锦涛同志关于深入贯彻落实科学发展观的"四个要求"来看，科学发展观在中国特色社会主义理论中占据着核心的地位，发挥着重大的作用。

首先，胡锦涛同志认为，"深入贯彻落实科学发展观，要求我们始终坚持'一个中心、两个基本点'的基本路线"①。一方面，党的基本路线肯定了"以经济建设为中心"，从而成了实现科学发展的政治保证；另一方面，正是通过科学发展观的确立和施行，党的基本路线才能落到实处。

其次，胡锦涛同志指出，"深入贯彻落实科学发展观，要求我们积极构建社会主义和谐社会"②。一方面，没有科学发展，没有生产力的充分发展、物质财富的充分涌流和人民生活的普遍富裕，也就很难实现社会和谐；另一方面，没有社会和谐，没有政治上和社会上的稳定，科学发展也难以实现。

再次，胡锦涛同志强调，"贯彻落实科学发展观，要求我们继续深化改革开放"③。一方面，正如我们在前面所论述的，改革开放是科学发展的必由之路。没有改革开放，社会主义社会的发展根本上是不可能的，更遑论科学发展；另一方面，正是科学发展观为改革开放指出了明确的方向，因为科学发展观的基点是发展社会生产力，正是这一点决定了改革开放的根本宗旨是解放生产力。

最后，胡锦涛同志肯定，"深入贯彻落实科学发展观，要求我们切实加强和改进党的建设"④。正如我们在前面已经指出过的那样，作为执政党，中国共产党是中国经济社会发展的策动者和领导者。如果不沿

---

① 胡锦涛：《高举中国特色社会主义伟大旗帜　为夺取全面建设小康社会新胜利而奋斗》，人民出版社 2007 年版，第 16 页。

② 胡锦涛：《高举中国特色社会主义伟大旗帜　为夺取全面建设小康社会新胜利而奋斗》，人民出版社 2007 年版，第 17 页。

③ 胡锦涛：《高举中国特色社会主义伟大旗帜　为夺取全面建设小康社会新胜利而奋斗》，人民出版社 2007 年版，第 17—18 页。

④ 胡锦涛：《高举中国特色社会主义伟大旗帜　为夺取全面建设小康社会新胜利而奋斗》，人民出版社 2007 年版，第 18 页。

着"三个代表"的方向切实地加强并改进党的建设,科学发展观便无法真正地贯彻并落实下去。反之,正是科学发展观为加强和改进党的建设提供了重要的理论启示。科学发展观对生产力发展的倚重、对以人为本的基本观念的肯定、对统筹兼顾方法的肯定,也正是党的建设中必定会面对的重要问题。

综上所述,从纵向看,科学发展观乃是对马克思主义经典作家、中国共产党三代领导人的发展理论的概括、总结和系统化;从横向看,科学发展观又在中国特色社会主义总体理论中占据着核心位置。

### (二)科学发展观的理论意义

胡锦涛同志提出的科学发展观具有极为重要的理论意义,我们越是深入学习并领会他关于发展理论的各种论述,尤其是他在党的十七大报告中所做的相关论述,就越是深刻地认识到,科学发展观是一个关于发展问题的理论宝库,是一种伟大的思想创造,因而具有十分重要的理论意义。

首先,科学发展观是对马克思主义经典作家、中国共产党三代领导人的发展理论的科学概括和总结,是富有中国特色和中国气派的发展理论。如果说,在马克思主义经典作家和中国共产党三代领导人那里,"发展"只是经常被提到的一个用语,那么,在胡锦涛同志那里,它已经上升为被自觉地、独立地加以考察和反思的理论对象。科学发展观的提出暗含着这样的理论预设,即它与"非科学发展观"是对立的。正是"科学"这个修饰词以及胡锦涛同志对这一修饰词含义的独特理解(即从自然科学和哲学社会科学统一的角度上去理解"科学"这一概念在当代生活中的全部内涵),使科学发展观作为一种原创性的发展理论脱颖而出。尽管马克思主义经典作家和中国共产党三代领导人在论及发展问题时,留下了一些十分珍贵的思想资源,但把这些珍贵的思想资源提炼为一种自觉的、系统的、科学的发展理论,却是胡锦涛同志作出的杰出贡献。

其次,科学发展观并没有游离于人类文明的大道之外。一方面,它从马克思主义经典作家和中国共产党三代领导人那里汲取了自己的灵感；另一方面，它也从国内和国外经济社会发展的实践及其相应的发展理论中得到了启迪。科学发展观提出的"全面协调可持续"的要求，正是当前国际社会形成的各种发展理论的共识。此外，科学发展观关于提高自主创新能力、加快转变经济发展方式、发展社会主义民主政治、增强文化发展活力、优先发展教育、统筹城乡发展和区域发展等见解，都蕴含着对国际社会的各种发展理论的回应。在这个意义上可以说，科学发展观不仅是对中国发展理论的概括和提升，也是对国际社会提供出来的种种发展理论的总结和提炼。它启示我们，以中国经济社会的发展作为实验背景而形成的、富有中国特色的科学发展观必将在国际社会形形色色的发展理论中占有一席之地。

最后，科学发展观之所以拥有极其重要的理论地位和相应的意义，是因为它被胡锦涛同志看作"马克思主义关于发展的世界观和方法论的集中体现"。也就是说，它不仅仅是一种关于发展问题的具体观点，而是具有"世界观"的高度和"方法论"的功能。就世界观的高度来说，科学发展观乃是历史唯物主义理论在社会主义社会建设时期的典型表现。如前所述，历史唯物主义是以人类社会的发展作为自己的研究对象的，它既是马克思主义的世界观，也是一种特殊的发展理论。由此可见，在马克思主义的创始人那里，发展理论就已具有世界观的含义。但是，这种世界观的含义被自觉地意识到并被阐发出来，乃是胡锦涛同志的功绩。就方法论的功能来说，历史唯物主义理论本身就蕴含着历史运动的辩证法，但在马克思主义经典作家关于辩证法的论述中，辩证法主要是人们考察并认识人类社会发展规律的工具，而在胡锦涛同志那里，科学发展观作为方法论，不仅是考察和认识人类社会发展规律的工具，而且也是从宏观上调控社会主义社会发展的根本方法。当胡锦涛同志强调科学发展观的根本方法是统筹兼顾时，他已经从时代的高度上对马克思主义的方法论作出了新的概括和阐释。按照这种阐释，作为中国经济社会发展的策动者和领导者的中国共产党的主体意识得到了充分的展现。

总之，科学发展观的理论意义是极其深远的。它不但显示出"发展哲学"与传统的"革命哲学"之间的联系与差异，而且启示我们，再也不能退回到"以阶级斗争为纲"的语境中去"追寻埃及的肉锅"，而应当向前看，在"以经济建设为中心"的新语境中，把"发展"视为我们未来生活中的第一主题。唯有抓住机遇，发展自己，中国才有可能在不久的将来成为共同富裕的社会，并自立于世界民族之林。

### (三)科学发展观的实践意义

众所周知，当前中国经济社会的发展乃是国际共产主义运动史上的一个伟大的实验，而这个伟大的实验又是以迅速变化着的、错综复杂的国际环境作为自己的背景的。无疑，在这样的情况下，胡锦涛同志提出的科学发展观，无论是对国内社会，还是对国际社会来说，都具有十分重要的实践意义。

一方面，科学发展观不但为中国经济社会的发展指出了明确的方向，而且也提供了根本的方法。回顾中华人民共和国成立后 30 年的发展轨迹，总结苏联、东欧和东亚等社会主义国家发展的经验教训，我们深深地认识到，要搞好社会主义社会的建设是不容易的。唯有以胡锦涛同志概括出来的科学发展观作为指导，社会主义经济社会的发展才有可能走上健康的发展轨道。反之，只要用以指导社会实践的发展理论是"非科学"的，相应的发展实践就势必会遭到挫折，甚至陷入困境。这就使我们体会到，从中国共产党的前三代领导人到第四代领导人，其中最深刻的一个理论变化是作为中国经济社会发展的重要指导方针和重大战略思想的科学发展观的形成。从此，中国经济社会将会沿着科学发展观确定的正确道路，迅速地向前发展。

另一方面，科学发展观也为发展中国家，甚至发达国家的发展提供了榜样。改革开放以来，中国经济建设的成功和社会变化的神速本身就印证了作为指导思想的发展理论的合理性。当这种发展理论被胡锦涛同志概括为科学发展观时，更是获得了神奇的影响力。许多国家在感慨"中国奇迹"的同时，也开始对中国的发展理论表示关切，并引发了相应的研究热情。尽管科学发展观主张中国走有自己特色的社会主义道路，但中国在其经济社会发展中所遭遇到的诸多问题，对于国际社会来说，仍然具有普遍性。如发展中国家在搞经济建设时是以独立自主、自力更生为主，还是以依附外资为主？换言之，究竟如何正确地处理自主建设与对外开放之间的关系？又如，发展中国家在经济建设中是走"先污染后治理"的道路，还是走"全面协调可持续"的发展道路？再如，对发达国家来说，如果不愿意营造和平的国际环境，不愿意走和平发展的道路，也就不得不把大量的人力和物力投入到军事方面，从而对自己国家的经济社会的发展造成灾难性影响。

综上所述，随着中国经济社会的发展和向未来的目标——小康社会的逼近，科学发展观的实践意义还会进一步彰显出来，正如歌德在《浮士德》中所说的：

浮光只图炫耀一时，
真品才能传诸后世。

# 2014年

# 穿越问题域[①]
## ——科学发展观重大理论问题探要

## 一、科学发展与当代世界

对于当代中国社会来说，在国家和社会发展的问题上面临的挑战无疑是十分严峻的。一方面，在"文化大革命"之后，中国执政党作出了思想政治路线上的重大调整，毅然决然地放弃了"以阶级斗争为纲"的口号，坚定不移地走上了以经济建设为中心的改革开放的道路。30多年来，中国社会克服了发展道路上出现的无数艰难险阻，奇迹般地跃升为世界上第二大经济体；另一方面，中国政府也试图重新认识并参与变化了的国际政治格局，不但加入了世界贸易组织，而且努力促进国家关系的良性互动，力图为中国经济社会的发展营造一个和平的国际环境。正是基于对国际国内现状和历史经验的认真反思，一种关于发展问题的新的、系统化的理论——"科学发展观"（scientific outlook on development）应运而生了。在国内改革开放不断向纵深推进、而国际

---

① 俞吾金：《穿越问题域——科学发展观重大理论问题探要》，重庆出版社 2014 年版。作为"中国特色社会主义'五大建设'丛书"之一出版。——编者注

关系的发展出现各种变数的情况下，几乎可以说，没有任何其他战略性的理论比科学发展观更为重要、更值得引起我们的关注了。在中国共产党第十八次全国代表大会的报告中，胡锦涛同志对科学发展观作出了高度的评价：

> 科学发展观是马克思主义同当代中国实际和时代特征相结合的产物，是马克思主义关于发展的世界观和方法论的集中体现，对新形势下实现什么样的发展、怎样发展等重大问题作出了新的科学回答，把我们对中国特色社会主义规律的认识提高到新的水平，开辟了当代中国马克思主义发展新境界。科学发展观是中国特色社会主义理论体系最新成果，是中国共产党集体智慧的结晶，是指导党和国家全部工作的强大思想武器。科学发展观同马克思列宁主义、毛泽东思想、邓小平理论、"三个代表"重要思想一道，是党必须长期坚持的指导思想。
>
> 面向未来，深入贯彻落实科学发展观，对坚持和发展中国特色社会主义具有重大现实意义和深远历史意义，必须把科学发展观贯彻到我国现代化建设全过程、体现到党的建设各方面。①

按照胡锦涛的上述论断，科学发展观不仅是中国特色社会主义理论发展的最新成果，也是指导中国共产党和政府的全部工作的强大思想武器。也就是说，科学发展观是中国执政党的全局性的、根本性的指导思想。由此可见，它在中国社会未来发展中拥有的重要地位和作用也就不难想见了。

科学发展观被提出后，不仅在全党全国范围内形成了普遍的共识，也在国际社会中引起了广泛的关注。然而，必须指出的是，我们不应该

---

① 胡锦涛：《坚定不移沿着中国特色社会主义道路前进　为全面建成小康社会而奋斗》，人民出版社 2012 年版，第 7—8 页。

用简单化的眼光去看待科学发展观，作为中国执政党的集体智慧的结晶，科学发展观是在深刻的理论反思和丰富的历史经验的基础上产生并逐渐成熟起来的。作为全局性的、战略性的理论观念，它蕴含着对现代社会发展中可能出现的一系列重大现实问题和理论问题的反思及对可能出现的一切错综复杂关系的领悟与处置。① 要言之，科学发展观不但蕴含着它必定要加以关注的整个问题域，而且它的作用就是指导我们成功地把握并穿越整个问题域，以辩证的方法去理解并解决我们必定会遭遇到的各种复杂的关系，把执政党面临的整个伟大事业——中国共产党的建设和现代化建设的事业以最合理的、健康的方式向前推进。

与此同时，我们也应该看到，科学发展观的世界意义在于，尽管中国具有自己的特殊国情，但中国经济社会的发展也蕴含着其他国家在发展中必定会遭遇到的普遍性问题。从哲学上看，根本不存在脱离特殊性的普遍性，也就是说，普遍性总是寓于特殊性之中的。

鉴于上述分析，我们发现，正确地理解并阐释科学发展观，具有远远超出我们自己预期的理论意义和现实意义。

自美国次贷危机引发的全球性金融危机以来，发展理论再度成为国际学术界关注的焦点，而中国经济社会在取得了辉煌成就的同时，也在为即将来临的深度改革和未来的发展态势而焦虑。这使国际国内理论界形成了某种共识，即重新反思作为中国共产党三代领导集体结晶的科学发展观，以便从中汲取灵感和启示。

## 二、发展、改革与稳定

发展（development）、改革（reform）与稳定（stability）这三个观念就

---

① 参见俞吾金：《科学发展观》，重庆出版社 2008 年版。拙著对什么是科学发展观、科学发展观的形成和科学发展观的意义进行了深入的探讨，并对科学发展观中的"科学""发展"等概念做了细致的语言学上的分析。

像"铁三角"一样，不可分离地纠缠在一起。众所周知，当一个社会内部面临不得不加以解决的难题时，积极的做法是在发展中（亦即不中止社会的发展）去解决这个难题，而不是在消极的等待中让难题自行化解。就像罗马诗人贺拉斯所讽刺的：

> 乡下佬等候在河边，
> 企望着河水流干；
> 而河水流啊、流啊，
> 永远流个不完。①

事实上，消极的等待只会让问题更加复杂化，甚至丧失解决问题的最佳时机。当然，积极的发展也不是无条件的，它需要整个社会处于稳定的、有序的状态下。换言之，一旦社会处于动乱或无政府主义的状态下，向前发展几乎会变得完全不可能。当然，光有稳定这个条件，也不等于一个社会必定能够获得相应的积极的发展。尽管稳定是发展的必要条件，但稳定本身并不能成为发展的动力，它至多只能为社会发展创造了某种条件。我们都知道，社会发展动力来自改革，尤其是当传统的制度成为束缚人们积极性的桎梏时，对它们的改革就成了解放人们积极性的前提，自然也成了社会向前发展的动力。

显而易见，发展、改革与稳定这三者是密切相关的。1995 年 9 月 28 日，江泽民在《正确处理社会主义现代化建设中的若干重大关系》一文中曾经指出：

> 改革、发展、稳定这三者存在着不可分割的内在联系。发展是硬道理。中国解决所有问题的关键要靠自己的发展。增强综合国力，改善人民生活；巩固和完善社会主义制度，保持稳定局面；顶

---

① 转引自［德］康德：《未来形而上学导论》，庞景仁译，商务印书馆 1982 年版，第 5 页。

住霸权主义和强权政治的压力，维护国家主权和独立；从根本上摆脱经济落后状况，跻身于世界现代化国家之林，都离不开发展。今后十五年我们有充分条件继续实现经济较快增长，必须抓住机遇，珍惜机遇，用好机遇，加快发展。改革是经济社会发展的强大动力，是为了进一步解放和发展生产力。十七年经济建设的巨大成就是在改革中实现的。实现未来十五年的奋斗目标，关键仍在于深化改革。改革是社会主义制度的自我完善和发展。它的决定性作用不仅在于解决当前经济社会发展中的一些重大问题，推动社会生产力的解放和发展，还要为下世纪我国经济持续发展和国家长治久安打下坚实的基础。稳定是发展和改革的前提，发展和改革必须要有稳定的政治和社会环境，这是我们付出了代价才取得的共识。当前正处于经济体制转轨时期，人们思想观念的转变需要一个过程，各方面利益关系变动较大，各种矛盾可能会比较突出，保持稳定更具有重大的现实意义。没有稳定的政治和社会环境，一切无从谈起，多么好的规划、方案都将难以实现。①

毋庸讳言，在江泽民看来，改革、发展、稳定好比是中国现代化建设棋盘上紧密关联的三步棋。只有把每一步棋都下好了，全局才活了。反之，如果有一步下得不好，另外两步就会陷入困境中，甚至使全局受挫。因此，把握好这三者的关系，乃是现代化建设中一项根本性的领导艺术，也是对科学发展观的核心精神的领悟。事实上，江泽民确实道出了任何发展理论都无法回避的一组基础性关系，即发展、改革与稳定的关系。

如果说，江泽民比较注重从稳定这一前提出发来谈论发展和改革的话，那么，胡锦涛则比较注重从深化改革的角度出发来谈论发展和稳定

---

① 中共中央文献研究室编：《毛泽东 邓小平 江泽民论科学发展》，中央文献出版社 2009 年版，第 74—75 页。

的关系。2006年12月5日，胡锦涛《在中央经济工作会议上的讲话》中强调：

> 在推进改革的过程中，要正确把握改革发展稳定的关系，不断提高改革决策的科学性、改革措施的协调性，坚定推进各项比较成熟的改革举措，妥善处理改革引起的利益关系调整，合理补偿相关方面的利益损失，确保改革顺利推进。①

从这段论述可以看出，无论是胡锦涛谈到的改革决策的"科学性"和改革措施的"协调性"，还是他谈到的妥善处理"利益关系"和补偿"利益损失"等等，其目的都是为了避免改革与发展、稳定之间可能产生的冲突，以确保改革顺利进行。

所有这些都启示我们，要正确地理解并阐释科学发展观，首先必须把握好发展、改革和稳定这三者之间的辩证关系。

### (一)发展是硬道理

早在1988年5月25日会见捷克斯洛伐克共产党中央总书记雅克什时，邓小平已经明确地表示：

> 中国解决所有问题的关键是要靠自己的发展。②

1992年1月18日—2月21日，邓小平在武昌、深圳、珠海、上海等地的谈话中进一步提出了"发展才是硬道理"③的著名观点。毋庸置疑，按照他的看法，在发展、改革和稳定这三者的关系中，发展始终处于基础性的位置上。邓小平的这一观点得到了胡锦涛的认同。在2004

---

① 中共中央文献研究室编：《科学发展观重要论述摘编》，中央文献出版社，党建读物出版社2008年版，第79—80页。
② 《邓小平文选》第3卷，人民出版社1993年版，第265页。
③ 《邓小平文选》第3卷，人民出版社1993年版，第377页。

年 9 月 19 日《中共中央关于加强党的执政能力建设的决定》中，胡锦涛也以类似的口吻表示：

> 必须坚持抓好发展这个党执政兴国的第一要务，把发展作为解决中国一切问题的关键。①

不用说，胡锦涛的"第一要务"和邓小平的"硬道理"是一脉相承的，都不言自明地肯定了在发展、改革、稳定这三者的关系中，发展始终是解决好这三者关系的基础和出发点。事实上，我们还可以从以下两个方面来深化对"发展才是硬道理"这个著名观点的认识。

一方面，从逻辑关系上看，在发展、改革和稳定这三者的关系中，发展居于先行的、基础性的位置上。既然只有在发展遭遇到障碍时，才会出现对改革的诉求，所以改革在逻辑关系上不可能居于先行的、基础性的位置上；同样地，只有在改革触及利益关系的大调整时，才会出现社会稳定问题，因而从逻辑关系上看，稳定也不可能居于原初性的、基础性的位置上。这样看来，在通常的情况下，发展在逻辑关系上作为改革、稳定的基础和出发点是毋庸置疑的。

另一方面，当发展、改革和稳定之间的关系发生冲突时，尽管发展的步子在一定的范围内或程度上可以放慢下来，但却决不能把发展搁置起来，甚至牺牲发展而去满足改革或稳定。这样做无异于釜底抽薪，它表明人们实际上并不明白，改革和维稳的目的究竟是什么。事实上，我们应该清醒地意识到，改革和维稳，归根到底是为发展创造条件。因为发展的基本含义就是发展生产，而发展生产对于任何社会来说都是生命攸关的事情。马克思在批判费尔巴哈的自然科学式的唯物主义时，早已指出：

---

① 中共中央文献研究室编：《科学发展观重要论述摘编》，中央文献出版社，党建读物出版社 2008 年版，第 14 页。

这种活动、这种连续不断的感性劳动和创造、这种生产，正是整个现存的感性世界的基础，它哪怕只中断一年，费尔巴哈就会看到，不仅在自然界将发生巨大的变化，而且整个人类世界以及他自己的直观能力，甚至他本身的存在也会很快就没有了。①

这就深刻地启示我们，在处理发展、改革、稳定这三者的关系时，在任何情况下都不应该把发展边缘化，甚至搁置或弃置在一边。如果说，延安时期的"大生产运动"是中国共产党在解放区的生存和发展中创造出来的宝贵经验，那么，"文化大革命"中的停工、停课，直至整个国民经济濒临崩溃，就是留给执政党的惨痛教训了。历史和实践一再表明，解决现代社会一切问题和冲突的答案都无例外地隐藏在发展中，因而试图以牺牲发展来满足其他方面的任何想法和做法都必定是荒谬的，也必定是可笑的。

当然，单单认识到发展是"硬道理"、是"第一要务"，还是不够的。2005 年 10 月 11 日胡锦涛在《中共中央关于制定国民经济和社会发展第十一个五年规划的建议》一文中重申：

> 坚持发展是硬道理，坚持抓好发展这个党执政兴国的第一要务，坚持以经济建设为中心，坚持用发展和改革的办法解决前进中的问题。发展必须是科学发展，要坚持以人为本，转变发展观念、创新发展模式、提高发展质量，落实"五个统筹"，把经济社会发展切实转入全面协调可持续发展的轨道。②

毋庸置疑，在胡锦涛看来，一般地、泛泛地谈论发展是远远不够的，作为科学发展观，它关注的核心问题是中国经济社会如何实现"科

---

① 《马克思恩格斯选集》第 1 卷，人民出版社 1995 年版，第 77 页。
② 中共中央文献研究室编：《科学发展观重要论述摘编》，中央文献出版社，党建读物出版社 2008 年版，第 15—16 页。

学的发展"，而科学的发展至少包含着以下五个要点。

其一，坚持以人为本。要做到这一点，就必须正确地理解"科学"（science）这个词的含义。拙著《科学发展观》（2008）曾提出如下的观点，即在西方语言中，只有德语名词 Wissenschaft 的含义最符合我们所要表达的"科学"的含义，因为它既包含自然科学在内，也包含人文社会科学在内。事实上，要把"以人为本"的思想安顿到科学发展观中，"科学"这个用语就必须同时包含人文社会科学。[1] 回顾中国改革开放以来的历史进程，我们发现，原来政府提出"科教兴国""科技兴国"的口号时，其中的"科"字几乎无例外地被官方传媒理解并解释为自然科学。然而，有感于市场经济中大量失序现象的发生，邓小平提出了精神文明和物质文明一起抓的观点，尽管"精神文明"是一个笼统的用语，但其中包含着人文素质，尤其是道德和法律方面的元素，却是无可争议的。随后，江泽民又提出了"以德治国""依法治国"的口号，试图彰显出人文社会科学在人们整个精神生活中的重要地位。而在胡锦涛时期，人文精神，尤其是儒家的人文精神通过"以人为本"的口号得到了进一步的肯定和张扬。

尽管这些做法都是积极的，富有意义的，然而，在我看来，只有全面地理解并阐释科学发展观中的"科学"概念的含义，才能真正体现出人们在对发展观的认识上的质的飞跃。当然，在胡锦涛看来，坚持以人为本，就是要从人民群众的根本利益出发去谋求发展，不断满足他们日益增长的物质文化需要，切实保障他们在经济、政治和文化上的合法权益，并最终实现个人全面发展的宏伟目标。

其二，转变发展观念。只要回顾一下中华人民共和国成立以来的前三十年，很容易发现，当时占支配地位的发展观念是：即使中国经济社会的发展停滞不前，而人民群众在物质文化生活上继续处于贫穷落后的状态下，只要国家在发展上坚持以阶级斗争为纲，避免了资本主义观念对我们的侵蚀，社会主义就算取得了巨大的成功。邓小平十分尖锐地批

---

[1] 俞吾金：《科学发展观》，重庆出版社 2008 年版，第 20 页。

判了这种一度支配中国社会的错误的发展观念，反复强调，贫穷绝不是社会主义：

> 社会主义阶段的最根本任务就是发展生产力，社会主义的优越性归根到底要体现在它的生产力比资本主义发展得更快一些、更高一些，并且在发展生产力的基础上不断改善人民的物质文化生活。①

这就深刻地启示我们，转变发展观念，就是坚定不移地把发展的重心从"以阶级斗争为纲"转移到"以经济建设为中心"上来。事实上，也只有把生产和生产力搞上去了，把经济和人民群众的物质文化生活搞好了，把经济基础和综合国力搞上去了，其他方面的发展才可能获得坚实的物质基础，社会主义的事业才算成功地迈出了第一步。

其三，创新发展模式。众所周知，20世纪70年代，罗马俱乐部的成员们发表了一系列重要的报告，阐明了人类生产的限度、资源的枯竭、环境的恶化和生态危机的来临。这些振聋发聩的报告促使世界各国的有识之士重新反思以往的发展模式，以便创造出以保护资源和环境为出发点的新的可持续的发展模式。在中国共产党第十八次全国代表大会的报告中，胡锦涛反复重申，节约资源和保护环境乃是中国今后发展的基本国策，并主张全力推进绿色发展、循环发展、低碳发展，形成节约资源和保护环境的空间格局、产业结构、生产方式和生活方式，从源头上扭转生态环境恶化的趋势：

> 要按照人口资源环境相均衡、经济社会生态效益相统一的原则，控制开发强度，调整空间结构，促进生产空间集约高效、生活空间

---

① 中共中央文献研究室编：《毛泽东　邓小平　江泽民论科学发展》，中央文献出版社2009年版，第35页。

宜居适度、生态空间山清水秀，给自然留下更多修复空间，给农业留下更多良田，给子孙后代留下天蓝、地绿、水净的美好家园。①

按照胡锦涛的论述，发展并不是随意地开发环境，毫无节制地取用资源，而是始终应该以节约资源、保护环境、修复生态作为自己的前提。事实上，也只有自觉地维护这个前提，并始终在这个前提下发展自己，这样的发展才真正算得上是科学的发展。

其四，提高发展质量。众所周知，邓小平已经作出了"科学技术是第一生产力"②的重要断言，胡锦涛对此也有深刻的体认。他在多次谈话中强调，在当今世界，科学技术已经成为经济社会发展的决定性力量，而加快科技进步的关键是大幅度地提升自主创新能力。在2005年10月11日撰写的《中共中央关于制定国民经济和社会发展第十一个五年规划的建议》中，胡锦涛指出：

> 必须提高自主创新能力。实现长期持续发展要依靠科技进步和劳动力素质的提高。要深入实施科教兴国战略和人才强国战略，把增强自主创新能力作为科学技术发展的战略基点和调整产业结构、转变增长方式的中心环节，大力提高原始创新能力、集成创新能力和引进消化吸收再创新能力。③

也就是说，科学发展不再像过去那样，搞所谓"人海战术"，搞所谓"实力消耗"，而主要是发展自主创新的能力，努力在重大的、关键性的技术上进行突破，从而在发展中起到事半功倍的作用。

---

① 胡锦涛：《坚定不移沿着中国特色社会主义道路前进　为全面建成小康社会而奋斗》，人民出版社2012年版，第39页。

② 《邓小平文选》第3卷，人民出版社1993年版，第274页。

③ 中共中央文献研究室编：《科学发展观重要论述摘编》，中央文献出版社，党建读物出版社2008年版，第16页。

其五，落实"五个统筹"。这五个统筹是指：统筹城乡发展、统筹区域发展、统筹经济社会发展、统筹人与自然的和谐发展、统筹国内发展与国外开放。也就是说，科学的发展既要在不同的时期突出不同的发展重点，又要自始至终顾及全局、统筹各种关系，实现全面发展。事实上，也只有努力做到五个统筹，发展才不会成为昙花一现的偶然现象，而能保持其持久的生命力。

### (二)改革是自意识

众所周知，"改革"这个词在英中的对应词是 reform。前缀 re-有"再""重新"的含义，而词根 form 则有"形式""体制"的含义，合起来的意思是：重新给予一种形式或体制。这也就是我们通常理解的改革的含义。据朱维铮先生的考证：

"改革"的近代含义，在文献上可追溯到龚自珍写于 1814—1815 年的《乙丙之际箸议第七》。这篇仅有 222 字的短论，将八百年前王安石的"改易更革"主张，约简为"改革"，说它表征着支配历史的"万亿年不夷之道"，并向清朝君主讽示：与其赠来者以劲改革，孰若自改革？[①]

为什么龚自珍把改革称作"自改革"？因为他把改革理解为一个王朝对自己疾病的自觉意识，并主动地起来对自己进行救治。我们知道，与reform 不同的另一个词是 revolution（革命），它具有完全不同的内涵，其中的词根 volution 有 a spiral turn（一个螺旋式的转向）的含义，与前缀re-合起来的含义是发生颠覆性的变化，即革命的意思。尽管龚自珍并没有使用"革命"这个词，但他以提问的方式所说的"与其赠来者以劲改革，孰若自改革？"毕竟表明他已经意识到这种可能性，不过没有明确地表述出来罢了。其实，我们在这里之所以把改革理解并阐释为"自意识"，正是继承了龚自珍关于"自改革"的思想。自意识，也就是对自己状况的自觉的反思意识，而改革正是以这样的意识为前提和开端的。1990 年 12月 30 日，在党的十三届七中全会闭幕式上的讲话中，江泽民曾对改革

---

① 朱维铮：《走出中世纪二集》，复旦大学出版社 2008 年版，第 54 页。

的性质做了很好的说明：

> 我们的改革是社会主义制度的自我完善和发展，目的是充分发挥社会主义制度的优越性，促进社会生产力的发展和推动社会的全面进步。改革既要克服过去体制中存在的弊端，又要继承和发扬我们在长期革命和建设中形成的好经验、好做法和好传统，并且适应新的历史条件不断地有所创造。①

毋庸置疑，作为改革者，我们必须清醒地意识到，改革是一个社会对自己疾病的自觉的诊断和救治。为什么要这样做？因为一个社会要向前发展，就必须排除一切阻碍其发展的因素，尤其是传统体制方面存在的消极因素。如果不这样做，发展就落实不下来，就会成为一句空话。也正是在这个意义上，胡锦涛指出：

> 改革是发展的动力，也是实现科学发展的重要保证。②

我们发现，在现实生活中，存在着两种不同类型的"动力"（driving-force）：一种是"直接的动力"（direct driving-force），即人要生存下去的欲望。美国当代心理学家马斯洛曾经提出过"五层次心理需求"的著名理论。第一个层次：人必须吃东西以便活下去；第二个层次：人必须确保自己处于安全状态中，即他的生命不会受到威胁；第三个层次：人希望实现性和婚姻方面的欲望，因为人是有性别的存在物，也渴望自己的家庭和种族能够繁衍下去、财产能够被子女继承下去；第四个层次：人希望得到他人的尊重；第五个层次：人希望自己身上的潜能得以实现。

---

① 中共中央文献研究室编：《毛泽东　邓小平　江泽民论科学发展》，中央文献出版社 2009 年版，第 63—64 页。

② 中共中央文献研究室编：《科学发展观重要论述摘编》，中央文献出版社 2008 年版，第 79 页。

毋庸置疑，在人的心理需求的这五个不同的层次中，第一个层次是最根本的，它表现为人不得不与周围环境打交道的直接动力。事实上，不从周围环境中取用资源，任何人都无法生存下去，更遑论整个种族的繁衍。这就深刻地启示我们，任何一个社会想要获得自己在发展上的强大驱动力，就必须把人们身上的基本的欲望激发起来。事实上，没有这类普遍的欲望的参与，发展便会失去其原始的、直接的动力。黑格尔之所以把世界历史的发展描绘为经线（理性）与纬线（情欲）交织的结果，是因为没有情欲或欲望的参与，历史便完全丧失了向前发展的动力。正如法国哲学家狄德罗所说的：

> 人们无穷无尽地痛斥情感……可是只有情感，而且只有大的情感，才能使灵魂达到伟大的成就。如果没有情感，则无论道德文章就都不足观了，美术就回到幼稚状态，道德也就式微了。①

另一种是"间接的动力"（indirect driving-force）。不用说，改革所能提供的也就是间接的动力。由于传统的、不合理的体制束缚了人们的积极性，因而需要通过体制改革的方式把人们的积极性解放出来。其实，解放人们的积极性，实质上就是解放他们的被束缚、被压抑的欲望。由此可见，间接的动力的全部作用就是解开束缚，从而把人们的欲望，即直接动力解放出来。在我看来，要全面地认识改革在当代中国经济社会发展中的地位和作用，必须把握以下四个要点：

其一，改革的战略目标是从计划经济体制转型为市场经济体制。在这一战略性的改革目标的确定上，邓小平的开创性的历史作用自不待言，这尤其表现在他下面这段重要论述上：

> 计划多一点还是市场多一点，不是社会主义与资本主义的本质

---

① 《狄德罗哲学选集》，陈修斋等译，生活·读书·新知三联书店1957年版，第1页。

区别。计划经济不等于社会主义，资本主义也有计划；市场经济不等于资本主义，社会主义也有市场。计划和市场都是经济手段。社会主义的本质，是解放生产力，发展生产力，消灭剥削，消除两极分化，最终达到共同富裕。①

邓小平的高瞻远瞩之处在于，他并没有像以往的教条主义者那样，把"计划"与"市场"尖锐地对立起来。他希望中国未来的经济体制以市场经济为主，从而使资源的配置达到最优的结果，但他并不排斥一定范围内的计划，即政府对经济活动的宏观上的调控或干预。事实上，任何一个社会，只要它不处于动乱或无政府主义的状态下，换言之，只要政府依然存在着，并实质性地发挥着自己的作用，它对经济活动的干预总是或多或少地存在着。在这个意义上可以说，绝对地排除政府的一切计划和干预的市场经济活动在现实生活中从来就没有存在过。总之，中国体制上的整体改革的核心是从计划经济向市场经济转型，只有抓住这一点，才能把握住改革的根本方向和实质。

其二，改革必须循序渐进、由点到面地展开。谁都明白，改革必定会引起经济社会的巨大变化，也必定会涉及利益关系的大调整，因而需要极其谨慎地加以推进。我们知道，在邓小平这个改革开放的总设计师的策划下，中国的改革首先是从农村开始的，其主旨是抛弃传统的"吃大锅饭式的"不合理的体制，通过确立责任制（如家庭联产承包制），调动农民群众的积极性。为什么改革先要从农村开始呢？邓小平是这样解释的：

因为中国人口的百分之八十在农村，如果不解决这百分之八十的人的生活问题，社会就不会是安定的。工业的发展，商业的和其

① 《邓小平文选》第3卷，人民出版社1993年版，第373页。

他的经济活动，不能建立在百分之八十的人口贫困的基础之上。①

在农村改革取得成功的基础上，邓小平才稳步展开城市改革，因为他清醒地意识到，城市改革中的每一步都会影响千家万户，它的复杂性和风险远在农村改革之上。后来的事实也印证了邓小平推测的正确性，由于人口聚居，关系复杂，城市改革确实蕴含许多变数，比如物价的波动、工人的下岗和再就业、国有企业的破产和重组、股份制的推行和相应的问题等等。事实上，城市改革中的每个举措都会产生"牵一发而动全身"的效应，因而需要特别谨慎地加以实施。

在诸多改革措施中，邓小平还采取建立"特区"、给予其政策优惠的办法，促使其快速发展，从而带动其他区域的改革和发展。在这方面，深圳特区建设就是一个典型的例子。深圳建设获得成功后，邓小平又在总结其经验的基础上，拉开了上海浦东新区、天津塘沽新区等诸多特区建设的帷幕，由点及面，既使改革稳步展开，又取得了极其丰硕的成果。

其三，要协调好经济体制改革与政治体制改革之间的关系。从20世纪80年代中期起，邓小平就十分重视政治体制的改革。在1986年6月中央政治局常委会上，他明确表示：

> 政治体制改革同经济体制改革应该相互依赖，相互配合。只搞经济体制改革，不搞政治体制改革，经济体制改革也搞不通，因为首先遇到人的障碍。事情要人来做，你提倡放权，他那里收权，你有什么办法？从这个角度来讲，我们所有的改革最终能不能成功，还是决定于政治体制的改革。②

---

① 《邓小平文选》第3卷，人民出版社1993年版，第117页。
② 《邓小平文选》第3卷，人民出版社1993年版，第164页。

在邓小平看来，经济体制改革中的重大问题，如产权问题、分配和再分配的问题等，同时也是政治体制改革中必须面对的重大问题，而政治体制改革的主要目的则是消除官僚主义，发展社会主义民主，调动人民群众和基层单位的积极性，处理好党和政府的关系、中央和地方的关系、法治与人治的关系。当然，邓小平也为政治体制改革划出了明确的界限，即执政党应该实施党政分开、权力下放和精简机构等改革措施，但它的执政地位是自始至终不能动摇的。众所周知，中国的政治体制深受苏联影响，在某种意义上，政治体制改革也就是从苏联模式中解放出来，为中国经济社会的发展提供新的推动力。

其四，要处理好改革与稳定的关系。如前所述，任何重大的改革措施必定涉及人们利益关系上的重大调整，因而极有可能引起经济社会的震荡和冲突。邓小平早已敏锐地意识到这一点，他之所以把城市改革置于农村改革之后，就是考虑到当改革向纵深领域发展时必须有一个稳定的环境。1989 年 2 月 26 日，邓小平在会见美国总统布什时，曾明确表示：

> 中国的问题，压倒一切的是需要稳定。没有稳定的环境，什么都搞不成，已经取得的成果也会失掉。①

1990 年 4 月在接见泰国正大集团董事长谢国民等时，邓小平进一步重申：

> 只有稳定，才能有发展。只有共产党的领导，才能有一个稳定的社会主义中国。②

---

① 《邓小平文选》第 3 卷，人民出版社 1993 年版，第 284 页。
② 《邓小平文选》第 3 卷，人民出版社 1993 年版，第 357 页。

这就深刻地启示我们，在积极推进全面改革的过程中，必须高度重视稳定问题。诸多国家或地区发展的历史教训表明，没有一个稳定的环境，改革就有可能夭折。

### （三）稳定是边界线

稳定是科学发展观中的基础性环节之一。在我们确定了小康社会的战略发展目标以后，稳定就具有特别重要的意义。邓小平早已意识到：

> 没有安定团结的政治局面，不可能搞建设，更不可能实行改革开放政策，这些都搞不成。开放不简单，比开放更难的是改革，必须有秩序地进行。所谓有秩序，就是既大胆又慎重，要及时总结经验，稳步前进。如果没有秩序，遇到这样那样的干扰，把我们的精力都消耗在那上面，改革就搞不成了。[①]

毋庸置疑，亲历过战乱和动乱的人都格外地珍惜稳定的政治局面。如果说，在20世纪80年代中期，政治体制改革成了中国人政治生活中的重大课题，那么，之后这个课题已经转变为另一个课题，即政治体制改革与中国社会稳定之间的关系问题，而当稳定成了压倒一切的根本问题时，政治体制改革也就自然而然地退到幕后去了。

问题的棘手之处在于：一方面，稳定是压倒一切的，因为没有稳定的政治格局，确实什么也搞不成，许多发展中国家改革失败都与失去稳定的政治格局有关；另一方面，政治体制改革又是当务之急，所谓"深度改革"，一言以蔽之，就是不失时机地实施政治体制的改革。事实上，正如邓小平所指出的，不触及政治体制改革，经济体制的改革也就走到了尽头，再也无法深入下去了。然而，谁都知道，风险最大的是政治体制改革，如果它必定会以对稳定造成严重的影响为代价，那么政治体制改革还要进行吗？当代中国人似乎面对着一个无解的悖论。

---

① 《邓小平文选》第3卷，人民出版社1993年版，第199页。

实际上，这个表面上看起来无解的悖论仍然是有解的。在我们看来，关键在于如何理解"稳定"这个词的含义。有趣的是，邓小平在1992年南方谈话时留下的一段话为我们走出这个悖论投下了一线曙光：

> 对于我们这样发展中的大国来说，经济要发展得快一点，不可能总是那么平平静静、稳稳当当。要注意经济稳定、协调地发展，但稳定和协调也是相对的，不是绝对的。发展才是硬道理。这个问题要搞清楚。如果分析不当，造成误解，就会变得谨小慎微，不敢解放思想，不敢放开手脚，结果是丧失时机，犹如逆水行舟，不进则退。①

在这段重要论述中，邓小平直言不讳地告诉我们，"稳定和协调也是相对的，不是绝对的。发展才是硬道理。这个问题要搞清楚。"这就启示我们，稳定并不等于鸦雀无声；也并不等于通过一个决议时没有任何反对者或弃权者；更不等于实际生活中没有任何矛盾和冲突发生。事实上，历史和实践都表明，有不同意见、有反对声音，才是正常生活；反之，真正可怕的倒是出现"鸦雀无声式的稳定"，因为鸦雀无声并不等于没有反对意见，而是表明持有不同意见的人敢怒而不敢言，表明政府与民众之间的沟通渠道已经出现严重的障碍。为什么中国传统社会总是像钟摆一样，在鸦雀无声与农民起义这两个极端之间摆动？因为历代王朝的统治阶级与民众之间几乎完全缺乏沟通，各种矛盾积压多了，始终得不到解决，也就只能诉诸农民起义这种破坏性的沟通方式了。在某种意义上，传统统治阶级追求的鸦雀无声式的稳定其实正是农民起义（即不稳定）的原因。由此可见，鸦雀无声式的稳定实质上是虚假的稳定，它本身就是动乱或农民起义的补充形式。这就深刻地启示我们，真正的稳定绝不是鸦雀无声，而是借助于合理的政治体制的媒介，实现政府和民

---

① 《邓小平文选》第3卷，人民出版社1993年版，第377页。

众之间的良性沟通。

有鉴于此，我们必须清醒地意识到，世界上根本就没有绝对的稳定，稳定永远是相对的。试图追求绝对的稳定，必定会把政治体制改革无限期地延缓下去或搁置起来，不但会丧失政治体制改革的最佳时机，而且最终反而会导致不稳定的政治局面的出现。这个道理很简单，既然人们的利益关系无法通过政治体制改革的实施而得到及时的、合理的调整，从长远来看，就有可能埋下不稳定的种子。

此外，还应该看到，我们不但已经置身于经济全球化的时代，而且也已经置身于因特网的时代。因特网使信息的发生、传播和影响的方式、速度发生了巨大的变化，甚至把一度独占鳌头的纸质传媒也逼入了绝境之中。随着因特网的发展而崛起的微信、微博等全新的沟通方式，差不多使信息成了完全透明的东西。

不管如何，我们必须记住，稳定是相对的，只有政治体制的改革才能为中国社会的最后稳定奠定基础，因而决不应该用维稳作为借口来延缓政治体制改革的实施。否则，改革开放以来取得的辉煌成果就有可能毁于一旦。我们应该有信心不失时机地推进政治体制改革，从而为中国社会的长治久安创造条件。

# 三、经济、政治与文化

在科学发展观中，经济、政治和文化这三者的关系体现出社会结构方面的基本关系。科学的发展作为全面的发展，就是要正确地协调好这三者之间的结构关系。事实上，早在《新民主主义论》中，毛泽东就已从历史唯物主义的基本理论出发，阐述了这三者之间的辩证关系：

> 一定的文化（当作观念形态的文化）是一定社会的政治和经济的反映，又给予伟大影响和作用于一定社会的政治和经济；而经济是

基础，政治则是经济的集中的表现。这是我们对于文化和政治、经济的关系及政治和经济的关系的基本观点。①

在这段重要论述中，毛泽东既阐明了文化与政治、经济之间的相互作用，又阐明了经济与政治之间的相互作用。事实上，毛泽东还探讨了这三者在经济社会革故鼎新的过程中的密切关系：

> 我们要革除的那种中华民族旧文化中的反动成分，它是不能离开中华民族的旧政治和旧经济的；而我们要建立的这种中华民族的新文化，它也不能离开中华民族的新政治和新经济。中华民族的旧政治和旧经济，乃是中华民族的旧文化的根据；而中华民族的新政治和新经济，乃是中华民族的新文化的根据。②

毋庸置疑，毛泽东的论述也为我们理解当今中国社会在改革开放中发生的结构性变化提供了指导思想。按照毛泽东所理解和阐释的历史唯物主义的基本观点，经济始终是基础性的，而政治作为上层建筑的组成部分，只不过是经济的集中表现。至于以观念形态的方式出现的文化，既反映着经济、政治的客观诉求，又为这种诉求抹上了迥然各异的色彩。下面，我们将沿着这样的思路来刻画这三者在科学发展观中的结构性关系。

### (一)经济是起跑线

我想，任何一个不存偏见的人都会同意，经济活动乃是人类最基本的活动形式，是人类生命历史的起跑线。作为历史唯物主义理论的创始人，马克思早已指出：

> 我们首先应当确定一切人类生存的第一个前提也就是一切历史

---

① 《毛泽东选集》第2卷，人民出版社1991年版，第663—664页。
② 《毛泽东选集》第2卷，人民出版社1991年版，第664页。

的第一个前提，这个前提就是：人们为了能够"创造历史"，必须能够生活。但是为了生活，首先就需要衣、食、住以及其他东西。因此第一个历史活动就是生产满足这些需要的资料，即生产物质生活本身。同时这也是人们仅仅为了能够生活就必须每日每时都要进行的(现在也和几千年前一样)一种历史活动，即一切历史的一种基本条件。①

毋庸讳言，在马克思看来，经济活动是人类一切其他活动的基础和出发点。事实上，人类也只有通过经济活动满足自己的基本欲望和需求，才能生存下去，并得以从事与环境打交道的各种其他的活动。当人类社会发展到以商品经济或市场经济作为主导经济形式时，"经济"这个用语便获得了极为丰富的内涵。除了投资与生产外，它还涵盖资源与配置、分工与交换、流通与贸易、分配与消费、货币与资本、金融与信用等诸多错综复杂的环节。不管这些环节之间的关系是多么纵横交错，马克思上面提到的"生产"始终是一个基础性的环节。

早在新民主主义革命时期，毛泽东对经济工作的重要性已有深刻的认识。在 1933 年撰写的题为《必须注意经济工作》的报告中，毛泽东已对以下两种错误观念进行了深刻批判：一种观念是只重视革命战争、武装斗争，而完全忽视了根据地的经济建设工作；另一种观念是只重视根据地的经济建设，而完全忽视革命战争的现实性和紧迫性。在深入批判第二种观念时，毛泽东这样写道：

在现在的阶段上，经济建设必须是环绕着革命战争这个中心任务的。革命战争是当前的中心任务，经济建设事业是为着它的，是环绕着它的，是服从于它的。那种以为经济建设已经是当前一切任务的中心，而忽视革命战争，离开革命战争去进行经济建设，同样是错误的观点。只有在国内战争完结之后，才说得上也才应该说以

---

① 《马克思恩格斯全集》第 3 卷，人民出版社 1960 年版，第 31—32 页。

经济建设为一切任务的中心。①

毛泽东的观点十分明确：在革命时期，革命战争是中心任务，经济建设虽然重要，但它必须围绕革命战争展开；而在国内战争完结之后的建设时期，经济建设应该成为"一切任务的中心"。

邓小平于"文化大革命"结束后从政治上复出，在许多场合下，他都不遗余力地强调经济建设的必要性和紧迫性。1982年9月，在陪同金日成去四川访问的路上，邓小平再三表示"要一心一意地搞建设"：

> 国家这么大，这么穷，不努力发展生产，日子怎么过？我们人民的生活如此困难，怎么体现出社会主义的优越性……所以，社会主义必须大力发展生产力，逐步消灭贫穷，不断提高人民的生活水平……因此，我强调指出，要迅速地坚决地把工作重点转移到经济建设上来。十一届三中全会解决了这个问题，这是一个重要的转折。从以后的实践看，这条路线是对的，全国面貌大不相同了。②

在我们看来，邓小平之所以"把工作重心转移到经济建设上来"理解并阐释为"一个重要的转折"，因为它充分体现出历史唯物主义思想路线的恢复。邓小平在《国际形势和经济问题》中表示：

> 我的意思是，只靠我们现在已经取得的稳定的政治环境还不够……最根本的因素，还是经济增长速度，而且要体现在人民的生活逐步地好起来。人民看到稳定带来的实在的好处，看到现行制度、政策的好处，这样才能真正稳定下来。不论国际大气候怎样变化，只要我们争得了这一条，就稳如泰山。③

---

① 《毛泽东选集》第1卷，人民出版社1991年版，第123页。
② 《邓小平文选》第3卷，人民出版社1993年版，第10—11页。
③ 《邓小平文选》第3卷，人民出版社1993年版，第355页。

在这里，邓小平对"稳定"的理解是全面而深刻的。在他看来，只有发展经济，不断提高人民的物质生活水平，中国经济社会"才能真正稳定下来"。也正在这个意义上，在 1992 年的南方谈话中，邓小平进一步强调：

> 不坚持社会主义，不改革开放，不发展经济，不改善人民生活，只能是死路一条。基本路线要管一百年，动摇不得。只有坚持这条路线，人民才会相信你，拥护你。谁要改变三中全会以来的路线、方针、政策，老百姓不答应，谁就会被打倒。[1]

今天，历史和实践都已证明，不仅邓小平当时作出的判断是正确的，而且邓小平以后的中国共产党的领导人也是正确的，因为他们坚定不移地继承了邓小平的遗志，始终牢牢守护着这条以经济建设为中心的基本路线。

### (二)政治是制高点

马克思早已告诫我们，政治是经济的集中表现。我们认为，这句至理名言至少包含以下两方面的含义：一方面，政治并不神秘，它的秘密深藏于经济利益之中。换言之，它总是直接地或间接地反映着不同阶级或阶层的经济利益。兴趣因利益而生，也因利益而不断得到强化。归根到底，人们的政治兴趣源于他们经济上的根本利益。[2] 另一方面，政治与经济又是有区别的，所谓"集中表现"的意思是，人们在政治上关注的

---

① 《邓小平文选》第 3 卷，人民出版社 1993 年版，第 370—371 页。
② 在我看来，迄今为止的人类历史表明，人类社会可以用下面两句话加以概括，即政治是经济的集中表现，军事是流血的政治。前一句话表明，一切政治活动的秘密都深藏于经济利益之中。对这一点，甚至不从事政治活动，而从事刑事案件侦破的刑警们也有深刻的感受。如果他们发现某人遭到谋杀，必定会提出如下的问题，即这个人非正常死亡后，哪个人可能会在经济上获益？换言之，人们的政治或其他行为总是直接地或间接地关系着他们的经济利益。后一句话表明，政治活动及其作用是有限度的，一旦政治活动无法对人们在经济利益上的冲突进行有效的协调，军事冲突就会发生，而其结果就是：战败方服从战胜方在经济利益上的安排。

是他们在经济上的根本的、长远的利益，而不是经济关系中的蝇头小利。在这个意义上，我们完全可以说，政治高于经济，它超越了经济利益的琐碎性和经济活动的具体性，始终保持着自己应有的高度和整体性。

在新民主主义革命时期，毛泽东的《中国社会各阶级的分析》(1925)就是从马克思的历史唯物主义立场出发，理解并阐释当时中国社会政治和经济关系的典范之作。正是通过对当时中国社会各阶级的经济状况的细致、深入的分析，毛泽东揭示出这些阶级的不同的政治立场和态度，从而澄清了新民主主义革命的领导力量、主力军、可靠朋友、可争取的盟友和真正的敌人，为以后的革命运动指出了明确的方向。在《反对本本主义》一文中，毛泽东明确指出：

> 我们调查工作的主要方法是解剖各种社会阶级，我们的终极目的是要明了各种阶级的相互关系，得到正确的阶级估量，然后定出我们正确的斗争策略，确定哪些阶级是革命斗争的主力，哪些阶级是我们应当争取的同盟者，哪些阶级是要打倒的。[①]

这充分表明，虽然毛泽东的调查工作是从各阶级的经济情况着手的，但始终保持着政治上的制高点，即始终把掌握当时中国社会各阶级的政治立场和态度视为自己的最高目的。

与此同时，在领导秋收起义、建立自己武装队伍——红军的过程中，毛泽东很快发现，红军中出现了"单纯军事观点"。按照这种观点，"军事好，政治自然会好，军事不好，政治也不会好"，以为红军的任务也和白军一样，只是单纯地打仗，不知道红军是一个执行革命的政治任务的集团。有鉴于此，毛泽东在《关于纠正党内的错误思想》一文中及时地批判了这种单纯军事观点，后来又在红军中设立了政治委员的制度，

---

① 《毛泽东选集》第1卷，人民出版社1991年版，第113—114页。

并把支部建在连上，从而使红军在艰苦卓绝的武装斗争中始终保持正确的政治立场和清醒的政治意识。毛泽东把这方面的工作概括为"党指挥枪"，确实是非常有见地的。

抗日战争胜利后，毛泽东又撰写了《抗日战争胜利后的时局和我们的方针》一文，及时告诫全党和全国人民，蒋介石将挑起全面内战：

> 当全国规模的内战还没有爆发的时候，人民中间和我们党内的许多同志中间，对于这个问题还不是都认识得清楚的。因为大规模的内战还没有到来，内战还不普遍、不公开、不大量，就有许多人认为："不一定吧！"还有许多人怕打内战。……产生怕的情绪是很自然的。对于蒋介石发动内战的阴谋，我党所采取的方针是明确的和一贯的，这就是坚决反对内战，不赞成内战，要阻止内战。今后我们还要以极大的努力和耐心领导着人民来制止内战。但是，必须清醒地看到，内战危险是十分严重的，因为蒋介石的方针已经定了。按照蒋介石的方针，是要打内战的。按照我们的方针，人民的方针，是不要打内战的……现在不要打的只是一个方面，并且这一方面的力量又还不足以制止那一方面，所以内战危险就十分严重。①

后来政治形势的发展完全证明了毛泽东的上述政治见解和推断是正确的。树欲静而风不止，蒋介石按其本性是决不会放弃挑起内战的阴谋的，他试图邀请毛泽东一行到重庆进行和平谈判，迫使毛泽东一行就范，但毛泽东对和平谈判的底线早已有清醒的意识。在《中共中央关于同国民党进行和平谈判的通知》(1945)一文中，毛泽东写道：

> 在谈判中，国民党必定要求我方大大缩小解放区的土地和解放

---

① 《毛泽东选集》第 4 卷，人民出版社 1991 年版，第 1125—1126 页。

军的数量，并不许发纸币，我方亦准备给以必要的不伤害人民根本利益的让步。无此让步，不能击破国民党的内战阴谋，不能取得政治上的主动地位，不能取得国际奥论和国内中间派的同情，不能换得我党的合法地位和和平局面。但是让步是有限度的，以不伤害人民根本利益为原则。①

从这段重要论述中可以看出，毛泽东不管看什么问题都是从政治的制高点出发的，而他又深知，他的政治立场正是他试图加以维护的人民群众在经济上的根本利益。这使他完全能够得心应手地与蒋介石周旋，并对付他可能玩弄的各种阴谋。事实上，正是由于毛泽东采取了正确的政治方针，蒋介石发动全面内战后，政治、军事形势很快就发生了戏剧性的逆转，仅仅在三年多的时间里，中国人民解放军就以摧枯拉朽之势，击垮了蒋介石八百万军队。为什么会发生如此伟大的奇迹？因为从政治上看，蒋介石早已失去了民心。其实，唐代名相魏征早已告诫我们，水能载舟，也能覆舟，而他所说的"水"正是民心，这也是政治上最为重要的东西。蒋介石一旦失去了民心，蒋家王朝的毁灭也就指日可待了。

如上所述，毛泽东的高瞻远瞩在很大程度上体现在他的政治眼光和见识上。即使在社会主义建设时期，毛泽东也十分重视政治工作，他在《在中国共产党第八届中央委员会第二次全体会议上的讲话》中，他反复重申：

> 要加强政治工作。不论文武，不论工厂，农村，商店，学校，军队，党政机关，群众团体，各方面都要极大地加强政治工作，提高干部和群众的政治水平。②

---

① 《毛泽东选集》第4卷，人民出版社1991年版，第1153—1154页。
② 中共中央党校编：《马列著作毛泽东著作选读（哲学部分）》，人民出版社1978年版，第447页。

然而，遗憾的是，毛泽东对政治内涵的理解仍然停留在新民主主义革命时期，即把它理解为"以阶级斗争为纲"。实际上，在社会主义建设时期，历史背景已经发生了根本性的变化，中国共产党已经成为执政党，这个时期的主要矛盾不再是各个阶级之间的对抗和冲突，而是社会生产力的相对落后与人民群众日益增长的物质文化需要之间的落差和矛盾。毋庸置疑，尽管在社会主义历史时期仍然需要坚持从政治上看问题，但政治的内涵已经发生了根本性的变化，应该把发展经济、发展生产力理解社会主义政治的最重要的内涵。

　　其实，从"文化大革命"中毛泽东提出的"抓革命，促生产"的口号就可以看出，毛泽东是希望通过抓革命、抓阶级斗争来促进生产发展的。其实，在中国共产党执政的社会主义历史时期，仍然不合时宜地鼓动阶级矛盾和阶级斗争，不但不能调动人民群众的积极性，反而从根本上破坏了这种积极性。何况，生产发展是以尊重经济发展规律为前提的，而不是以随心所欲的自由意志为出发点的。邓小平对社会主义政治的内涵作出了新的阐释：

　　　　一个国家要取得真正的政治独立，必须努力摆脱贫困。而要摆脱贫困，在经济政策和对外政策上都要立足于自己的实际，不要给自己设置障碍，不要孤立于世界之外。①

　　邓小平清醒地意识到，一个国家在政治上的独立是以其经济上的独立作为前提的。难以想象，一个经济上贫穷落后的国家能够保持其政治上的独立地位。由此可见，在今后相当长的历史时期内，作为执政党，中国共产党必须把经济工作视为自己全部工作的重心。除非遭遇战争，决不能轻易改变这个重心。事实上，邓小平所制订的新时期的党的基本

---

　　① 《邓小平文选》第3卷，人民出版社1993年版，第202页。

路线正是以经济建设为中心的，他希望这条基本路线一百年不变。因为在他看来，以经济建设为中心，就是当今中国最大的政治。事实上，只有经济上强大了，中华民族的伟大复兴才会充满希望，中国作为一个拥有数千年悠久的文化传统的国家才能自立于世界民族之林，并得到国际社会的认同。

不用说，在邓小平以后的时期，无论是江泽民、胡锦涛，还是习近平，都坚定不移地贯彻了经过邓小平重新阐释的社会主义政治的内涵，从而把发展生产力、发展经济、实现现代化视为当今中国社会的最大政治。

### (三)文化是软实力

据说，"文化"这个概念有三百种不同的定义。但就其内涵来说，也许可以分为以下两种不同的类型：第一，"广义的文化"（culture in a broad sense），即除了人的感觉经验未接触到的对象之外，所有其他的对象都属于这种类型的文化。它可以包含以下五个不同的层面：一是器物层面，二是行为层面，三是心理层面，四是制度层面，五是观念层面。第二，"狭义的文化"（culture in a narrow sense），即仅限于从观念层面上去理解并阐释文化。显而易见，毛泽东在《新民主主义论》中表述的文化观是从属于狭义文化观的，因为他明确地指出：

> 一定的文化是一定社会的政治和经济在观念形态上的反映。①

事实上，在《新民主主义论》中，毛泽东之所以把新民主主义政治、新民主主义经济和新民主主义文化区分开来，就是为了限定文化这个用语的范围，即它尽管是人们的经济利益和政治立场在观念形态上的反映，但它本身既不从属于政治或经济，也不包含政治和经济于自身之内。它只是观念形态上的东西，它的核心内容则是价值观念。

---

① 《毛泽东选集》第 2 卷，人民出版社 1991 年版，第 694 页。

在上述考察的基础上，毛泽东进而把中国文化区分为"五四"以前和"五四"以后两个不同的发展阶段。在"五四"以前，中国文化战线上的斗争主要表现为资产阶级的新文化与封建主义的旧文化之间的斗争；而在"五四"以后，中国产生了完全崭新的文化生力军——中国共产党领导的共产主义的文化思想。正是基于上述分析，毛泽东界定了新民主主义文化的内涵：

> 所谓新民主主义的文化，就是人民大众反帝反封建的文化；在今日，就是抗日统一战线的文化。这种文化，只能由无产阶级的文化思想即共产主义思想去领导，任何别的阶级的文化思想都是不能领导了的。所谓新民主主义的文化，一句话，就是无产阶级领导的人民大众的反帝反封建的文化。①

在毛泽东看来，尽管打败日本帝国主义和国民党主要依靠军事上的武装力量、政治上的统一战线和经济上的生产自救活动，但新民主主义文化也起着不可或缺的作用。有鉴于此，毛泽东甚至提出了"文化革命"的口号，并把它与"政治革命""经济革命"并列起来：

> 文化革命是在观念形态上反映政治革命和经济革命，并为它们服务的。在中国，文化革命，和政治革命一样，有一个统一战线。②

在《在延安文艺座谈会上的讲话》(1942)和《文化工作中的统一战线》(1944)等文章中，毛泽东进一步阐释了他关于建设新民主主义文化的主张。毋庸置疑，在新民主主义革命时期，毛泽东关于文化问题的论述是

---

① 《毛泽东选集》第 2 卷，人民出版社 1991 年版，第 698 页。
② 《毛泽东选集》第 2 卷，人民出版社 1991 年版，第 699 页。

卓有见地的。

　　然而，中华人民共和国成立以后，由于毛泽东仍然坚持新民主主义革命时期的"以阶级斗争为纲"的思想路线，从而严重地高估并扩大化了思想文化领域里的阶级斗争。从对梁漱溟的指责到对所谓"胡风反党集团"的批判、从对俞平伯的《红楼梦》研究倾向的不满到对吴晗的新编历史剧《海瑞罢官》的上纲，思想文化阵地硝烟重重。它深刻地启示我们，必须重新认识文化在社会主义建设时期的内涵、地位和作用。

　　邓小平几乎很少使用文化概念。1987年3月3日，邓小平在会见美国国务卿舒尔茨时明确表示：

> 中国要实现四个现代化，摆脱落后状态，必须有一个安定团结的政治局面，必须有领导有秩序地进行建设。闹事就使我们不能安心建设，我们已经有"文化大革命"的经验教训，这样一闹，就会出现新的"文化大革命"。

　　从这段重要论述中可以看出，邓小平大致上是按照毛泽东在《新民主主义论》中对政治、经济和文化的三分来理解并阐释文化概念的。他十分排斥类似于"文化大革命"这样的文化事件，并从政治上把它们与"闹事"等同起来。显然，他重视的是经济上如何进行改革、政治上如何发展民主，并喜欢对应物质文明的建设来谈精神文明的建设，而在他的语境中，文化自始至终不过是精神文明的一个组成部分：

> 我们要建设社会主义国家，不但要有高度的物质文明，而且要有高度的精神文明。所谓精神文明，不但是指教育、科学、文化（这是完全必要的），而且是指共产主义的思想、理想、信念、道

德、纪律，革命的立场和原则，人与人的同志式关系，等等。①

不难发现，尽管邓小平也肯定文化是"完全必要的"，但他只是把它理解为精神文明这个大概念中的一个有机的组成部分，并进而在观念形态的范围内再把它与教育、科学分离开来，并平列起来。比较起来，他更重视教育和科学技术的发展，他只是在各种场合下强调一点，即整个文化事业，包括文化作品在内，必须符合四项基本原则。

江泽民大致上是按照邓小平关于物质文明和精神文明建设不可偏废的思路来关注文化问题的。在《以人民群众为本》(1994)一文中，他这样写道：

> 坚持物质文明和精神文明两手抓，是贯穿社会主义现代化建设全过程的重要战略方针。越是大力发展社会主义市场经济，越要切实加强精神文明建设，繁荣教育、科学、文化事业，加强人民正确的思想道德武装，弘扬崇高的民族正气，维护良好的社会秩序和社会风尚。这样才能为物质文明建设提供强大动力和重要保证，才能确保有中国特色社会主义事业全面发展。②

在江泽民看来，文化从属于精神文明，而精神文明的发展归根到底是为物质文明的发展"提供强大动力和重要保证"的。这里充分肯定了精神文明建设，包括文化建设对物质文明建设的反作用。1997年，在《高举邓小平理论伟大旗帜，把建设有中国特色社会主义事业全面推向二十一世纪》一文中，江泽民进一步提出了"中国特色社会主义的文化"的新概念，并对其含义作出了明确的阐释：

---

① 中共中央文献研究室编：《毛泽东　邓小平　江泽民论科学发展》，中央文献出版社2009年版，第32—33页。
② 中共中央文献研究室编：《毛泽东　邓小平　江泽民论科学发展》，中央文献出版社2009年版，第70页。

建设有中国特色社会主义的文化，就是以马克思主义为指导，以培育有理想、有道德、有文化、有纪律的公民为目标，发展面向现代化、面向世界、面向未来的，民族的科学的大众的社会主义文化。这就是要坚持用邓小平理论武装全党，教育人民；努力提高全民族的思想道德素质和教育科学文化水平；坚持为人民服务、为社会主义服务的方向和百花齐放、百家争鸣的方针，重在建设，繁荣学术和文艺。建设立足中国现实、继承历史文化优秀传统、吸取外国文化有益成果的社会主义精神文明。①

在这段论述中，江泽民把毛泽东在《新民主主义论》中的相关论述与邓小平关于文化的论述综合起来了，并在其著名的"三个代表"的理论中，强调执政党应该成为先进文化的代表。尽管在有中国特色社会主义理论中，文化问题的重要性得到了更多的关注，但和邓小平一样，江泽民关注的重点仍然落在政治和经济领域中。

在胡锦涛那里，文化问题不仅受到了高度的关注，而且这种关注也被充分地彰显出来了。在中国共产党第十八次代表大会的报告中，胡锦涛明确表示：

文化是民族的血脉，是人民的精神家园。全面建成小康社会，实现中华民族伟大复兴，必须推动社会主义文化大发展大繁荣，兴起社会主义文化建设新高潮，提高国家文化软实力，发挥文化引领风尚、教育人民、服务社会、推动发展的作用。②

---

① 中共中央文献研究室编：《毛泽东　邓小平　江泽民论科学发展》，中央文献出版社 2009 年版，第 84—85 页。
② 胡锦涛：《坚定不移沿着中国特色社会主义道路前进　为全面建成小康社会而奋斗》，人民出版社 2012 年版，第 30 页。

在这段极为重要的论述中，文化不仅成了中华民族的"血脉"和"精神家园"，而且也成了国家的"软实力"，其重要性自不待言。更引人瞩目的是，胡锦涛还提出了"建设社会主义文化强国"的口号，并把文化强国的建设具体化为以下四条重要的措施：第一，加强社会主义核心价值体系建设，并把这一体系概括为"富强、民主、文明、和谐，自由、平等、公正、法治，爱国、敬业、诚信、友善"二十四个大字；第二，全面提高公民道德素质，既继承中华民族的传统美德，又弘扬当今时代的新风气；第三，丰富人民精神文化生活，为人民提供更多更好的精神食粮；第四，增强文化整体实力和竞争力，推动文化事业的全面繁荣和文化产业的快速发展，坚持社会主义先进文化的方向，确立高度的文化自觉和文化自信。

毋庸置疑，胡锦涛在党的十八大报告中强调的是"五位一体"（政治、经济、社会、文化和生态），与毛泽东在《新民主主义论》中提出的"三位一体"（政治、经济、文化）比较起来，似乎更富有当今时代的特征。当然，在充分肯定文化建设在中国现代化道路上的历史地位和具体作用的同时，我们也应该充分认识文化自身的局限性。

首先，应该清醒地意识到，文化始终是在社会生活背景中起作用的因素。就其重要性来说，文化之于人，犹如水之于鱼、空气之于生物，确实是不可或缺的。但与此同时，我们也必须把握下面这一点，即文化不过是背景性的因素，不值得对它的历史地位和具体作用加以无限地夸大，也没有必要把文化尊为"救世主"加以顶礼膜拜。

其次，应该明白，文化起作用的方式始终是间接的、潜移默化的。把它理解并阐释为当下就能直接起作用的因素是错误的，也是违背文化本性的。事实上，这种理解和阐释方式也不符合文化自身的特点及其发展的客观规律。重要的是，不仅仅把"百花齐放、百家争鸣"理解为"方针"，因为方针是从主观方面加以制定的，它可以被实行，也可以不被实行，重要的是，把"双百"理解为在任何社会及其任何历史阶段上文化发展并繁荣不得不遵守的客观规律。

最后，应该严肃地拒绝对文化概念的滥用，自觉地把对文化的理解限定在狭义文化概念的范围内，即把文化理解为观念形态的东西，而其核心则是价值观念。我们切不可用文化概念去包揽一切，而应该把政治的归给政治，把经济的归给经济，把社会的归给社会，把生态的归给生态，把军事的归给军事，把外交的归给外交。总之，应该自觉地使文化概念退回到它实际适用的范围内去，并进而清醒地意识到，文化这个软绵绵的、酸性的概念非但不可能创造任何奇迹，反而有可能把我们已经创造出来的奇迹毁掉。正如古人告诫我们的，亡羊补牢，为时未晚。我们应该牢牢地记住"文化大革命"的教训，把思想从文化的殖民中解救出来！

# 四、市场、资本与权力

当人们把当代中国社会作为自己反思的对象时，他们绝对不能忽略下面这个基本事实，即当代中国社会正处于从计划经济模式向市场经济模式转型的过程中。此外，这一转型过程不是像欧洲那样，是在漫长的历史过程中，通过自下而上的方式，缓慢地加以实现的，而是中国的执政党和政府意识到这一转型的重要性和紧迫性，因而试图通过自上而下的方式，在短时间内完成这一转型。

值得注意的是，在这一转型过程中，当代中国社会既缺乏与市场经济模式相适应的法律准备，也缺乏相应的制度安排。这就必定会形成各种失序的现象，甚至"无法无天"的现象，而在计划经济模式中起着决定性作用的行政权力，又几乎原封不动地被转移到市场经济模式中，尽管它在宏观调控和区域经济的发展中，在一定范围内起着积极的作用，但它也唤醒了某些官员的贪腐意识和享乐意识，使他们突然意识到自己手中握有的权力在市场上的巨大的交换价值。

于是，他们千方百计地通过各种寻租活动，使权力与资本勾结起来：一方面，权力为资本敞开了方便之门，于是，各种资源源源不断地涌向拥有资本的人；另一方面，拥有权力的人也得到了相应的金钱或其他资源（包括生活资源，如房产、奢侈品、会员卡、出国旅游、提供其子女在国外生活的费用等）上的回报。这类权钱交易、权权交易（拥有不同权力的人就各自掌控的国有资源进行交易，并从中渔利）不但严重地影响着市场经济模式中各种资源的优化配置，而且迅速地使国有资产私有化，在社会转型的过程中留下了巨大的隐患。

总之，一方面，市场经济模式为未来中国经济社会的发展提供了重要的契机；另一方面，转型中出现的诸多严重问题也使未来的发展充满了各种变数，值得我们深长思之。下面，我们的探索将聚焦于市场（market）、资本（capital）与权力（power）三者的关系上，而这三者的关系也正是科学发展观所关切的。

### (一)市场是生命体

在迄今为止人类社会的发展中，市场经济模式也许可以说是最为合理的模式了。英国古典经济学家亚当·斯密曾在《国富论》(1776)中描述了市场经济的神秘特征，即"人人为自己，上帝为大家"，这里所说的"上帝"就是市场经济。谁都不会怀疑，在市场经济和劳动分工的大背景下，假定 A 从事某种商品（比如鞋子）的生产，他是不可能成为自己生产的全部产品的消费者的，他会把鞋子拿到市场上去销售，以换取自己需求的另一些商品，比如食品、茶叶、服装等；再假定 B 是从事食品生产的，他也不可能成为自己生产的全部产品的消费者，他会把食品拿到市场上去销售，以换取自己需求的另一些商品，比如鞋子、茶叶、服装等。于是，通过交换，B 和 A 都得到了各自需求的商品。在这个意义上，能够满足人们的各种需求的市场确实发挥着上帝的作用。尽管参与市场生活的每个人都是基于对自己和自己家庭的利益的考虑，而去从事生产、交换或消费活动的。换言之，每个人行为的出发点都是为自己，而不是为他人，但客观上，每个人都为他人满足自己的需求提供了方便，而这种普遍的客观性和有效性正是由神奇的市场经济模式所提供的。

市场经济模式的神奇性还表现在，尽管它的躯体很庞大，或许可以用史前巨兽——已经灭绝的恐龙比喻之。据说，有的恐龙身体长达十多米，以至于当它的尾巴受到攻击，甚至已被其他猛兽吃掉时，相应的信息才刚刚传到十多米外的脑袋中。如果我没有记错的话，拉兹洛曾把这种现象称作"恐龙综合征"。显然，恐龙作为物种的灭绝，与这种综合征有着某种内在的联系。乍看起来，市场经济模式类似于恐龙，也是一个反应迟缓的庞大的生命体，但它却与恐龙迥然不同，它对信息的传递和反馈是异常迅速的，而主导这类信息处理的则是隐藏在市场经济机制中的价值规律。事实上，只要任何一种商品因短缺而价格上涨，生产者或商业贸易中的投机者就会不失时机地把资本转移到这个领域中，直到这种商品的价格回落为止。而资本的转移又奠基于投资者的不变的欲望，即用手头的资本获取最大的收益。只要人类还没有放弃这种欲望（事实上它也是不可能被放弃的），那么市场经济这个庞大的生命体就始终会对各种信息作出迅速的反馈。

如前所述，当代中国社会正处于从计划经济模式向市场经济模式转型的过程中。这里实际上涉及以下四个不同的概念，即"计划""计划经济模式""市场""市场经济模式"。长期以来，人们以教条主义的态度对待这四个概念，种种误解由此而生。

误解之一：把社会主义与计划经济模式简单地等同起来、把资本主义与市场经济模式简单地等同起来。事实上，正是这"两个等同"，使我们看不到资本主义挽救自己危机的灵活性和自组织性，也使我们长期以来沉湎于计划经济的模式中，看不到市场经济模式蕴含的积极因素。我们发现，正是邓小平打破了这个长期以来禁锢着中国人大脑的错误观念，在1991年视察上海时的谈话中，邓小平斩钉截铁地表示：

> 不要以为，一说计划经济就是社会主义，一说市场经济就是资本主义，不是那么回事，两者都是手段，市场也可以为社会主义服务。①

① 《邓小平文选》第3卷，人民出版社1993年版，第367页。

在这段重要论述中，邓小平有力地驳斥了"两个等同"的理论，这在当代中国思想解放史上可以说是一个决定性的里程碑。后来，邓小平提出的"社会主义市场经济"的概念就是奠基于上述思想的基础之上的。毋庸置疑，当邓小平表示"市场也可以为社会主义服务"时，他实际上也驳斥了对前面提到的四个概念的第二种误解。

误解之二：把市场与市场经济模式简单地等同起来、把计划与计划经济模式简单地等同起来。按照前一个等同的思路，人们连"市场"这个词也不敢提，因为一提它，就等于在搞市场经济模式，等于在搞资本主义；按照后一个等同的思路，"计划"似乎成了计划经济模式的专利品，难道市场经济模式是完全排斥计划的吗？那西方国家一度流行的凯恩斯主义又作何解释呢？1992年，邓小平在南方谈话中指出：

> 计划多一点还是市场多一点，不是社会主义与资本主义的本质区别。计划经济不等于社会主义，资本主义也有计划；市场经济不等于资本主义，社会主义也有市场。计划和市场都是经济手段。社会主义的本质，是解放生产力，发展生产力，消灭剥削，消除两极分化，最终达到共同富裕……总之，社会主义要赢得与资本主义相比较的优势，就必须大胆吸收和借鉴人类社会创造的一切文明成果，吸收和借鉴当今世界各国包括资本主义国家的一切反映现代社会化生产规律的先进经营方式、管理方法。①

从邓小平的上述诊断中至少可以引申出以下三点结论：第一，市场是手段，市场经济模式是体制，两者不能简单地等同起来；同样地，计划也是手段，而计划经济模式则是体制，两者也不能简单地等同起来。第二，虽然市场经济模式与计划经济模式是不兼容的，但市场经济模式

---

① 《邓小平文选》第3卷，人民出版社1993年版，第373页。

却可以与计划兼容。事实上，任何一种市场经济模式，只要它在运行时没有处于无政府主义的状态下，它就不可能绝对地摆脱政府的计划和干预；同样地，计划经济模式的运行也不可能完全排斥市场。实际上，在社会转型之前，即当中国社会处于计划经济模式中时，市场也始终存在着。尽管它是先天不足的、发育不全的，又受到行政权力的干扰和打压，但商品生产、交换、消费、市场经营和货币兑换始终是存在着的，不过处于压抑的、边缘的状态下而已。第三，社会主义的本质是解放生产力、发展生产力，而要做到这一点，就必须借鉴并吸收资本主义已经达到的一切优秀的成果，因而只要有利于生产力的提升和人民群众的共同富裕的，完全可以打破传统的思想禁区，不但接受市场这种手段，而且接受市场经济模式这种体制。

每一个不存偏见的人都会发现，自改革开放以来三十多年中，中国经济社会发生了巨大的变化，并已从相对落后的、贫穷的国家跃升为世界第二大经济体。历史和实践都已证明，邓小平的上述观点是完全正确的，社会主义没有必要固守计划经济模式，而完全可以采用市场经济模式，并借鉴资本主义的一切优秀成果来发展自己。

当然，在充分估量市场经济蕴含的积极因素时，我们也应该清醒地意识到它的负面因素，并努力遏制这些负面因素的蔓延。一方面，我们应该积极地推进经济体制的改革，使之与市场经济模式相适应，但与此同时，我们也应该注意到，市场经济模式的运行是有限度的。比如，不应该用急功近利的眼光去看待并取舍人文社会科学的学科；再如，也不应该把等价交换的市场原则扩展到对朋友关系、家庭关系，甚至恋爱关系的处理上。总之，当代中国社会的发展，既要适应市场经济的机制，又要在某些方面超越市场经济的机制，保持住人这个理性存在物所应有的高度。另一方面，我们应该尊重市场经济所蕴含的价值规律，并按照这一规律办事，但也应该注意到，我们不能随波逐流，市场经济中的竞争不是丛林中的竞争，应该运用宏观调控的方式，使价值规律朝着有利于共同富裕、有利于缩小贫富差距的方向发展。正如美国政治哲学家罗尔斯在《正义论》(1971)中提出的差异原则所昭示的，即使政府不得不实施会损害一部分人利益的措施，那么这些措施的制定也应该让处于弱势中的人受损最少。

总之，当今中国社会正在实施的"社会主义市场经济"乃是国际共产主义运动史上的划时代的创举，这一创举是与邓小平的名字分不开的。然而，如何有效地化解市场经济模式中产生的种种问题，仍然是我们在前进的道路上必须面对的严峻的挑战。

### (二)资本是驱动轮

当人们置身于市场经济模式中来探讨问题时，立即就会发现，资本是一个无法回避的核心问题。关于这一点，马克思也是在自己的研究过程中才认识到的。众所周知，马克思在1858年11月至1859年1月完成了书名为《政治经济学批判》(第一分册)的著作，而该书第一册的标题则是"资本"。然而，耐人寻味的是，他没有按照原来的设想写出第二分册、第三分册等，而是在1867年出版了书名为《资本论》(第一卷)的著作，却把"政治经济学批判"这个短语调整为全书的副标题。在这里，发人深省的是，为什么马克思要把"资本"这一概念提升为他一生中最重要著作的书名，而把"政治经济学批判"这一短语从书名下降到副标题的位置上？这是因为，随着研究活动的深入，马克思发现，无论是对政治经济学的批判，还是对现代经济社会的考察，都会不约而同地聚焦在"资本"这个现代社会的内在灵魂和核心原则上。换言之，资本乃是解开现代社会秘密的一把钥匙。

按照马克思的观点，在任何社会形态中，人都是有欲望的，然而在现代社会中，人的欲望却展示出一个迄今为止最大的可能性的空间。因为正是在现代社会的经济形式中，资本获得了基础性的、核心的地位。资本不但成了人的欲望扩张的巨大助力，而且它本身就是欲望。正如马克思所说的：

　　　　资本作为财富一般形式——货币——的代表，是力图超越自己界限的一种无止境的和无限制的欲望。①

在现代社会中，一旦个人获得了巨额资本，不仅他的欲望可以无限地增长，而且这些欲望也极易得到实现：

> 货币的力量多大，我的力量就多大。货币的特性就是——货币持有者的特性和本质力量。②

当货币作为资本被运用时，它的魔力甚至超出了人的想象力。正因为它成了人的欲望得以实现的点金术，而这种欲望又是没有限制的，所以资本的原始积累就表现为一部血迹斑斑的历史：

> 资本来到世间，从头到脚，每个毛孔都滴着血和肮脏的东西。③

对于资本来说，不仅它的诞生是一部不光彩的历史，而且它的全部存在、运作、积累和扩张，无不笼罩在阴云惨雾中。有鉴于此，马克思这样写道：

> 作为资本家，他只是人格化的资本。他的灵魂就是资本的灵魂。而资本只有一种生活本能，这就是增殖自身，获取剩余价值，用自己的不变部分即生产资料吮吸尽可能多的剩余劳动。资本是死劳动，它像吸血鬼一样，只有吮吸活劳动才有生命，吮吸的活劳动越多，它的生命就越旺盛。④

------

① 《马克思恩格斯全集》第 46 卷（上），人民出版社 1979 年版，第 299 页。
② 《马克思恩格斯全集》第 42 卷，人民出版社 1979 年版，第 152 页。
③ 马克思：《资本论》第 1 卷，人民出版社 1975 年版，第 829 页。
④ 马克思：《资本论》第 1 卷，人民出版社 1975 年版，第 260 页。

一方面，人的欲望的扩张不断地推动资本的积累，另一方面，资本的积累又使人的欲望空间不断扩张。实际上，欲望和资本是一而二、二而一的事情。马克思在这里之所以把资本比喻为"吸血鬼"，是因为只有把资本投入到生产劳动的过程中，使之不断地吮吸活的劳动，资本才会增殖，然而：

> 资本由于无限度地盲目追逐剩余劳动，像狼一般地贪求剩余劳动，不仅突破了工作日的道德极限，而且突破了工作日的纯粹身体的极限。①

由此可见，资本就像一条野狼，它是不会用法律和道德来约束自己的欲望的。当然，马克思并没有停留在对资本原始积累中的血泪斑斑的历史的道德谴责中，从历史唯物主义的基本理论出发，他高瞻远瞩地看到了资本、资本家和资产阶级在历史上曾经起过的积极作用：

> 只有资本才创造出资产阶级社会，并创造出社会成员对自然界和社会联系本身的普遍占有。由此产生了资本的伟大的文明作用；它创造了这样一个社会阶段，与这个社会阶段相比，以前的一切社会阶段都只表现为人类的地方性发展和对自然的崇拜。②

或许可以说，正是基于这一总体性的历史眼光，马克思既肯定了"资本的历史的合理性"③，也肯定了"资产阶级在历史上曾经起过非常革命的作用"④。

---

① 马克思：《资本论》第 1 卷，人民出版社 1975 年版，第 294—295 页。
② 《马克思恩格斯全集》第 46 卷（上），人民出版社 1979 年版，第 393 页。
③ 《马克思恩格斯全集》第 46 卷（上），人民出版社 1979 年版，第 247 页。
④ 《马克思恩格斯选集》第 1 卷，人民出版社 1995 年版，第 274 页。

马克思关于资本的观点为我们在社会转型时期正确地认识资本的历史作用提供了指导思想。事实上，早在改革开放之初，邓小平就提出了建立特区、吸引外来资本的观念。1984 年，邓小平在谈到厦门特区的建设时曾经表示：

> 厦门特区不叫自由港，但可以实行自由港的某些政策，这在国际上是有先例的。只要资金可以自由出入，外商就会来投资。我看这不会失败，肯定益处很大。①

有趣的是，邓小平不但主张引进外国资本，而且也主张引进"外国智力"，即外国的人力资本来加快南方经济特区乃至整个中国经济社会的转型和发展：

> 要利用外国智力，请一些外国人来参加我们的重点建设以及各方面的建设。对这个问题，我们认识不足，决心不大。搞现代化建设，我们既缺少经验，又缺少知识。不要怕请外国人多花了几个钱。他们长期来也好，短期来也好，专门为一个题目来也好。请来以后，应该很好地发挥他们的作用。②

由此可见，邓小平对"资本"概念的内涵有着更为宽泛的理解。③ 不管如何，回顾 30 多年来中国经济社会的翻天覆地的变化，我们发现，直接地看，这种变化正是由资本造成的。比如，深圳、珠海这些地方，过去都是贫穷落后的渔村，为什么现在都成了现代化城市？难道不正是

---

① 《邓小平文选》第 3 卷，人民出版社 1993 年版，第 52 页。
② 《邓小平文选》第 3 卷，人民出版社 1993 年版，第 32 页。
③ 这似乎更切合当代法国哲学家布尔迪厄对"资本"概念的理解。布氏的过人之处在于，他不主张人们对资本的理解局限在马克思所主张的"经济资本"的范围之内，而是提出了"社会资本""文化资本"等新概念。

资本投入的结果吗？又如，上海浦东，中华人民共和国成立之后的前30年几乎没有什么变化，但后30年却出现了巨变，甚至陆家嘴一带被许多游客比喻为"中国的曼哈顿"，这样的奇迹又是怎么被创造出来的？难道不也正是大量资本注入的结果吗？

由上可知，即使在当代中国社会的语境中，我们仍然可以发现，资本是人类历史发展的巨大的驱动轮。然而，正如马克思在前面的分析中所昭示的，资本也有自己的发展逻辑，即最大限度地使自己增殖。在这个意义上，资本又像"洪水猛兽"，为了最大限度地增殖自己，它常常会突破各种约束，包括法律、道德对它的约束。比如，假冒伪劣商品的生产、童工的启用、工作日的延长、工作条件的恶化、拖延并克扣雇工的工资、金融欺诈、伪造票证、卷款潜逃、追求垄断利益等。显然，对资本运作中可能产生的各种违法、违规现象，我们必须有清醒的认识，并按照法律，认真加以处理，以确保资本沿着健康的、合理的、合法的方式得到运用。

### (三)权力是双刃剑

众所周知，德国社会学家马克思·韦伯曾经提出"理想型"这一著名的概念，我们也完全可以用它来分析"市场经济"这个对象。当人们谈论市场经济时，假如他们谈论的是理想型的市场经济，那么这一经济模式在各方面都应该处于理想状态之中，即它应该成为一种完美的、切合理想的市场经济。然而，在现实生活中，这种符合概念的、理想型的市场经济实际上是不存在的。如前所述，中国的市场经济模式是从传统的自然经济和计划经济模式①中脱胎出来的，因而它在许多方面都与理想型

---

① 长期以来，人们都未从对计划经济的迷信中摆脱出来。人们的错觉是，既然资本主义是以自由竞争为基础的，因此市场经济模式就很容易陷入无政府主义状态，而正是计划经济，由于强化了计划的重要性，才可以彻底避免这种无政府主义状态的出现。其实，他们没有看到，计划经济可能会导致更严重的无政府主义状态。道理很简单，计划只有在完全切合市场供求关系时才能以理想的方式发挥作用。然而，计划总是根据以往市场的供求关系来制订的，而未来市场则充满了偶然性，尤其是供求关系，瞬息万变，如果没有快速的信息反馈系统对计划进行必要的更新，必定会造成大量按计划生产的商品的积压和人力、物力的巨大浪费。在这个意义上，无政府主义状态更是计划经济难以摆脱的阴影。

的市场经济模式存在着距离。回想起来，无论是在自然经济模式中，还是在计划经济模式中，"行政权力"这只看得见的手可以说是无处不在、无时不在，在某种意义上，每个人从出生到死亡都处于它的笼罩之下。

事实上，在中国计划经济模式的特定语境中，不仅个人的生育是按计划进行的，甚至个人的工作、情感和思想都是按计划运行的。尤其值得注意的是，在从计划经济模式向市场经济模式转型的过程中，行政权力决定一切的巨大惯性被延续下来了，有的专家甚至干脆把中国式的市场经济模式称作"权力经济"。当然，从学理上看，这样的称谓显然是不合理的，因为人们可以说，任何一个国家实行市场经济模式，只要国家不处于无政府主义的状态下，它总会通过自己的行政权力，或多或少地对市场经济进行干预。换言之，绝对无干预的、完全处于自由状态的市场经济永远只是一个不可企及的理想。

此外，行政权力对市场经济的干预也是需要做具体的分析的。换言之，这种干预并不完全是消极的。在某些条件下，权力也完全可能发生积极的作用。如前所述，凯恩斯主义已经令人信服地证明了这一点。在当代中国经济社会的语境中，行政权力确实也在一定程度上起着积极的作用。首先，果断地抛弃"以阶级斗争为纲"的思想路线，转向"以经济建设为中心"的思想路线的决定就是由中国共产党中央政治局作出的；其次，当社会转型的过程中出现任何全局性的、重大的问题——如物价涨落、资金短缺、股市疲软、金融危机、食品安全、企业转制、基础设施建设等问题时，行政权力都可以通过自己的合理的、及时的运作而化解这些难题。正如邓小平所说的：

> 社会主义同资本主义比较，它的优越性就在于能做到全国一盘棋，集中力量，保证重点。[1]

---

[1] 《邓小平文选》第 3 卷，人民出版社 1993 年版，第 16—17 页。

当地方政府从本地区的具体情况和传统特色出发，制定出合理的、适应于市场经济模式的发展战略，并对企业的发展进行积极的扶植时，它们完全有可能运用自己的权力，使本地区的面貌发生巨大的变化。在当代中国经济社会的发展中，这样的例子简直不胜枚举。比如，江苏省的华西大队就是一个经典性的例子。

当然，我们也必须清醒地意识到，行政权力实际上是一把双刃剑，当它以错误的方式被运用时，也会给市场经济带来灾难性的影响。谁都明白，权力本身不过是一个抽象概念，它是通过政府各级官员的媒介而发生作用的，而各级官员既是政府聘用的"公仆"，同时又是拥有个人利益、欲望和家庭的"私人"。当官员完全以公仆的方式，即理想型的方式发挥作用时，他们在市场经济中的作用是积极的；但当他们以私人的方式，在他们所分管的工作中发挥作用时，他们在市场经济的作用则是消极的。

就其消极作用来说，最普遍，也是最令人担忧的活动是权力寻租活动。由于各级官员都程度不同地拥有主宰某些资源分配的权力，而当这些资源以通常的方式被分配时，他们是无法从中渔利的。因此，相当一部分官员都在寻找那些既需要这些资源而又能给他们利益的投资人或资本家。反过来说，希望获得这些资源而又千方百计试图降低自己成本的投资人或资本家，也在寻找这些拥有资源分配权力而又贪图私人利益的官员。这种权力和资本之间的"恋爱"几乎可以说是"一见钟情"，因为双方都处于"心有灵犀一点通"的状态之中。显然易见，这种权力和资本之间的恋爱或权钱交易，不仅使国有资产大量流失，其中一部分则转化为私人资产，而且也使大批官员腐化堕落，不但造成了社会的两极分化，也给执政党的信誉造成了灾难性的影响。正如我们在前面已经指出过的那样，除了权钱交易以外，还存在着权权交易，即某些拥有不同资源分配权的官员，通过互利的方式，蚕食甚至瓜分国有资产，以中饱私囊。

假如我们追随马克思的思路，对资本进行深入的剖析的话，立即就会发现，其实资本自身也是一种权力。在《1844年经济学哲学手稿》中，马克思早已指出：

> 资本是对劳动及其产品的支配权。资本家拥有这种权力并不是由于他的个人的或人的特性，而只是由于他是资本的所有者。他的权力就是他的资本的那种不可抗拒的购买的权力。①

在这段话中，马克思暗示我们，资本家之所以拥有对劳动及其产品的支配权，这与他生理上或心理上的特征并没有什么关系，有关系的只有一点，即他是资本的所有者。也就是说，实际上拥有权力的真正主体是资本，而资本家不过是这种权力的一个象征或一个符号。在《1857—1858年经济学手稿》中，马克思更明确指出：

> 资本是资产阶级社会的支配一切的经济权力。②

显然，在马克思看来，资本行使权力的真正的起始点是生产劳动。因为只有在生产劳动的过程中，资本才能通过对活劳动的吸吮、对工人的剩余劳动和他们所创造的剩余价值的攫取而使自己不断地增殖和膨胀。正是在这个意义上，马克思强调，技术上的发明、分工的合理化、"交通工具的改善、世界市场的开辟、机器等等，——都不会使工人致富，而只会使资本致富，也就是只会使支配劳动的权力更加增大，只会使资本的生产力增长。因为资本是工人的对立面，所以文明的进步只会增大支配劳动的客观权力"。③

也就是说，资本越是在积累的过程中得到扩大，它所拥有的"客观权力"也就越大，而且这种权力不再单纯是经济权力，它侵蚀并渗透到现代社会的一切领域之中，它也不再单纯是地区性的权力，而是成了世

---

① 《马克思恩格斯全集》第42卷，人民出版社1979年版，第62页。
② 《马克思恩格斯全集》第46卷(上)，人民出版社1979年版，第268页。
③ 《马克思恩格斯全集》第46卷(上)，人民出版社1979年版，第268页。

界性的权力。历史和实践都已证明，资本已经按照自己的意向，运用自己所拥有的巨大的权力资源，为自己塑造出一个崭新的世界。

如上所述，既然行政权力是一把双刃剑，那么有没有办法扩大它的积极因素而遏制它的消极因素？邓小平主张采用政治体制改革的方式来解决权力运用中存在的问题。在《关于政治体制改革问题》的谈话中，他明确指出：

> 我想政治体制改革的目的是调动群众的积极性，提高效率，克服官僚主义。改革的内容，首先是党政要分开，解决党如何善于领导的问题。这是关键，要放在第一位。第二个内容是权力要下放，解决中央和地方的关系，同时地方各级也都有一个权力下放问题。第三个内容是精简机构，这和权力下放有关。①

显然易见，对于那些刻意谋求私人利益的官员来说，这类干预同时也就是其寻租活动。吴敬琏认为，目前社会上存在的种种丑恶现象，从根本上看，乃是行政权力变本加厉地压制民间经济活动，造成广泛的寻租活动的基础的结果。因此，只有政治体制改革（其核心是限制行政权力对市场经济的消极干预）才能为市场经济模式的健康发展提供扎实的基础。

# 五、公正、效率和持续

"平等"（equality）、"正义"（justice）、"公平"（fairness）和"公正"（justice as fairness）是政治哲学家在解读人类社会和国家时不得不频繁地加以使用的概念。比如，早在柏拉图的《理想国》中，正义就成了探讨国家

---

① 《邓小平文选》第3卷，人民出版社1993年版，第177页。

问题的核心概念。尽管人们赋予这些概念以不同的含义，但实际上，这些概念之间存在的差异要比他们设想的更小。

我们认为，平等与公平的含义相近，主要涉及人与人之间的社会关系，而正义的原初含义是：一个人通过分配得到的东西应该与他付出的劳动相当。这一原初含义似乎直接涉及个人的付出与他的收益之间的合理关系，假如不同个人的付出与收益的情况是有差别的，甚至差别非常之大，它同样反映出人与人之间的社会关系的真实状态。至于公正这个概念，就其严格的理论含义来说，是由美国政治哲学家罗尔斯加以确定的。如果把"公正"这个词加以展开的话，它就成了"作为公平的正义"。也就是说，它兼具正义、平等或公平的含义于自身之内。罗尔斯告诉我们，他所说的作为公平的正义，即公正是由以下两个原则构成的：

> 处于原初状态中的人们必定会理智地选择以下两个不同的原则：第一个原则要求在基本权利和责任分配上的平等；而第二个原则主张，社会和经济上的不平等，比如财富和权力的不平等，只有在对每个人，尤其是对那些受益最少的社会成员带来补偿利益时，才是许可的。①

按照罗尔斯的上述观点，公正首先意味着人们"在基本权利和责任分配上的平等"，这是第一条原则，它肯定的是权利和责任分配上的优先性以及人们之间的平等地位；第二条原则是差异性原则，它强调的是：当政府必须制定某些不利于人们利益的社会政策时，作为弱势群体的社会成员所受的损失应该是最小的；或者当政府必须制定某些有利于人们利益的社会政策时，作为弱势的社会成员所得的补偿利益应该是最多的。

--------

① John Rawls, *A Theory of Justice*, Cambridge：Harvard University Press，1971，pp. 14-15.

在弄明白公正乃是当代社会首要的政治伦理价值的前提下，我们再来考察"效率"（efficiency）这个概念。在通常的情况下，人们把效率理解为在单位时间内产生的实际效果。实际效果越好，效率也就越高。假如A操纵一台挖土机挖土，B使用一把铁锹挖土，那么在确定的时间范围内，A的工作效率将远远地大于B。只要人们理性地去看待一个社会，他们总会希望，这个社会的发展是高效率的。实际上，人们普遍重视的GPD数据就是反映一个国家在发展中的效率的。不能说效率是不重要的，然而，当效率的提升与对公正的守护发生冲突时怎么办？我们认为，应该首先维护当今社会政治伦理的首要价值——公正，在使这一价值不受损害的情况下，尽可能提高效率，促使经济社会快速向前发展。

只有在正确处理公正与效率关系的基础上，当代经济社会繁荣之"持续"（sustainment）才不仅是可能的，而且是现实的。事实上，只要从生态学（ecology）的视角出发去观察问题，人们很容易发现，不仅地球上的资源是有限的，而且人类生产的发展也是有限的。这样一来，在讨论发展问题时，不但出现了"可持续发展"的新观念，而且也提出了"代际公正"的问题，即不仅应该在同一世代的人们之间维护公正，也应该在不同世代的人们之间维护公正。当然，当代人在推动经济社会向前发展时，必须预先考虑以后多少个世代的人的利益，无论从学理上看，还是从法理上看，都没有明确的规定。但不管如何，"持续"这个概念已经成了当代发展理论的一个不可或缺的方面，自然也就成了科学发展观的一个不可或缺的组成部分了。

## （一）公正维系人心

公正是当代社会首要的政治伦理价值。我们认为，对于当代中国社会来说，守护公正、践履公正，需要以下两个方面的积极性。

第一，政府的积极性。这种积极性主要表现在以下三个方面：一是采取各种措施，遏制各级政府及官员的种种特权，增加权力行使的公开性、透明性。每年公布国家机关和各级政府"三公经费"的开支情况；充分发挥纪委和反贪局的作用，发动群众，揭发各种贪腐的现象；反对利用公款大吃大喝、出国旅游；取消某些官员手中持有的高档会所的会员卡；打击种种权钱交易、权权交易的现象等。二是制定《物权法》《行政诉讼法》等法律，既使每个公民的基本权利得到维护，又使行政权力的运作必须严格切合法律的精神和条文。当然，更重要的是，要逐步确立"在法律面前人人平等"的理念。事实上，没有这一条，公正就会流于空谈。三是建立合理的分配制度。江泽民指出：

> 理顺分配关系，事关广大群众的切身利益和积极性的发挥。调整和规范国家、企业和个人的分配关系。确立劳动、资本、技术和管理等生产要素按贡献参与分配的原则，完善按劳分配为主体、多种分配方式并存的分配制度。[①]

在这里，江泽民谈到了分配制度中的双重关系：一是国家、企业和个人；二是劳动、资本、技术和管理等要素，并表示要以按劳分配作为分配的总原则。从理论上看，这无疑是合理的，是切合当代中国社会的实际情形的。胡锦涛更详尽地阐述了这方面的观点：

> 合理的收入分配制度是社会公平的重要体现。要坚持和完善按劳分配为主体、多种分配方式并存的分配制度，健全劳动、资本、技术、管理等生产要素按贡献参与分配的制度，初次分配和再分配都要处理好效率和公平的关系，再分配更加注重公平。逐步提高居民收入在国民收入分配中的比重，提高劳动报酬在初次分配中的比重。着力提高低收入者收入，逐步提高扶贫标准和最低工资标准，建立企业职工工资正常增长机制和支付保障机制。创造条件让更多群众拥有财产性收入。保护合法收入，调节过高收入，取缔非法收

---

① 中共中央文献研究室编：《毛泽东 邓小平 江泽民论科学发展》，中央文献出版社 2009 年版，第 129 页。

入。扩大转移支付，强化税收调节，打破经营垄断，创造机会公平，整顿分配秩序，逐步扭转收入分配差距扩大趋势。①

在这段重要的论述中，胡锦涛还注意到如何在分配和再分配中处理好公平与效率之间的关系，并把逐步提高公民个人的合法收入理解并阐释为分配制度改革的导向性原则。总之，政府确实在守护公正上作出了诸多努力，但还需要继续努力，如官员财产的公布，行政权力之间的有效制衡，对司法腐败现象的严厉惩处等。

第二，全社会成员的积极性。如前所述，由于中国式市场经济是从传统的自然经济和计划经济中脱胎出来的，而且是由行政权力在短时间内自上而下地推动起来的，因而不但相应的法律制度和其他社会制度没有准备好，而且对于每个社会成员来说，也缺乏相应的，即参与市场经济必须具有的法律上和道德意识上的准备。换言之，缺乏普遍的、自觉的法权人格和道德实践主体。

我们先来看看，"普遍的、自觉的法权人格"究竟指什么？简要地说来，就是全社会的绝大多数成员都具有强烈的法律意识，特别是民法意识，并能够自觉地运用这种意识来约束自己的全部行为。"法权人格"是相对于"自然人"来说的。所谓"自然人"，意谓人们只是凭着自己的本能、欲望和好恶行动，很少顾及法律和社会规范对自己的约束作用。黑格尔曾经在其《法哲学原理》(1821)中指出：

> 人格一般包含着权利能力，并且构成了这个概念以及抽象的，因而是形式的法的体系的基础。因此，法的命令是："成为一个人，并尊重他人为人。"②

---

① 中共中央文献研究室编：《科学发展观重要论述摘编》，中央文献出版社，党建读物出版社 2008 年版，第 74 页。

② G. W. F. Hegel, *Grundlinien der Philosophie des Rechts*, Frankfurt/Mainz：Suhrkamp Verlag, 1986, s. 95.

也许有人会问：黑格尔这里说的"成为一个人"究竟是什么意思？难道这个人以前不是人吗？黑格尔当然不是这个意思，他在德语中区分了"Mensch"（自然人，即通常意义上的人）与"Person"（自觉地用法律规范指导自己行为的人，即法权人格），他说的"成为一个人"，也就是指从缺乏法律意识的 Mensch 转变为具有自觉的法律观念，尤其是民法观念的 Person。事实上，只有当绝大多数社会成员形成自觉的法权人格，即不但熟悉法律规范，而且处处按法律规范行动，经济活动中的交易成本才会大幅度地下降，市场经济才可能沿着健康的轨道向前发展。同样地，也只有在这样的思想文化的基础上，公正的观念才可能得到普遍的认同。

我们再来看看，"普遍的、自觉的道德实践主体"指什么？在当代中国经济社会中，确立这样的主体，意味着全体社会成员对启蒙以来形成起来的普遍价值的自觉认同。这些普遍价值主要表现为珍爱生命、尊重人格、维护人权、追求自由、提倡公平、坚持正义、保护弱势群体，等等。

总之，只有充分发挥上述两个方面的积极性，守护公正才不会流于形式和空谈。

**（二）效率源于统筹**

在竞争日益激烈化的当代国际社会中，效率绝不是一个无足轻重的概念，而是一个生命攸关的概念。显然，在维护首要价值——公正的前提下提高发展的效率至关重要。胡锦涛简要地阐明了公平和效率之间的辩证关系：

> 把提高效率同促进社会公平结合起来，强调我们既高度重视通过提高效率来促进发展，又高度重视在经济发展的基础上通过实现社会公平来促进社会和谐，坚持以人为本，以解决人民最关心、最直接、最现实的利益问题为重点，着力发展社会事业，着力完善收入分配制度，保障和改善民生，走共同富裕道路，努力形成全体人

民各尽其能、各得其所又和谐相处的局面。①

在胡锦涛看来，提高效率，关键在于做好统筹兼顾的工作。2007年，在贯彻中国共产党第十七届代表大会精神的一个研讨会上，他反复重申：

> 统筹兼顾是我们在中国这样一个十几亿人口的发展中大国治国理政的重要历史经验，是我们处理各方面矛盾和问题必须坚持的重大战略方针，也是我们党一贯坚持的科学有效的工作方法。②

那么，怎么来运用这一科学有效的工作方法呢？

首先，应该把科学技术上的最新成果的应用统筹到经济发展中去，即尽快地把这些成果转化到生产实践上去，以便大幅度提高生产效率。早在1988年，邓小平已高瞻远瞩地指出：

> 我见胡萨克时谈到，马克思讲过科学技术是生产力，这是非常正确的，现在看来这样说可能不够，恐怕是第一生产力。将来农业问题的出路，最终要由生物工程来解决，要靠尖端技术。对科学技术的重要性要充分认识。③

如果说，我们以前曾经倡导过的"小车精神"只能使生产效率发生量的变化，那么，把最新科学技术的成果应用到生产中去，就能使生产效率发生质的变化。在这个意义上，强调科学技术是第一生产力，也就是

---

① 中共中央文献研究室编：《科学发展观重要论述摘编》，中央文献出版社，党建读物出版社2008年版，第75页。

② 中共中央文献研究室编：《科学发展观重要论述摘编》，中央文献出版社，党建读物出版社2008年版，第56页。

③ 《邓小平文选》第3卷，人民出版社1993年版，第275页。

强调，发展经济的根本思路是提高效率。

其次，应该把创新能力的大幅度提升统筹到经济发展中去。江泽民认为，我国经济发展中最为突出的问题是结构不合理、重复建设多、经济效率低，而要提高经济运行的质量和效益，最重要的做法是提升自己的创新能力：

> 我曾经说过，创新是一个民族进步的灵魂，是一个国家兴旺发达的不竭动力。科技创新越来越成为当今社会生产力解放和发展的重要基础和标志，越来越决定着一个国家、一个民族的发展进程。如果不能创新，一个民族就难以兴盛，难以屹立于世界民族之林。[①]

江泽民这里说的"创新"实际上是一个综合性的概念，不光包括科学技术和知识上的创新，也包括企业结构、布局、管理等诸多问题上的创新。事实上，像中国这样的后发展国家，只有通过创新能力的全面提升和效率的提高，才有可能赶上并超越其他国家。

再次，应该把搞好教育和加大人才培养的力度统筹到经济发展中去。邓小平早已清醒地意识到这一点，他在全国教育工作会议上的讲话中指出：

> 我们国家，国力的强弱，经济发展后劲的大小，越来越取决于劳动者的素质，取决于知识分子的数量和质量。一个十亿人口的大国，教育搞上去了，人才资源的巨大优势是任何国家比不了的。[②]

正是基于这方面的考虑，中国政府提出了"科教兴国"的战略，并始

---

① 中共中央文献研究室编：《毛泽东 邓小平 江泽民论科学发展》，中央文献出版社 2009 年版，第 97—98 页。

② 《邓小平文选》第 3 卷，人民出版社 1993 年版，第 120 页。

终把教育作为一个长远的战略性的任务来抓。

最后，应该从总体上统筹各方面的关系，以确保整个经济社会快速有效地发展。胡锦涛在中国共产党第十七次全国代表大会上强调：

> 必须坚持统筹兼顾。要正确认识和妥善处理中国特色社会主义事业中的重大关系，统筹城乡发展、区域发展、经济社会发展、人与自然和谐发展、国内发展和对外开放，统筹中央和地方关系，统筹个人利益和集体利益、局部利益和整体利益、当前利益和长远利益，充分调动各方面积极性。统筹国内国际两个大局，树立世界眼光，加强战略思维，善于从国际形势发展变化中把握发展机遇、应对风险挑战，营造良好国际环境。既要总揽全局、统筹规划，又要抓住牵动全局的主要工作、事关群众利益的突出问题，着力推进、重点突破。[①]

显然，胡锦涛把各方面的统筹关系都考虑进去了。实际上，整个中国经济社会的发展就好比弹钢琴，只有把握了全局，又照顾到重点，才能把钢琴弹得有声有色。

总之，效率的提高不再像以往那样，源于拼实力、大量消耗资源或搞人海战术，而是源于科学的精神和智慧，尤其是源于统筹兼顾这一战略性的方法。事实上，这正是科学发展观所倡导的核心的理念之一。

### (三)持续不是神话

众所周知，20 世纪 70 年代，罗马俱乐部发表了一系列关于人类发展情况的报告，在国际社会掀起了轩然大波，越来越多的有识之士认识到，发展是否具有可持续性的问题，已经成为一个无法回避的问题，摆放到世界各国的面前。江泽民对这一点也有深刻的认识。他指出：

---

① 中共中央文献研究室编：《科学发展观重要论述摘编》，中央文献出版社，党建读物出版社 2008 年版，第 53—54 页。

实现可持续发展，越来越成为各国推进经济社会发展的战略选择。我国有十二亿多人口，资源相对不足，在发展进程中面临的人口、资源、环境压力越来越大。我们绝不能走人口增长失控、过度消耗资源、破坏生态环境的发展道路，这样的发展不仅不能持久，而且最终会给我们带来很多难以解决的难题。我们既要保持经济持续快速健康发展的良好势头，又要抓紧解决人口、资源、环境工作面临的突出问题，着眼于未来，确保实现可持续发展的目标。①

显然，在江泽民看来，实现可持续发展的核心问题是处理好经济社会的发展与人口、资源和环境的协调问题，为了中华民族的子孙后代始终拥有良好的生存和发展的条件，必须高度重视并切实解决经济增长方式的转变问题，努力开创生产发展、生活富裕、生态良好的文明发展道路。胡锦涛也深感实施可持续发展战略的重要性和紧迫性，他告诉我们：

可持续发展战略事关中华民族的长远发展，事关子孙后代的福祉，具有全局性、根本性、长期性。②

有鉴于此，他强调，各地区在推动发展的过程中，必须充分考虑资源和环境的承受力，统筹考虑当前发展和未来发展的需要，既重视经济增长指标，又重视资源环境指标；既积极实现当前发展的目标，又为未来发展创造有利条件。在中国共产党第十八次全国代表大会的报告中，胡锦涛又提出可持续发展的以下四条具体措施——优化国土空间开发格局、全面促进资源节约、加大自然生态系统和环境保护力度、加强生态

---

① 中共中央文献研究室编：《毛泽东 邓小平 江泽民论科学发展》，中央文献出版社 2009 年版，第 119 页。

② 中共中央文献研究室编：《科学发展观重要论述摘编》，中央文献出版社，党建读物出版社 2008 年版，第 38 页。

文明制度建设，并强调：

> 坚持节约资源和保护环境的基本国策，坚持节约优先、保护优先、自然恢复为主的方针，着力推进绿色发展、循环发展、低碳发展，形成节约资源和保护环境的空间格局、产业结构、生产方式、生活方式，从源头上扭转生态环境恶化趋势，为人民创造良好生产生活环境，为全球生态安全作出贡献。①

总之，我们应该认真汲取并总结西方国家追求现代化进程中留下的经验教训，从中国的具体国情出发，积极协调好人口、资源、环境和发展之间的错综复杂的关系。这样一来，可持续发展就不会变成神话，而会成为中国经济社会发展的现实。中华民族一直以来以其悠久而辉煌的文化传统著称于世，我们相信，它也会有足够的智慧造福子孙后代，并为他们未来的生存和发展创造良好的条件。

# 六、自然、个人与社会

在传统的思维方式中，自然(nature)、个人(individual)和社会(society)常常处于分离的状态下。比如，人们在强调发展经济时，往往会对自然进行过度的开发，从而导致人与自然之间的和谐状态的破坏；又如，人们在对社会现状进行改造时，往往会忽略对个人的全面发展的关注；再如，人们在与自然打交道时，往往不会注意到，自然本身就是社会的一个有机的组成部分。事实上，不从社会的角度着眼去考察自然，是无法有效地认识自然并改变自然的。早在《1844 年经济学哲学手稿》

---

① 胡锦涛：《坚定不移沿着中国特色社会主义道路前进　为全面建成小康社会而奋斗》，人民出版社 2012 年版，第 39 页。

中，马克思已明确地表明："只有在社会中，人的自然的存在对他来说才是人的合乎人性的存在，并且自然界对他来说才成为人。因此，社会是人同自然界的完成了的本质的统一，是自然界的真正复活，是人的实现了的自然主义和自然界的实现了的人道主义。"①

在马克思看来，社会就是人同自然界的完成了的本质的统一。也就是说，自然、个人与社会本来就是不可分割地关联在一起的。任何试图把这三者分离开来的考察方式都注定是错误的。② 科学发展观继承了马克思的上述主张。它强调人与自然的和谐关系，正如胡锦涛所指出的：

> 要牢固树立人与自然相和谐的观念。自然界是包括人类在内的一切生物的摇篮，是人类赖以生存和发展的基本条件。保护自然就是保护人类，建设自然就是造福人类。要倍加爱护和保护自然，尊重自然规律。对自然界不能只讲索取不讲投入、只讲利用不讲建设。发展经济要充分考虑自然的承载能力和承受能力，坚决禁止过度性放牧、掠夺性采矿、毁灭性砍伐等掠夺自然、破坏自然的做法。要研究绿色国民经济核算方法，探索将发展过程中的资源消耗、环境损失和环境效益纳入经济发展水平的评价体系，建立和维护人与自然相对平衡的关系。③

从人对自然的征服与索取到人对自然的保护与和谐相处，无疑是思想观念上的巨大的飞跃。这也充分表明，科学发展观的着眼点并不只是

---

① 《马克思恩格斯文集》第 1 卷，人民出版社 2009 年版，第 187 页。

② 必须指出，目前流行的传统的马克思主义哲学教科书体系"辩证唯物主义和历史唯物主义"仍然热衷于把"自然"和"社会"分离开来。辩证唯物主义研究自然，历史唯物主义研究社会历史。其实，世界既不存在与社会相分离的自然，也不存在与自然相分离的社会。自然作为"人化自然"，本身就是社会的一个有机的组成部分。毋庸置疑，这种教科书体系把自然与社会分离开来，只能导致马克思哲学体系的二元化。

③ 中共中央文献研究室：《科学发展观重要论述摘编》，中央文献出版社，党建读物出版社 2008 年版，第 37—38 页。

发展的效率，更重要的是人与自然的和谐。它在推进中国经济社会发展时，关注的焦点不是落在国内生产总值上，而是始终落在人的全面发展的问题上，正如胡锦涛所强调的：

> 坚持以人为本，就是要以实现人的全面发展为目标，从人民群众的根本利益出发谋发展、促发展，不断满足人民群众日益增长的物质文化需要，切实保障人民群众的经济、政治和文化权益，让发展的成果惠及全体人民。①

这就深刻地启示我们，决不应该把经济社会的发展与人的全面发展分离开来，甚至对立起来。归根到底，经济社会的发展应该服务于个人的全面发展。

总之，科学发展观为我们重新认识自然、个人与社会之间的关系提供了极为重要的指导思想。

### (一)让自然泰然处之

在日常谈话中，也许没有一个词比"自然"这个词被我们用得更为得心应手的了，但与此同时，比起我们最生疏的词来，"自然"也许是我们了解得更少的词。如果从词源上进行考察，就会发现，自然中的"自"字在甲骨文中作𦣻，在金文中作𦣻，在小篆中作𦣻。许慎在《说文解字》中指出："自，鼻也，象鼻形。"而自然中的"然"字则同"燃"，甲骨文中无此字，金文中作𤑉，小篆中作𤑉。《说文解字》云："然，烧也。"从字形上看，古代的"然"就是把浸在水中的狗(犬)肉放在火上煮。然而，人们并没有沿着这样的思路去探索"然"字的含义，更没有借此而揭示出"然"与"自"之间的内在关系。

在这里，需要继续追问的是，为什么人们要把"自"和"然"结合起

---

① 中共中央文献研究室编：《科学发展观重要论述摘编》，中央文献出版社，党建读物出版社 2008 年版，第 29 页。

来，组成复合词"自然"呢？下面这个解释可以说是唯一合理的解释，即狗肉在被煮时产生了香味，而这种香味又很快地被周围人的鼻子闻到了。这样一来，初看起来似乎完全是风马牛不相及的"然"与"自"之间的内在关系就被建立起来了。也就是说，"自然"这个词的原初含义是：被煮的狗肉的香味进入了周围人的鼻子。由于狗肉在被煮时必定会产生香味，而香味又必定会进入周围人的鼻子之中，因而自然概念的第一个引申含义是"本性"（nature），因为本性总是以自然而然的方式发生作用的；第二个引申含义则是自然界（nature），因为任何人出生后都会发现，自然界已经摆放在自己的周围了。

从上述词源分析中就可以看出，自然与人的活动是不可分离地关联在一起的。也正是在这个意义上，马克思写道：

> 被抽象地孤立地理解的、被固定为与人分离的自然界，对人说来也是无。①

也就是说，任何试图撇开人的活动而考察所谓"自然自身运动"的做法都是无稽之谈，因为与人的活动相分离的自然只是一个幻影，实际上并不存在。有人也许会反驳我们：科学不是已经证明，在人类诞生以前地球（自然）已经存在了 45 亿年了吗？这岂不表明，地球可以脱离人类而存在吗？我们的回应是：人类是通过自己的科学实验活动，即对同位素衰变的测定，推算出地球先于人类而存在的时间的。也就是说，这个推算的结论也是以人类的存在及其科学实验活动为基础的。事实上，撇开人类及人类发明的语言，甚至连"自然""地球"这样的概念也不会有，又如何去命名、探讨任何一个对象呢？

当然，人的活动与自然的不可分离性不仅在于人本身就是自然的一部分，而且人只有取用于自然，才能生存并繁衍下去。正如马克思所指

---

① 《马克思恩格斯全集》第 42 卷，人民出版社 1979 年版，第 178 页。

出的：

> 我们首先应当确定一切人类生存的第一个前提，也就是一切历史的第一个前提，这个前提是：人们为了能够"创造历史"，必须能够生活。但是为了生活，首先就需要吃喝住穿以及其他一些东西。因此第一个历史活动就是生产满足这些需要的资料，即生产物质生活本身。①

我们知道，人类不同于其他动物的地方在于，人类不仅是自然的一部分，而且它也力图从自然中摆脱出来，抬起自己高贵的头颅。德国哲学家黑格尔曾经在其《美学史讲演录》中对希腊神话中的司芬克斯的形象作出了别开生面的解释。在他看来，人首狮身的司芬克斯本来就是一个象征。它表明，人类不愿意与其他动物同流合污，而试图从自然界中抬起自己高贵的头颅。事实上，随着人的直立行走和生产劳动的开展，随着语言的诞生和思维的发展，人类不仅成了其他动物的统治者，也成了整个自然界的统治者。

人对自然的统治主要是通过工业的媒介得以实现的，而资本又为工业的扩展提供了强大的内驱力。随着工业的发展和大量科学技术成果的应用，人类的生活得到了明显的改善，然而，有识之士们很快就发现，人类对自然的过度索取已经造成了对自然环境的严重破坏，而这样的破坏同时也是对人类自身生存条件的毁坏。当天空布满阴霾、空气不再清新、河流改变颜色、自然灾难频频光顾时，人类自身的生存和发展也受到了严重的威胁。事实上，人类对自然的过度开发和利用引起了自然的强烈的报复，自然通过灾难频仍的方式向人类显示出自己的尊严和不可侵犯性。

痛定思痛，人们关于自然的观念开始孕育一个根本性的改变，即自

---

① 《马克思恩格斯文集》第1卷，人民出版社2009年版，第531页。

然不再是人类试图加以征服的对象、不再是人类单纯加以索取的对象，它应该成为人类的伴侣，而人类也应该与它和谐相处。

总之，人类应该清醒地意识到：一方面，为了自己的生存，人类不得不继续向自然进行索取；另一方面，这种索取绝对不应过度，应该考虑自然本身的承受力及再生的能力，并采取切实的措施，对自然环境进行保护。其实，对于人类来说，更重要的是，不应该把自然视为随时可以加以利用的对象，甚至以违背自然规律的方式，把自己的暴力强加到自然的身上，而应该把自然尊为目的，就像德国哲学家海德格尔所说的，让自然泰然处之。归根到底，人对自然的保护也是对自己的保护。

### (二)使个人全面发展

当人们在马克思的语境中探讨问题时，应该把泛泛而论的"人"转换成含义明确的"个人"。在马克思那里，"人"可以泛指任何时代的人，而"个人"却只能指自18世纪以来在市民社会中形成起来的、其基本权利受到现代民法保护的人。在《1857—1858年经济学手稿》中，马克思曾经明确地指出：

> 我们越往前追溯历史，个人，从而也是进行生产的个人，就越表现为不独立，从属于一个较大的整体……只有到十八世纪，在"市民社会"中，社会联系的各种形式，对个人说来，只是表现为达到他私人目的的手段，才表现为外在的必然性。①

显然，在马克思看来，真正独立的个人在远古时代是不可能存在的，它乃是现代社会和启蒙运动的产物，而受市民社会和现代民法保护的个人的形成或许可以以孟德斯鸠的《论法的精神》(1748)的问世作为标志。在《精神现象学》中，黑格尔则习惯于把这样的个人诞生以前的状态称作"原始伦理团体"，而把个人诞生后的状态称作"法权状态"。当然，

---

① 《马克思恩格斯全集》第46卷(上)，人民出版社1979年版，第21页。

德国社会学家滕尼斯则倾向于把由熟人组成的、受原始伦理精神支配的状态称作"共同体"，而把由陌生人构成的、受现代民法精神支配的称作"社会"。不管如何，我们必须记住，"个人"与"人"是两个不同的概念。

正是基于这一重要的差别，马克思从来不谈"人的全面发展"，而只谈"个人全面发展"。在《1857—1858年经济学手稿》中，当马克思叙述其"三大社会形态"理论时，明确指出：

> 人的依赖关系（起初完全是自然发生的），是最初的社会形态，在这种形态下，人的生产能力只是在狭窄的范围内和孤立的地点上发展着。以物的依赖性为基础的人的独立性，是第二大形态，在这种形态下，才形成普遍的社会物质变换，全面的关系，多方面的需求以及全面的能力的体系。建立在个人全面发展和他们共同的社会生产能力成为他们的社会财富这一基础上的自由个性，是第三个阶段。第二个阶段为第三个阶段创造条件。①

值得注意的是，马克思这里谈的是"个人自由发展"和"个性自由"，而这两个短语都只与"个人"或"个性"相关，而与泛泛谈论的"人"无关。这就深刻地启示我们，马克思所谈的个人或个性都是受过18世纪启蒙运动的熏陶，而又受市民社会的保护的，而马克思的全面发展的理论正是以这样的个人为载体的。

然而，在当代中国社会中，马克思关于"个人全面发展"的观念之所以被不知不觉地转换为"人的全面发展"的观念，是因为在从传统的自然经济和计划经济中脱胎出来的当代中国经济社会中，个人，尤其是普通个人，还没有成为马克思意义上的真正的个人，他只是作为一个片断、一种要素被归入到"人民群众"这个抽象的集合名词中。因此，对于当代中国经济社会来说，其首要的任务是通过经济社会的发展，逐步完善市

---

① 《马克思恩格斯全集》第46卷（上），人民出版社1979年版，第104页。

民社会，确立现代民法，形成普遍的、自觉的法权人格和道德实践主体。只有真正的个人诞生之后，才谈得上这样的个人的全面发展。

假如人们对马克思所说的"个人全面发展"的观念做深入考察的话，还会继续追问：究竟个人的什么东西需要全面发展？马克思对这个问题的解答是十分明晰的：

> 全面发展的个人——他们的社会关系作为他们自己的共同的关系，也是服从于他们自己的共同的控制的——不是自然的产物，而是历史的产物。要使这种个性成为可能，能力的发展就要达到一定的程度和全面性，这正是以建立在交换价值基础上的生产为前提的，这种生产才在产生出个人同自己和同别人的普遍异化的同时，也产生出个人关系和个人能力的普遍性和全面性。①

在这段重要论述中，无论是能力，还是个人能力，指涉的都是个人的能力。也就是说，马克思所说的"个人全面发展"实际上是指个人能力的全面发展。然而，我们发现，在当代社会中，个人能力的全面发展是很难做到的，正如歌德早已指出的：

> 有人说得很对，人的才能最好是得到全面发展，不过这不是人生来就可以办到的。每个人都要把自己培养成为某一种人，然后才设法去理解人类各种才能的总和。②

显然，在歌德看来，个人的能力不但不可能得到全面的发展，反而应该自觉地把它限制在片面发展的状态中。这里所说的"片面发展"是指个人应该努力发展自己最有把握获得成功的能力。事实上，歌德经常告

---

① 《马克思恩格斯全集》第 46 卷(上)，人民出版社 1979 年版，第 108—109 页。
② ［德］艾克曼：《歌德谈话录》，朱光潜译，人民文学出版社 1982 年版，第 78 页。

诚他的秘书爱克曼，要他集中精力做好某一方面的学问，以至于爱克曼总结道：

> 从我和歌德接近以来，他一直要我提防一切分心的事，经常力求把精力集中在一门专业上。如果我表现出一点研究自然科学的兴趣，他总是劝我莫管那些闲事，目前且专心致志地在诗方面下功夫。如果我想读一部他认为对我的专业没有帮助的书，他也总是劝我不要读，说它对我毫无实用。①

这段话不但体现出歌德在治学上对爱克曼的严格要求，也表明歌德主张个人的能力应该片面地发展，即发展自己最有把握获得成功的那些能力。有趣的是，黑格尔也十分认同歌德的上述见解：

> 一个志在有大成就的人，他必须，如歌德所说，知道限制自己。反之，那些什么事都想做的人，其实什么事都不能做，而终归于失败。世界上有趣味的东西异常之多：西班牙诗、化学、政治、音乐都很有趣味，如果有人对这些东西感觉兴趣，我们决不能说他不对。但一个人在特定的环境内，如欲有所成就，他必须专注于一事，而不可分散他的精力于多方面。②

如上所述，既然个人能力的全面发展只是理想状态中才会发生的事情，而在现实生活中，明智的个人只能片面地发展自己，那么在个人身上究竟还有什么东西是可以全面发展的呢？我们认为，可以全面地加以发展的应该是个人的"素质"。这里所说的"个人素质的全面发展"主要指这个人既具有科学精神（如尊重事实、尊重客观规律、为真理而献身

---

① [德]艾克曼：《歌德谈话录》，朱光潜译，人民文学出版社 1982 年版，第 80 页。
② [德]黑格尔：《小逻辑》，贺麟译，商务印书馆 1996 年版，第 174 页。

等），又具有人文情怀（如珍惜生命、维护人权、尊重他人、崇尚自由、推崇民主、提倡公正，等等）。

总之，如果人们站在现实生活的基础上来探讨个人的全面发展，那么我们认为，应该把个人的全面发展理解为素质上的全面发展，而不是能力上的全面发展。

### (三)给社会设定目标

凡参观过伦敦梅格特公墓的人都知道，在马克思的墓碑上镌刻着他在《关于费尔巴哈的提纲》中留下的那句名言：

> 哲学家们只是用不同的方式解释世界，问题在于改变世界。[①]

确实，在这句话中，马克思强调了实践，即"改变世界"的重要性，然而，千万不要误解马克思的这句名言，以为马克思认定"解释世界"是不重要的。假如人们生活在世界A中，大家都对它表示不满，希望对它进行改变。然而，怎么进行改变呢？朝着哪个方向去改变呢？人们必须先设想出一个目标——世界B，而世界B一定是优于世界A的。事实上，如果没有人对世界B的优越性进行解释，并使人们的大脑普遍地接受这种解释，他们是不可能朝着世界B的方向去改变世界A的。由此可见，"解释世界"的重要性一点也不逊于"改变世界"，而在解释世界的过程中，替世界或社会设想未来发展的目标就显得尤为重要。

凡熟悉中国现代历史的人都知道，早在新民主主义革命时期，毛泽东就为中国社会的未来发展描绘出新的蓝图。在《新民主主义论》中，他满怀豪情地写道：

> 我们共产党人，多年以来，不但为中国的政治革命和经济革命而奋斗，而且为中国的文化革命而奋斗；一切这些的目的，在于建

---

① 《马克思恩格斯选集》第1卷，人民出版社1995年版，第57页。

设一个中华民族的新社会和新国家。在这个新社会和新国家中，不但有新政治、新经济，而且有新文化。这就是说，我们不但要把一个政治上受压迫、经济上受剥削的中国，变为一个政治上自由和经济上繁荣的中国，而且要把一个被旧文化统治因而愚昧落后的中国，变为一个被新文化统治因而文明先进的中国。一句话，我们要建立一个新中国。①

毛泽东描绘的关于未来"新中国"的蓝图成了无数革命志士浴血奋斗的目标。然而，中华人民共和国成立以后，由于毛泽东对国际国内阶级斗争形势估计的严重扩大化，他过去设想的宏伟蓝图没有得到充分的实现。毛泽东逝世后，邓小平认真地总结了毛泽东晚年在思想政治路线上的失误，强调贫穷绝不是社会主义，社会主义的根本任务就是大力发展生产力，改变人民群众贫穷落后的物质文化生活状态，走共同富裕的道路。作为中国改革开放的总设计师，邓小平在1987年会见匈牙利社会主义工人党总书记卡达尔时，已经明确地提出了自己对中国社会未来发展目标的完整的设想：

我们的第一个目标是解决温饱问题，这个目标已经达到了。第二个目标是在本世纪末达到小康水平，第三个目标是在下个世纪的五十年内达到中等发达国家水平。我们现在真正要做的就是通过改革加快发展生产力，坚持社会主义道路，用我们的实践来证明社会主义的优越性。要用两代人、三代人、甚至四代人来实现这个目标。到那个时候，我们就可以真正用事实理直气壮地说社会主义比资本主义优越了。②

---

① 《毛泽东选集》第2卷，人民出版社1991年版，第663页。
② 《邓小平文选》第3卷，人民出版社1993年版，第256页。

我们发现，邓小平对中国经济社会未来发展目标的设想体现出他的思想的一贯特征，即现实主义的特征。邓小平从来不尚空谈，他认为中国社会首先要解决的是老百姓的温饱问题，而这个问题到 20 世纪 80 年代中期基本上已经解决了，当时人均收入已经达到四百美元，因此第二个目标是在 20 世纪末达到"小康社会"。那么，邓小平心目中的小康社会究竟以什么为标志呢？邓小平毫不犹豫地告诉我们：

> 翻两番，国民生产总值人均达到八百美元，就是到本世纪末在中国建立一个小康社会。这个小康社会，叫做中国式的现代化。翻两番、小康社会、中国式的现代化，这些都是我们的新概念。①

邓小平还从另一个角度对小康社会的蓝图作出了解释：小康社会的建成意味着中国到 20 世纪末国民生产总值达到一万亿美元，从总量上看，中国将居于世界前列。到那时，一方面，人民的物质文化生活将会有很大的改善，精神面貌也将发生巨大的变化；另一方面，中国的综合国力也会有明显的提升。

按照邓小平的设想，中国社会在 20 世纪末似乎已经达到了预期的小康社会的目标，但实际上，邓小平以后的中国共产党的领导人又对小康社会的含义作出了新的阐释。2002 年，江泽民在《全面建设小康社会，开创中国特色社会主义事业新局面》一文中表示：

> 必须看到，我国正处于并将长期处于社会主义初级阶段，现在达到的小康还是低水平的、不全面的、发展很不平衡的小康，人民日益增长的物质文化需要同落后的社会生产之间的矛盾仍然是我国社会的主要矛盾。我国生产力和科技、教育还比较落后，实现工业化和现代化还有很长的路要走；城乡二元经济结构还没有改变，地

---

① 《邓小平文选》第 3 卷，人民出版社 1993 年版，第 54 页。

区差异扩大的趋势尚未扭转，贫困人口还为数不少；人口总量继续增加，老龄人口比重上升，就业和社会保障压力增大；生态环境、自然资源和经济社会发展的矛盾日益突出；我们仍然面临发达国家在经济科技等方面占优势的压力；经济体制和其他方面的管理体制还不完善；民主法制建设和思想道德建设等方面还存在一些不容忽视的问题。巩固和提高目前达到的小康水平，还需要进行长时期的艰苦奋斗。[1]

在江泽民看来，尽管邓小平原来设想的小康社会已经达到了，然而，现在达到的小康还是低水平的、不全面的、发展很不平衡的小康，因而江泽民又提出全面建设小康社会的目标，主要包含以下四条标准：一是在优化结构和提高效率的基础上，国内生产总值到 2020 年力争比 2000 年翻两番，综合国力和国际竞争力明显增强；二是社会主义民主更加完善，社会主义法制更加完备，依法治国基本方略得到全面落实，人民的政治、经济和文化权益得到切实尊重和保障；三是全民族的思想道德素质、科学文化素质和健康素质明显提高，形成比较完善的现代国民教育体系、科技和文化创新体系、全民健身和医疗卫生体系；四是可持续发展能力不断增强，生态环境得到改善，资源利用效率显著提高，促进人与自然的和谐，推动整个社会走上生产发展、生活富裕、生态良好的文明发展道路。[2]

在江泽民之后，胡锦涛又根据实际情况，对"全面建成小康社会"的目标进行了修正。在中国共产党第十八次全国代表大会上，胡锦涛做了题为《坚定不移沿着中国特色社会主义道路前进　为全面建成小康社会而奋斗》的报告。正是在这个重要的报告中，胡锦涛重申了全面建成小

---

① 中共中央文献研究室编：《毛泽东　邓小平　江泽民论科学发展》，中央文献出版社 2009 年版，第 124—125 页。

② 中共中央文献研究室编：《毛泽东　邓小平　江泽民论科学发展》，中央文献出版社 2009 年版，第 126—127 页。

康社会的目标，并确定了以下五条标准：一是经济持续健康发展，二是人民民主不断扩大，三是文化软实力显著增强，四是人民生活水平全面提高，五是资源节约型、环境友好型社会建设取得重大进展。[①] 显而易见，与江泽民制定的标准比较起来，胡锦涛又增加了文化软实力和生态文明方面的标准，从而使小康社会的蓝图在内容上更加充实了、在目标上更加明确了。

我们确信，中国共产党和中国人民在未来小康社会发展蓝图的召唤下，在科学发展观这一伟大战略方针的指引下，扭住经济建设这个中心不放，一定会创造出新的奇迹，并实现中华民族的伟大复兴。

# 结论　科学精神与人文精神的统一

如前所述，科学发展观通过对"以人为本"这一核心观念的强调，阐明了科学精神与人文精神在当代中国经济社会发展中的统一性。正如胡锦涛所指出的：

> 科学发展观，第一要义是发展，核心是以人为本，基本要求是全面协调可持续，根本方法是统筹兼顾。[②]

然而，我们发现，在当代中国思想文化界存在的一大奇观是：科学精神与人文精神的二元分离。官方的学者们主要强调的是发展科学技术，普及科学知识，发扬科学精神；而民间的学者们主要强调的则是重视人文学科，提高人文素质，弘扬人文精神。这种思想文化领域里的二

---

① 胡锦涛：《坚定不移沿着中国特色社会主义道路前进　为全面建成小康社会而奋斗》，人民出版社 2012 年版，第 17—18 页。
② 中共中央文献研究室编：《科学发展观重要论述摘编》，中央文献出版社，党建读物出版社 2008 年版，第 6 页。

元分离很有点类似于黑格尔在《精神现象学》中分析法国启蒙运动时期精神领域里存在的那种"分裂的意识"。

这种现象的出现表明,在急剧转型的当代中国经济社会中,社会意识还不能很好地理解并把握社会现实。事实上,当代中国经济社会不但处于由计划经济模式向市场经济模式的历史性转变中,而且作为一个后发展的国家,前现代性思潮、现代性思潮和后现代主义思潮都汇聚在一起,更增加了思想文化领域中的混乱状态和文化价值选择上的困难局面。

这两种精神之间的关系问题已有不少学者探讨过,但由于未把总体思路和基本概念清理出来,除了在细节上提供了某些有益的启示外,并不能从根本上解除人们的困惑,说得严重一点,甚至反倒把可能解除人们困惑的道路给堵塞起来了。因此,必须本着批判的识见,重新反思这个问题,并从中引申出积极的答案来。

首先,我们考察科学精神。事实上,一提到科学精神,必定会涉及以下三个基本概念——科学技术(science and technology)、科学精神(scientific spirit)和科学主义(scientism)。让我们逐一作出分析。

什么是科学技术?显然,这里的"科学"主要指自然科学,而自然科学的根本使命则是通过观察、实验等方式去探究各种自然现象,发现隐藏在自然现象中的自然规律,以便人类能够按照这些规律去改造自然界。不用说,"科学"还是理论状态的东西,它必须通过"技术"的媒介去改造自然界。所谓"技术",则是实践状态的东西,实际上就是科学在生产活动和其他活动中的具体应用。当然,技术一经产生,它就拥有自己的相对独立性。

在很多人的心目中,科学技术是中性的,在不同的价值观的导向下,它会呈现出不同的价值和意义。在现代化价值的导向下,人们更多看到的是科学技术的积极意义。因为科学技术能否尽快地实现现代化,直接关系到整个现代化事业的成败,特别是在当今的历史条件下,科学技术已经成为第一生产力,它在社会生活中的地位和作用显得越来越重要了。然而，与此不同的是，在西方后现代主义价值的导向下，人们更多看到的却是科学技术蕴含的消极意义。在《技术之追问》一书中，德国哲学家海德格尔认为，把技术理解为人的工具的传统观念是十分肤浅的，实际上，"现代技术"（modern technology）已经支配着人的全部生活，并日益使人沦为单纯的物件；马尔库塞在《单向度的人》一书中也提出了"技术拜物教"（technological fetishism）的新概念，强调现代技术正由解放人的力量转化为桎梏人的力量，正日益使人工具化、使理性工具理性化；而哈贝马斯则在《作为"意识形态"的技术与科学》一书中进一步强调，在当代社会中，科学技术不仅是第一生产力，而且同时也是以合理性的方式支配人、统治人的意识形态。

什么是科学精神？这里的"科学"显然也主要是指自然科学，科学精神是在人们认识并改造自然界的背景下被提出来的。它主要包含以下两方面的内容：一是尊重事实，尊重客观规律；二是大胆探索，追求并坚持真理。在通常的情况下，科学精神是一个褒义词，

尤其在现代性价值导向下是如此。然而，在后现代主义价值的导向下，它受到了以下两个不同方面的挑战：一方面，注重研究科学的社会功能的学者，如贝尔纳认为，科学精神只问事实，不讲价值，对于人类的生存和发展来说，具有某种盲目性；另一方面，存在主义哲学家则指出，在科学精神中蕴含着人类支配、统治自然界的唯意志主义的倾向，这种主体性无限膨胀的倾向构成了英国哲学家弗兰西斯·培根以来的西方近代哲学和科学的主导性特征，也是造成当今世界生态危机的重要原因。

什么是科学主义？按照传统的理解方式，这里的"科学"也主要指自然科学。一般说来，科学主义是一个贬义词，它指的是人们把自然科学研究中的概念、方法和成果简单地搬用到人文社会科学的领域中去，不同的价值导向都对它采取批判的态度。事实上，科学主义在社会生活中必然导致的一个严重的结果是"技术官僚专政"；但在追求现代性的社会中，人们虽然知道科学主义是有害的，而对它的消极作用却缺乏自觉的

认识。举例来说，人们在日常生活中使用的"螺丝钉""灵魂的工程师""希望工程""凝聚力工程""211 工程"等提法，无形中把力学的观念泛化到社会生活中来了；而"积淀""断层"这样的概念又不知不觉地把地质学的观念搬用到文化研究领域中来了。乍看起来，这种自然科学术语的泛化似乎是无害的，实际上却常常会堵塞人们通达人文社会科学真谛的道路，并把人文精神严严实实地遮蔽起来。

在分析了上述三个概念的基本含义之后，它们之间的关系也就变得十分清楚了：第一，科学技术可以被区分为传统的科学技术和现代科学技术。如果说，传统的科学技术是一个中性的概念，那么，现代科学技术却不再是中性的概念了，按照海德格尔的看法，它已经成为否定性的概念，因为根据它的发展逻辑，它完全有可能把整个人类带上万劫不复的道路。第二，科学精神是在科学技术的发展中形成并发展起来的，它基本上是一个肯定性的概念。第三，科学主义是科学技术观念在人文社会科学中的泛化，是一个否定性的概念，人们必须自觉地反思并抵制科学主义的蔓延，从而为人文社会科学的发展留下地盘。

其次，我们再考察人文精神。其实，人文精神也涉及下面三个基本概念：人文科学（humanities）、人文精神（humanistic spirit）和人文主义（humanism）。

什么是人文科学？按照传统的理解方式，人文科学主要指语言学、文学、史学、哲学、宗教和艺术。

什么是人文精神？它是指蕴含在人文科学中的共同的东西——对人类生存的意义和价值的关怀。这是一种终极性质的关怀，它尤其体现在哲学、宗教和艺术中。一般说来，人文精神是人们普遍认同的肯定性的概念。

什么是人文主义？在西方人的语言中，humanism 这个词既可译为人文主义，也可译为人本主义或人道主义。如果说，人本主义和人道主义分别是从哲学上、政治上来探讨人的问题，那么，人文主义则主要是从文化上，尤其是从人文科学的背景上来探讨人的问题。只要人们不是笼统地谈论人文主义，而是从它初始的、严格的含义出发对它进行考察，就会发现，它实际上指的是 14—16 世纪发生在欧洲的以文艺复兴和宗教改革为中心的社会文化思潮。毋庸讳言，这一思潮在历史上是有进步意义的，但它也有自己的局限性，即总是从抽象的人性出发去理解和阐释一切其他的问题。

从上面的分析可以看出，第一，人文科学是一个描述性的、中性的概念，但人们对人文科学的研究却极易受到不同的意识形态和价值导向的影响；第二，人文精神是一个肯定性的概念，人们通常是在褒义上加以运用的，但必须注意，在不同文化共同体的不同历史发展阶段中，人文精神的内涵也会发生相应的变化；第三，人文主义，大致上是一个中性，但偏向肯定意义的概念，人们在运用这个概念时应该把对它的含义的通常理解与当时欧洲的某种特殊的社会思潮严格地区分开来。

最后，科学精神和人文精神应该统一起来，协调地加以发展。一方面，我们需要加以反思的是，科学精神与人文精神的分离是如何造成的。众所周知，康德的《纯粹理性批判》(1781)和《实践理性批判》(1788)最初显示出科学精神(理论理性)与人文精神(实践理性)之间的分离，康德试图通过《判断力批判》(1790)所蕴含的鉴赏判断去统一这两种精神，但这样的统一注定只能是形式上的，因为康德并不是从现实的社会生活和现实的人出发去思考科学精神与人文精神的关系的，相反，他把对"人是什么？"这一最根本问题的解答放到晚年的著作《实用人类学》(1798)中去完成。这充分表明，他根本就没有把对这两种精神关系的探讨奠定在正确的基础上。

与康德不同，马克思一开始就强调自己哲学的出发点是"从事实际活动的人"①。在《1844 年经济学哲学手稿》中，马克思尖锐地批评了那种脱离人的实践活动的、抽象的自然科学的研究态度：

---

① 《马克思恩格斯全集》第 3 卷，人民出版社 1960 年版，第 30 页。

至于说生活有它的一种基础，科学有它的另一种基础——这根本就是谎言。①

在马克思看来，当人们去从事自然科学的研究活动时，他并不是一个抽象的认识容器，而是一个社会存在物。不仅他的活动所需要的材料，而且连他进行活动时所使用的语言也都是社会性的。此外，值得注意的是，在现代社会中，自然科学通过工业日益在实践上进入人们的生活并改变着他们的生活，工业已成了自然科学与人之间的现实的历史的关系，所以，正如马克思敏锐地意识到的那样：

自然科学往后将包括关于人的科学，正像关于人的科学包括自然科学一样：这将是一门科学。②

按照马克思的看法，把自然科学与人文科学、科学精神与人文精神分离开来并对立起来，根本上就是错误的。尽管自然科学与人文科学之间存在着差异，即前者主要关涉到事实，后者主要关涉到价值，但这两种科学和精神都是统一在人们的现实生活中的。具体而言，是统一在人们的实践活动中的。事实上，从事自然科学研究的是人，而从事人文社会科学研究的也是人。如果说，自然科学体现出人与自然的关系，那么，人文社会科学则体现出人与人之间的关系，而这两种关系正是同一个主体——人类在其实践活动中必定会加以展开的基本关系。这就深刻地启示我们，只有回到马克思哲学中去，科学精神与人文精神的统一才是不言而喻的。

另一方面，我们需要认真加以反思的是，在当代中国经济社会的发展中，科学精神与人文精神统一的基础究竟是什么。事实上，20世纪

---

① 《马克思恩格斯全集》第42卷，人民出版社1979年版，第128页。
② 《马克思恩格斯全集》第42卷，人民出版社1979年版，第128页。

20 年代发生的"科玄论战"早已表明，要解答这个问题并不是很容易的。一种意见认为，应当以科学精神作为基础来统一人文精神，这显然是不妥的。诚然，自然科学已通过工业的方式渗透到人们的全部生活之中，当代人已在相当的程度上生活于现代科学技术所创造的人化世界中，但这并不等于科学精神可以成为人文精神的基础。如前所述，尽管科学精神尊重事实、尊重规律，引导人们大胆地去探索并改造自然界，但它本身是不问价值的，因而它不可能为人类现实生活的发展提供明确的价值指导。换言之，以科学精神为基础来统一人文精神，人类的现实生活必定会陷入某种盲目性中。另一种意见认为，应当以人文精神为基础来统一科学精神。毋庸置疑，这种意见是正确的，但其缺点是失之浮泛，因为在"人文精神"这个宽泛的概念下仍然可以容纳各种不同的价值导向。换言之，统一科学精神和人文精神的基点仍然未被透显出来。

事实上，每一个不存偏见的人都会发现，在当代中国经济社会中，存在着三种不同的价值导向：第一种是前现代性的，即传统的价值导向，第二种是追求现代性的价值导向，第三种是反思并批评现代性的后现代主义的价值导向。我们认为，从当代中国经济社会的具体状况出发，我们应该认同的是第二种价值导向，但又必须借鉴第一种和第三种价值导向中的合理因素，从而对第二种价值导向作出必要的修正。也就是说，我们对人文精神的理解应该以被修正过的第二种价值导向作为主导性的参照系。应该按照这样的参照系来确定人文精神的内涵，并把这样的人文精神理解并阐释为科学精神的价值基础和思想出发点。

总之，把科学精神与人文精神统一起来，并不是在这两种精神之间搞折中主义，而是必须以被修正过的现代性价值作为参照系，严格界定人文精神的内涵，并把这样的人文精神作为基础和出发点，去统一并协调科学精神。从文化生态学的角度来看，只有使科学精神与人文精神在被修正过的现代性价值导向的基础上协调起来，当代中国经济社会才能沿着健康的轨道向前发展。

# 附录　科学发展观的内在张力①

在中国共产党第十七次全国代表大会的报告中，胡锦涛指出：

> 科学发展观，第一要义是发展，核心是以人为本，基本要求是全面协调可持续，根本方法是统筹兼顾。②

这段重要的论述为我们全面地、准确地、完整地理解科学发展观提供了明确的指导思想。尤其是关于"根本方法是统筹兼顾"的见解启发我们，科学发展观作为一种重要的发展理论，其内部存在着一些不同的理论端点，需要我们通过深入的反思来揭示它们之间的内在张力，以便做到统筹兼顾。下面，我们将从三个方面入手，深入地探索蕴含在科学发展观内部的这些重要张力。

## (一)"科学"概念中的内在张力

众所周知，英语中的 science 和法语中的 science(拼写相同，但读音不同)通常用来指称自然科学，但在德语中，Wissenschaft 这个概念不但涵盖自然科学，而且也涵盖人文社会科学，尤其是哲学。康德和另一些大哲学家，如黑格尔、胡塞尔等，都喜欢把自己的哲学称作 Wissenschaft。显然，当代中国人使用的"科学"概念主要是从上面列举的三个西文名词中翻译过来的。现在的问题是，当当代中国人使用"科学"这个概念时，尤其是当他们把"科学"作为"发展观"的修饰词时，他们究竟是按照英国人和法国人的习惯，还是按照德国人的习惯，来理解"科学"概念的确切含义的？换言之，他们理解的"科学"究竟是 science，还是

---

① 原载《文汇报》2008 年 2 月 18 日。——编者注

② 中共中央文献研究室编：《科学发展观重要论述摘编》，中央文献出版社，党建读物出版社 2008 年版，第 6 页。

Wissenschaft?

如果我们运用现象学的显现的方式对诸多社会现象进行考察，就会发现，在当代中国人思维的自然倾向上，他们通常是从 science，即自然科学的含义上，而不是从 Wissenschaft 的含义上，来理解"科学"概念的内涵的。当当代中国人谈论"科学性""科教兴国""科学技术是第一生产力"这样的话题时，他们言说的"科学"无疑是自然科学的代名词；而当今中国高校中普遍存在的"重理轻文"现象，以及高校和研究机构只在理工科专业中设定院士的做法，实际上隐含着对人文社会科学的"科学资质"的否认。

我们认为，在探讨科学发展观的时候，弄清楚"科学"这一概念的确切含义，并不是无聊的语言游戏，而是关系到胡锦涛同志所说的"以人为本"的根本理念能否在科学发展观中安顿下来的重大理论问题。我们主张，应该从 Wissenschaft，即自然科学和人文社会科学统一的角度出发来理解"科学"概念。

假如自然科学研究的对象是自然现象，并试图通过对自然规律的发现来指导人们合理地改造自然，那么人文社会科学的研究对象则是人类生活和社会现实，并试图通过对社会历史发展规律的发现来指导人们批判并改造传统社会，以追求更为合理的社会形式，从而实现自己的自由而全面的发展。在马克思看来，自然科学的研究与人文社会科学的研究是不可分离的，因为人们只有结成一定的社会关系，才可能去认识自然并对它进行改造。正是在这个意义上，马克思又指出：

> 甚至当我从事科学之类的活动，即从事一种我只是在很少情况下才能同别人直接交往的活动的时候，我也是社会的，因为我是作为人活动的。不仅我的活动所需的材料，甚至思想家用来进行活动的语言本身，都是作为社会的产品给予我的，而且我本身的存在就是社会的活动；因此，我从自身所做出的东西，是我从自身为社会

所做出的，并且意识到我自己是社会的存在物。①

显然，马克思之所以把人称为"社会的存在物"，因为正是社会性构成了人存在的本质特征。虽然自然科学家研究的是自然现象，但他们始终是作为社会的存在物而从事自己的研究活动的，不但他们的研究资料、研究手段和表达方式（语言）都是社会性的，而且他们的研究动机、研究过程及对研究成果的解释也都会受到人文社会科学的影响。

说得直白一些，任何自然科学的研究要想回避人文社会科学，尤其是哲学方法论的影响都是不可能的。恩格斯告诉我们：

> 的确，蔑视辩证法是不能不受惩罚的。无论对一切理论思维多么轻视，可是没有理论思维，就会连两件自然的事实也联系不起来，或者连二者之间所存在的联系都无法了解。②

事实上，人文社会科学不仅以背景意识和方法论意识的方式影响着自然科学，更为重要的是，它是为自然科学的研究澄明价值前提的。脱离人文社会科学的价值导向，自然科学的发展就会陷入迷途。当今社会中自然科学研究的课题，如人体克隆、试管婴儿、遗传工程、器官移植、电脑网络、核能的运用等，无不需要人文社会科学，尤其是伦理学为它们澄清思想前提和价值导向。

何况，随着现代自然科学和技术的发展，技术和科学本身的性质也正在发生重大的变化。德国哲学家海德格尔在 1950 年出版的《技术之追问》（Question Concerning Technology）中区分出两种技术：一种是"手工技术"（hand work technology），另一种是"现代技术"（modern technology）。前者如荷兰的风车、中国农村里的水车，它们不可能导致对自然

---

① 《马克思恩格斯全集》第 42 卷，人民出版社 1979 年版，第 122 页
② 恩格斯：《自然辩证法》，人民出版社 1971 年版，第 43 页。

的破坏；后者则不但导致了人类对自然的控制（如火力或水力发电机、化肥和农药的大规模使用、围海造田和围湖造田、大规模使用冰箱和空调、工业和交通工具排放的大量废气和污水等），也导致了一部分人对另一部分人的控制（如核武器和先进的常规武器、窃听器、定位仪、远程跟踪和摄影、电脑黑客、测谎仪，等等）。在海德格尔看来，现代技术已不再是"一个中性的概念"（a neutral concept），而是"一个否定性的概念"（a negative concept），因为现代技术蕴含着一种他称之为"座架"（enframing）的东西。就像人们给一块玻璃上镜框一样，人们也用"座架"去测量、控制自然万物或其他的人。海德格尔甚至认为，现代技术正在把整个人类及其文明带向深洲。德国哲学家哈贝马斯在 1968 年出版的《作为"意识形态"的技术与科学》一书中强调，现代技术与自然科学不但成了第一生产力，而且也成了意识形态。作为意识形态，它一方面为新的、执行技术使命的、排除实践问题的政治服务；另一方面，它涉及的正是那些可以潜移默化地腐蚀我们所说的制度框架的发展趋势。在哈贝马斯看来，现代技术与自然科学正在不断地排除像政治学、伦理学这样的实践科学，而用"合理性"和"效率"取代了诸如"民主""自由""正义""美德"这样的核心的人文价值。

更值得注意的是，现代自然科学和技术的发展还蕴含着"科学主义"（scientism）的兴起和蔓延。科学主义把仅仅适合于数学和自然科学范围内的观念和方法简单地搬运到人文社会科学和日常生活中。比如，用数学上量化的方法来评价人文社会科学学术论著的质量；用工科中的"工程"概念来称呼日常生活中的一切活动，如"希望工程""形象工程""紧缺人才培训工程"等等；甚至用"螺丝钉""人类灵魂的工程师"这样的提法来比喻普通人和教师。其实，每个有生命的人都不是一颗被动的、被拧在某个地方的"螺丝钉"；教师也不是"人类灵魂的工程师"，而是"人类灵魂的导师"，因为工程师面对的是同样的零件，而导师面对的则是具有不同个性的学生。中国传统教育思想强调的"因材施教"就是要区别学生的不同情况，有针对性地进行教育。何况，科学主义还蕴含着一种思想倾向，即对人与物之间关系的颠倒，即物被主体化了，而人则被物化了。上面提到的把有生命的个人比喻为"螺丝钉"的做法，就是人被物化的一种表现形式。

总之，人变得越来越微不足道了，最后消失在物的重压下。法国荒诞派剧作家尤涅斯科的《新房客》(1957)说的就是这样的一个故事：某先生搬家，搬动无数家具。这些家具挤满了马路，漂浮在塞纳河上，占满了新公寓的整个楼道，以至于该先生不得不打开天花板，把家具从屋顶上吊进去。最后，连该先生也给掩埋在家具中。《新房客》暗示我们，由自然科学和现代技术的迅猛发展导致的人的物化和异化正在不断加剧，而要有效地遏制科学主义的蔓延，就必须全面地弘扬蕴含在人文社会科学中的人文精神。

综上所述，在中国社会的未来发展中，唯有在自然科学和人文社会科学之间建立必要的张力，才能使"以人为本"这一核心思想所蕴含的人格尊严、人的基本权利和人的自由而全面的发展真正扎根于这一发展观中。

### (二)"发展"概念中的内在张力

在当今中国社会的大众传媒和日常语言中，"发展"这个用语是出现得最频繁的用语之一。人所共知，作为动词，它译自英文中的 develop，法文中的 développer 或德文中的 entwickeln。细心的研究者很容易发现，西文中的这三个动词都具有双重含义，即既可以被解释为"改变"，又可以被解释为"显现"(这层含义是从胶卷冲洗中的"显影"的含义引申过来的，这三个词也都可以被解释为"显影")。其实，正是这一双重含义勾勒出"发展"概念中蕴含着的两个重要的理论端点：

第一，任何发展都蕴含着人们试图"改变"某个地区的主观上的态度和努力。比如，人们对这个地区未来发展规划的制定、对电脑效果图的构想等等。显然，"改变"这层含义更多的是从主观方面去设想并预期的，而未来发展规划的制定、电脑效果图的构想等，体现出来的正是主观方面的臆想，因为人们通常是根据平均化的、完全顺利的进程来制定和构想这些东西的。

第二，在这个地区的发展过程中客观上"显现"出来的结果往往是不同于人们的主观臆想的，即不同于事先制定的发展规划和电脑效果图的。因为在任何发展过程中，都会出现原来未曾预想到的种种偶然因素，如气候的突变、材料的匮乏、干部使用上的失误、资金投入的受阻、突发的灾祸、与地方保护主义之间的冲突等，会导致整个发展规划的停顿，甚至"下马"。更为重要的是，整个发展过程能否顺利地得以展开，还取决于事先制定的发展规划是否遵循这个地区发展的客观条件和客观规律。显然，如果原来的发展规划没有遵循这样的客观条件和客观规律，整个发展过程就会不断地走弯路，客观上"显现"出与原来的主观预想完全不同的结果。

在"发展"这个概念中，"显现"的含义比"改变"的含义来得更为深刻。如果说，"改变"具有更多的主观臆想方面的含义的话，那么，"显现"则具有更多的客观方面的含义。因为"显现"不仅包含着对种种偶然因素作用的认可，也包含着对客观条件和客观规律的认可。德国哲学家胡塞尔创立的现象学就是以直接地向我们的意识显现出来的现象作为合法的研究对象的，而现象学家提出的口号"面向事物本身"正是要引导人们去面对向他们显现出来的最重要的现象。这种现象学的思考方式深刻地启示我们，尽管任何自觉的发展过程都需要事先制定发展规划，但决不应该把发展仅仅理解为"改变"外部世界的主观臆想、主观意志和主观规划，而应该把它理解为客观的"显现"过程，在这一显现过程中，事物发展的客观条件和它必定遵循的客观规律都会顽强地发挥自己的作用。诚然，对于任何地区的发展来说，发展规划的制定都是必要的，但不应该将其奠基于主观臆想或主观意志之上，而应该将其奠基于这个地区发展的客观条件、客观规律和对各种可能出现的偶然因素的估计上，并做好相应的思想准备和防范措施，以确保整个发展过程的顺利进行。

与此同时，我们也注意到，作为动词，英文中的 develop，法文中的 développer 和德文中的 entwickeln 也都具有"开发"的含义，而"开发"

"开发区"这样的概念也是在当今中国社会的大众传媒和日常用语中出现得最频繁的概念之一，其实，"开发"和"发展"都译自上面这三个西文动词。我们知道，"开发"这个用语一定会涉及作为开发主体的人们与作为开发对象的环境和资源的关系。而在日常的现象世界中向我们显现出来的通常有以下两种不同的"开发"形式：一种是"破坏性的开发"，即以环境和资源的牺牲为代价的开发形式，某些地区的某些人常常为了眼前利益而牺牲子孙后代的长远利益，这种"杀鸡取蛋"的做法显然是错误的；另一种是"保护性的开发"，即以环境和资源的可持续发展为前提的开发。法国普罗旺斯地区的发展为我们提供了光辉的范例。我们提倡的是保护性开发形式。事实上，也只有这种形式才能确保人类、环境和资源都以胡锦涛同志所说的"可持续"的方式发展下去。

**（三）整体发展过程中的内在张力**

上面，我们考察了蕴含在"科学"和"发展"概念中的内在张力，下面，我们再来考察一下，在任何一个自觉的，即由人类自己积极地加以发动和推进的发展过程中必定会遭遇到的以下两组关系。

第一组关系："内在动力"（inner dynamic）和"全面协调"（universal coordination）之间的关系。什么是内在动力？内在动力就是一个社会（包括不同的地区）得以持续地向前发展的内在驱动力量。显然，没有这样的驱动力量，一个社会就会出现停滞不前的局面。众所周知，不但传统中国社会长期处于停滞不前的状态中，而且20世纪50年代后期以来，由于坚持了"以阶级斗争为纲"的错误的思想路线，国民经济的发展濒临崩溃。正是党的十一届三中全会确定的"以经济建设为中心"的新的思想路线，20世纪70年代以来中国社会才发生了翻天覆地的变化。对比中国社会的这两种不同的发展形势，我们深刻地意识到"内在动力"对于任何发展过程的重要性和必要性。乍看起来，正是改革开放构成了当代中国社会整体发展的原动力。其实，真正的原动力乃是人们的欲望和利益，而改革开放中采取的种种措施不过是对这些欲望和利益的肯定和激励。

然而，一个社会一旦在自己的发展中获得了持久的、充分的原动力，另一个相关的问题就产生了，即任何发展都是不均衡的。于是，在发展进程中就会显现出越来越大的贫富差异和地区差异。假如人们对这些差异的显现不加重视的话，就有可能引发各种社会冲突，甚至导致整个社会的解体。因此，正如胡锦涛同志所指出的，我们必须做好"全面协调"的工作。什么是全面协调？按照我们的理解，全面协调就是根据发展中出现的新情况，对整体结构的各个部分，尤其是对社会不同阶层的利益关系作出相应的调整，以确保整个社会稳定地、持续地向前发展。总之，没有内在动力，任何自觉的发展过程都无法加以实现，但一旦获得了这种动力，就不光要通过全面协调，保持动力的持久性，而且也要对事物的结构作出及时的调整，以确保整个社会不至于在发展中解体。

　　第二组关系："外延发展"与"内涵发展"之间的关系。什么是外延发展？所谓外延发展就是在发展过程中片面地注重发展主体在外在形式上的变化。比如，有的地区在发展中上了不少政绩工程、建了不少高楼大厦，上级领导检查起来很好看，这个地区的主管干部也容易得到晋升，但该地区老百姓关切的实际问题却得不到实质性的解决。什么是内涵发展？所谓内涵发展就是在发展过程中注重发展主体的实质性的变化。比如，一个地区在提高人民群众的文化素质和教育水平方面的发展就属于内涵方面的发展，这方面的发展成果不像标志性建筑那样容易从外观上看出来，但对该地区的长远发展却具有潜在的、决定性的意义。尽管外延发展也不可偏废，但从根本上看，应当注重内涵上的发展。

　　综上所述，科学发展观包含着极为丰富的理论内容和迥然不同的实践方向。我们主张，应该建立一门"发展现象学"，以便对世界范围内现代化背景下的"发展"现象作出全面的、系统的比较和研究，并在这一比较和研究的基础上，对科学发展观作出准确的、完整的阐释，而这样做的理论意义和现实意义将是不可估量的。

# 第二部分　文章

## 1986年

# 改革中的协调问题[①]

  最近，中央领导同志反复强调，要"理顺"经济关系，运用"调节手段"，加强"综合平衡"，搞好各项改革措施之间的"配套"，以确保整个国民经济的"持续、稳定、协调"的发展。这里说的"理顺""调节""平衡""配套"的意思，其实都蕴含在"协调"这一概念中。协调，是改革的实践向学术界提出的一个重大的理论课题。

  在任何复杂事物或系统中，整体和局部，局部和局部之间都会有一个协调的问题。在中国革命和社会主义建设的错综复杂的历史进程中，毛泽东关于主要矛盾和次要矛盾关系的论述，关于全局和局部关系的见解，关于"弹钢琴"的形象的比喻，关于十大关系的看法，始终是围绕着协调的问题而展开的。

  随着当代科学技术的高度发展，人们在生活实践中面临着越来越多的复杂问题、事物或工程。协调问题越来越明显地凸现出来。国外兴起的协同学，其中心课题正是复杂事物或结构中各部分之间的协同或协调。

  改革，不仅是经济体制的完善和更新，更是

---

  ① 本文为胡景钟、俞吾金合著，原载《解放新论（未定文稿）》1986 年 3 月 17 日。收录于俞吾金：《文化密码破译》，上海远东出版社 1995 年版，第 275—278 页。——编者注

一场囊括所有领域的深刻的社会革命。从后一个意义上来看改革，协调就不单是经济领域中的问题，而是全部社会生活中的一个根本性的问题。

改革越深入，协调的问题就越突出。如果只注意纵向的进度，忽视横向的协调，势必产生消极的结果，给改革设置障碍。改革必须协调，而协调又必须以改革为基础。在我国当前的具体历史条件下，只有坚持把改革放在第一位，才能真正搞好协调。这样的协调才是积极的、进步的、向前的，而不流于机械的凑合或消极的补堵漏洞。正如《中共中央关于制定国民经济和社会发展第七个五年计划的建议》所指出的：改革的方向必须坚持，改革的步骤必须稳妥。各项改革措施要相互配套，既有利于微观搞活又有利于宏观控制，以保证和促进整个经济的稳定和发展。

总之，协调的总课题是物质文明建设和精神文明建设的同步问题。这一总课题主要表现为以下四个方面。


# 一、按经济规律办事与坚持思想政治
# 工作之间的协调


从 20 世纪 50 年代后期开始，在"左"的思想的干扰下，我们党一度夸大了思想和意志的作用，忽视了对经济规律的研究。由于这种片面性，在十年动乱中，我国的国民经济几乎陷于崩溃。近几年来，批判了这种唯意志论，又导致了另一种倾向，即只讲经济规律，把思想政治工作看作可有可无的事情。比如，有人认为，只要按照经济规律搞几个条条，制定一套奖惩制度，一切问题便都解决了。诚然，经济规律是极为重要的，但它并不能替代并支配人们的全部生活。更何况，使人们行动起来的一切都要经过他们的大脑。人们是否愿意遵循经济规律，是否按照各项经济制度办事，这里也有一个思想问题。因此，把加强思想政治工作与按经济规律办事协调起来，深入进行爱国主义、集体主义、社会主义和共产主义的教育，进行"四有"(有理想，有道德，有文化，有纪律)教育，不但不会妨碍人们去遵循经济发展规律，相反，它为经济建设和改革创造了良好的环境。当然，思想政治工作本身也面临着一个改革的问题，不能像过去那样采取简单化的方式。它必须把准时代跳动的脉搏，结合现实生活和当代科学技术的发展，回答群众正在思考的问题。总之，思想政治工作本身也有一个科学化、现代化的问题。

## 二、坚持马克思主义与批判地借鉴国外 文化成果之间的协调

有的人总喜欢把马克思主义与当代国外的文化，尤其是当代西方的文化对立起来，这是一种很片面的观点。且不说马克思主义也来自西方，更不说马克思主义本身正是整个西方文化发展的总汇和结晶，这种观点至少违背了马克思的初衷。马克思在驳斥那些敌视最新哲学思潮的虔诚教徒时说过："就好像汽锅爆炸(结果使一些乘客血肉横飞)这种个别情况不能成为反对力学的理由一样，某些人不能够消化最新的哲学并因这种消化不良而死亡的情形，也不能成为反对哲学的理由。"①诚然，与形形色色的思潮相比，马克思主义的学说拥有巨大的真理性，但它并没有穷尽真理。在当前的历史条件下，要坚持并发展马克思主义，就一定要批判地、全方位地借鉴国外的文化成果。硬把两者对立起来，割裂开来，实际上也就否定了前者。

①　《马克思恩格斯全集》第1卷，人民出版社1956年版，第124页。

## 三、批判封建主义意识和批判资本主义意识之间的协调

总的说来，对一切腐朽的、败坏新社会机体的意识，都要进行批判。但在这一批判中，对封建主义意识和资本主义意识的清算是一个中心的课题。有人主张批判资产阶级的意识，对封建社会的意识则取缄默的态度，这显然是不慎重的。虽然这两种意识有共同之处，但它们并不能互相包含或相互取代。它们是各自独立的思想体系。一个不容忽视的事实是，我国是一个有着封建意识深厚土壤的国家，如果光提批判资产阶级意识，就有可能助长封建意识的滋长。事实上，在某些场合下，有的人不是用无产阶级的意识来批判资产阶级的意识，而是用封建阶级的意识来批判资产阶级的意识，这就有可能使人们的思想越来越混乱。本文主张，对这两种意识的批判必须协调起来。而在这一协调中，对封建意识的批判应占主导地位。

## 四、自然科学和人文科学研究之间的协调

众所周知，在当代西方有两大思潮：科学主义思潮和人文主义思潮。这两大思潮的对立由来已久，以致有的西方学者干脆称这种现象为"两种文化"。在中国，这种对立虽然没有那么尖锐，但它的存在是没有疑问的。自近代中国以来，由于程氏兄弟和朱熹把"格物致知"中的"物"片面地解释为政治、伦理方面的事务，从而对自然科学发展造成了损害。今天，我们提社会主义的现代化建设，一个重要的方面就是科学技术现代化。由于我们在宣传上的某种片面性，又出现了"重理轻文"，即重自然科学，轻人文科学的相反倾向。这是必须克服的。我们再也不能

在这两种文化间扩大鸿沟了。早在一百多年前，马克思就指出："正像关于人的科学将包括自然科学一样，自然科学往后也将包括人的科学。"①把自然科学的研究和人文科学的研究协调起来，正是我国学术界面临的一个重要的任务。

在改革中协调，在协调中改革。这就是本文对协调问题的理论小结。

---

① 马克思：《1844年经济学哲学手稿》，人民出版社1979年版，第82页。

# 论"双百"方针的理论基础[①]

　　"百花齐放、百家争鸣"的方针在我国走过了三十年曲曲弯弯的路。因此，在今天人们重新讨论"双百"方针时所发表的种种议论中，必然地注入着三十年来沉积在本民族深层心理中的丰富经验，从而使讨论带上了颇为显著的历史特征。本文的思路也由历史所提示：必须从作为党的指导思想的理论基础的深度来考察和理解"双百"方针这种社会历史现象，只有这样才能清醒地认识它的过去，合理地解释它的现在，并准确地展望它的未来。

## 一、党的"八大"路线是"双百"方针产生的理论基础

　　1956 年党中央提出的发展文化的"双百"方针是完全正确的，合乎时代潮流的。"双百"方针所赖以产生的党的指导思想的理论基础，是后来集中体现在党的"八大"路线中的内容。这就是，社会主义制度在我国已经基本建立起来，国内主

---

　　① 本文为周义澄、俞吾金、吴晓明合著，载《解放日报》1986 年 5 月 28 日。——编者注

要矛盾已经不再是工人阶级和资产阶级的矛盾，而是人民对于经济文化迅速发展的需要同当前经济文化不能满足人民需要的状况之间的矛盾，全党全国的主要任务是集中力量发展社会生产力，而不是进行阶级斗争。这种对于中国现代社会的性质、任务的马克思主义分析，当然地成了党制定经济、文化发展各种政策的基础。它决定了在科学和艺术的发展上不能再采取 20 世纪 50 年代前期曾经采取过的那种政治性的"学术批判""艺术批判"与"思想改造"的方法，而应当遵循文化发展自身规律，采用鼓励不同艺术流派的自由发展，不同科学学派的自由争鸣的方法。这是一种社会主义建设时期推进文化发展的最好方针。正因为如此，在党的"八大"路线召唤全国人民开始进行全面的社会主义建设的历史潮流中，"双百"方针的提出也很自然地给中国文化界带来了一派生机勃勃的景象。

但是应当承认，在对于党的"八大"路线即"双百"方针的理论基础的理解上，许多人缺少充分的思想准备。对他们说来，开展政治上的阶级斗争乃轻车熟路，经济建设和文化建设则是陌生的课题。他们的注意力仍然集中在阶级斗争的动向上，而不是生产任务的实施上。随着 1957 年反右斗争的扩大化，"双百"方针也就被抛在一边了。尽管在"文化大革命"前的十年中也曾经断断续续地有过对于文化领域"左"倾观点和做法的局部纠正，对于"双百"方针时重时轻的呼唤，但从总体上、从理论基础上说，"以阶级斗争为纲"的理论逐渐代替了党的"八大"路线对中国现代社会的马克思主义分析。一旦在理论上把无产阶级与资产阶级这两个阶段、社会主义与资本主义这两条道路的斗争规定为社会的主要矛盾，那么，科学和艺术领域就自然地成为无产阶级在整个社会主义历史阶段进行阶级斗争的一条"战线"（这也是以往在我国以"战线"命名的刊物何其多的一个原因）。既然如此，在这条"战线"原则上只能采取阶级斗争的方式，百家争鸣必然"归根到底"成为"两家"。

因此，从理论基础上说，对社会主义社会的性质、任务进行了非马克思主义分析的"以阶级斗争为纲"的理论和在"文化大革命"中被系统化了的"无产阶级专政下继续革命"的理论，是"双百"方针之所以长期未能被贯彻执行的根本原因。"双百"方针不可能依附在"以阶级斗争为纲""无产阶级专政下继续革命"的理论基础上。也正因为这样，"双百"方针在现代中国被重新提出，不可能发生在"四人帮"虽已被粉碎，但在理论基础上仍然坚持"两个凡是"的年代，而只能发生在作为我们党伟大的历史转折点的十一届三中全会以后。这次全会在理论基础上进行了变革，它果断地停止使用"以阶级斗争为纲"这个不适用于社会主义社会的口号，作出了把工作重点转移到社会主义现代化建设上来的战略决策。党的十一届三中全会标志着党重新确立了马克思主义的理论基础，而这个理论基础，又正是党中央当年提出"双百"方针所坚持的理论基础在新的历史条件下以更高级形式的重提或再现。

也正因为如此，虽然这几年对于"双百"方针的理解与执行在局部范围还时有波动，一些人在收放之间、明暗之间还时而徘徊，但越来越多的人毕竟看到了党对于十一届三中全会确定的马克思主义理论基础坚定不移的把握，看到了经济改革、科技革命、开放政策造成的不可逆转的社会态势，看到了与这种社会态势共兴衰的"双百"方针具有的不容动摇的根基。


## 二、两种不同的理论引起了两种不同的文化政策

党的指导思想的理论基础决定了它的文化观（艺术观和科学观），决定了具体的文化政策（艺术与科学政策）。我们可以比较一下两种不同理论引起的文化政策上的不同。

什么是文化？什么是科学和艺术？依据"以阶级斗争为纲""无产阶级专政下继续革命"或"两个凡是"的理论，包括艺术和科学在内的整个文化领域是无产阶级与资产阶级争夺领导权的硝烟弥漫的战场，是无产阶级在意识形态领域对资产阶级进行"全面专政"的一个阵地。在这里起

支配作用的规律当然是阶级斗争的规律，所实施的只能是剑拔弩张的斗争政策。于是，划分某一学科、学派、学者和学术观点的阶级属性便成了社会科学部门的头等大事。康德、黑格尔、孔子这些人类文化某一方面的代表者成了单纯的反面教员，人们读他们的书是为了"同这些反面的东西"做斗争。即便对于并无阶级内容的自然科学，也要千方百计通过中介将它纳入阶级斗争的轨道。于是，为老百姓喜闻乐见的、具有人民性、进步性的传统艺术或现代艺术，也因为其中有帝王将相、才子佳人或洋人女士而被归入"封、资、修"的"毒"草一类，取消了作为"花"参与开放的资格。

相反，依据党的"八大"和党的十一届三中全会把经济建设当作中心的理论基础，文化是社会主义建设的一个重要内容。艺术事业和科学事业都是文化建设的一部分，它的最高目标不是为了阶级斗争，为了专政，而是满足人们的文化需要，同时服务于经济建设。在这样的精神生产领域，起支配作用的必定是内在的人类生产的普遍规律和精神生产的特有规律，而不是从外部政治领域强加其中的阶级斗争规律。精神生产在活动方式上主要是个人创造行为，所以它需要最大限度的自由；精神生产的内容具有强烈的历史继承性和对他人成果的吸收、关联性，所以它需要开放、交流与争鸣。因此，在与马克思主义理论基础相切合的前提下，"百花齐放、百家争鸣"的方针就真正有可能成为合乎精神生产和文化发展规律的方针。

立足于这样的理论基点，我们就能很好理解党在新的历史时期中关于文化建设的一系列重大决策。其中包括：1978 年党中央在全国科学大会上重提"科学技术是生产力"的马克思主义命题，1985 年党中央在作协全国代表大会上重申"创作必须是自由的"原则，1985 年党中央在关于科技体制改革的决定中明确强调"必须保障学术上的自由探索、自由讨论""反对滥用行政手段干预学术自由"。所有这些，都是"双百"方针的丰富和具体化的表现。

所以，那种把"学术自由"局限于自然科学领域的观点是与"双百"方针的理论基础相冲突的。第一，"百家争鸣"的学术自由，是整个科学发展的方针，适用于全部科学领域；社会——人文科学与自然科学有其精神生产上的共同点。第二，至少在现代中国，社会科学已经在不同程度上以社会主义建设方面的问题作为研究对象，不能再把它狭隘地理解为一种"意识形态"和阶级斗争工具。第三，现代科学相互渗透和一体化的趋势使得自然科学与社会科学之间日益失去确定的边界；即使是要把"学术自由"限制在自然科学范围内的人也找不到与社会科学绝缘的纯粹自然科学。

## 三、从某种意义上说，"双百"方针也是一个知识分子政策

与"双百"方针的理论基础密切关联的是关于现代中国知识分子的理论与政策。知识分子是在艺术、科学领域中从事精神生产的主体，可称为"精神生产者"或"精神劳动者"。"双百"方针中所谓的齐放的"百花"和齐鸣的"百家"，主要是指知识分子。所以，对中国知识分子的估价和政策，直接影响到"双百"方针的贯彻。从某种意义上说，"双百"方针也是一个知识分子政策。而对知识分子的估价，根本上又受到作为党的指导思想的理论基础的制约。

"以阶级斗争为纲"的理论对中国知识分子的估价是"左"的估价。长期以来中国知识分子被当作"团结、教育、改造"的对象。在政治上，知识分子是动摇的，在世界观上"基本上是资产阶级"，而且其中还有百分之一、二、三的"极端反动的人"。这样的一种定性和定量的估计，决定了反右斗争扩大化的主要对象是知识分子，决定了在"文化大革命"中成为"臭老九"，成为"再教育""给出路"政策实施对象的又是知识分子，也决定了在中国科学界，尤其是那些被看作有很强阶级性的哲学——社会科学学科领域中不可能出现相互争鸣的学派，因为学派的构成要素首先

是具有某种学术观点体系，而且有条件把这些观点公开表达出来的学者群体。

粉碎"四人帮"以后不久，党中央迅速地抓住并解决了对"文化大革命"前知识分子的估计，接着又明确宣布知识分子的绝大多数"已经是工人阶级自己的一部分"。这就从根本上保护了各式各样的"花"和"家"，保证了"百花齐放、百家争鸣"有了真正实现的可能。实际上在各个时期一些人之所以对"双百"方针、创作自由、学术自由抱有种种疑虑，都与对知识分子的不信任态度有关。如果你真正承认中国知识分子是工人阶级的一部分，是在为社会主义建设服务的，那么，就不会担心、怀疑甚至害怕以这些人为主体所进行的创作自由、学术自由会弄出一个走资本主义道路的"资产阶级自由化"来。

从本文对"双百"方针的理论基础的简略分析中，我们至少可以得出如下结论：对"双百"方针的理解与实施，涉及对党的十一届三中全会所确定的正确路线的坚持，涉及对"文化大革命"和"两个凡是"理论的彻底否定，涉及对知识分子的正确估价和政策。鉴于此，我们认为把"双百"方针当作我国在文化事业上的基本国策并相应地明确写入宪法是有充分理由的，它表达了许多艺术、科学工作者的良好愿望。

# 对经济建设与精神文明
# 建设关系的再认识[①]

　　历史和实践重又把经济建设和精神文明建设的重大课题摆到了我们的面前。问题提得相当尖锐：社会主义精神文明建设是限制乃至阻挠经济建设的发展，还是支持乃至服务于这一伟大的进程？对这个问题的解答，既不能在理论上含糊其词，更不能在实践上调和折中，而必须同时在这两方面作出明确的、坚定的回答。

　　我们的回答是：在当前和今后的几十年乃至更长的时间内，党和人民的中心任务是从事经济建设，发展社会生产力，为尽快把我国建设成为一个社会主义现代化的强国而努力奋斗。毋庸讳言，社会主义精神文明的建设必须服从并服务于这一中心任务，而决不允许另搞一个"中心"，把旧的僵化观念的"达摩克利斯之剑"悬挂在生活的上空，以限制经济建设的步伐，甚至把经济建设引上歧路。

　　近几年来，在经济体制改革的推动下，我们在经济建设和精神文明建设方面都取得了很大的

　　① 原载《文汇报》1986 年 9 月 26 日第 2 版。收录于上海市委宣传部编：《一件关系社会主义兴衰成败的大事》，上海人民出版社 1986 年。——编者注

成绩，但我们必须清醒地看到，这两大建设之间的关系还没有完全理顺，有必要从理论上加以认真的总结。精神文明建设和经济建设之间的某些不协调是一个错综复杂的现象，是有多种多样的原因引起的。

第一，我们必须清醒地看到，党的十一届三中全会以来，我们党的工作重点虽然已经转移到经济建设上来了，但由于"左"倾错误和习惯势力的影响，要在各个领域中彻底实现把工作重点放到经济建设上来的深刻转变是不容易的。近几年来，精神文明建设中出现的许多问题，归根结底都与未能充分自觉地实行这个转变有关。由于在一部分同志的头脑里，工作重点仍然停留在"以阶级斗争为纲"的"左"的思想框架内，停留在精神和意识形态领域中，势必造成两个"重点"并存的局面，从而导致执行政策上的多变性、摇摆性，给经济建设和精神文明建设带来了损害。

第二，改革是加快我国经济建设的必由之路。只有经过改革，才能建立起充满生机和活力的新型社会主义经济体制，从根本上保证我国现代化建设的长期持续稳定的发展。改革是一场深刻的社会革命，其基本目的之一是为社会主义商品经济创造条件，如等价交换观念、竞争观念、效率观念、时间观念等。这些观念必将有力地冲击传统的自然经济、平均主义和"吃大锅饭"的思想。同时，我们还必须看到，随着商品经济的深入发展，社会主义社会的平等、自由、民主的问题也必然被提出来。在社会主义精神文明的建设中，是支持、赞成这些新观念，还是批判乃至否定这些新观念，这是一个至关重要的问题。处理得不好，精神文明建设和改革及经济建设仍会处于尖锐的对立之中。

第三，在我国，封建意识残余的存在还是比较严重的。宗法观念、身份观念、门第观念、家长制的专制观念等仍然禁锢着相当一部分人的思想，从而为社会主义精神文明建设设置了障碍。更值得注意的是，中华人民共和国成立以来，尤其是20世纪50年代后期以来，由于把国内的主要矛盾错误地理解为工人阶级和资产阶级的矛盾，从而放松了对封建意识的批判，有些人分不清封建的道德意识与社会主义的道德意识的界限，甚至把封建的道德意识当作是社会主义的道德意识加以颂扬，并用以批判资产阶级的意识，特别是资产阶级所宣传的民主、自由、平等的观念。毫无疑义，这样的批判只能导致思想界的倒退，导致精神上的落后和退化。近几年来，随着改革的深入，肃清封建主义意识影响的呼声越来越高。邓小平在 1980 年的一次讲话中强调说："现在应该明确提出继续肃清思想政治方面的封建主义残余影响的任务，并在制度上做一系列切实的改革，否则国家和人民还要遭受损失。"①事实上，不深入批判封建意识，社会主义精神文明建设只能是一句空话。在这里，需要正确处理破与立、批判与建设的辩证关系。过去，搞破字当头，搞虚无主义，严重破坏了社会主义精神文明建设和经济建设，这是我们必须加以纠正的。社会主义精神文明建设的基点是建设，这是毫无疑义的。但是，要建设，就要清扫地基，因为批判仍然是不可少的。全部问题在于，批判的矛头不应指向那些顺应经济建设和经济体制改革而出现的新观念、新思想，而应指向那些阻碍经济建设和经济体制改革的旧观念、旧思想，特别是封建意识的残余。当然，我们的目的是继承传统文化中优秀的东西，同时认真地剔除其中的封建主义的糟粕。

第四，精神文明建设和经济建设都是通过现实的人来进行的。而现实的人在行动中又是受一定的思想观念和思维模式支配的。长期以来，在"左"的思想的禁锢下，由于我们把工作重点放在阶级斗争上，放在意识形态和精神的领域里，并用教条主义的态度去对待马克思主义的学说，从而在相当一部分干部和群众心理上造成了一种观念崇拜的后遗症。他们思想保守、眼界狭隘，株守着一些僵化的、已经不适用于社会主义现代化建设的旧观念，并把这些观念奉为神圣不可侵犯的权威和至高无上的价值标准，用以裁判活生生的、丰富多彩的现实生活。这很容易使我们想起古希腊神话中的那张可怕的"普鲁克拉斯提斯之床"，为了符合固定的观念尺度，不惜把现实之腿锯掉。所谓"阶级斗争为纲""无

---

① 《邓小平文选》第 2 卷，人民出版社 1994 年版，第 335 页。

产阶级专政下继续革命""穷社会主义""富则修"等观念在某些人的脑子里正起着这样的作用。

马克思和恩格斯在批判当时德国出现的观念崇拜现象时，曾经指出："我们要把他们从幻想、观念、教条和想象的存在物中解放出来，使他们不再在这些东西的枷锁下呻吟喘息。我们要起来反抗这种思想的统治。"①观念崇拜的唯心主义倾向的一个严重危害，是重新导致精神文明建设和经济建设的对立。凡是在改革进展得不顺利、经济建设上不去的地方，都可窥见观念崇拜的阴影。应当恢复并大力宣传马克思列宁主义、毛泽东思想的实事求是的精神，逐步清除"左"的僵化的观念，特别是"文化大革命"中提出的错误观念的影响，使广大干部和群众的思想真正向改革和现代化建设开放。

综上所述，在社会主义现代化建设的这个总前提下，理顺精神文明建设与经济建设及经济体制改革的关系，依然是我们所面临的一个艰巨的、刻不容缓的任务。

那么，怎样才能充分发挥社会主义精神文明建设的作用，使之积极地推进社会主义现代化建设的历史进程呢？我们必须认真地开展好以下几项工作。

一是努力学习马克思主义的基本理论，特别是历史唯物主义的基本理论，深入研究我国在实现四个现代化的过程中所遇到的新情况、新问题，并且提出有重大指导意义的答案，这将是思想理论工作者对马克思列宁主义、毛泽东思想的伟大贡献。当然，这绝不是说，凡是同实现四个现代化没有直接关系的思想理论问题就不要去关心了，不要去研究了。我们说的根本立足点的转移，即理论研究不能满足于概念来、概念去的经院式的争论，它必须面对生活，必须具有为现代化建设服务的强烈的自我意识。

二是社会主义精神文明建设的基本宗旨是扩大社会主义民主。一方

---

① 《马克思恩格斯全集》第 3 卷，人民出版社 1960 年版，第 15 页。

面，社会主义民主是经济建设和全面改革的内在需要。没有社会主义民主的保障，经济建设和商品生产的任何发展都是不可能的。全面改革，尤其是政治体制改革的中心任务是健全并扩大社会主义的民主。另一方面，社会主义民主也是全国各族人民对精神文化生活提出的内在要求。长期以来，由于"左"的思想的侵害，特别是由于"四人帮"的破坏，社会主义的民主受到了严重的摧残。似乎一提民主就是资产阶级的东西，就是虚假的、骗人的东西。尤其，资产阶级的民主、自由、平等也有其两面性，既有虚伪的一面，也有其在历史上进步的一面，后一方面主要是针对封建专制意识而言。无论如何，资产阶级民主比起封建专制来要进步得多，革命得多。如果看不到这一点，而竭力用封建意识去批判资产阶级意识的话，那就完全背离了马克思主义的历史唯物主义。

要扩大社会主义民主，不仅要与种种封建专制意识进行不懈的斗争，也不仅要用文学艺术等形式潜移默化地向人民群众灌输民主的思想，而且必须充分尊重精神自身发展的规律，必须坚持"双百"方针，尊重创作自由和学术自由。不仅学术问题可以讨论，而且政治问题也可以讨论。社会主义民主在其优越性和广度上理应远远超出资本主义的民主。

三是坚持对外开放政策，吸收世界文明中一切积极的成果，是搞好精神文明建设和经济建设的关键。回顾近几年来走过的曲折的道路，可以发现，许多争论都是围绕着对外政策的实施而展开的。毋庸讳言，我国的社会主义现代化建设要靠自力更生，但自力更生不等于闭关锁国。在当今世界上，像中国这样在科学技术、经济和文化上比较落后的国家，不搞对外开放，是根本不可能建成现代化国家的。不仅在经济建设上，我们要从国外筹措资金，学习先进的科学技术知识和管理知识，而且在精神文明建设上，也必须破除"自我中心论"，虚心地学习和借鉴世界文明中的一切优秀的成果。

诚然，我们也承认，在对外开放中，西方资产阶级的某些腐朽的意识也会乘隙而入。对这些消极的东西，我们必须进行抵制，进行批判。

问题是，我们不能片面地夸大这些因素，更不能为此而因噎废食。正如精神文明建设的基点是建设一样，对外开放的基点是开放，是引进。只要坚持这样的积极的态度，我们就没有理由在一些消极的因素面前惊慌失措，左右摇摆。必须从我国社会主义现代化建设的总体布局上来认识、处理好对外开放政策与经济建设和精神文明建设关系的重要性。事实上，离开对外开放，经济建设与精神文明建设之间的协调只能是一种幻想。

综上所述，精神文明建设必须服从并服务于经济建设，但这里所说的"服从"与"服务"并不是消极的、被动的行为，而是积极的、主动的创造。

# 略论精神文明建设的历史条件<sup>①</sup>

从我国现有的特定的历史条件出发来规定社会主义精神文明建设的战略地位和基本任务，这是《中共中央关于社会主义精神文明建设指导方针的决议》(下文简称《决议》)的一个特色。它体现了我们党以及整个《决议》的求实精神；表明我们对社会主义的认识已达到一个新的水平。把握住这一点，将使我们的理想道德建设和教育科学文化建设，真正建立在现实的基础之上。

一

我们这里所说的"历史条件"是指什么？《决议》指出："我国还处在社会主义的初级阶段，不但必须实行按劳分配，发展社会主义的商品经济和竞争，而且在相当长历史时期内，还要在公有制为主体的前提下发展多种经济成分，在共同富裕的目标下鼓励一部分人先富裕起来。"这段话中的第一句特别重要，它科学地规定了我国现阶段所处的历史时期的根本性质，是我们进行社会主

---

① 原载《解放日报》1986 年 12 月 3 日；转载《人民日报》1986 年 12 月 26 日第 6 版。——编者注

义精神文明建设的理论依据。为了准确地把握这一历史条件，我们在思想上必须做到"三个区分"。

一是把社会主义社会与共产主义社会严格地区分开来。经过我国社会主义事业二三十年的曲折发展，特别是 20 世纪 50 年代末的"共产风"和"文化大革命"对"按劳分配"的批判，在区别社会主义社会和共产主义社会之间的差异这一点上，总的来看，我们现在的认识是比较清醒的。但也不能说前些年有关共产主义理论和实践的宣传，对"历史条件"的认识都是准确的。

二是把社会主义初级阶段与高级阶段严格地区分开来。社会主义社会是一个相当长的历史阶段，是一个由初级阶段逐步向高级阶段发展的历史过程。在社会主义社会的初级阶段，它的经济形态、政治形态、文化形态，以至社会生活的各个方面都既有占主导地位的社会主义因素，又不可避免地带有刚脱胎出来的那个社会的痕迹，即种种非社会主义因素。看不到这个特定的"历史条件"，不把社会主义的初级阶段与高级阶段加以区别，在现阶段想把社会主义社会的各个方面都搞得纯而又纯，这不仅是不切实际的，而且也是有害的。

三是把中国社会主义的初级阶段与其他国家社会主义的初级阶段严格地区分开来。我们正在建设的是具有中国特色的社会主义，而不是一般意义上的社会主义。我国不光存在着一般意义上的"旧社会痕迹"，而且还具有封建思想影响深，以及小生产者意识根深蒂固等特点。这一"历史条件"的特殊性，是我们进行社会主义精神文明建设的现实出发点，也是不可忽视的。

准确把握"历史条件"，历来是共产党人制定战略和政策的出发点。对社会主义认识的深化，有助于我们更好地把握住面临的特定历史条件。对于这一点，我们一定要有足够的重视。这不只是一个理论问题，而且也是一个实践问题。

# 二

正是从上述历史条件出发，《决议》对社会主义精神文明建设的一个重要侧面——理想道德建设，作出了合乎实际的阐述。

先看理想建设。《决议》创造性地提出了两个不同层次的理想：一个是实现共产主义的"最高理想"，它是共产党人的先进分子的力量源泉与精神支柱；另一个是现阶段我国各族人民的"共同理想"，即"建设有中国特色的社会主义，把我国建设成为高度文明、高度民主的社会主义现代化国家"。这两者的关系是：共同理想是实现"最高理想的必经阶段"，而最高理想则是共同理想的最终归宿。对于共产党人来说，为建设有中国特色的社会主义而奋斗，也就是为党的最高理想而奋斗。这样，就把理想建设奠基于现实的历史条件的基础上，使理想与我国全体人民的利益、需要和愿望紧密地结合起来。

有的同志认为，讲理想建设，自然是讲"最高理想"，怎么又提出一个"共同理想"？其实，光讲"最高理想"，看起来彻底得很，实际上却忽视了我们当前所处的社会历史条件，这就势必脱离实际，脱离广大的人民群众。所以，《决议》提出"共同理想"，并把它置于"最高理想"之前是完全必要的。

再看道德建设。也正是从我国社会主义初级阶段这一历史条件出发，《决议》提出了"在道德建设上，一定要从实际出发，鼓励先进，照顾多数，把先进性的要求同广泛性的要求结合起来"的原则。首先指出，在发展社会主义商品经济，实行"按劳分配"，鼓励一部分人先富起来的历史条件下，全民范围的道德建设应当肯定由此而来的人们在分配上的合理的差别。其次指出，道德建设也应该是多层次的，在提倡共产主义道德的同时，也讲了社会主义道德、社会公共道德、职业道德和社会主义人道主义等。这样就能联结和引导不同觉悟程度的人们一起向上，形成凝聚亿万人民的强大精神力量。最后指出，封建道德在我国影响很深，今天我们的社会关系中残存的宗法观念、特权思想、专制作风、拉帮结伙、男尊女卑等，本质上都是封建遗毒的反映。此外，由于半殖民地社会历史条件而产生的奴化思想，以及资本主义的腐朽思想，在我国也有一定的影响，并与封建意识相结合，因而从社会生活各方面克服这些腐朽思想道德的影响，将是长期而艰巨的任务。

道德是经济基础的反映，而不是脱离历史发展的抽象观念。谁如果认为，道德建设可以无视实际，那就错了。这实际上脱离了特定的历史条件，成了"空中楼阁"。只有坚持从现实出发，紧紧把握住当前的历史条件，这样的道德建设才是实实在在的，有实际效益的。

# 三

社会主义精神文明建设的另一个侧面，即教育科学文化的普及与提高，也同样需要从社会主义的初级阶段这一具体的历史条件出发。

在当前乃至今后的一段时间内，我们在教育科学文化方面还是相对落后的。这是一个现实的历史条件。正是从此出发，《决议》强调要下大决心用大力气，把当代世界各国包括资本主义发达国家的先进的科学技术、具有普遍适用性的经济行政管理经验和其他有益文化学到手，并在实践中加以检验和发展。

有的同志对引进国外人文科学方面的文化思潮表现出种种顾虑和怀疑，认为在人文科学方面只要学习和宣传马克思主义就行了。列宁在《论战斗唯物主义的意义》一文中早就批评过这种观点。列宁写道："一个马克思主义者如果以为，被整个现代社会置于愚昧无知和囿于偏见这种境地的亿万人民群众(特别是农民和手工业者)只有通过纯粹马克思主义的教育这条直路，才能摆脱愚昧状态，那就是最大的而且是最坏的错误。应该向他们提供各种无神论的宣传材料，告诉他们实际生活各个方面的事实，用各种办法接近他们，以引起他们的兴趣，唤醒他们的宗教迷梦，用种种方法从各方面使他们振作起来"①。那种认为只要通过纯粹的马克思主义教育就能提高整个民族的文化水平的想法，实际上把马克思主义与人类文化对立起来了。这些同志恰恰忘记了马克思主义正是在批判地继承人类文化的基础上诞生的。另外，国外的科学管理技术和人文思想是一个有机的整体，只引进前者而排斥后者也是不可能的，更何况国外的人文科学研究也有许多有价值的东西可供我们借鉴。当然，在文化引进的过程中会出现一些消极的因素，但这决不能成为反对文化引进的借口。应该看到，在我国当前的历史条件下，只要不空谈教育科学文化的普及与提高，就必须把这方面的工作与对外开放，与文化引进紧密地结合起来。

邓小平说："我们是历史唯物主义者，研究和解决任何问题都离不开一定的历史条件。"②对社会主义精神文明建设的任何思考，都必须建立在我国仍然处在社会主义的初级阶段这一历史条件之上。只有始终不渝地坚持这一历史唯物主义的立场，我们才能在精神文明建设的宏观决策和各项具体任务的贯彻和实行中获得预期的效果，社会主义的精神文明建设才能真正地引导和推动社会主义现代化建设的飞跃发展。这正是《决议》向我们昭示的颠扑不破的真理。

---

① 《列宁选集》第 4 卷，人民出版社 1995 年版，第 648—649 页。
② 《邓小平文选》第 2 卷，人民出版社 1994 年版，第 119 页。

# 1987年

# 在新的历史条件下发展马克思主义①

在社会主义改革和经济建设的新的历史条件下，如何丰富和发展马克思主义呢？我认为，至少要做好以下三方面的工作。

首先，要坚持文化开放政策，广泛了解并深入研究当代各国马克思主义学派的新观点、新见解。我们特别需要克服自我中心化的观点，一是要承认当代马克思主义学派的多样性，二是要善于捕捉多样性背后的共同的、深层的东西，即时代精神。只有这样才能真正明了马克思主义在当代的历史使命和它所面临的重大课题，不至于迷失在一些枝节性的问题上。

其次，要认真研究社会主义改革和经济建设中出现的重大问题。马克思主义的创始人反复强调，理论研究的出发点是事实而不是原则。离开沸腾的社会生活，光在概念里套来套去，不但不可能发展马克思主义，反而会把马克思主义教条化和僵化。每一个理论工作者都应认真思考生活中出现的重大问题，并从理论上作出新的开拓、新的尝试和新的回答。

最后，必须从 20 世纪 80 年代的中国实际情况出发，对马克思主义的基本理论作出新的理解

---

① 原载《社会科学报》1987 年 11 月 12 日第 1 版。——编者注

和解释。党的十三大报告提出，马克思主义与中国实践相结合，经历了两次历史性的飞跃。第一次在新民主主义革命时期，第二次在党的十一届三中全会以后。第二次飞跃要求我们必须在新的历史条件下，对马克思主义的基本理论作出新的思考和说明。否则，是谈不上马克思主义的新发展的。所谓发展，也就是重新理解马克思主义的基本理论。

# 划清科学社会主义与空想的界限<sup>①</sup>

党的十三大报告提出了"马克思主义需要有新的大发展"的重大任务，理论工作者要肩负起这一任务，就必须在观念上和心态上有一个根本的变化，而要实现这样的变化，又必须在理论上做到以下"四个破除"。

第一，要破除对马克思主义的教条式理解。中华人民共和国成立以来，长期存在着的对马克思主义的最大的教条式的理解在于：人们往往把马克思主义关于无产阶级革命理论机械地搬用到建设中来。党的十三大报告中关于马克思主义与中国实践相结合所经历的"两次历史性飞跃"的阐述，说明在以阶级斗争为中心，以夺取政权为目的的革命时期，与以经济建设为中心，以巩固政权为目的的建设时期，在结合的内容和方法上都是有区别的。应当说，马克思主义关于建设的理论远不如关于革命的理论来得完备和成熟，这就更要求我们面对现代化实际，运用马克思主义基本原理，去进行独立的探索。只有从根本上摆脱教条主义的束缚，才能在理论上作出重大的创造。

第二，要破除关于社会主义社会的空想模式。什么是社会主义？社会主义社会的主要矛盾

---

① 载《文汇报》1987年12月17日第4版。——编者注

和中心任务是什么？如何区分社会主义社会发展的不同阶段？在党的十一届三中全会以前，人们对这些问题的解答明显地具有种种空想的性质，这尤其表现在 50 年代后期的"共产风"以及"文化大革命"中对"穷过渡""穷社会主义"等谬论的鼓吹中。这种种错误的见解构成了关于社会主义社会的空想模式。这一空想模式的中心观念是，以为不经过生产力的巨大发展就可以建成社会主义。十三大制定的社会主义初级阶段的理论从根本上破除了这一长期以来困扰人们思想的空想模式。正如十三大报告所提出的："这里的核心问题是，必须破除离开生产力来抽象谈论社会主义的历史唯心主义观念，从根本上划清科学社会主义同种种空想的界限。"毫无疑问，在建设时期的马克思主义研究中，科学社会主义将上升为核心理论。不充分认识到这一点，就不可能从理论上把握马克思主义大发展的根本方向。

第三，要破除附加到马克思主义名义下的种种错误观点。在宣传、普及马克思主义的过程中，一种值得注意的倾向是，人们常把一些错误的观点附加到马克思主义的名义下面，从而不仅损害了马克思主义的声誉，也束缚了人们的观念。比如，忽略了马克思在哲学上的最伟大的贡献——创立唯物史观；把马克思主义关于社会主义民主的理论曲解为"文化大革命"中的"大民主"或具有浓厚封建意识的"为民做主"；把马克思主义关于社会主义阶段的经济思想附会成"吃大锅饭"、搞平均主义等等。在这些附加的东西中，既有苏联模式的影响，又有中国旧观念的烙印。在这方面，我们仍然需要进行艰巨的理论清理工作，把本来面目的马克思主义的东西和附加上去的错误的东西严格区分开来。只有立足实践，把握马克思主义的真精神，才谈得上马克思主义的大发展。

第四，要破除理论研究中的自我中心化倾向，从 20 世纪 20 年代起，马克思主义的发展出现了流派纷呈的新局面。我们没有理由像过去那样对当代国外马克思主义的流派取简单批判和否定的态度，这是一种自我中心化的偏狭的心态。我们要坚持党的十一届三中全会以来的文化开放的政策，一是要承认当代马克思主义学派的多样性；二是要借鉴它们提出的有价值的东西，善于捕捉多样性后面共同的、深层的东西。只有这样才能真正明了马克思主义在当前所面临的重大课题和它的历史使命。没有对当代国外马克思主义思潮的深入研究，没有那种平等待人的讨论气氛，马克思主义在中国的新的大发展仍然是不可能的。

# 1988年

# 实践标准的深化[①]

　　党的十三大报告中，对社会主义初级阶段等重大理论问题，提出了突破性的新见解，对我们在新的历史条件下，重新认识理论与实践的关系，尤其是重新认识实践标准的新的含义和作用，有极大的指导意义。

　　我以为实践标准的深化主要体现在以下三个方面：

　　第一，作为实践检验对象的理论起了变化。迄今为止，我们的哲学教科书讲实践检验理论，指的都是对单个理论命题的检验。然而，任何单个命题都不是孤立的，都处在特定的理论体系中。一个理论体系通常是由许多单个命题按照一定的结构方式组成的，这些单个命题之间都是相互支持，不可分割地联系在一起的。如果实践的检验对象只是单个理论命题，那必然会产生以下结果：一方面，会忽视对整个理论体系的检验；另一方面，即使实践证明了个别理论命题是错误的，但如果未触动这个命题所赖以存在的整个理论体系，那么，个别的错误命题仍会受到保护而被保留在体系之内。这样一来，实践对理论的检验作用也就被消解了。党的十三大报告中讲到，

---

① 原载《学术月刊》1988 年第 1 期。——编者注

马克思主义与我国实践的结合经历了两次历史性的飞跃：第一次发生在新民主主义革命时期，第二次发生在党的十一届三中全会以后。这就告诉我们，从1949年中华人民共和国成立到党的十一届三中全会，我们的理论思想基本上处在第一次飞跃期，尤其是从50年代后期起，由于我们从未去检验在新民主主义革命时期形成的一整套理论想法是否适合于社会主义建设时期，而只是把实践的检验作用限制在一些低层次的、具体的理论命题上，因而在实际生活中走了不少弯路。十三大报告说的"第二次飞跃"，也就是总体理论上的根本性转变，即从"以阶级斗争为纲"的理论模式转变到"以经济建设为中心"的理论模式。所以，实践对理论的检验作用，从根本上说，体现在对整个理论体系的检验上。

第二，马克思主义的创始人早就告诉我们，人的实践活动是无限多样的。过去，我们只是笼统地说实践检验理论，没有在诸多实践活动中区分出不同的层次，抉出特定的理论体系中最为根本的实践活动。其实，任何一个理论体系的确立，都会自觉地或不自觉地突出某种实践活动。过去的"左"的错误的理论模式突出的是阶级斗争的实践，党的十一届三中全会以后的正确的理论模式突出的则是发展生产力的实践活动。党的十三大报告指出："社会主义社会的根本任务是发展生产力。在初级阶段……要把发展生产力作为全部工作的中心。"这就告诉我们，在社会主义社会的初级阶段，不能一般地指出实践是检验真理的标准，而是要强调，发展生产力是诸多实践活动中的最根本的一种，因而它是检验任何理论正确与否的最高的或最后的标准。坚持了这一点，正是以最彻底的方式坚持了历史唯物主义的理论。回顾前一阶段，之所以在有些理论问题上摇摆不定，一个重要的原因是，我们把各种实践形式一视同仁，没有抉出一种根本的实践形式来。

第三，实践标准不仅要检验理论的真假问题，而且要解决理论的功能和价值的问题。我们的哲学教科书在批判实用主义思潮时，走向另一个极端，对用处、功能、价值等问题讳莫如深，一直躲在单纯认识论的圈子里讨论实践标准问题，这就把实践标准片面化、狭隘化了。其实，真的东西或存在的东西并不一定是有用的，并不一定能很好地发挥功能。党的十三大报告在提及政治体制改革时指出："党政分开即党政职能分开。"这里说的"职能"，也就是我们讲的功能。这里涉及的也是一个重大的哲学问题。注重"实绩"，不尚空谈，包含一个功能的问题。

在马克思主义学说中，究竟哪些是基本原理，人们一直为此而争论不休。其实，一引入实践的功能要求，这个问题也就迎刃而解了。脱离一切时空条件，脱离主体的理论需要和实践需要，力图"纯客观地"来确定哪些是基本原理，这实际上是一种教条主义的态度。马克思主义作为研究对象总是相对于一定的主体来说的。具体地说，是相对于特定历史条件下的特定主体的特定的理论需要和实践需要来说的。对于目前尚处于社会主义社会的初级阶段的中国人民来说，最大的需要是坚持改革开放，发展生产力。从这样的理论需要和实践需要出发，我们必然认为，关于社会主义社会必须发展生产力、发展有计划的商品经济、坚持全面改革开放、努力建设民主政治、加强党的建设、加强精神文明的建设等，是马克思主义学说中的基本原理。只要承认马克思主义是行动的指南，那我们就得承认我们的实践活动对理论提出了功能方面的要求。实际上，我们讲马克思主义与中国实践的结合，也就肯定了实践活动的功能属性。只有自觉地认识到这种属性的重要性，实践标准才不会流于形式。

# 社会主义是在改革中前进的社会[①]

党的十三大的中心任务是加快和深化改革。从十三大报告中可以看出，改革问题在我们党的心目中已上升为一种自觉的理论意识。对于社会主义社会的生存和发展来说，改革不再是偶尔采取的应急措施，也不再是一有风吹草动就可能夭折的权宜之计，相反，它成了百年大计，成了我们党在社会主义初级阶段的基本路线的主要内容，成了推进一切工作的基本动力。

时至今日，我们再也不能泛泛地谈论改革这个字眼了，而必须从理论上对它在社会主义初级阶段乃至整个社会主义阶段的历史作用作出比较系统的思考和说明。

## 一、改革是推动社会主义社会向前发展的重要动力

历史的发展表明，所有的社会主义国家在夺取政权的革命斗争时期结束以后，都面临着一个

---

① 原载《人民日报》1988 年 2 月 26 日第 5 版。——编者注

巩固政权的社会主义建设时期。毋庸讳言，推动前一个历史时期向前发展的基本动力是阶级斗争，那么，推动后一个历史时期向前发展的基本动力又是什么呢？就我国来说，尽管党的第八次代表大会曾经对此作出正确的回答，但是，八大以后的历史事实说明，我们并没有在理论上和实践上解决这个问题，在一个较长的时期内，仍然把阶级斗争作为推动社会主义各项工作的基本动力，坚持"以阶级斗争为纲"的错误口号，断言在整个社会主义历史阶段资产阶级都将存在和企图复辟，发动了一次又一次以阶级斗争为内容的政治运动，使得全党全国的工作中心长期没有转移到经济建设上来。

党的十三大报告关于马克思主义与我国实践相结合中经历了"两次历史性飞跃"的提法，就蕴含着对社会主义社会发展的动力问题的深刻的思考。这一提法表明，在中华人民共和国成立到党的十一届三中全会召开这一段时间里，我们的思想仍然从属于第一次飞跃之下，即仍然坚持了在新民主主义革命时期提出的以阶级斗争为中心的思想路线。在"文化大革命"中，这一思想路线的发展在逻辑上达到了顶点。"文化大革命"的惨痛教训告诉我们，在社会主义建设时期，如果看不到阶级斗争已不再是主要矛盾，而依然坚持以阶级斗争作为社会发展的基本动力的话，那后果是不堪设想的。"文化大革命"迫使我们对社会主义社会发展的基本动力问题重新进行思考，我们终于认识到，真正的动力是改革。正如十三大报告所说的："社会主义是在改革中前进的社会"，"改革是社会主义社会发展的重要动力"。这是总结了我国社会主义建设几十年的经验教训才得出的极其重要的结论。事实上，目前在许多社会主义国家中，也都根据本国的经验和实际情况，进行着不同程度和不同方式的改革。改革已成为一股不可阻挡的历史潮流。

## 二、改革是完善社会主义生产关系和
## 上层建筑的根本措施

众所周知，我国的社会主义脱胎于半殖民地半封建社会，不但生产力水平远远落后于发达的资本主义国家，而且在生产关系方面，自然经济和半自然经济占相当的比重，社会主义的经济制度还很不成熟；在上层建筑方面，社会主义的政治体制还存在不少弊病，官僚主义也比较严重，从而大大地束缚了生产力和社会主义商品经济的发展。要改变这种局面，要使生产力得到解放和大幅度的发展，就必须在改革中不断地完善社会主义的生产关系和上层建筑。在改革中，我们必须注意如下几个方面：

第一，坚持全面改革。改革不仅涉及经济体制方面，而且涉及政治体制、观念、文化、生活方式等各个方面。要言之，改革是整体上的调整和转换。然而，在改革的过程中，我们又不能不分轻重缓急地搞"一刀切"，而要注重试验，循序渐进地进行改革。

第二，改革兼有破除和建设的含义。它既要坚决地破除或矫正生产关系和上层建筑中阻碍生产力发展的东西，又要积极地培育和建立发展生产力所必需的新组织、新机制和新规范。后一方面的任务更为艰巨，因为对新组织、新机制和新规范的扶植，必然会引起社会各方面利益关系的重新调整，从而出现矛盾和阻力。全部问题在于，要敏锐地推进那些有强大生命力的新东西，不为那些披着新外衣的旧东西所迷惑。

第三，改革必须经得起考验。在改革的过程中，由于新旧体制的交替和某些方面的脱节，必然会出现种种消极的现象，如偷税漏税、走私贩私、行贿受贿、执法犯法、贪污盗窃、道德败坏等。我们不能因为少数人经不起考验而改变改革开放的总方针总政策，也不能停下改革和建设专门去打扫灰尘，必须把反对这些消极现象的行动寓于改革和建设的过程中。改革是一种尝试性的、探索性的活动，有可能走弯路，也可能出现某些挫折。我们没有任何理由要求改革以无谬误的方式进行。改革是长期的，它必须经受得住各种风浪的考验。

# 三、改革是使民族精神获得新解放的唯一途径

每一个民族都有自己的精神，这一精神是与它的经济生活和政治生活不可分割地联系在一起的。由于长期以来的封建传统的影响，加上中华人民共和国成立以后我们错误地把一些束缚生产力发展的东西当作"社会主义原则"加以固守，对一些有利于生产力发展和现代化的东西当作"资本主义复辟"加以反对，造成了经济体制的单一化、僵化和政治体制的权力过分集中化。与此相应的则是民族精神的保守化、狭隘化和僵化。保守化指小生产式的谨小慎微、不敢进取的保守心理；狭隘化指满足于一孔之见，缺乏博大的胸怀和开拓精神；僵化则指观念上的封闭和老化，缺乏民主、自由的气氛和新思想的闪光。历史和实践告诉我们，依靠像"文化大革命"这样大规模的政治运动，不但不能更新民族精神，反而会把民族精神中原来保留着的好东西破坏殆尽。正如党的十三大报告所强调的，只有改革和开放才能冲破僵化的经济体制和政治体制的束缚，冲破长期以来窒息人们思想的旧观念的束缚，使民族精神获得新的解放。经过九年改革的洗礼，积极变革、勇于开拓、尊重民主、讲求实效已蔚成风气，许多适应社会进步趋势的新思想也涌现出来，反过来形成了有利于现代化建设和改革开放的舆论力量和价值观念。改革更新了民族精神，提高了人民的创造力，从而为中华民族的伟大复兴创造了条件。

## 四、改革赋予四项基本原则以新的时代内容

以前，有些人习惯于以僵化的观点，即以阶级斗争为中心的观点来看待四项基本原则，因而总是把它与改革开放对立起来。现在我们必须在视角上有一个根本的转换，即要从改革开放的总方针的角度来看待并理解四项基本原则，这样，它就获得了新的时代内容。比如"坚持社会主义道路"这一条，并不是要我们固守"穷社会主义""吃大锅饭"这样的信念，而是要求我们大力发展商品经济，在改革中把社会主义推向前进。又如"坚持马克思列宁主义毛泽东思想"这一条，也不是要求我们在社会主义建设的历史条件下，以教条主义的方式去大谈特谈阶级斗争，而是要求我们理论联系实际，从我国的特殊国情出发，建设有中国特色的社会主义，如此等等。由此可见，不能以静止的目光来看待四项基本原则，而必须从改革开放的总方针出发，对它的社会历史内涵作出新的阐释。

# 1991年

# 建设有中国特色的社会主义文化<sup>①</sup>

　　江泽民在"七一"讲话中提出了有中国特色的社会主义文化的建设问题，表明我们党越来越意识到文化建设在整个现代化建设中的重要地位。那么，在当前的历史条件下，如何才能建设好有中国特色的社会主义文化呢？我认为，有以下四个方面的关系要处理好。

　　第一，要处理好以马克思列宁主义、毛泽东思想为指导和贯彻执行"双百"方针的关系。江泽民指出："坚持马克思列宁主义、毛泽东思想的指导地位，是我们立党立国的根本，也是社会主义文化建设的根本，决定着我国文化事业的性质和方向。"我国是社会主义国家，是以马克思列宁主义、毛泽东思想作为指导思想的，这是写进我国的宪法的，是我们从事文化建设的根本前提。"学派论"和"指导思想多元论"都是错误的。前者认为马克思列宁主义、毛泽东思想只是诸多文化派别中的一派，是和其他学派"并起并坐"的；后者虽然承认马克思列宁主义、毛泽东思想的指导地位，但主张指导思想多元化，力图用其他思想来"补充"马克思列宁主义、毛泽东思想。这两种论点的共同点是弱化以致反对马克思列宁主义、

---

① 原载《解放日报》1991 年 10 月 30 日第 6 版。——编者注

毛泽东思想的指导地位，是违背有中国特色的社会主义文化建设的根本宗旨的。对这两种错误论点当然要进行批判。

与此同时，也要防止另一种倾向，即把马克思列宁主义、毛泽东思想与整个人类文化对立起来，以为无须贯彻"双百"方针就能建设好社会主义新文化。列宁曾经说过："一个马克思主义者如果以为，被整个现代社会置于愚昧无知和囿于偏见这种境地的千百万人民群众（特别是农民和手工业者）只有通过纯粹马克思主义的教育这条直路，才能摆脱愚昧状态，那就是最大的而且是最坏的错误。"①繁荣和发展社会主义的文化要在坚持四项基本原则的前提下，努力创造勇于探索和创新的气氛，提倡不同学术观点不同艺术流派之间的争鸣和切磋，提倡同志式的批评和反批评。"双百"方针并不是任意制定出来的方针，而是对学术和艺术发展的客观规律的科学的概括，是我们党繁荣社会主义科学文化事业的重要方针。中华人民共和国成立以来的历史教训一再告诉我们，"双百"方针贯彻不好，马列主义难以得到坚持和发展，也不可能出现真正的文化繁荣的局面。

第二，要处理好继承发扬民族优秀传统文化和充分体现社会主义时代精神的关系。中华民族是有悠久历史和文化的民族，在我们的传统文化中，既有传统的东西，又有糟粕。对传统文化，我们既不能取全盘肯定和一味颂扬的态度，又不能取全盘否定的虚无主义的态度。同时，我们生活在社会主义社会中，正在进行社会主义现代化建设，我们的文化应该反映社会主义的时代精神，这里又有一个如何对待社会主义的时代精神的问题以及如何处理好这两者的关系问题。

什么是社会主义的时代精神？我以为社会主义的时代精神，是一种有利于社会主义现代化、有利于人民团结、社会进步的积极思想和精神。它反映了社会主义社会的平等、团结、友爱、互助的新型人际关系。我们今天的文化首先要反映出这种新的时代精神和风貌。从这样的

---

① 《列宁选集》第 4 卷，人民出版社 1972 年版，第 605 页。

态度出发，去区分传统文化中的精华和糟粕也就容易了。就是说，传统文化中凡是有利于推进社会主义现代化、人民团结社会进步的观念和因素，都是优秀的东西，都是应该继承和发扬的。

毛泽东在读蒲松龄的《聊斋志异》的《小谢》篇时，写下了这样的评语："一篇好文章，反映了个性解放的强烈要求，人与人的关系应是民主的和平等的。"毛泽东在审阅陆定一的《教育必须与生产劳动相结合》这篇文章时，写下了这样一段话："中国教育史有人民性的一面。孔子的有教无类，孟子的民贵君轻，荀子的人定胜天，屈原的批判君恶，司马迁的颂扬反抗，王充、范缜、柳宗元、张载、王夫之的古代唯物论，关汉卿、施耐庵、吴承恩、曹雪芹的民主文学，孙中山的民主革命……不能不影响对人民的教育，谈中国教育史，应当提到他们。"[①]我以为，在这段论述中，毛泽东谈的不光是如何对待传统教育思想的问题，同时也是如何对待整个中国传统文化的问题，那就是要继承并发扬传统文化的人民性和民主性方面。

第三，要处理好充分吸收世界文化优秀成果和反对盲目崇洋、"全盘西化"的关系。正如我们对本民族的文化不能取虚无主义的态度一样，我们对世界文化也不能取虚无主义的态度。列宁曾经指出："无产阶级文化并不是从天上掉下来的，也不是那些自命为无产阶级文化专家的人杜撰出来的，如果认为是这样，那完全是胡说。"[②]在列宁看来，马克思主义这一革命无产阶级的思想体系之所以赢得了世界历史性的意义，"是因为它并没有抛弃资产阶级时代最宝贵的成就，相反地却吸收和改造了两千多年来人类思想和文化发展中一切有价值的东西"[③]。列宁去世后，这种对世界文化所取的虚无主义态度由于斯大林的形而上学的思想方式而又有所抬头。毛泽东批评说："斯大林就比较差一些。比如在

---

① 龚育之等：《毛泽东的读书生活》，生活·读书·新知三联书店 1986 年版，第 203、223 页。

② 《列宁选集》第 4 卷，人民出版社 1972 年版，第 348 页。

③ 《列宁选集》第 4 卷，人民出版社 1972 年版，第 362 页。

他那个时期，把德国古典唯心主义哲学说成是德国贵族对于法国革命的一种反动。作这样一个结论，就把德国古典唯心主义哲学全盘否定了。他否定德国的军事学，说德国人打了败仗，那个军事学也用不得了，克劳塞维茨的书也不应当读了。"①在斯大林时期，连摩尔根的遗传学说、爱因斯坦的相对论、维纳的控制论都遭到了批判。建设社会主义的新文化自然不能取这种态度。

建设有中国特色的社会主义文化，必须具有面向现代化、面向世界、面向未来的宽广的胸怀，必须认真地吸收国外先进的科学技术、管理经验和优秀的文化成果。毋庸讳言，当我们和国外各种文化思潮进行接触和交流时，会出现这样或那样的问题，但这不应当动摇我们充分吸收世界文化优秀成果的大方向，正如马克思所说的："就好像汽锅爆炸（结果使一些乘客血肉横飞）这种个别情形不能成为反对力学的理由一样，某些人不能消化最新的哲学并因这种消化不良而死亡的情形，也不能成为反对哲学的理由。"②把人类所创造的一切优秀的文化成果熔铸于有中国特色的社会主义文化中，乃是文化工作者面临的一个重大的、义不容辞的任务。

与此同时，我们也必须坚决反对那种盲目崇洋，主张"全盘西化"的错误倾向。这里十分突出的是如何正确对待西方资本主义文化的问题。凡熟悉近代西方文化发展史的人都会注意到，19 世纪甚至更早的时候起，西方的不少理论家已开始反省、批判资本主义的文化。从 20 世纪初开始，这种批判的热情更是有增无减，德国历史哲学家斯宾格勒的《西方的没落》就是一个明证。由于在短短二十多年的间隔中，西方连续爆发了两次世界大战，特别是法西斯主义的兴起，造成了西方文明的大破坏。因此，西方出现了大量分析、探讨资本主义文化弊病的著作。西方人尚且对自己的文化取不断反省和批判的做法，我们又有什么理由盲

① 中共中央党校编：《马列著作毛泽东著作选读(科学社会主义部分)》，人民出版社1978 年版，第 533 页。

② 《马克思恩格斯全集》第 1 卷，人民出版社 1956 年版，第 124 页。

目崇洋、搞全盘西化呢？

第四，要处理好科技文化建设和人文文化建设的关系。我国是一个在科学技术发展方面相对落后的国家，要实现国民经济的现代化，极大地提高劳动生产率，就必须实现科学技术的现代化，因而重视并加强科技文化的建设，普及科技知识，乃是建设有中国特色的社会主义文化的一个基本方面。但同时我们必须看到，科技文化只考虑合理性的问题，不关涉到对人生价值和生活意义的思考。这后一方面正是人文文化探讨的根本问题。比如，在马路上我们看到过这样的标语："不出交通事故就是最大的经济效益。"这条标语从科技文化的合理性思想看来，是完全正确的，任何交通事故的发生，当然都会带来经济损失；但从人文文化的价值来看，这条标语至少是片面的，因为一般说来，交通事故带来的最大的损失还不是物的损失，而是最有价值的东西——人的生命的丧失。因此，我们完全可以说，这条标语缺乏人文文化的内涵。七八十年代来国外流行的"技术人道主义"思潮也正是要把人文文化和科技文化贯通并结合起来。我们必须认真地记取西方文化发展的经验教训，协调好科技文化和人文文化的发展，使有中国特色的社会主义文化显示出巨大的优越性。

综上所述，建设有中国特色的社会主义文化乃是建设有中国特色的社会主义的一个基本方面。从总体上看，还要努力处理好文化建设与经济建设、政治建设的关系问题，以保证有中国特色的社会主义经济、政治、文化的协调发展，也只有努力做到这一点，才能创造出无愧于我们这个时代的伟大的文化艺术作品来。

# 1993年

# 全方位地确立环境意识<sup>①</sup>

全方位地确立环境意识，是贯穿于党的十四大报告中的一个基本思想。这一思想在内容上是十分丰富的，它主要包括以下五个方面。

第一，要牢固地确立国际环境的意识。在党的十一届三中全会召开前，我国在对外关系上是比较闭塞的，即使分析国际格局，也主要是从阶级斗争着眼。随着党的工作中心的转移，改革开放的深化扩展和国际交往关系的增多，为我国现代化建设争取一个有利的国际环境，越来越上升为一个重要的问题。近年来，随着世界政治格局的大变动，各种力量正在重新分化组合，过去的两极格局已经打破，世界正朝着多极化的方向发展，正如江泽民指出的，在今后一个较长时期内，争取和平的国际环境，避免新的世界大战，是有可能的。面对新的国际形势，中国共产党、中国政府和中国人民将继续积极发展对外关系，努力为我国的改革开放和现代化建设争取有利的国际环境，为世界的和平与发展作出自己的贡献。而要争取有利的国际环境，就要始终不渝地奉行独立自主的和平外交政策，中国不但永远不称霸，永远不搞扩张，同时还要反对任何形式的

---

① 载《南京日报》1993 年 1 月 20 日第 3 版。——编者注

霸权主义、强权政治和侵略扩张行为；另外，在国际关系中，中国坚持以平等的态度对待其他国家，既不把自己的社会制度和意识形态强加于人，也不允许别国将自己的社会制度和意识形态强加于我们，最后，为了在复杂多变的国际环境中求得发展，中国仍然要增强国防实力，为改革开放和经济建设提供强有力的安全保证。

第二，要牢固地确立经济环境的意识。江泽民在中国共产党第十四次全国人民代表大会上说："党决定用一段时间治理经济环境、整顿经济秩序，以利于更好地推进改革和建设。"在分析国际经济形势时又指出，国际经济竞争日趋激烈，许多发展中国家经济环境更加恶化，南北差距进一步扩大。这些论述告诉我们，努力地争取并创造一个有利的经济环境是何等重要。而要创造这样的经济环境，一方面，要逐步建立并完善社会主义市场经济体制，使经济活动遵循价值规律的要求，适应供求关系的变化，机关和行政管理单位也要积极转变体制，努力为经济建设服务，并不断地完善经济法规，使经济建设得以健康地发展；另一方面，中国的经济建设是在世界经济市场的大背景下展开的，利用有利时间，挖掘潜力，努力开辟、扩大国际经贸关系，为国内的产品创造一个广阔的世界市场也是十分重要的。只有整顿好经济秩序，治理好经济环境，中国的经济建设才会有一个大发展。

第三，要牢固地确立社会政治环境的意识。江泽民指出："我们应当在发展社会主义民主、健全社会主义法制方面取得明显进展，以巩固和发展稳定的社会政治环境，保证经济建设和改革开放的顺利进行。"[1]而要巩固和发展稳定的社会政治环境，就要进一步完善人民代表大会制度，完善共产党领导的多党合作与政治协商制度，完善民族区域自治制度，促进决策的科学化和民主化，高度重视法制建设和社会治安工作。只要我们的基本路线不变，社会政治环境稳定，我们就能顺利地进行现代化建设，使我们的国家走向繁荣昌盛。

---

① 《中国共产党第十四次全国代表大会文件汇编》，人民出版社 1992 年版，第 33 页。

第四，要牢固地确立人才环境的意识。现代化，从根本上来说，是人的素质的现代化。现代化需要大批人才，而人才又是通过教育培养出来的。重视人才，就特别要重视发挥知识分子在现代化过程中的决定性作用。江泽民在中国共产党第十四次全国代表大会上的报告中指出："要努力创造更加有利于知识分子施展聪明才智的良好环境，在全社会进一步形成尊重知识、尊重人才的良好风尚。"这里说的"良好环境"，也就是指使各种人才脱颖而出并能得到顺利发展的人才环境。而要有一个良好的人才环境，就要充分认识教育的重要性，真正把教育放在优先发展的战略地位，积极增加教育投入，努力提高全民族的思想道德和科学文化水平；就要下决心改善知识分子的工作、学习和生活条件，对有突出贡献的知识分子给予重奖，并形成规范化的奖励制度；就要采取种种措施，努力吸引出国学习人员参与中国的现代化建设事业。

第五，要牢固地确立生态环境的意识。随着现代化进程的发展，大量城乡企业的崛起和人口的流动，生态环境的问题愈益显得突出。江泽民指出："要增强全民族的环境意识，保护和合理利用土地、矿藏、森林、水等自然资源，努力改善生态环境。"[①]中国的巨大的人口基数也是生态环境保护中的一个不利因素，所以我们要认真执行控制人口增长的基本国策，并坚持优生优育，提高人口的质量；我们不但要采取种种措施保护好本国的自然资源和生态环境，而且要关心整个"地球村"的生态环境，和其他国家配合起来，改善世界的生态状况，为人类的生存和发展创造更好的条件。

总体来看，全方位地确立环境意识已成当务之急，我们应把它作为现代化进程中的重大理论问题提出来，进行深入细致的研究。差不多在一个半世纪前，马克思已论述了人与环境之间的辩证关系，他的卓越的理论见解为我们今天深入研究这一问题提供了重要的指导。时不我待，让我们努力吧！

---

① 《中国共产党第十四次全国代表大会文件汇编》，人民出版社 1992 年版，第 39 页。

# 唯物史观的四个里程碑：
## 从马克思到邓小平①

江泽民在中国共产党第十四次全国代表大会上的报告中指出：

> 邓小平同志是我国社会主义改革开放和现代化建设的总设计师。他尊重实践，尊重群众，时刻关注最广大人民的利益和愿望，善于概括群众的经验和创造，敏锐地把握时代发展的脉搏和契机，既继承前人又突破陈规，表现出了开辟社会主义建设新道路的巨大政治勇气和开拓马克思主义新境界的巨大理论勇气，对建设有中国特色社会主义理论的创立做出了历史性的重大贡献。②

这段话为我们进一步认识邓小平在马克思和社会主义发展史上的重要地位提供了一把钥匙。邓小平绝不是某些西方记者所说的"没有理论的务实派"。他在中国革命实践中不仅形成了一套系统

---

① 原载于《复旦学报》1993 年第 1 期。收录于俞吾金：《重新理解马克思——对马克思哲学的基础理论和当代意义的反思》，北京师范大学出版社 2005 年版，第 160—171 页；俞吾金：《俞吾金哲学随笔(2)哲学随想录》，北京师范大学出版社 2016 年版，第 105—119页。——编者注

② 《中国共产党第十四次全国代表大会文件汇编》，人民出版社 1992 年版，第 16 页。

化的建设有中国特色的社会主义理论，而且这一理论内蕴含着深刻的哲学基础——唯物史观。邓小平不仅继承了马克思、恩格斯、列宁和毛泽东关于唯物史观的基本理论，而且以大无畏的革命气概，在新的历史条件下，对唯物史观作出了重大的发展。如果说，马克思和恩格斯、列宁、毛泽东分别代表了唯物史观发展的第一、第二、第三个里程碑的话，那么，邓小平则代表了唯物史观发展的第四个里程碑。只有充分认识这一点，才能理解邓小平学说的深厚道理基础和系统性，理解它在中国历史乃至世界历史上的划时代的意义。

一

唯物史观这一划时代的新哲学观的诞生是与马克思和恩格斯对黑格尔及青年黑格尔派的批判分不开的。在青年马克思和恩格斯生活时期，黑格尔的客观唯心主义的思想体系正占据着德国哲学的王座。1831 年，黑格尔因患霍乱而遽然逝世，于是，以他的名字命名的整个学派陷入了解体和纷争之中。在这一过程中，出现了以施特劳斯和布·鲍威尔为代表的、思想比较激进的青年黑格尔派。这一派的成员虽然都断言自己已经超出了黑格尔哲学，然而，实际上他们从来都没有离开过黑格尔哲学的基地。他们远离当时德国的现实，迷恋于黑格尔的思想世界，以为只要批判并扬弃了某些不合时尚的观念，现实世界也就随之而改观了，马克思辛辣地讽刺了这种荒谬的见解：

> 有一个好汉一天忽然想到，人们之所以溺死，是因为他们被关于重力的思想迷住了。如果他们从头脑中抛掉这个观念，比方说，宣称它是宗教迷信的观念，那么他们就会避免任何溺死的危险。他一生都在同重力的幻想作斗争，统计学给他提供愈来愈多的有关这种幻想的有害后果的证明。这位好汉就是现代德国革命哲学家们的

标本。①

在马克思看来，不仅观念的转变不等于现实世界的转变，而且只有运用实践的手段转变了现实世界之后，才真正谈得上观念世界的根本转变。易言之，观念不是现实的真理，只有现实才是观念的真理。青年黑格尔派从黑格尔的思想方式出发，还把国家权力看作人们的物质生活、生产方式和交往方式的创造者。马克思驳斥说：

> 这些现实的关系决不是国家政权创造出来的，相反地，它们本身就是创造国家政权的力量。②

乍看上去，国家政权力是一种独立的、至高无上的力量，实际上，它的形式、内涵和作用的范围归根到底都取决于一定历史时期的物质生活方式。不是意识、观念、法的精神和国家权力决定着现实生活和物质生产，而恰恰是后者从根本上制约着前者的生产、发展和转变。

正是通过对黑格尔和青年黑格尔派的批判，马克思创立了唯物史观，并在《德意志意识形态》(1845—1846 年)一书中作出了初步的表述：

> 这种历史观就在于：从直接生活的物质生产出发来考察现实的生产过程，并把与该生产方式相联系的、它所产生的交往形式，即各个不同阶段上的市民社会，理解为整个历史的基础；然后必须在国家生活的范围内描述市民社会的活动，同时从市民社会出发来阐明各种不同的理论产物和意识形式，如宗教、哲学、道德等等，并在这个基础上追溯它们产生的过程。③

---

① 《马克思恩格斯全集》第 3 卷，人民出版社 1960 年版，第 16 页。
② 《马克思恩格斯全集》第 3 卷，人民出版社 1960 年版，第 377—378 页。
③ 《马克思恩格斯全集》第 3 卷，人民出版社 1960 年版，第 42—43 页。

在 1859 年出版的《〈政治经济学批判〉序言》中，马克思从"人们的社会存在决定人们的意识"的著名论断出发，全面地阐述了唯物史观的基本理论。在马克思看来，人们在社会生产中必然会形成与一定的社会生产力相适应的生产关系，这些关系的总和构成上层建筑和意识形态赖以存在的经济基础。社会生产力发展到一定阶段，便同现存的生产关系发生冲突，于是，社会革命不可避免地来临了，随着经济基础的变更，全部上层建筑也会或快或慢地发生变革。

众所周知，唯物史观是在马克思批判黑格尔和青年黑格尔派（包括费尔巴哈）、深入研究资本主义社会的基础上提出来的。唯物史观一经形成，马克思又把它运用到对资本主义以前的社会形态的研究中，从而形成了三大社会形态的著名理论，这一理论不仅为我们理解西方社会的演化提供了重要的启示，也为我们解开东方社会演化之谜提供了一把钥匙。与此同时，马克思以唯物史观为指南，深入地探讨了资本主义社会的经济关系，发现了剩余价值的秘密，从而奠定了科学社会主义的理论基础，阐明了无产阶级在现代社会阶级斗争中的地位和作用。在《哥达纲领批判》（1875 年）一书中，马克思把共产主义社会划分为初级阶段和高级阶段，肯定了初级阶段在经济、道德和精神方面还带着从旧社会脱胎出来的痕迹，因而仍将通行商品交换和按劳分配的原则。这些论述也为科学社会主义的实践指明了方向。

马克思还在世的时候，就已经对自己学说的庸俗追随者表示不满，他常常说："我只知道我自己不是马克思主义者。"①马克思于 1883 年逝世后，唯物史观遭到了来自机械唯物主义方面的最严重的曲解，恩格斯在致约·布洛赫的信（1890 年）中指出：

根据唯物史观，历史过程中的决定性因素归根到底是现实生活的生产和再生产。无论马克思或我都从来没有肯定过比这更多的东

---

① 《马列著作选读（哲学）》，人民出版社 1988 年版，第 430 页。

西。如果有人在这里加以歪曲，说经济因素是唯一决定性的因素，那么他就是把这个命题变成毫无内容的、抽象的、荒诞无稽的空话。①

恩格斯不仅捍卫了马克思唯物史观的纯洁性，而且同时阐明，历史唯物主义也就是辩证唯物主义，易言之，唯物史观本质上是辩证的，它是我们研究一切社会历史问题的活生生的指南，而不是一经制定就可以到处搬用的僵死的教条。恩格斯的论述成了马克思创立的唯物史观的重要组成部分。

不管如何，最重要的第一步已经迈出去了，唯物史观的创立是人类思想史上最伟大的革命。从此以后，历史不再是神话了，它已昂首进入了科学的殿堂。

二

在列宁生活的时代，马克思和恩格斯批判黑格尔和青年黑格尔派的唯心史观的最重要、最系统的著作《德意志意识形态》尚未面世，在某种意义上，列宁以一种与马克思和恩格斯相类似的方式独立地批判了当时在俄国思想界广为流行的历史唯心主义见解，并从理论和实践两方面捍卫、丰富和发展了马克思的历史唯物主义学说。

在《什么是"人民之友"以及他们如何攻击社会民主党人?》(1894 年)一书中，列宁驳斥了民粹主义者米海洛夫斯基对马克思的唯物史观的种种曲解乃至否定，强调唯物史观在马克思那里最初是作为一种假设出现的，《资本论》问世后，它就由假设上升为科学。唯物史观的基本方法是从社会生活的各个领域中划分出经济领域，从一切社会关系中划分出生

① 《马列著作选读(哲学)》，人民出版社 1988 年版，第 432 页。

产关系，并把它当作决定其余一切关系的基本的原始的关系。这些论述表明，列宁一开始就敏锐地、准确地把握了马克思唯物史观的基本精神。

在《唯物主义和经验批判主义》(1908 年)一书中，列宁不仅从一般唯物主义的立场出发驳斥了马赫主义、新康德主义、内在论、经验批判主义的种种谬论，而且从马克思的唯物史观的基本立场出发，批判了以波格丹诺夫为代表的"社会存在与社会意识相等同"的历史唯心主义观点。列宁指出：

> 社会意识反映社会存在，这就是马克思的学说。反映可能是对被反映者的近似正确的复写，可是如果说它们是等同的，那就荒谬了。意识总是反映存在的，这是整个唯物主义的一般原理。看不到这个原理与社会意识反映社会存在这一历史唯物主义的原理有着直接的和不可分割的联系，这是不可能的。①

在评价列宁的哲学思想时，人们常常注重他的《哲学笔记》(1914 年)而忽视他的《唯物主义和经验批判主义》，实际上，《唯物主义和经验批判主义》在列宁哲学思想中的地位远比《哲学笔记》来得重要，《唯物主义和经验批判主义》与马克思和恩格斯的《德意志意识形态》一样，乃是从根本上清理思想路线的著作。所不同的是，马克思清理的是以黑格尔和青年黑格尔派为代表的种种历史唯心主义的谬误见解，列宁清理的则是以经验批判主义为代表的种种唯心主义的，尤其是历史唯心主义的错误观点。清理思想路线好比"去蔽"，不把思想观念中的种种阻碍人们看到现实生活的"遮蔽物"去掉，现实生活就永远在人们的视野之外，坚持历史唯物主义就成了一句空话。正是在这个意义上，马克思把自己的世界观称之为"真正批判的世界观"②。这就告诉我们，历史唯物主义并不是一

---

① 《列宁选集》第 2 卷，人民出版社 1972 年版，第 330 页。
② 《马克思恩格斯全集》第 3 卷，人民出版社 1960 年版，第 261 页。

种自然而然可以达到的立场，它是通过批判并清理错误的思想路线而达到的。从哲学上看，清理思想路线乃是属于本体论范围的事情，是基础性的工作，如果撇开这一基础性的工作去谈论方法论问题，尤其是辩证法的问题，辩证法就有可能流于诡辩。由此观之，最根本的是端正思想路线，真正站到马克思的历史唯物主义的基础上。列宁在哲学研究中抓住的正是这个基本点，所以，避开《唯物主义和经验批判主义》，孤立地研究《哲学笔记》，《哲学笔记》就成了无根的浮萍，换言之，必须依托《唯物主义和经验批判主义》所开拓的唯物主义，特别是历史唯物主义的思想基地来认识《哲学笔记》的价值。在《哲学笔记》中，列宁曾这样评价黑格尔的《逻辑学》：

> 在黑格尔这部最唯心的著作中，唯心主义最少，唯物主义最多。①

在批评黑格尔的《历史哲学讲演录》中关于人的需要和实践活动的论述时，列宁又写下了这样的批语：

> 黑格尔在这里已经有历史唯物主义的萌芽。②

这充分表明，列宁从不离开唯物主义，尤其是历史唯物主义的基础来讨论方法问题，特别是辩证法的问题。像恩格斯一样，列宁把历史唯物主义同时理解为辩证唯物主义，列宁反复强调马克思主义的活的灵魂是具体问题具体分析，正是为了避免用教条主义的态度对待马克思主义，坚持从当时俄国的社会现实出发来运用并发展马克思主义。

首先，列宁以唯物史观为指南，分析了世界资本主义的发展，认为

---

① 列宁：《哲学笔记》，人民出版社 1956 年版，第 253 页。
② 列宁：《哲学笔记》，人民出版社 1956 年版，第 348 页。

资本主义已进入帝国主义阶段，由于各帝国主义国家在政治、经济发展上的不平衡，又由于第一次世界大战这一历史的契机，社会主义革命有可能在资本主义发展较弱的俄国率先夺取胜利。其次，列宁着重探讨了俄国革命中面临的最重要的问题——国家问题，从唯物史观的基本立场出发，阐明了国家的实质及无产阶级革命的根本目的。最后，从国家作为阶级统治的暴力机关这一本质特征出发，列宁强调了武装起义的必要性。所有这些论述都为俄国十月革命的胜利提供了理论前提。

十月革命以后，在社会主义实践中，列宁从唯物史观的基本理论出发，提出了实行新经济政策、发展生产力、鼓励商品生产和交换、反对官僚主义等一系列重大问题，然而，列宁的过早逝世使他来不及形成一套关于社会主义建设的总体理论。列宁逝世后，斯大林虽然主观上也想努力搞好苏联社会主义，但由于他没有像列宁那样认真地清理思想路线，最终通过个人崇拜、阶级斗争扩大化、政治权力中心论、忽视经济问题，特别是忽视农业经济的发展问题等错误，逐步陷入历史唯心主义的泥坑，从而导致了苏联社会主义发展的巨大挫折。

不管怎样，列宁的伟大贡献是不可磨灭的，正是在列宁那里，社会主义由理论转化为现实。如果说，马克思和恩格斯标志着唯物史观的第一个里程碑的话，那么，列宁当之无愧地标志着唯物史观的第二个里程碑。

# 三

正如《德意志意识形态》和《唯物主义和经验批判主义》是清理思想基地的重要著作一样，毛泽东的《实践论》(1937 年)也起着同样的作用。从1921 年到 1937 年，中国共产党已走过了十六年的路程，其间，由于"左"、右倾机会主义的干扰，革命事业遭受了巨大的挫折。在这种情况下，清理思想路线，回到马克思的历史唯物主义的轨道上去，就成了当

时面临的一个重大的问题,《实践论》正是为此目的而作。毛泽东写道:

> 我们的结论是主观和客观、理论和实践、知和行的具体的历史的统一,反对一切离开具体历史的"左"的或右的错误思想。①

在毛泽东看来,经验主义与教条主义的错误都是不尊重具体历史,要端正思想路线,就要重新回到马克思的唯物史观的基本立场上,从实际出发,实事求是,发现中国革命的规律并用以指导革命斗争。在《实践论》出版的同年,毛泽东又出版了《矛盾论》,他像列宁一样,认为历史唯物主义也就是辩证唯物主义,历史过程乃是一个活生生的、辩证发展的过程:

> 诚然,生产力、实践、经济基础,一般地表现为主要的决定的作用,谁不承认这一点,谁就不是唯物论者。然而,生产关系、理论、上层建筑这些方面,在一定条件之下,又转过来表现其为主要的决定的作用,这也是必须承认的。②

总之,不能用机械的、僵死的目光去看待社会历史的发展。在这里,特别需要提到的是毛泽东关于主要矛盾和矛盾的主要方面的学说,这一学说丰富了历史辩证法的内涵,创造性地发展了马克思的历史唯物主义的理论,为中国新民主主义革命的胜利奠定了理论基础。中华人民共和国的成立是人类历史上最伟大的事件之一,作为新中国的缔造者,毛泽东的历史影响是巨大的,他的哲学思想堪称唯物史观发展的第三个里程碑。

毛泽东历来十分重视唯物史观的作用,早在 1921 年致蔡和森的信中已经指出:"唯物史观是吾党哲学的根据。"③1943 年,毛泽东在致胡乔木的信中说:"请你就延安能找到的唯物史观社会发展史,不论是翻

---

① 《毛泽东著作选读》(上册),人民出版社 1986 年版,第 135 页。
② 《毛泽东著作选读》(上册),人民出版社 1986 年版,第 166 页。
③ 《毛泽东书信选集》,中央文献出版社 1983 年版,第 15 页。

译的，写作的，搜集若干种给我。"①1948年，毛泽东在致吴晗的信中对他写的《朱元璋传》作了高度的评价，并勉励他进一步用历史唯物主义的理论来研究历史问题。1965年，毛泽东在致章士钊的信中写道："大问题是唯物史观问题，即主要是阶级斗争问题。"②

总体来看，毛泽东在理论上和实践上的贡献是巨大的，然而，晚年毛泽东的失误也表明，在完成了第一次创造(新民主主义革命)之后，由于他的思想范式未能超出第一次创造，即仍然坚持"以阶级斗争为纲"的思维模式，从而导致了他在第二次创造(社会主义建设)中的失误。

# 四

邓小平对唯物史观的基本理论的恢复也是从清理思想路线开始的。"四人帮"被粉碎后，"文化大革命"虽然结束了，然而，极左的、教条主义的思想路线仍然拥有很大的市场，其典型的表现是"两个凡是"(即凡是毛主席作出的决策，我们都坚决维护，凡是毛主席的指示，我们都始终不渝地遵循)的提出。早在1977年5月的一次谈话中，邓小平就从是否坚持唯物史观的高度上批判了这种错误的思潮。他指出：

> 这是个重要的理论问题，是个是否坚持历史唯物主义的问题。彻底的唯物主义者，应该像毛泽东同志说的那样对待这个问题。马克思、恩格斯没有说过"凡是"，列宁、斯大林没有说过"凡是"，毛泽东同志自己也没有说过"凡是"。③

① 《毛泽东书信选集》，人民出版社1983年版，第217页。
② 《毛泽东书信选集》，人民出版社1983年版，第602页。
③ 中共中央文献研究室编：《邓小平年谱(1975—1997)》(上卷)，中央文献出版社2004年版，第159页。

1978 年 5 月，《光明日报》发表了评论员的文章《实践是检验真理的唯一标准》，从而在全国范围内掀起了一场清理、批判教条主义的思想运动，当这场运动遭受巨大压力时，邓小平又站出来讲话，顶住了压力，使它得以健康地展开。这场大讨论从根本上摧毁了"两个凡是"的错误观念，恢复了实事求是这一历史唯物主义的基本精神。正是在这一基本精神的基础上，邓小平形成了建设有中国特色的社会主义的新理论，从而为胜利地进行中国革命的第二次创造奠定了思想前提。邓小平对唯物史观的新贡献主要表现在以下各个方面。

第一，形成了以经济建设和发展生产力为中心的党在社会主义历史时期的基本路线。

早在 1978 年，邓小平已经指出：

按照历史唯物主义的观点来讲，正确的政治领导的成果，归根结底要表现在社会生产力的发展上，人民物质文化生活的改善上。如果在一个很长的历史时期内，社会主义国家生产力发展的速度比资本主义国家慢，还谈什么优越性？①

在邓小平看来，社会主义、共产主义理应建立在社会生产力的高度发展和物质财富极大丰富的基础上，贫穷不是社会主义，而是社会主义必须加以消灭的一种现象。我们过去的一个严重教训是，在社会主义改造基本完成后，仍然搞"以阶级斗争为纲"这一套，忽视了社会生产力的发展。如果继续沿着这样的老路走下去，社会主义就会站不住。于是，在党的十一届三中全会上，以邓小平同志为核心的党的第二代中央领导集体果断地作出了把党的工作中心转移到经济建设中来的重大的战略决策。以后，邓小平又多次强调，除了爆发大规模战争外，始终要抓住经

---

① 《邓小平文选(1975—1982 年)》，人民出版社，生活·读书·新知三联书店香港分店 1983 年版，第 123 页。

济建设和发展生产力这个中心，并在此基础上提出了"一个中心、两个基本点"的基本路线。在南方谈话中，邓小平进一步强调坚持党的基本路线要一百年不动摇，只有这样，国家才会长治久安，中国才会大有希望。

第二，提出了改革也是解放生产力的重要思想。

要发展社会生产力，就必须对僵化的、已经不适应生产力发展的经济体制进行改革，除了改革，中国没有别的道路可走。就其意义的深远而言，改革是一场革命，然而它并不是"文化大革命"那样的革命，而是社会主义制度的自我完善。改革作为一场深刻的革命不仅促进了生产力的发展，而且解放了生产力。这样一来，邓小平为在社会主义社会内解决生产力和生产关系、经济基础和上层建筑的矛盾指明了一条新的正确的道路。

第三，确定了判断姓"社"姓"资"的客观标准问题。

在改革开放的过程中必然会出现学习和利用资本主义条件下的某些经济形式、手段和方法的问题，但有的人却说这是走资本主义道路，并尖锐地提出凡事要问一问姓"资"姓"社"的问题，如果不能正确地看待这个问题，改革开放和现代化都无法深入下去。邓小平从唯物史观的基本精神出发，科学地解答了这个问题。早在 1980 年 8 月，在回答意大利记者法拉奇关于"你是否认为资本主义并不是都是坏的"这一问题时，邓小平说：

> 要弄清什么是资本主义。资本主义要比封建主义优越。有些东西并不能说是资本主义的。比如说，技术问题是科学，生产管理是科学，在任何社会，对任何国家都是有用的。我们学习先进的技术、先进的科学、先进的管理来为社会主义服务，而这些东西本身并没有阶级性。①

---

① 《邓小平文选(1975—1982 年)》，人民出版社，生活·读书·新知三联书店香港分店 1983 年版，第 310 页。

邓小平告诉我们：一是从历史发展的进程来看，资本主义总要优越于封建主义，二是资本主义社会中某些东西，如科学、技术、管理方法等是没有阶级性的，是能够为我们所用的。邓小平也对社会主义作出了新的解释，肯定社会主义的原则，第一是发展生产，第二是共同致富。这就启发我们，一是不能把那些本来姓"社"的东西错误地判定为姓"资"而加以排斥，二是不能把那些本身无所谓姓"社"姓"资"的东西错误地判定为姓"资"而加以否定。邓小平的这些重要论述从历史唯物主义的高度排除了前进道路上的思想障碍，为中国社会的大发展提供了理论指导。

第四，提出了社会主义市场经济的新概念。

长期以来，我国经济学界存在着一种流行的见解，即认为资本主义是搞市场经济的，社会主义是搞计划经济的，这就把计划经济和市场经济机械地对立起来了。实际上，离开市场导向来搞计划经济，必然导致经济体制的僵化，从而阻碍社会主义生产力的发展。邓小平从唯物史观的基本理论出发，对这一传统观念提出了挑战，早在1979年会见美国《不列颠百科全书》副总编吉布尼时，他就已经指出，说市场经济只限于资本主义社会，肯定是不正确的，社会主义为什么不可以搞市场经济？在20世纪80年代，邓小平又屡屡强调，要把市场经济与计划经济结合起来。在南方谈话中，邓小平又进一步指出，计划经济不等于社会主义，资本主义也有计划，市场经济不等于资本主义，社会主义也有市场，从而形成了"社会主义市场经济"的新概念。邓小平的这些重要论述不光是对马克思主义的政治经济学理论的新发展，也是对唯物史观和科学社会主义学说的新发展。

第五，形成了"一国两制"的新构想。

这一新构想是为解决中国大陆和台湾的和平统一问题而设计出来的，后来在解决香港、澳门问题时，产生了广泛的国际影响。它正是邓小平结合中国的具体情况，创造性地运用唯物史观的结果。1984年，邓小平在会见英国首相撒切尔夫人时说：

如果"一国两制"的构想是一个对国际上有意义的想法的话，那要归功于马克思主义的辩证唯物主义和历史唯物主义，用毛泽东主席的话来讲就是实事求是。这个构想是在中国的实际情况下提出来的。①

中国面临的实际问题是用和平方式还是用非和平方式解决台湾，首先是香港的问题。如用和平方式，在解决香港问题时，就必须兼顾中、英、香港三方面的实际情况，允许香港继续实行资本主义，保留自由港和金融中心的地位，否则就会造成许多后遗症，不利于香港的繁荣和发展。无疑地，今后解决台湾问题，也要采用"一国两制"的办法。这一新构想的提出，不仅表明邓小平把唯物史观的原则立场和辩证法的灵活性巧妙地结合起来了，而且表明他以空前的创造性的方式发展了马克思主义的国家学说，为其他社会主义国家解决同类问题提供了范例。

历史越是向前发展，邓小平理论的重要性就越是显现出来。在他的言简意赅而意义深远的种种改革开放的"设计"方案中，我们不仅看到了他的理论素养和理论风格，而且也看到了他的充满创造力的理论体系。随着改革开放的深入发展，中国人民和世界人民将越来越深刻地从这个理论体系中看到社会主义的希望！

---

① 邓小平：《建设有中国特色的社会主义(增订本)》，人民出版社 1987 年版，第 90 页。

# 发展才是硬道理[①]

## ——邓小平的发展理论初探

在邓小平的建设有中国特色的社会主义理论中，蕴含着一种独特的发展观，或者说发展理论。这种发展理论不是一些零星的思考，更不是心血来潮的产物，而是基于他的深厚的马克思主义理论的素养和丰富的实践经验，基于他对国际国内的形势和时代特征的精辟分析与总体把握而得出的理论概括。认真学习和研究邓小平的发展理论，有助于我们深入理解和全面掌握建设有中国特色社会主义理论的精神实质。

## 一、发展理论的哲学基础

生产力与生产关系的矛盾、经济基础与上层建筑的矛盾乃是社会发展的基本矛盾，在这一基本矛盾中，生产力的因素是最根本的，它的发展构成整个社会发展的基础和前提。邓小平对马克思主义唯物史观的这一基本原理有着深刻的领悟。1985 年 4 月，他在会见坦桑尼亚副总统阿

---

[①] 原载《解放日报》1993 年 4 月 14 日第 10 版。——编者注

里·哈桑·姆维尼时指出："马克思主义的目的是实现共产主义，共产主义是建立在生产力高度发展的基础上的。""社会主义是共产主义的第一阶段，是一个很长的历史阶段。社会主义的首要任务是发展生产力，逐步提高人民的物质和文化生活水平。"①这段重要论述是我们了解邓小平发展理论的一把钥匙。一方面，它告诉我们，邓小平发展理论的基础是唯物史观。人类社会的发展表明，阶级和阶级斗争只是生产发展到一定阶段的产物，只有坚持发展生产力，才能最后扬弃有阶级冲突和阶级斗争存在的社会历史阶段。因此，可以说，邓小平的发展理论是中国人民在社会主义建设实践中的一种科学反思，是在新的历史条件下对唯物史观的根本精神的恢复和创造性发展。另一方面，它告诉我们，邓小平把生产力的发展理解为社会主义整体发展中的最根本的因素，并把它理解为实现共产主义的最根本的环节。把握了这一点，我们就能深入理解，为什么党的十一届三中全会形成"以经济建设为中心"的发展模式，为什么我们党会提出"一个中心、两个基本点"的基本路线，为什么邓小平在南方谈话中强调"抓住时机，发展自己，关键是发展经济"。

邓小平还运用唯物史观对中国的发展现状作了透彻的分析。从世界范围内来看，中国属于发展中国家，要赶上西方发达国家，需要经过长期的努力。为了实现我国的社会主义现代化，邓小平以"发展生产力"为中心环节，提出了一系列的重大措施：

第一，肯定科学技术是第一生产力。邓小平敏锐地观察到，在现代社会的发展中，科学技术起着越来越重要的作用。1988 年 9 月 12 日，邓小平指出："马克思讲过科学技术是生产力，这是非常正确的，现在看来这样说可能不够，恐怕是第一生产力。"这就把科学技术的发展上升为生产力发展的核心环节、生产力诸要素中的首要因素。搞好基础教育，积极培养各种人才；尊重知识分子，努力改善知识分子的待遇和工

---

① 邓小平：《建设有中国特色的社会主义（增订本）》，人民出版社 1987 年版，第103、104 页。

作条件；坚持改革开放，认真吸收外国的先进的科学技术和管理方法等重大措施的提出，都基于科学技术是第一生产力这一理论观点。

第二，肯定改革也是解放生产力。根据马克思主义的观点，革命是解放生产力。邓小平创造性地发展了这一观点，肯定了社会主义历史时期，改革乃是"第二次革命"，因而也是解放生产力，这就把改革的重要性提到了前所未有的高度。正是基于这样的考虑，邓小平把改革开放作为他的发展理论的一个基本组成部分。

第三，肯定了思想解放的极端重要性。众所周知，人是生产力中的决定性因素，而人的一切行动都要经过他的思想观念。如果人们的思想不解放，观念不更新，置发展社会生产力于不顾，凡事都要问姓"社"还是姓"资"，那就会寸步难行。邓小平在南方谈话中强调，主要看是否有利于发展社会主义社会的生产力，是否有利于增强社会主义国家的综合国力，是否有利于提高人民的生活水平。这一新的判断标准的确立，极大地解放了人们的思想。


# 二、发展中的经济、政治等方面的协调

现代社会的发展是一个动态的系统工程，随着生产力的发展，整个社会机体也会发生重大的变化。在这种情况下，协调好经济、政治等各方面的关系，成了任何理论都必然会面对的重要问题。邓小平发展理论的卓越之处在于多种"两手抓"，重视社会发展中各方面关系的协调。

第一，一手抓经济建设，一手抓政治稳定。一方面，邓小平反复强调，要扭住经济建设这个中心不放，只要不爆发大规模的战争，这一根本任务就不能有丝毫松懈。另一方面，邓小平又肯定，稳定是压倒一切的："我们坚定不移的原则是要有稳定的政治局面，使我们能有秩序地进行四个现代化建设。"①历史和现实都表明，在政治局面不稳定的地方是根本无法从事现代化建设的。

当然，强调政治上的稳定的重要性，并不等于说，随着经济体制改革的深入，政治体制上就不需要改革，恰恰相反，邓小平屡屡指出："不改革政治体制，就会阻碍生产力的发展，阻碍四化成功。"政治体制改革的主题是发展社会主义民主，但社会主义民主的发展又要稳步向前，要具有可操作性，即要处理好民主与稳定、民主与法制、民主与集中等关系。

第二，一手抓紧改革开放，一手抓惩治腐败。在邓小平的发展理论中，坚持改革开放是一个基本的方面，无论哪一个国家或民族，把自己封闭起来搞现代化，不想从传统的旧框框里挣脱出来，是根本不可能成功的。但在改革开放和发展社会主义市场经济的同时，种种经济犯罪，也会沉渣泛起，妨碍乃至阻挠改革开放的深入和社会主义市场经济的发展。显然，不抓这类丑恶现象，尤其是不抓少数党政干部的腐败之风，改革开放只能是一句空话。

第三，一手抓物质文明建设，一手抓精神文明建设。在邓小平看来，搞活经济，抓好物质文明的建设，使人民群众走共同富裕的道路，是当代中国社会在其发展进程中亟待解决的根本性问题，但是，抓了这一头，并不等于我们可以放松精神文明的建设，相反，"不加强精神文明的建设，物质文明的建设也要受破坏，走弯路"②。物质文明建设和精神文明建设都搞好了，"这才是有中国特色的社会主义"。只有始终不渝地抓好精神文明的建设，使党风和社会风气好转起来，使集体主义、爱国主义和社会主义的观念深入人心，物质文明的建设才能沿着健康的道路向前发展。

总之，在现代化发展进程中，协调好各方面的关系至关重要。无协

---

① 中共中央文献研究室：《邓小平同志重要谈话(1987年2月—7月)》，人民出版社1987年版，第6页。

② 邓小平：《建设有中国特色的社会主义(增订本)》，人民出版社1987年版，第123页。

调的发展只会导致各方面冲突的加剧，从而根本上导致发展驱动力的衰落乃至丧失。

# 二、为发展争取和平的国际环境

人类社会的发展，使地球"变小"了。一个国家的发展，离不开世界经济、政治发展的总趋势。没有一个和平的国际环境，中国的社会主义现代化也是难以实现的。邓小平从国际发展战略的高度审视世界形势，认为和平与发展是当今世界面临的两大问题，在较长的时间内不发生世界大战的可能性是存在的。更重要的是，中国是一个人口众多的大国，并不置身于世界政治格局之外，其本身也是促成国际形势向和平方向发展的一股重要力量。邓小平还痛切地感悟到，中华人民共和国成立以来，由于忙于搞政治运动和阶级斗争，中国社会的发展已失去了许多好的机遇，目前，这样的机遇再也不能丧失了，中国必须尽一切努力来塑造一个和平的、良好的国际环境，以便为自己的发展创造条件。邓小平的发展理论因此也具有鲜明的时代特征，并提出了一些重大的国际性的举措。

第一，提出"一国两制"的新构想。邓小平关于"一国两制"的新构想是为和平统一祖国而设计的，用于解决台湾、香港、澳门问题，已经收到了很好的效果，实行"一国两制"虽然是中国的内政问题，但它却和国际环境及关系密切联系在一起，它有利于塑造一个良好的国际环境，从而为中国社会的发展提供重要的保障。

第二，确立党与党之间的新型关系。邓小平总结了以往公开论战的经验教训，认为党与党之间的关系如果处理不好，会对国际关系和政治格局造成严重的影响："我们反对人家对我们发号施令，我们也决不能对人家发号施令。这应该成为一条重要的原则。"①近年来，面对一些外国党急剧变化的情况，我们党始终采取了冷静观察、沉着应付的方针，始终把注意力放在经济建设上，为维护和平的国际环境作出了重大的贡献。

第三，坚持"和平共处"的五项基本原则，处理好国与国之间的关系。邓小平主张中国应当在"和平共处"五项原则的基础上，积极地、稳妥地发展同世界各国的关系，特别是经济文化交流关系，以便学习国外的先进的科学技术和优秀的文化成果，并吸引更多的外资来推动中国经济的发展，从而使中国的综合国力不断提高，在国际社会中发挥越来越大的作用。

综上所述，邓小平的发展理论乃是马克思主义的普遍真理与中国实际情况相结合的产物。只要我们始终不渝地贯彻这一理论，中国人就会创造出令全世界震惊的奇迹。

---

① 《邓小平文选(1975—1982年)》，人民出版社，生活·读书·新知三联书店香港分店1983年版，第279页。

# 邓小平：开拓马克思主义的新境界<sup>①</sup>

　　随着我国社会主义现代化进程稳步的、健康的发展，越来越多的人认识到，作为改革开放和现代化建设的总设计师的邓小平不仅是一个伟大的实干家，而且是一个具有精深的理论素养和远大的理论目光的伟大思想家和理论家。

　　邓小平划时代的理论贡献在于，把马克思主义的普遍真理和中国社会的具体情况相结合，确立了"以经济建设为中心"的新的理论范式，提出了"社会主义市场经济"的新的发展模式，从而开拓出有中国特色的社会主义的新的道路，邓小平不仅恢复并维护了马克思主义的基本理论，而且在新的历史条件下创造性地发展了马克思主义，使马克思主义在当今世界社会主义事业遭受严重挫折的情况下，依然保持着旺盛的生命力和巨大的感召力。正如江泽民所指出的，邓小平"既继承前人又突破陈规，表现出了开辟社会主义建设新道路的巨大政治勇气和开拓马克思主义新境界的巨大理论勇气，对建设有中国特色社会主义理论的创立作出了历史性的重大贡献"。在当前，充分认识邓小平的理论贡献，既有助于弘扬马克

---

　　① 原载《文汇报》1993 年 12 月 20 日；后扩写发表于《思想理论教育》1994 年第 1 期。——编者注

思主义的伟大传统，又有助于我们深刻地领悟有中国特色的社会主义理论的实质和渊源，从而沿着邓小平所开辟的道路坚定不移地向前走去。

# 一、确立社会主义思想理论的新范式

众所周知，马克思创立的唯物史观和剩余价值学说乃是使社会主义由空想变为科学的两个基本前提，可是，在马克思和恩格斯那里，社会主义作为一种新的社会形态，还仅仅是理想，他们还不可能对社会主义社会的现实运动制定出一套严密的思想理论范式。列宁缔造了世界上第一个社会主义国家，从而使社会主义由理想变为现实。十月革命后，在社会主义建设的实践中，列宁从唯物史观的基本理论出发，提出了发展生产力、实行新经济政策、鼓励商品生产和交换、反对官僚主义等一系列重大的问题，然而，列宁的过早逝世使他来不及形成一套指导社会主义社会建设和发展的新的思想理论范式。列宁逝世后，虽然斯大林主观上也想努力搞好社会主义，但由于他没有认真地总结列宁留下的宝贵的经验，最终因为忽视经济建设，搞个人崇拜和阶级斗争扩大化等错误，逐步陷入历史唯心主义的泥坑，从而导致了苏联社会主义事业的巨大挫折。

毛泽东把马克思列宁主义的普遍原理和中国革命的实际情况相结合，领导中国共产党和中国人民，取得了新民主主义革命的伟大胜利。然而，在完成了第一次创造（新民主主义革命）之后，由于晚年毛泽东的思想理论范式未能超出第一次创造，即仍然坚持了"以阶级斗争为纲"的思想理论范式，从而导致了他在第二次创造（社会主义建设）中的总体上失误，历史不得不把毛泽东未竟的事业交给他的一位伟大的继承者——邓小平。

邓小平面临着的首要任务是在拨乱反正的基础上确立一套适合社会主义建设的新的思想理论范式，他的具体做法如下。

## (一)努力清理思想路线

"四人帮"被粉碎后,"文化大革命"虽然结束了,但是,极左路线造成的思想混乱仍然存在着,并通过"两个凡是"的错误观念束缚着人们的思想。在这种情况下,不清理思想路线,不但"文化大革命"的理论错误无法得到纠正,而且新的思想理论范式也无法建立起来。

面对着这种严峻的形势,邓小平不仅在自己的多次谈话中反复批判了"两个凡是"的错误观念,指出了它的实质、危害性和思想渊源,而且通过对"实践是检验真理的唯一标准"问题的讨论的支持、扶植和推进,从根本上清算了那种"左"的、以教条主义和本本主义为根本特征的错误的思想路线,重新恢复和发展了马克思主义的唯物史观所倡导的实事求是、理论联系实际、一切从实际出发的正确的思想路线,从而为新的思想理论范式的建立扫清道路。

## (二)逐步确立"以经济建设为中心"的新的思想理论范式

1978年12月,党的十一届三中全会在北京召开。在邓小平的支持和领导下,全会重新恢复和确认了党的八大关于现阶段中国社会主要矛盾的正确论断,果断地否定了"以阶级斗争为中心"的旧的思想理论范式,作出了把全党工作的中心转移到社会主义建设上来的重大的战略决策,这一决策表明,我们党已经成功地超越了第一次创造中形成的理论范式,创立了适合于第二次创造的新的思想理论范式。这一范式就是以经济建设为中心,为加快我国的社会主义现代化的步伐而奋斗。邓小平认为,从"以阶级斗争为纲"的旧的思想理论范式过渡到"以经济建设为中心"的新的思想理论范式,乃是最根本的拨乱反正。他在总结以往的经验教训时指出:"说到最后,还是要把经济建设当作中心。离开了经济建设这个中心,就有丧失物质基础的危险。其他一切任务都要服从这个中心,围绕这个中心,决不能干扰它,冲击它。"这充分表明,在邓小平那里,新的思想理论范式的提出绝不是心血来潮的产物,而是他从唯物史观的基本理论出发,长期思索社会主义发展问题的结果。

### (三)最终形成党的"一个中心、两个基本点"的基本路线

党的十一届三中全会后，党内和社会上出现了两种错误的倾向："左"的倾向攻击党的十一届三中全会背离了马列主义、毛泽东思想；右的倾向则力图摆脱党的领导，否定马列主义、毛泽东思想、否定社会主义道路。针对这两种错误的倾向，邓小平在1979年1月召开的理论工作务虚会上做了题为《坚持四项基本原则》的报告。后来，邓小平又把"坚持四项基本原则"这一基本点和"坚持改革开放"这一个基本点与"以经济建设为中心"的新的思想理论范式结合起来，从而在1987年10—11月召开的党的十三大上提出了党在整个社会主义历史时期的基本路线。

1992年春，邓小平在南方谈话中进一步指出："要坚持党的十一届三中全会以来的路线、方针、政策，关键是坚持'一个中心、两个基本点'。""基本路线要管一百年，动摇不得。"这充分表明，在对马克思主义和社会主义的理论与实践的长期反思的基础上，邓小平从"以经济建设为中心"的新的思想理论范式出发，创立了党在整个社会主义历史时期的总体上的思想政治路线，从而为世界范围内的社会主义运动指明了方向。这一新理论范式和总体路线的建立乃是邓小平对马克思主义思想史和社会主义运动史的划时代的贡献。

## 二、提出社会主义市场经济的新概念

马克思主义的创始人通过对资本主义社会的经济状况的研究，揭露了其经济运动的规律，并在此基础上预言了未来共产主义社会的经济特征，晚年马克思在《哥达纲领批判》一书中进一步把共产主义社会分为初级阶段和高级阶段，肯定在初级阶段还存在商品交换和资产阶级法权；晚年恩格斯在《反杜林论》一书中预言了未来社会经济生活中的"有计划的调节"。然而，由于历史条件的限制，马克思和恩格斯都还不可能对社会主义社会的经济运动作出详尽的论述；也还不可能预见到"有计划

的调节"在经济发展相对落后的社会主义国家中的负面效应，苏联建国初期，列宁一度认为，社会主义就是消灭商品，就是组织有计划的商品交换，为消灭货币做好准备；不久以后，列宁就清醒地认识到，在经济落后的苏联采取这样的做法，必然会导致新政权的自我毁灭。于是，列宁制定了"新经济政策"，把市场和商品生产看作这一新政策的基础，并指出："现在对我们来说，完整的、无所不包的、真正的计划＝'官僚主义的空想'。"列宁以后的苏联领导人都未认真记取这方面的经验教训，由于缺乏社会主义社会经济发展的新思路，苏联的经济一直搞得很糟，这正是苏联解体的根本原因。

我国在完成对资本主义工商业的社会主义改造后，由于囿于"以阶级斗争为纲"的思想理论范式，一方面反复重申要限制商品经济的发展，取消资产阶级的法权，另一方面又忽视了计划经济中存在的问题，从而使中国社会的经济一直处在徘徊不前的状态中。作为中国共产党第二代领导人的杰出代表的邓小平，对马克思主义的经济学有精深的研究，对中国社会的经济现状也有了深刻的了解。早在 20 世纪 60 年代初，邓小平已就农村经济发展问题提出过自己的新思路。在"文化大革命"结束时，受命于危难之际的邓小平深深地认识到，能否从中国的具体国情出发，开辟出一条社会主义经济建设的新思路，乃是关系到马克思主义和社会主义事业发展的生死存亡的大问题。邓小平在这方面主要做法如下。

第一，撤去计划经济与社会主义、市场经济与资本主义之间的等号。

长期以来，在研究马克思主义经济学的专家中形成了一种定式，即认为市场经济只限于资本主义社会，计划经济只限于社会主义社会。显然，不破除这种本本主义的偏见，社会主义经济建设的新思路是不可能形成的。早在 1979 年的一次谈话中，邓小平已提出了"社会主义为什么不可以搞市场经济"的振聋发聩的新问题；在 1985 年的一次谈话中，邓小平又指出，社会主义和市场经济间不存在根本矛盾，"我们过去一直搞计划经济，但多年的实践证明，在某种意义上说，只搞计划经济会束缚生产力的发展"，只有把计划经济与市场经济结合起来，才能加速社会主义经济的发展；在 1990 年的一次谈话中，邓小平进一步强调，不能用计划或市场为标准来区分社会主义和资本主义；在 1992 年的南方谈话中，邓小平明确表态："计划经济不等于社会主义，资本主义也有计划；市场经济不等于资本主义，社会主义也有市场。计划和市场都是经济手段。"邓小平的这一系列重要论述极大地解放了人们的思想，为经济体制改革和社会主义经济建设的新思路的形成奠定了基础。

第二，坚定不移地推进经济体制的改革。

邓小平关于经济体制改革的举措主要包括两个方面：一方面，从 20 世纪 70 年代末到 90 年代初，邓小平作出并实施了试办经济特区、开放十四个沿海城市、建立经济开放区、开发海南经济区、开发和开放上海浦东等重大战略决策，并率先在农村拉开了经济体制改革的序幕。另一方面，在邓小平的领导下，1984 年 10 月召开的党的十二届三中全会通过了《中共中央关于经济体制改革的决定》，决定阐明了以城市为重点的整个经济体制改革的方向、性质、任务和各项基本政策，《决定》的公布表明，我国经济体制改革已经从试点阶段走向全面铺开，从而为创建新的社会主义经济体制奠定了基础。

第三，建立社会主义市场经济的新体制。

"社会主义市场经济"的新概念的提出，表明邓小平经济思想已为越来越多的人所接受。在这个问题上，我们党也有一个认识过程。党的十二大提出计划经济为主，市场调节为辅；党的十二届三中全会提出了"有计划的商品经济"的口号；党的十三大提出，有计划的商品经济应是计划与市场的内在统一的体制；党的十三届三中全会后提出了计划经济和市场调节相结合的经济体制和运行体制；党的十四大则明确指出，我国经济体制改革的目标是建立社会主义市场经济体制，并提出为了加快这一新的经济体制的建立，应当认真抓好国有企业经营机制的转变，加快实现政治职能的转变。

从上面的论述可以看出，邓小平关于社会主义市场经济的新思路的提出，不仅是对马克思主义的经济学说的突破性的发展，而且为社会主义国家的经济建设提供了指导思想。

# 三、开辟社会主义发展的新道路

如果说，根据马克思主义的创始人的见解，社会主义革命将在工业最发达的国家率先取得胜利的话，那么，历史发展的实际进程则告诉我们，率先取得胜利的却是一些在经济发展上比较落后的东方国家。有感于东、西方社会之间存在的重大差异，列宁指出对于俄国来说，根据书本争论社会主义纲领的时代已经过去了，我深信已经一去不复返了，今天只能根据经验来谈社会主义。这就是说，列宁已经清醒地认识到，不应该从本本出发，而是应该从俄国的半亚细亚生产方式的实际情况出发来认识并指导俄国社会主义的发展。然而，列宁对苏联社会主义现实道路的反思并没有引起他的后继者们的充分重视。

晚年毛泽东从"以阶级斗争为纲"的思想理论范式出发，主要着眼于阶级斗争和所谓"无产阶级专政条件下的继续革命"的角度来思考、设计中国的社会主义道路，由于他忽视了中国社会的亚细亚生产方式的基本特征，忽视了发展商品经济的必要性，从而导致了中国社会主义的发展在理论和实践两个方面的重大失误。邓小平看到了问题的严重性，因而把从中国的具体国情出发，重新开辟社会主义的新的道路视为自己最重大的理论使命之一。邓小平的具体做法如下。

第一，重新认识社会主义的本质。

早在改革开放的初期，邓小平就一再提醒全党认真思考"什么叫社会主义，什么叫马克思主义？"的问题，反复强调社会主义的根本任务是发展生产力。在 1992 年春的南方谈话中，他指出："社会主义的本质，是解放生产力，发展生产力，消灭剥削，消除两极分化，最终达到共同富裕。"正是从对社会主义的本质和根本任务的新的理解出发，邓小平尖锐地抨击了"四人帮"提出的"宁要穷的社会主义，不要富的资本主义"的错误口号，指出："贫穷不是社会主义，社会主义要消灭贫穷。"所有这些论述都极大地解放了人们的思想，使他们看到了马克思主义和社会主义的真正的目标之所在，从而积极地投身于旨在不断地发展生产、提高人们的物质文化生活水准的社会主义建设的崭新的事业中去。

第二，提出了建设有中国特色的社会主义的总体思路。

在深入批判传统的、错误的社会主义观念的基础上，邓小平以马克思主义理论家的高瞻远瞩的眼光，提出了建设有中国特色的社会主义的总体思路："把马克思主义的普遍真理同我国的具体实际结合起来，走自己的道路，建设有中国特色的社会主义，这就是我们总结长期历史经验得出的基本结论。"在建设有中国特色的社会主义的战略步骤的问题上，邓小平还提出了分三步走，到 21 世纪中叶实现社会主义现代化的宏伟目标，从而为全党和全国人民指明了前进中的方向。

邓小平为什么要提出"有中国特色的社会主义"的新概念呢？显然，他通过这个新概念力图表达如下的意思：首先，对马克思的社会主义学说不应取教条主义的态度，社会主义并没有一个固定不变的模式，各国应当根据自己的情况来设计社会主义建设的蓝图；其次，在社会主义的建设中，我们的根本立足点仍然是独立自主、自力更生，社会主义的现代化虽然离不开其他国家的援助，但从根本上看，还是通过本国人民的艰苦奋斗实现的，在这方面我们应该杜绝任何侥幸的心理。

第三，确立判断姓"社"姓"资"的根本标准。

众所周知，任何国家的现代化建设都不可能是封闭式的建设，同样地，建设有中国特色的社会主义，实现社会主义的现代化也必然会有一个对外开放、吸收国外的先进科学技术和文化成果的问题。这样就产生了一个所谓姓"社"姓"资"的问题，有的思想上比较"左"的人或是把本来姓"社"的东西错误地判定为姓"资"的东西加以排斥；或是把那些本身没有姓"社"姓"资"问题的东西错误地判定为姓"资"的东西而加以否定。在一段时间内，这种抽象的、经院哲学式的姓"社"姓"资"问题的争论束缚了人们的思想，阻碍了社会主义建设事业的迅速发展。

在南方谈话中，邓小平对这种错误的倾向进行了透彻的批评："改革开放迈不开步子，不敢闯，说来说去就是怕资本主义的东西多了，走了资本主义道路。要害是姓'资'还是姓'社'的问题。判断的标准，应该主要看是否有利于发展社会主义社会的生产力，是否有利于增强社会主义国家的综合国力，是否有利于提高人民的生活水平。"这一新的判断标准的提出，澄清了思想是非，极大地激发起人民群众建设有中国特色的社会主义的热情。邓小平还主张，在改革开放中，一是不搞争论，要抓住时机，大胆地试，大胆地闯；二是已发现错误就及时纠正。所有这些重要的指示都为有中国特色的社会主义的健康发展奠定了思想基础。

综上所述，无论是在哲学、经济学和社会主义理论与实践方面，邓小平都以一个伟大的思想家和理论家的气魄与胆略，开拓出马克思主义的新境界。邓小平不仅对马克思主义和社会主义理论的发展作出了划时代的贡献，而且他从根本上改变了理论研究的风格。他告诉我们，理论研究不应当停留在脱离实际的、空洞的争论上，而是应当面向现实，解决现实中出现的重大问题。邓小平的理论不仅改变了占地球人口五分之一的中国人的现状，使他们满怀信心地走向未来，而且为目前尚处于低潮中的世界社会主义事业指明了方向。

# 1994年

# 邓小平：是务实派更是卓越的理论家①

人们以没有撰写过专著、极少使用专门术语为由，不认为邓小平是一位理论家，这样的思维定式是不正确的，是一种偏见。

改革开放以来，中国发生了巨大的变化，在这样的背景下，一个世界重新认识中国，中国重新认识自己的高潮正在到来。这两种认识都必然会聚到对邓小平的历史地位和作用的重新认识。正确认识和评价邓小平思想是时代赋予我们的历史任务，但当前我们是否已直接面对这个课题本身了呢？事实表明我们还没有达到这一步。因为在公众舆论中，邓小平及其思想还被笼罩在种种偏见中。一些人由于不能摆脱这种舆论的影响，所以无法看到邓小平作为伟大政治家和理论家的独创性，看不到邓小平的巨大历史作用，甚至还可能追随这种舆论去贬损邓小平的伟大形象。

要真正地进入重新认识邓小平的课题，就必要先行地消除根植于公众舆论中的偏见。

一些人习惯于把邓小平仅仅理解为一个政治上的务实派或实干家，而不认为他同时也是一个杰出的理论家尤其是哲学家。

持有上述见解的人之所以不认为邓小平是一

---

① 原载《山西发展导报》1994 年 8 月 19 日。——编者注

个理论家，主要理由是：第一，邓小平没有写过哲学专著，甚至哲学论文；第二，邓小平使用的语言是普通人很容易理解的日常语言，几乎很少用到理论的，特别是哲学方面的专用术语。这两条理由看起来是如此有力，以致也影响了哲学界，使一些同志即使在撰写邓小平哲学思想的著作时，似乎也很少把邓小平直接看作一位理论家。

但这样的思维定式是不正确的。诚然，邓小平没有撰写过哲学专著甚至没有撰写过像毛泽东的《人的正确思想是从哪里来的?》这样短小的哲学论文，可是，由邓小平的一系列谈话或讲话汇集而成的三大卷文选无不处处闪耀着邓小平卓越的理论见解和深刻的哲学见解。就理论见解而言，尤其是哲学见解的表述来说，不光著述是一种形式，而且谈话或讲话也是一种更基本更原始的形式。作为中国传统文化源头之一的《论语》不也正是孔子谈话的记录吗？宋元时期，话本和拟话本流行，为后来兴起的明清小说提供了重要的思想理论资料，艺人们通过"说话"而揭示出来的生活世界的真理不是使同时代的理论著作黯然失色吗？在西方，以谈话或者讲话的方式表述哲学见解也具有悠久的传统。从古希腊哲学家柏拉图的脍炙人口的对话录，到近代贝克莱、狄德罗和休谟的对话录以及黑格尔的讲演录，再到当代哲学家伽达默尔提倡的问答选辑等无不视对话或讲话为表达理论见解，特别是哲学见解的根本方式。当然，我们在这里并不想作简单的类比，邓小平的谈话或讲话内容与上面提到的哲学家们所谈论的问题是有很大差异的，然而，他们的思考都是以他们所面对的社会现实为出发点的。这一点，在读邓小平的著作时，我们无疑地能更深切地感受到。

更何况，邓小平的某些谈话与讲话，如《"两个凡是"不符合马克思主义》《完整地准确地理解毛泽东思想》《高举毛泽东思想旗帜，坚持实事求是的原则》《我国经济建设的历史经验》《改革是中国发展生产力的必由之路》《社会主义和市场经济不存在根本矛盾》《科学技术是第一生产力》《善于利用时机解决发展问题》等，有的直接讨论政治、经济、科学、哲学和文化问题，有的则是通过谈论国际、国内形势和具体工作，间接地涉及一系列重大的理论问题。由此可见，以邓小平没有撰写过理论专著为理由而否认他是一个杰出的理论家，这是极为片面和幼稚的。至于人们认为谈理论，尤其是谈哲学一定要理论晦涩难懂的见解更是站不住脚的。

一些人认为，不运用晦涩的语言和艰深的术语，就不能谈论哲学，马克思是这种迷信的坚决反对者。马克思认为，对于哲学家来说，不应该依恋于那些脱离现实生活抽象的、晦涩的哲学语言，而应该下降到日常生活中的普通语言的层面上，从而真正地理解并把握现实。马克思写道："对哲学家们说来，从思想世界降到现实世界是最困难的任务之一。语言是思想的直接现实。正像哲学家们把思维变成一种独立的力量那样，他们也一定要把语言变成某种独立的特殊的王国。这就是哲学语言的秘密，在哲学语言里，思想通过词的形式具有自己本身的内容。从思想世界降到现实世界的问题，变成了从语言降到生活中的问题……哲学家们只要把自己的语言还原为它从中抽象出来的普通语言，就可以认清他们的语言是被歪曲了的现实世界的语言，就可以懂得，无论思想或语言都不能独自组成特殊的王国，它们只是现实生活的表现。"[①]所以，重要的不是用故作姿态的、晦涩的语言来表达肤浅的理论问题，相反，要学会用普通的语言来表达重大的理论问题，尤其是哲学问题。在这方面，邓小平正是我们的榜样，他运用的语言是如此之简洁、朴实，而这些语言所揭示的理论问题又是如此之重要、迫切，这确实是非常令人惊讶的。例如，在"改革是解放生产力""一个国家，两种制度""实事求是，是毛泽东思想的出发点、根本点"这样的简洁的、格言式的语言中，难道没有包含着深邃的理论见解吗？只有十分近视陈腐的人才会看不到蕴含在邓小平的谈话或讲话中的巨大的理论内涵。

从上面的论述中可以看出，把邓小平这样一位领导着地球上五分之一人口搞现代化的政治领袖仅仅看作务实派或实干家是不够的。无数事

---

① 《马克思恩格斯全集》第 3 卷，人民出版社 1960 年版，第 525 页。

实表明，邓小平也是一位卓越的理论家。他习惯于用如此朴实的、简洁的、格言式的短句来表达他的重大的理论见解，以至于他不仅改变了理论研究的方式，而且也对未来的理论研究的风格产生了重大的影响。

# 邓小平与当代中国社会最重大的转折<sup>①</sup>

　　市场经济就是资本主义，计划经济就是社会主义，这个传统观念长期以来束缚着人们的思想。根据这一观念，市场经济和社会主义成了水火不容的东西，似乎只要搞了市场经济，哪怕经济发展势头再好，也只能是走资本主义道路，反之，只要坚持计划经济，哪怕经济搞得很糟，也仍然是在搞社会主义。

　　这种在市场经济与资本主义、计划经济与社会主义之间画等号的做法导源于对马克思主义创始人经济学说的教条主义理解。马克思主义的创始人告诉我们，在资本主义社会里，社会生产的无政府状态占统治地位，这种状态必然给资本主义社会的发展造成严重的破坏。而在取代资本主义的社会主义社会中，问题将发生根本性的变化，正如恩格斯所说："当人们按照今天的生产力终于被认识了的本性来对待这种生产力的时候，社会的生产无政府状态就让位于按照全社会和每个成员的需要对生产进行的社会的有计划的调节。"

　　但是恩格斯在这里说的对生产进行的社会的有计划的调节是建筑在资本主义生产高度发展的

---

① 　原载《山西发展导报》1994 年 8 月 26 日第 3 版。——编者注

基础之上的，而恩格斯所设想的社会主义社会也已达到了消灭阶级的水平。这些条件在商品经济尚未充分发展起来的东方社会主义国家，尤其在中国是并不具备的。因而如果忽视东西方社会历史条件的巨大差异，依据"有计划调节"的想法来确立计划经济体制的话，那是一定会付出代价的。现实情况是从苏联到东欧，从中国到越南、朝鲜，凡确立计划经济体制的国家，从总体和长远上看，都未获得真正的成功。反之，在这些东方社会主义国家，计划经济的弊端却愈益严重地暴露出来。

邓小平以其高度的理论修养和丰富的实践经验，早就认识到了计划经济体制的种种弊端。随着改革开放的不断深入，他以马克思主义者的伟大气魄，从理论和实践两方面来拆除计划经济的藩篱。

早在 1979 年 11 月 26 日，在与加拿大麦吉尔大学东亚研究所主任林达光谈话时，邓小平就说："说市场经济只存在于资本主义社会，只有资本主义的市场经济，这肯定是不正确的。社会主义为什么不可以搞市场经济……市场经济，在封建社会时期就有了萌芽。社会主义也可以搞市场经济。"①

1982 年 10 月 14 日，在与国家计委负责同志谈话时，邓小平又强调："社会主义同资本主义比较，它的优越性就在于能做到全国一盘棋，集中力量，保证重点。缺点在于市场经济运用得不好，经济搞得不活。计划与市场的关系问题如何解决？解决得好，对经济的发展就很有利，解决不好，就会糟。"②

1985 年 10 月 23 日，在会见美国的高级企业家代表团时，邓小平又涉及这个主题："社会主义和市场经济之间不存在根本矛盾。问题是用什么方法才能更有力地发展社会生产力。我们过去一直搞计划经济，但多年的实践证明，在某种意义上说，只搞计划经济会束缚生产力的发展。把计划经济和市场结合起来，就更能解放生产力，加速经济

---

① 《邓小平文选》第 2 卷，人民出版社 1992 年版，第 236 页。
② 《邓小平文选》第 3 卷，人民出版社 1993 年版，第 16—17 页。

发展。"①

1987年2月6日，在与几位中央负责同志谈话时，邓小平就同一问题作了更深入的发挥。他说："为什么一谈市场就说是资本主义，只有计划才是社会主义呢？计划和市场都是方法嘛。只要对发展生产力有好处，就可以利用。它为社会主义服务，就是社会主义的；为资本主义服务，就是资本主义的。好像一谈计划就是社会主义，这也是不对的，日本就有一个企划厅嘛，美国也有计划嘛。我们以前是学苏联的，搞计划经济。后来又讲计划经济为主，现在不要再讲这个了。"②

1990年12月24日，在与几位中央负责同志谈话时，邓小平从改革开放的新形势出发，十分强调从理论上认清社会主义与市场经济的关系问题："我们必须从理论上搞懂，资本主义与社会主义的区分不在于是计划还是市场这样的问题。社会主义也有市场经济，资本主义也有计划控制。资本主义就没有控制，就那么自由？最惠国待遇也是控制嘛！不要以为搞点市场经济就是资本主义道路，没有那么回事。计划和市场都得要。不搞市场，连世界上的信息都不知道，是自甘落后。"③

1991年1月28日—2月18日，邓小平在视察上海时又谈到社会主义与市场经济的关系问题："不要以为，一说计划经济就是社会主义，一说市场经济就是资本主义，不是那么回事，两者都是手段，市场也可以为社会主义服务。"④

1992年1月18日—2月21日，邓小平在南方考察时，从消除改革开放思想障碍的角度出发，又再次谈到了同一个主题："计划多一点还是市场多一点，不是社会主义与资本主义的本质区别。计划经济不等于社会主义，资本主义也有计划；市场经济不等于资本主义，社会主义也

① 《邓小平文选》第3卷，人民出版社1993年版，第148—149页。
② 《邓小平文选》第3卷，人民出版社1993年版，第203页。
③ 《邓小平文选》第3卷，人民出版社1993年版，第364页。
④ 《邓小平文选》第3卷，人民出版社1993年版，第367页。

有市场。计划和市场都是经济手段。"①

这些论述构成了邓小平对马克思主义经济理论的划时代贡献，我们应全面地、准确地理解邓小平这方面的思想。

首先，邓小平区分了计划和计划经济、市场和市场经济。在他看来，"计划"和"市场"是具有手段的意义，而"计划经济"和"市场经济"则是指两种截然不同的经济体制。即使搞"计划经济"，也不得不借用一定的"市场"手段进行调节；反之，搞"市场经济"，在一定的范围内也少不了用"计划"手段进行指导。

其次，他认为，计划经济体制的好处是能搞全国一盘棋，集中力量，确保重点；弱点是不易搞活经济，很容易陷入闭关自守的状况。反之，市场经济的优点是信息灵通，能够使各种资源达到最优配置，从而把经济搞活；弱点是不宜进行宏观调控。总体来看，在商品经济尚不发达的地区和国家，要搞活经济只能诉诸市场经济。

再次，他十分强调，市场经济并不是资本主义社会的专利品，在封建社会后期就已经有市场经济的萌芽，社会主义社会为什么就不能搞市场经济？

最后，他断然否定了社会主义与市场经济之间的对立关系，也否定了社会主义与计划经济之间的等同关系，从而为社会主义市场经济这一新概念的提出扫除了思想上的障碍。

如果说，从"以阶级斗争为纲"到"以经济建设为中心"是当代中国人政治生活中最重大的转折的话，那么，从"计划经济"到"社会主义市场经济"则是当代中国人经济生活中的最重大的转折。这两大转折从根本上解放了中国人的思想，使他们能放下包袱，轻装上阵，在现代化建设的道路上大踏步前进。

---

① 《邓小平文选》第 3 卷，人民出版社 1993 年版，第 373 页。

# 1995年

# 中国社会协调发展的理论前提[①]

随着市场经济的发展和社会转型的加剧，随着改革开放的深入和古今中外文化的大交汇，社会生活显示出前所未有的活力，但也暴露出各种各样令人担忧的问题。传统价值观念的陨落和拜金主义的兴起，简朴之风的衰微和挥霍、贪污现象的蔓延，社会分配的落差和民工潮的涌动，社会秩序的松弛和各种无序现象的发生，凡此种种，不一而足。这样，就自然产生了一个问题：急剧变化的当代中国社会如何获得其各方面的协调的、健康的发展？对这一问题，专家们提出了各种不同的答案，但大部分是操作层面的，这当然也是需要的，但我们更关注的是理论层面，即协调的理论前提。事实上，这个问题如果解答不好，在操作上极易被误导。所以，本文的目的乃是通过批判的考察来澄清当代中国经济、文化、社会协调发展的理论前提。

第一，当今中国人的历史性植根于其生活世界的本质之中，即以某种历史必然性展现出来的中国式的市场经济和现代化。

当我们谈论当代中国社会各方面的协调发展

---

① 原载《探索与争鸣》1995 年第 10 期。收录于俞吾金：《俞吾金集》，学林出版社 1998 年版，第 434—442 页。——编者注

时，已经预设了一个协调者，即主体的存在。那么，谁是那个协调者、那个主体呢？乍看起来，这个问题很容易回答：主体当然是当代中国人，特别是担当着领导和管理责任的中国人。但实际情况要比这个回答复杂得多，最常见的现象是主体的误置，即只是在形式上保留着当代中国人的外观，其实际内涵却并不是这么一回事。

主体的误置有以下种种表现：

表现之一是主体向古人的误置。这里所说的"古人"主要指儒家学说的代表人物。不少人认为，只有复兴并弘扬这些儒家代表人物的思想，尤其是他们所倡导的道德学说，才能先立其大，为当今中国社会的协调发展奠定思想基础。我们并不否认，在儒家学说，尤其是其道德学说中，包含着某些在今天可以创造性地加以转换的因素，但"先立其大"的"立"却不应立到古人那边去，而应立到正在从事现代化建设的今人这边来。如果从法哲学的角度看问题，中国文化精神的发展大致可以划分为两个不同的阶段：一是传统社会的以血缘关系为纽带、以宗法等级制度为核心的原始伦理精神；二是当今社会的以人与人之间的平等关系和独立人格为基础的、以民主政治和法制为核心的现代伦理精神。这两种精神的本质差异在于：原始伦理精神是以人的血缘和等级关系为出发点的，而现代伦理精神则是以独立人格和平等关系为出发点的。所以，先立其大不应立在古人那边，而应立在今人这里。忽视古人与今人在文化精神上的本质差异，简单地把主体性误置到古人的身上，并不能解决当代中国社会所面临的种种问题。只有立在今人的立场上，从今人的根本价值导向出发，对古人的学说进行创造性的转换，才有助于今人的社会生活的健康发展。

表现之二是主体向"计划人"的误置。所谓"计划人"是指按从苏联照搬过来的计划经济模式进行思维和行动的人。当代中国人虽然有了市场经济的意识，但其深层的思维方式和行事方式还不是"市场人"式的，而是"计划人"式的。这种主体向"计划人"的误置最集中地表现在行政权力对市场经济的某些破坏性的或至少也可以说是不合理的干预中。如权权交易、权钱交易、以权谋私等。这种"计划人"必然蕴含的对权力的崇拜在政治文化上的表现就是所谓"新权威主义"。"新权威主义"的要害就在于它是以人治而不是法治为基础的,所以,它与当代中国社会的根本发展方向是相冲突的。

表现之三是主体向西方人的误置。早在延安时期,毛泽东就批评过那种主体向西方古人误置的所谓"言必称希腊"的错误倾向。在今天,只要检讨一下我们的文化研究的话,就会发现,存在着主体向当代西方人误置的普遍现象。近年来,国内学人对来自西方的新思潮的无批判的追逐就是一个明证。这些学人常常以这些新思潮的立场、态度和方法作为参照系来评论中国的社会、文化问题和现代化,而完全忽视了正在追求现代化的当代中国社会与基本上实现了现代化并在深入反思现代化的负面价值的当代西方社会有着不同的生活兴趣和价值取向。所以,主体向当代西方人的误置不但不能正确地解答当代中国社会面临的种种问题,反而会把整个探讨引入误区。

从上面的论述可以看出,主体乍看上去是自明的,但其基本立场并不会自然而然地是当代中国人的。要在观念和行事方式上真正地站在当代中国人的立场上,就要先行地澄清其历史性。什么是当代中国人的历史性呢?这种历史性植根于当代中国人的生活世界的本质之中,而这一生活世界的本质不是偶然的东西,而是正以某种历史的必然性展现出来的中国式的市场经济和现代化。先行地澄清主体的历史性,就是使主体自觉地领悟当代中国社会的这一根本的历史特征和走向,从而使自己的思考和全部行事方式自觉地奠立在这一历史特征的基础上,而不使自己的立场飘移开去,这才是真正的先立其大。

第二,追求并完善现代化是我们这个时代的本质特征。

在先行地澄清了当代中国人的历史性之后,我们进一步来探索:当代中国人置身于其中的时代的本质特征是什么。先行地领悟这一点也是至关重要的。初看起来,我们完全是以个人的方式在思考和行事的,其实,我们的思考和行事方式都是在我们所领悟的时代本质特征的框架中展示出来的。那么，当今时代的本质特征究竟是什么呢？从世界范围看，追求并完善现代化就是我们这个时代的本质特征。尽管西方发达社会出现了后现代主义思潮，即出现了对现代化和现代化所蕴含的现代性的负面价值的反省，但决不应当无限地夸大这种思潮的影响面，因为其根本目的是完善现代化而不是抛弃现代化。所以，从总体上看，特别是从发展中国家的情况来看，实现并完善现代化乃是一股根本性的历史潮流。从当代中国社会的具体国情来看，由于市场经济和现代化建设还刚刚起步，所以这一点就显得更为确定了。

现代化乃是一个内涵十分丰富的概念。如果我们要把它的最基本的含义显示出来的话，就有三个方面：一是"德先生"，即 democracy（民主），二是"赛先生"，即 science（科学），三是"莫姑娘"，即 morality（道德）。"德先生"关系到政治体制的改革和发展，"赛先生"关系到技术进步和社会发展，"莫姑娘"关系到人的精神的现代化，即人何以在市场经济模式的社会中安身立命。这三个主要方面大致上可以勾勒出现代化的总体特征。凡是稍稍熟悉中国现代史的人都知道，这三个特征在五四运动时已经被提了出来。这就启示我们，虽然我们已经生活在 20 世纪 90年代，但我们仍未超越五四时期的本质特征。事实也正是如此：我们的民主政治的建设还起步不久，在科学技术方面我们还是比较落后的，至于适合于市场经济的、系统的道德学说我们还处在探讨的阶段上。所以，无论是从理论上还是在实际上我们都还没有走出五四。

完整地领悟当今时代的这一本质特征，是我们协调当代中国社会发展的重要前提。在当今中国的思想界，流行着两种不同的见解：一种见解认为，当代中国社会面临的最根本的任务是发展科学技术，普及科学知识，实现科学技术上的现代化；另一种见解认为，当代中国社会面临的最重要的危机是人文精神的失落。只有遏制科学主义的蔓延，重建人文精神，才能挽狂澜于既倒，使整个现代化事业沿着健康的轨道向前发展。这两种各执一端的见解显示出当代中国文化精神的内在分裂。一方面，发展科学技术确实是实现现代化的一个重要的方面，但如果忽略人文精神的同步建设，科学技术的发展必然会由于人文价值的失落而被导向误区；另一方面，如果只提人文精神，只讲遏制科学主义，认为科技知识的普及和科学技术的发展都不重要，那么，以这种方式倡导的人文关怀只能在其发展的过程中淹没在形形色色的迷信活动中。算命、看风水、求神拜佛、巫医治病等等，不也都是在人文关怀的旗号下展开的吗？这就告诉我们，人文精神如果没有科学精神来制约自己，必然会导致对自身的否定。由此可见，科学精神与人文精神离则俱伤，合则两全。

综上所述，先行地领悟我们生活于其中的时代的本质特征，就是要认识到，我们本质上还未超越五四时期。事实上，从 1840 年以来，特别是五四运动以来，救亡图存一直是我们民族的无数志士仁人为之奋斗的首要目标。在这个压倒一切的目标的制约下，科学技术的发展、民主政治和新道德观念的建设都被拖延下来了。所以，在今天，我们虽然需要深入地反省并总结五四运动的某些不足之处，但却不应该走向另一个极端，以为我们已经全然超越了五四，置身于一个崭新的时代之中了。这种错觉乃是想象力和浮躁情绪的产物。必须认识到，当今中国社会所处的时代从外观上看虽然已有许多变化，但其本质特征仍然是接续五四的根本精神，为实现现代化而奋斗。所以，只有完整地领悟当今时代的本质特征，才能找到协调中国社会健康地向前发展的根本道路，才不会在层出不穷的社会问题和迥然各异的文化思潮中迷失方向。

第三，以独立人格为基础的平等、自由、民主、社会公正的观念以及尊重事实、尊重规律、追求真理的科学精神，是当今中国人在从事任何评价活动之前应当先行地加以确立的客观的价值坐标。

在古希腊神话中，一个名叫普鲁克拉斯提斯的强盗有一个奇怪的嗜好：他在路边放一张床，强迫每个过路的人躺到它的上面。如果人比床长，就把脚砍掉；如果床比人长，就把人拉长。这个神话故事包含着这样一个隐喻，即人人心中都有一张价值之"床"，人们以这张床为坐标来评判一切。完全可以说，人本质上是评价动物，"普鲁克拉斯提斯情结"

乃是人的基本情结之一。不管人们是否意识到这一点，他们的话语和行为本质上都是在作评价活动，而任何评价活动都是从一定的价值坐标出发的。我们在这里感兴趣的问题是：如何在当代中国人的心中确立起一个客观的价值坐标？

客观的价值坐标是相对于主观的价值坐标而言的。所谓主观的价值坐标是指主体依照自己个人的好恶去评价周围的一切。显然，这种评价具有随意性和偶然性，是不足取的。那么，什么是客观的价值坐标呢？客观的价值坐标并不是自发地形成起来的，而是通过主体对自己的历史性，即主体置身于其中的生活世界和一定时代的本质特征的深入思考而自觉地抽取出来的。

那么，对于当代中国人来说，他们应当先行地确立的客观的价值坐标又是什么呢？如前所述，无论是从对生活世界的本质的探索入手，还是从对当代中国社会所处的时代的本质特征的考察出发，我们都会发现，发展市场经济、追求现代化乃是我们所面对的最根本的、绕不过去的事实。而与理想型的、健康的市场经济和现代化社会生活相适应的基本价值观念则是以独立人格为基础的平等、自由、民主、社会公正的观念和尊重事实、尊重规律、追求真理的科学精神。这些观念和精神与五四时期提出的口号的基调是一致的。这就是当代中国人在从事任何评价活动之前应当先行地加以确立的客观的价值坐标。这一价值坐标之所以是客观的，是因为它是从主体所蕴含的客观的历史性中抽绎出来的，它所展示的乃是特定时代的生活世界本身的价值要求。

这种客观的价值坐标一经确立，经济、文化、社会的总体协调也就获得了坚实的理论基础。一切社会现象和文化思潮在它之前都变得透明了。这里所说的"透明"的含义是：精华和糟粕不再混在一起，它们在这一客观的价值坐标之前被明确地分离开来了。在这个意义上可以说，这一客观的价值坐标的确立，也就是真正的批判识见的确立。

我们不妨以中国传统文化的研究为例来说明先行地确立这一价值坐标的极端重要性。只要检视一下近年来放映的影视作品和出版的理论、文学作品，我们就能发现以下几种比较流行的类型：一是歌颂帝王之尊并致力于描写他们的生活轶事的作品，如西楚霸王、武则天、乾隆等。在这类作品中，通常见不到作者对传统的专制主义的批判，有的只是对生活轶事和帝王心理的渲染。二是讴歌机巧权术的所谓"智谋学""厚黑学""三十六计"等作品，作者的指导思想是：只要能做人上人，只要能得到自己渴求的东西，可以不择手段。三是宣扬神秘主义和信仰主义的作品，如算命、看风水、看面相、看手相等。作者所要告诉人们的是：命运是前定的，是无法抗拒的。四是褒扬江湖义气的侠义作品，这些作品虽然常有惩恶扬善的价值导向，但也夹杂着对暴力、色情、迷信等消极因素的渲染。这几种流行的作品的类型表明，人们实际上把王权（专制主义）、谋略（视他人为手段）、宿命论（敌视并放弃自由）、暴力作为中国传统文化的真正的精华。难道这些作品所蕴含的价值导向竟会有利于当代中国社会的现代化的健康、协调发展吗？显然不能。

由上可见，先行地确立客观的价值坐标是何等重要。这一坐标不光是我们思考和评价一切社会现象和文化思潮的参照系，也是我们从事一切实际活动的出发点。有人也许会驳斥说："你确立的价值坐标是以现代化为基础的，但西方人从 19 世纪开始就已经在反思并批评现代化的价值体系了，你为什么还要坚持它呢？我们应该把人的能力的全面发展作为客观的价值坐标来倡导。"从表面上看，这一驳难似乎是十分有力的，但实际情形并不是如此。正如我们在前面早已指出过的那样。我们在这里讨论的是当代中国社会的现代化。在中国，实现现代化仍然需要一个较长的历史阶段，只要我们还没有超越这一历史阶段，以现代化为基础的价值体系就应当成为我们的客观价值坐标。当然，我们也承认，这一价值坐标并不是终极的价值坐标，并不是十全十美的，它仅仅适用于中国社会发展的一定的历史阶段。事实上，只要人类社会还在向前发展，那就永远不可能有什么终极的价值体系和价值坐标。反过来说，"人的能力的全面发展"难道就能成为终极的价值体系吗？我们的回答仍然是否定的。人的能力的全面发展又是为了什么呢？总之，重要的是领悟这一客观的价值坐标的历史特征，而不是以抽象的、超历史的态度向它索取完善性和终极性。

我们正处在社会生活急剧转型和古今中外文化大交汇的关键时刻。在这样的历史情景之下，重要的不是埋首于对种种细节问题的研究，也不是热衷于追逐各种新的、时髦的思潮，而是要通过批判的思考先行地澄明我们全部活动的理论前提。只有把前提弄清楚了，我们才能以正确的方式去协调经济、文化和社会的关系，使当代中国社会沿着健康的轨道向前发展。

# 1996年

# 精神文明建设中的三大关系[①]

党的十四届六中全会的《中共中央关于加强社会主义精神文明建设若干重要问题的决议》（下文简称《决议》）表明，我们党对精神文明建设的认识达到了一个新的高度，即不仅肯定了精神文明建设在社会主义现代化进程中的重要战略地位，而且对精神文明建设中以下环节之间的关系达到了全面的、辩证的把握。

一是精神文明建设中思想道德建设与科学文化建设之间的关系。《决议》关于"提高全民族的思想道德素质和科学文化素质"的论述不仅对公民的素质提出了更高的要求，而且也启示我们在精神文明的建设中要处理好思想道德建设与科学文化建设之间的关系。历史和实践一再告诫我们，这两者的关系不可偏废。在精神文明的总体建设中，不能只考虑思想道德的建设而忽视科学文化的建设。反之，只考虑科学文化的建设而忽视思想道德的建设也是不行的。因为科学文化主要涉及的是事实判断，而思想道德主要涉及的则是价值判断。没有正确的价值观的引导，单纯的科学文化建设就会失去方向。这两者的一致实际上就是精神文明建设中人文精神与科学精神的一致。

---

① 原载《文汇报》1996 年 10 月 27 日。——编者注

二是思想道德建设中先进性与广泛性之间的关系。《决议》在论述思想道德建设的基本任务时，提出了一个重要的方法论原则，即要把先进性要求同广泛性要求结合起来。实际上这里涉及思想道德的分层问题。一方面要看到，我们是社会主义的国家，实现共产主义是我们远大的目标，提倡共产主义道德是必要的；另一方面也要看到，现在毕竟是在搞市场经济，个人的合法权利和利益是应当加以保护的，社会成员在思想道德水平上是存在差异的。所以，只讲先进性，思想道德教育的可接受性就会成为一个问题；反之，只讲广泛性，思想道德教育就有可能迷失方向。只有把两者辩证地结合起来，才能不断提高全民族的思想道德水平。

　　三是文化事业发展中主旋律与多样化的关系。《决议》关于"弘扬主旋律，提倡多样化"的论述生动地阐明了主旋律与多样化之间的辩证关系。没有多样化，文化事业的发展也就失去了活力。但是，在肯定多样化的前提下，我们也要指出，对多样化不能取放任自流的态度。所以，对多样性必须有一个引导的问题，弘扬主旋律也就是对文化事业的发展进行正确的引导，它主要表现为两个方面：一方面，从社会主义现代化的基本价值观念出发，对不健康的文化艺术作品应当进行严肃的批评，从而为健康的文化艺术作品的生长开拓出更大的空间；另一方面，要"树立精品意识，实施精品战略，在文学艺术各门类中，努力创作出一批思想性艺术性统一，具有强烈吸引力感染力，深受广大群众欢迎的优秀作品，带动社会主义文艺事业的全面繁荣"。

# 1997年

# 历史已为邓小平建造了丰碑<sup>①</sup>

邓小平的建设有中国特色的社会主义理论有两个基本的特征：一个是坚持"以经济建设为中心"的新的理论范式，把发展生产力看作整个社会主义历史时期的根本任务。另一个特征是，邓小平说的"经济建设"不是计划经济模式中的"经济建设"而是社会主义市场经济模式中的"经济建设"。如果说，唯物史观和剩余价值学说构成马克思和恩格斯创立的科学社会主义的理论基础的话，那么，历史唯物主义的不断发展社会生产力的学说和社会主义的市场经济体制的逐步完善则构成了邓小平的建设有中国特色社会主义的理论前提。

纵观整个马克思主义思想发展史，我们不难发现，邓小平的理论贡献是巨大的，他的思想作为历史唯物主义发展的第四个里程碑是当之无愧的。如果说，马克思和恩格斯创立了历史唯物主义并进而提出了科学社会主义的伟大学说，列宁和毛泽东在理论和实践上创造性地丰富并发展了历史唯物主义并使社会主义由理想化为现实的话，那么，邓小平的划时代的贡献则是在创造性

---

① 原载《无锡日报》1997 年 3 月 4 日。根据《邓小平：在历史的天平上》有关章节编写，本文标题为原报纸编者所加。——编者注

地理解历史唯物主义的基础上，创立了系统的建设有中国特色社会主义理论，从而找到了一条在经济文化发展比较落后的国家中建设并发展社会主义社会的新道路。从这方面看，邓小平对 20 世纪及以后的世纪的影响是无与伦比的。历史愈是向前发展，邓小平用朴实的语言所表达出来的理论思想的重要性就愈是清楚地显露出来。随着中国改革开放的深入发展和社会主义建设的繁荣，马克思所开创的伟大事业也必将充满希望。

邓小平是当代中国伟大的马克思主义者。他从新的历史条件出发，创造性地丰富并发展了马克思主义，赋予它以新的活力和广阔的发展前景。在这方面，我们或许只要提一提邓小平所完成的两大转折，即从"以阶级斗争为纲"转向"以经济建设为中心"，从"计划经济体制"转向"社会主义市场经济体制"就足够了。所以，把邓小平的思想称之为"当代中国的马克思主义"是理所当然的。

如果说，当代某些人的近视无损于邓小平的伟大的话，那么，这种近视也无损于将来的时代对邓小平的崇敬。历史已为邓小平建造了丰碑，那就是中国社会已经发生的巨大变化。历史也将继续为邓小平建造丰碑，那就是将来振兴了的中国对整个人类社会的巨大贡献。

# 1999年

# 我国现代化观念面临挑战[①]

改革开放二十年来，我国的政治、经济、文化领域和社会生活都发生了巨大的变化。与这二十年的发展比较起来，我国近代史乃至整个历史上发生的任何事件，就其变化的深度和广度而言，都显得黯然失色。

这个富有转折意义的伟大历史时期的降临并不是悄无声息的，而是通过党的十一届三中全会的决议向全世界公布出来的。如果说，一个民族的发展必须以其精神状态的变化作为先导，那么，党的十一届三中全会的深远意义正在于此。正是党的十一届三中全会，毅然决然地抛弃了"以阶级斗争为纲"的错误政治路线，作出"把全党和全国人民的注意力转移到社会主义现代化建设上来"的伟大战略决策。这一历史性的决策卸去了长期以来禁锢着人们思想的精神枷锁，引发了一波接一波的思想解放运动，导致了人们精神世界的重大变化：从本本至上的教条主义思维模式到开拓新的实事求是的思想路线；从计划经济的"等、靠、要"观念到市场经济的"干、闯、竞争"意识；从封闭的、单向度的文化心理到开放

---

① 原载《探索与争鸣》1999 年第 1 期，载《深圳特区报》1999 年 1 月 11 日。收录于俞吾金：《散沙集》，人民出版社 2004 年版，第 177—182 页。——编者注

的、多向度的文化心态。精神世界的沧桑巨变是无法用器械测量出来的，而正是这种变化使我们这个古老的民族重新焕发出青春活力，在改革开放和现代化建设中取得了举世瞩目的伟大成绩。

然而，纪念党的十一届三中全会的目的不是为了记住过去的辉煌，而是为了思索今天的困惑并着力对明天的塑造。那么，什么是今天的困惑呢？这类困惑可以举出许多：如腐败之风的蔓延、国有资产的流失、刑事犯罪的上升、假冒伪劣的风行、国有企业的亏损、下岗队伍的扩大、行为方式的失范、道德水准的下降、管理质量的低劣、生态环境的破坏等等。把这些困惑叠加起来，形成了一个巨大的问号：这就是我们孜孜以求的现代化吗？

事实上，我国现代化无论就理念还是现实而言，都面临着严峻的挑战。如果我们对这样的挑战不作出积极的回应，不超越传统的、朴素的现代化观念，即使我们一千次一万次地谈论现代化，谈论未来中国社会的发展道路，真正的道路对我们仍然是封闭的，犹如卡夫卡笔下的土地测量员，找不到进入城堡的路径一样。那么，在新的历史条件下，我们中国如何重塑现代化的理念呢？

首先，要在历史错位的大背景下充分认识我国现代化的特殊性。什么是历史错位的背景呢？一个多世纪前，当近代中国人在西方强势文化的胁迫下刚刚萌发出现代化的观念时，法国和英国的社会主义思潮已蔚成风气，构成了对西方现代化和资本主义发展的价值反叛，而这种价值反叛又特别契合中国人"不患寡而患不均"的传统意识和大同理想。正是在这种尴尬的历史格局中，孙中山先生在大力倡导民族资本主义发展的同时，又不得不补上了"平均地权、节制资本"这样的限制词。而中华人民共和国成立以来，也一直徘徊在希望和恐惧的两难困境中：希望，就是希望把工业化、现代化搞上去；恐惧，就是恐惧贫富差异，恐惧小生产每日每时会产生资本主义。于是，商品经济和现代化就成了永久性地被悬置起来的课题。具有讽刺意义的是："文化大革命"以后，当中国人从惨痛的历史教训中惊醒过来，以前所未有的热情投身于现代化建设时，西方国家已进入了后工业社会，并产生了一股强大的"后现代主义"冲击波，对西方现代化的价值体系进行了全面的批判。这样一来，当代中国人又陷入了两难窘境：当现代化还是我们为之而奋斗的一个美好理想的时候，西方人却当着我们的面撕碎了这个理想。在后现代主义和前现代主义（即中国传统思想）的双重夹击下，当代中国人陷入了深沉的迷惘之中。他们或者退回去追恋前现代，或者在后现代主义的"丛林"中迷失了方向。问题在于，在这一无法选择的历史大错位中，我们必须清醒地意识到：作为后发国家，我们正在追求的现代化哪怕包含着许多消极因素，仍然是我们无法逃避的命运。黑格尔说过，"好的最大的敌人是最好"。把现代化的实现理解为十全十美的理想状态，这本身不是无知就是谬误。当代中国人既不应当把自己的立场错置到前现代的立场上，也不应当漂移到后现代的立场上，而应当在坚定不移地走现代化道路的方向上，汲取前现代化和后现代化的合理因素，满怀信心地从事已经着手的伟大创造活动。这就是我们在当代世界的唯一求生之路。

其次，现代化既不是单纯的经济现代化，也不是所谓"四个现代化"，而是一个总体性的历史活动。借用黑格尔的话来说，它是所有参加宴会者都为之酩酊一醉的豪饮。在这个总体性的历史活动中，每个与现代化的命运息息相关的要素都应该受到重视，都应该得到相应的发展。无论是把现代化理解为单纯的经济现代化还是所谓"四个现代化"，都忽视了下面两个关键性的因素：一是人的素质的现代化，特别是人的道德素质的现代化，如果连现代社会的公民必须遵守的职业道德和社会公德也普遍匮乏、假冒伪劣的现象多得连人与人之间的基本信任关系都难以建立的话，又何言现代化，何言市场经济的发展呢？二是政治体制的改革和政治生活的现代化。单纯经济体制的改革和经济现代化为什么深入不下去？道理很简单，重大的经济问题都关联到政治问题，如国有企业产权的调整、企业人事制度的改革、分税制、宏观调控、金融体制的改革、消除腐败现象等，无不同时也是重大的政治问题。事实上，只有同步进行政治体制的改革，才能从根本上扫除经济现代化的障碍。

最后，现代化也必然意味着思想方式上的改弦更辙。当前，在改革开放进入攻坚阶段时，我们尤其要处理好以下三种关系：一是经验与理性的关系。生活和实践一再昭示我们，历史经验和新鲜经验同样都是十分重要的，但尊重经验并不等于固守经验主义立场，经验主义者的世界是一个局部的、片面的、朴素的世界，要使中国现代化的总体进程沿着健康的轨道向前发展，必须超越经验主义的朴素眼光，达到对这一历史性进程的理性的、辩证的把握。二是多样性与批评性的关系。现代化和改革开放本身就蕴含着对多样化的价值取向的认同，但认同多样性并不等于把批评悬置起来。其实，批评性是真正的多样性的生命，没有健康的批评，就不可能有生动活泼的多元价值体系。无批评的多样性和无多样性的批评性一样，都不过是寂静、僵化和死亡。三是科学精神与人文精神的关系。当代中国文化的一大奇观是：一些官方学者单方面地强调科学技术的重要性，以致把社会生活中的任何现象都称为"工程"，而一些民间学者则单方面地强调人文科学的重要性，以致干脆把科学技术理解为罪恶的渊薮，这种文化心理上的分裂和对峙必然会给现代化的历史进程造成难以弥合的精神创伤。走出这一困境的唯一的办法就是把科学技术的发展和人文精神的弘扬紧密地结合起来。

总之，我们应当对中国百年来的现代化运动和观念的发展作出深刻的反思。只有当我们能够大胆地超越传统的、朴素的现代化观念，并根据新的历史条件来重塑中国现代化理念时，我们才能在现代化的道路上迈出正确的步伐。

# 2000年

# 现代化：一个批评性的反思①

　　从哲学研究的角度看，"现代化"(modernization)是人类在现实生活的推动下创造的诸多理念之一，在现、当代社会的发展中，这个理念起着特别重要的作用。深入的哲学思考总是把我们的思维带到下面这种有趣的现象之前：人们习惯于在不同的历史年代或文化背景下使用同一个术语来表达自己的思想，但却不由自主地赋予这一术语以不同的含义，而在这样做的时候又没有充分意识到澄清不同的含义的必要性，从而使沟通的失败变得不可避免。要从这种沟通的误区中走出来，对同一概念在不同语境中的不同的含义的澄明就成了前提性的工作。我们在这篇论文中所要做的工作，就是对中国现代化的理念做一个批评性的反思，力图通过对这一理念在不同的历史时期所表现出来的内涵上的差异性，即历史性的揭示，在世纪之交重塑现代化的理念，以便中国的现代化运动能够沿着健康的轨道向前发展。

---

① 原载《人文杂志》2000 年第 5 期，载《辞海新知》2000 年第 6 期，第 2—8 页。收录于俞吾金：《实践诠释学：重新解读马克思哲学与一般哲学理论》，云南人民出版社 2001 年版，第 177—192 页；《俞吾金哲学随笔(2)：哲学随感录》，北京师范大学出版社 2016 年版，第 299—311 页。——编者注

# 一、关于中国现代化反思的两次高潮

关于中国现代化理念发展史的探讨可以区分出两种不同的情况：一是广义的探讨，这种探讨能够把中国现代化理念的缘起一直追溯到洋务运动，甚至更早的时期。但在当时的历史背景下，人们还没有使用"现代化"这一术语。二是狭义的探讨，这种探讨以"现代化"这一术语的出现作为中国现代化理念缘起的标志。本文立足于狭义的探讨，试图通过现代化这一理念在当代中国社会的不同历史时期的含义上的差异，来阐明中国人的现代化意识的嬗变。

在理论界，人们一般认为，现代化的概念和理论是在第二次世界大战之后由西方学者率先提出来的。后来这个概念才在中国思想界风行起来。事实并非如此。正如有的学者指出的，实际上中国现代化运动从自己的实践中提出现代化的概念和观点，早于西方的现代化理论约 20 年。[①] 根据目前掌握的资料，在 20 世纪 20 年代，有的学者已开始使用"现代化"这个术语，而这一术语在报刊上的普遍使用则是在 30 年代。也就是说，当代中国人对现代化理念的反思滥觞于 20 世纪二三十年代。毋庸讳言，这种反思并不是一直延续的，而是时断时续的，在 90 年代之前，大致可以说是出现了两次反思的高潮。

第一次高潮是在 20 世纪 30 年代。1933 年 7 月，《申报月刊》刊出了"中国现代化问题号"特辑，先后发表论文 26 篇，约 10 万字。虽然论文作者的观点见仁见智，迥然各异，但他们的思考却不约而同地集中在下面两个问题上。

第一个问题是：什么是现代化？有的学者认为：就个人与物品言，现代化含着进步的意思。现代的人，应该比古代的好；现代的物品应该

---

① 罗荣渠主编：《从"西化"到现代化》，北京大学出版社 1990 年版，第 22 页。

比古代的好。今日的人与物，如果真比从前的好，那就是现代化了。"但就国家社会而言，现代化即是工业化。凡一个现代化的国家，即是一个工业化的国家。至于政治是不是要民主，宗教是不是要耶稣，这与现代化无必然的联系。日本是一个现代化的国家，然日本的政治，不是纯粹的民主，日本的宗教，更不是耶稣。所以我们说日本现代化了，即是说日本工业化了，这是现代化适用于国家社会之较狭的意义。工业化为其他一切的现代化之基础，如果中国工业化了，则教育，学术，和其他社会制度，自然会跟着现代化。所以本文所讨论的现代化是专指工业化而言。"①按照这种见解，现代化的本质也就是工业化，只要工业化实现了，当代中国社会的其他方面也会自然而然地现代化。也有的学者认为："所说现代化，最主要的意义，当然是着重于经济之改造与生产力之提高。换言之，即使中国经过一次彻底的产业革命。因为无论中国之前途为资本主义或为社会主义，但中国经济之应改造与生产力之应提高，则为毫无可疑。"②这种见解与上面的见解实际上是大同小异的，都把经济发展视为现代化的主要含义。

第二个问题是：中国现代化的条件是否已经具备？大部分学者对这个问题的回答是否定的。有的学者认为：中国现代化的困难和障碍第一是资本帝国主义者对中国的侵略和剥削，第二是国内军阀混战的频仍和农村经济的破产。所以要根本上排除中国现代化的困难和障碍是应从打倒帝国主义推翻现有社会制度入手。③甚至指出：从这一点看起来，中国目前最紧急的对策并不是在现代化的问题而是在怎样救亡的大计上面。④按照这种见解，一个国家的现代化是以民族的独立和政治的统一为前提的，而既然当时的中国还不具备这方面的条件，所以讨论现代化问题实际上是没有意义的。也有学者认为：目前中国现代化的困难，

① 罗荣渠主编：《从"西化"到现代化》，北京大学出版社 1990 年版，第 229—230 页。
② 罗荣渠主编：《从"西化"到现代化》，北京大学出版社 1990 年版，第 246 页。
③ 罗荣渠主编：《从"西化"到现代化》，北京大学出版社 1990 年版，第 268—269 页。
④ 罗荣渠主编：《从"西化"到现代化》，北京大学出版社 1990 年版，第 266 页。

我以为在精神方面是缺乏人才；在物质方面是缺乏资金。① 人才的培养要靠教育的发展，资金的积累要逐步摆脱外资的控制，运用政府的力量来发展国民资本。所以这里的关键还在于政府政治上的清明和经济发展上的计划性。而这个关键因素恰恰又是不确定的，这就使现代化的讨论失去了它的坚实的基础。

比较起来，第二个问题比第一个问题更为根本，因为它涉及现代化的基础和前提。在当时民族的生存和独立尚受到威胁的状态下来讨论现代化问题，实际上是不现实的。所以，这场以"中国现代化问题"为主题的讨论并没有持续地开展下去，而是很快就销声匿迹了，因为这样的讨论还缺乏强有力的动力机制。

在这里值得引起我们进一步思考的问题是：既然在当时的历史背景下讨论中国现代化问题是不现实的，为什么还有那么多学者知其不可而为之，积极参与这场讨论呢？答案只有一个，即这场讨论不是理智型的，而是情感型的。也就是说，当代中国人首先不是从理智上认识到了现代化的重要性，而是从受帝国主义侵略和压迫的切身感受中体验到了现代化的重要性。这也正是他们之所以比西方学者更早地提出现代化概念的根本原因。换言之，当代中国人关于现代化的第一次反思与其说是理智探索型的，不如说是情感感受型的。胡适这样写道：我们看了这十万字的讨论，真有点像戏台上的潘老丈说的，"你说了，我更糊涂了"。② 他的本意也许是想贬低这场讨论，事实上却抬高了这场讨论，因为他始终把这场讨论理解为理智上的认真的探索，实际上，这场讨论主要是情感上的发泄而已。尽管如此，我们还得承认，当代中国人对现代化的反思毕竟迈出了第一步。

第二次高潮是在 20 世纪七八十年代，这是一个思想高度统一的时代，"四个现代化"就是当时关于现代化的统一的提法。在阐述四个现代

---

① 罗荣渠主编：《从"西化"到现代化》，北京大学出版社 1990 年版，第 256 页。
② 罗荣渠主编：《从"西化"到现代化》，北京大学出版社 1990 年版，第 303 页。

化理论时，邓小平主要提出并解答了如下四个问题：

第一个问题是：四个现代化是什么样性质的现代化？邓小平在《用中国的历史教育青年》一文中说："我们脑子里的四化是社会主义的四化。"[1]他不赞成只讲四化，不讲社会主义。他认为，中国历史，特别是中国的近代史告诉我们，中国除了走社会主义的道路没有其他的道路可走，如果中国放弃社会主义，就要回到半殖民地半封建社会，不要说小康，甚至连温饱都没有保证。这就启示我们，邓小平的现代化理论并不是一种泛泛之论，而始终是一种社会主义现代化的理论。事实上，也只有充分地理解这一点，才能明白他的现代化理论与他的政治路线之间的密切的联系。

第二个问题是：四个现代化的关键是什么？邓小平《在全国科学大会开幕式上的讲话》一文中明确指出："四个现代化，关键是科学技术的现代化。没有现代科学技术，就不可能建设现代农业、现代工业、现代国防。没有科学技术的高速度发展，也就不可能有国民经济的高速度发展。"[2]他甚至把科学技术看作第一生产力，强调一定要建设一支强大的科学技术队伍，要普及科学知识，迅速地赶超先进国家的科技水平，才能尽快实现现代化的伟大理想。邓小平还进一步指出，科学技术现代化的关键则是大力发展教育事业。正是基于这样的考虑，他在为景山学校题词时写道："教育要面向现代化，面向世界，面向未来。"[3]而要大力发展教育，当然又要进一步改善教师乃至整个知识分子队伍的待遇，从而充分发挥他们的积极性和创造性。[4]

第三个问题是：什么是中国式的四个现代化？邓小平在1979年会见时任日本首相大平正芳时说："我们要实现的四个现代化，是中国式

---

① 《邓小平文选》第3卷，人民出版社1993年版，第204页。
② 《邓小平文选》第2卷，人民出版社1994年版，第86页。
③ 《邓小平文选》第3卷，人民出版社1993年版，第35页。
④ 邓小平在1989年指出："十年来我们的最大失误是在教育方面，对青年的政治思想教育抓得不够，教育发展不够。知识分子的待遇太低，这个问题无论如何要解决。"参见《邓小平文选》第3卷，人民出版社1993年版，第287页。

的四个现代化。我们的四个现代化的概念，不是像你们那样的现代化的概念，而是'小康之家'。到本世纪末，中国的四个现代化即使达到了某种目标，我们的国民生产总值人均水平也还是很低的。要达到第三世界中比较富裕一点的国家的水平，比如国民生产总值人均一千美元，也还得付出很大的努力。就算达到那样的水平，同西方来比，也还是落后的。所以，我只能说，中国到那时也还是一个小康的状态。"①一言以蔽之，中国式的四个现代化也就是"小康"。这一见解显示出邓小平现代化理论的一个重要的特征，即邓小平从不泛泛地讨论任何问题，他总是主张理论联系实际，结合当代中国的具体的历史语境来思考问题。

第四个问题是：什么是实现四个现代化的根本保证？邓小平回答道："中国要实现四个现代化，摆脱落后状态，必须有一个安定团结的政治局面，必须有领导有秩序地进行建设……我们坚定不移的原则是要有稳定的政治局面，以保证有秩序地进行四个现代化建设。"②在邓小平看来，一方面，中国的现代化需要有一个稳定的政治秩序；另一方面，中国的现代化也需要有一个和平的国际环境。总之，稳定是压倒一切的，全部中国近代史都证明了如下的真理：没有国际国内稳定的政治局面，现代化就是一句空话。

与20世纪二三十年代关于中国现代化的思考相比，七八十年代完全是理智型的思考，且显示出强烈的政治倾向。此外，七八十年代的思考明确地提出了工业、农业、科学技术和国防现代化的口号，并把科学技术现代化视为四个现代化的关键，反映出现代化理念反思的强烈的时代特征。当然，还是有一条主线把两个不同时代的思考连贯起来了，那就是把经济建设和大规模地提高生产力视为实现现代化的基础和前提。在现代化的理论方面，坚持这一点不但没有错，而且几乎成了学者们的共识。但仅仅停留在这一点上还是抽象的、片面的，而真理总是具体

---

① 《邓小平文选》第2卷，人民出版社1994年版，第237页。
② 《邓小平文选》第3卷，人民出版社1993年版，第208页。

的，正如黑格尔所指出的："真理就是所有的参加者都为之酩酊大醉的一席豪饮，而因为每个参加豪饮者离开酒席就立即陷于瓦解，所以整个的这场豪饮也就同样是一种透明的和单纯的静止。"①

## 二、新的历史条件与新的反思

如果把我们当前正在进行的现代化的反思与历史上的反思接续起来，也可以把我们的反思看作第三次高潮。但这次高潮还没有结束，它在世纪之交仍然继续着、发展着。我们这里说的新的历史条件，主要是指 20 世纪 90 年代初以来当代中国社会生活中出现的三个新的、根本性的要素：

一是从计划经济向市场经济的转向。这是当代中国社会生活中出现的一个最大的变数。如果说，在对现代化反思的第一次高潮中，计划经济或市场经济的问题还不可能被涉及，那么，在第二次高潮中，邓小平实际上是在计划经济的框架内思考现代化问题的。但在 90 年代初，他对现代化的思考已经突破了计划经济的框架，正如他在 1992 年的南方谈话中所指出的："计划经济不等于社会主义，资本主义也有计划；市场经济不等于资本主义，社会主义也有市场。计划和市场都是经济手段。"②这一突破之所以重要，不仅因为它把人们关于现代化问题的反思提高到一个新的层面上，而且由于市场经济所引发的一系列问题，现代化问题的内涵也变得越来越丰富了。

二是知识经济和高科技的发展使人们的整个视野大大地超越了工业时代，从而也超越了传统的现代化的理念。按照传统的理念，现代化也就是从以往的农业社会向现代工业社会的转型。在这个意义上，现代化

---

① ［德］黑格尔：《精神现象学》（上卷），贺麟、王玖兴译，商务印书馆 1979 年版，第 30 页。

② 《邓小平文选》第 3 卷，人民出版社 1993 年版，第 373 页。

的本质也就是工业化，至少在现代化反思的第一个高潮中，中国的大部分学者都是这么认为的。但是，现代化的内涵正在急剧地变化着。美国著名的未来学家阿尔温·托夫勒说："锄头象征着第一种文明，流水线象征着第二种文明，电脑象征着第三种文明。"①在他看来，流水线作为工业时代和传统的现代化理念的象征，已经失去了意义。90年代初以来，电脑和人工智能、知识经济和信息传播、遗传工程和无性繁殖、电视和电讯、航空和航天事业等都取得了长足的发展，高科技整个地改变了人们的生活世界和生活方式。在这样的历史条件下，无论是把中国的现代化理解为工业化或四化（四化中的第一化也是工业化）都显得不合时宜了。

三是西方后现代主义的兴起。西方的后现代主义思潮在20世纪60年代已见端倪②，在七八十年代产生了重大的影响。这一思潮虽然在80年代已经传入中国，但对当代中国社会的精神生活真正发生重大影响的却是90年代。由于后现代主义对与现代化的追求相一致的现代性的价值体系作出了深刻的反思，从而也形成了对传统的现代化理念认同的批评和超越。这就告诉我们，进入90年代以后，我们讨论乃至反思整个现代化的参照系都改变了，这个新的参照系就是后现代主义。换言之，在今天谈论现代化，再也无法回避后现代主义这一重要的历史背景了。

正是在这样的新的历史条件下，传统的现代化的理念在我们的心目中发生了巨大的变化，至少它推动我们去思考并解答如下的问题：

第一个问题是：既然后现代主义已经对蕴含在现代化和现代性中的主导性文化价值做了全面而深刻的批判，那么作为后发国家，我们还有必要去追求现代化的实现吗？我们认为，仍然是有必要的。事实上，不

---

① ［美］阿尔温·托夫勒，［美］海蒂·托夫勒：《创造一个新的文明——第三次浪潮的政治》，陈峰译，生活·读书·新知上海三联书店1996年版，第16页。

② 后现代主义兴起的时限是很难确定的，不少学者认为，这一思潮的兴起可以追溯到尼采、海德格尔等哲学家，但后现代主义形成一种时尚并对社会生活产生重大影响则是在20世纪60年代之后。

但由传统的现代化理念所代表的现代社会不是十全十美的，而且任何社会形态都不可能是十全十美的。所以，只要我们不被完美的乌托邦的理想所支配，那么我们就会看到，以现代性和现代化的主导价值为标志的现代社会的存在仍然有其合理性。而且历史和实践一再告诫我们，后发国家是无法绕过现代社会这种社会形态的。对于后发国家来说，后现代主义对现代性和现代化的主导价值的批判，有利于它们在追求现代化的过程中保持清醒的头脑，同时通过对后现代主义中的合理因素的汲取，而使自己的现代化进程始终沿着健康的轨道向前发展。但如果后发国家竟因后现代主义对现代化的批判而放弃了现代化的道路，甚至使自己心甘情愿地停留在前现代的传统社会中，那就未免显得太幼稚了。

第二个问题是：能够用"四个现代化"的口号来代表整个现代化的历史进程吗？我们的回答是否定的。众所周知，"四个现代化"也就是工业、农业、国防和科学技术现代化。如果说，在70年代初，即"文化大革命"中提出四个现代化的口号还有其合理因素的话，那么，在今天仍然沿用这个口号就显得不合时宜了。因为四个现代化的提法主要着眼的是物的因素。尽管工业、农业、国防和科学技术都蕴含着人的因素，但这里注重的并不是人的因素本身，而只是人的因素的物化。虽然物的因素在现代化的进程中起着重要的作用，但最根本的仍然是人的因素。这个道理已经被无数的历史事实所证实。换言之，实现现代化的中心环节是人的素质的现代化。在市场经济的背景下，我们对这个道理应该有更清醒的认识。比如，人们如果缺乏相应的道德方面和法律方面的素质（欠债可以不还、签合同可以不加履行、办事可以不讲信用等），那么市场经济显然是无法运作的，现代化也完全是一句空话。

第三个问题是：能够说科学技术是现代化的关键吗？诚然，在高科技的时代，科学技术的作用越来越重要，它的先进与落后直接关系到整个国家现代化的成败，但我们仍然不能片面地把科学技术视为现代化的关键。因为在当代的生活中，科学技术，特别是技术不再是一种中性的、价值上中立的东西。海德格尔就说过：如果我们把技术看作某种中性的东西，那么我们就以某种最坏的可能性被交付给技术了，因为今天人们特别愿意接受的这种观点使我们对于技术的本质完全处在茫然无知的状态下。① 在他看来，现代技术的本质显现于"座架"之中，这种"座架"既体现出人对自然或物的强行控制，也体现出一部分人对另一部分人的控制和整个人性的物化。注意到科学技术，尤其是高科技的负面的作用，人们就不得不对传统的、以单向度的方式肯定科学技术作用的现代化理念作出新的反思和修正。美国另一位知名的未来学家约翰·奈斯比特在十多年前出版的一部著作中，已经指出了单纯发展科学技术的危险性，因而强调："我们周围的高技术越多，就越需要人的情感。"②奈斯比特虽然敏锐地观察到了高科技和人的情感之间的平衡的必要性，但他对这个问题的思考还不是全面的。真正全面的思考涉及：在高科技迅速发展的背景下，如何协调好人文精神与科学精神之间的关系；如何通过对科学主义泛滥的遏制来弘扬人文主义的精神等。总之，在新的现代化的理念中，决不能固守"技术决定论"的立场，而应当把科学技术的发展与人文精神的倡导紧密地结合起来。

第四个问题是：能够把现代化建设简单地归结为经济建设吗？诚然，我们也承认，在现代化建设的进程中，经济建设起着极为根本的作用，但现代化毕竟是人们的整个社会生活，特别是政治生活的现代化，把它仅仅或主要地归结为经济建设显然是错误的。事实上，人们总是在一定的社会生活，特别是政治生活的背景下从事经济建设的，单纯的经济建设从来就是不存在的。在 20 世纪 80 年代中期，邓小平对这一点有清醒的意识，他反复重申："我们提出改革时，就包括政治体制改革。现在经济体制改革每前进一步，都深深感到政治体制改革的必要性。不改革政治体制，就不能保障经济体制改革的成果，不能使经济体制改革

---

① M. Heidegger，*The Question Concerning Technology*，New York：Harper & Row Publishers，Inc.，1977，p. 5.

② ［美］约翰·奈斯比特：《大趋势——改变我们生活的十个新方向》，梅艳译，中国社会科学出版社 1984 年版，第 53 页。

继续前进，就会阻碍生产力的发展，阻碍四个现代化的实现。"①在他看来，在中国要实现现代化，归根到底是要通过政治体制的改革走向政治的现代化。然而，从 80 年代末以来，政治体制改革的主题被淡化了，凸现出来的是政治稳定的问题。诚然，政治局面的稳定为现代化建设提供了根本性的保证，但不应该走向另一个极端，即把政治稳定与政治体制的改革对立起来。其实，真正长远的稳定仍然要以政治体制的改革为前提。也就是说，只有正确地理解政治稳定与政治体制改革之间的辩证关系，并把它作为反思现代化理念的一个根本性的环节来看待，中国的现代化道路才可能是健康的、充满希望的。

与二三十年代的情感型的反思和七八十年代的单纯政治型的反思比较起来，滥觞于 90 年代初的反思虽然也注重其政治维度，但它真正说来是一种综合性的、以广阔的文化视野为切入点的反思，因而蕴含着对现代化理念的全新的、批判性的思考和预测。

# 三、简短的结论

从对现代化理念的历史反思和当今的反思中，我们究竟可以引申出哪些有益的结论来呢？我们认为，下面这些结论是重要的，也是我们必须有勇气加以面对的。

第一，在西方后现代主义思潮的冲击下，我们仍然要坚定不移地追求现代性，追求现代化的实现。作为后发国家，我们在追求现代化的道路上，一定要认真汲取后现代主义在批判现代性和现代化价值导向时提出的合理的观念。如反对人类中心主义、保护生态环境的观念；反对启蒙和民主导致的极权主义、维护"他者"的权利；反对全能主义、强调生存方式的多样性和异质性等。但这样做，并不等于使我们的立场完全漂

---

① 《邓小平文选》第 3 卷，人民出版社 1993 年版，第 176 页。

移到后现代主义那里去。易言之,我们要批判地获取后现代主义的眼光,但这并不等于牺牲我们自己的立场,甚至退回到对传统的、前现代的立场的维护上。

第二,应当放弃"四个现代化"的提法,把现代化理解为全部社会生活的现代化。正如 A. R. 德赛所指出的:"这种被称作现代化的过程不局限于社会现实的一个领域,而是包括社会生活的一切基本方面。"①随着我国现代化建设事业的发展,社会生活中的文化、精神和人的素质的重要性越益显示出来,引起了学者们的广泛的重视。从文化生态学的立场看来,在现代化的历史进程中,亟须协调好人的因素与物的因素、人文精神与科学精神之间的关系,以确保这一历史进程的健康的发展。

第三,在当前,中国现代化的最紧要之点是与经济体制改革同步的政治体制改革。我们特别需要清醒地认识到,现代化必然蕴含着政治生活的现代化。我国的市场经济是从自然经济和计划经济中脱胎出来的,这就形成了它的一个基本的特征,即行政权力对经济生活的强有力的渗透。这种渗透有其合理的方面,从而为政府在经济、金融等方面进行的宏观调控提供了有利的条件,但也存在着不合理的方面,如以行政命令指挥经济活动、以权谋私、贪污腐败、国有资产流失等现象。在这样的背景下,政治体制改革的重要性和必要性就一再凸现出来。也就是说,政治生活的现代化成了当前中国现代化的最重要的话题。

综上所述,我们的目的是通过对现代化理念的批评性反思,确立合乎新的时代精神的现代化理论,从而引导我国的现代化事业沿着正确的轨道向前发展。

---

① [美]塞缪尔·亨廷顿等:《现代化:理论与历史经验的再探讨》,上海译文出版社1993年版,第28页。但不要像学术界流行的那样,把现代化理解为所谓"社会工程"。在这种理解方式中,特别是在"工程"概念中,赤裸裸地体现出科学主义的影响。

# 2001年

# "以德治国"和"依法治国"相得益彰[①]

近来，有些理论工作者担心：以前，政府提出了"依法治国"的口号，现在又提出了"以德治国"的口号。这两个口号会不会发生冲突？"以德治国"会不会引起传统的"人治"意识的回潮，从而使"依法治国"所蕴含的"法治"观念受到冲击？我们认为，这种担忧并不是空穴来风，但其中又包含着对一些基本理论问题的误解，亟须加以澄清。

首先，我们必须认识到，法律和道德是从不同的角度规范人的行为的准则，两者能否协调并共同地发挥作用，直接关系到一个社会的发展。众所周知，现代民法的基本出发点就是坚定不移地维护每个公民应有的权利，当公民以合乎法律的方式行使自己的权利时，理应得到相应的法律机构的保护，而政府的每一个部门也必须在法律的范围内开展工作。从表现方式上看，法律是以外在强制的形式发生作用的，即不管当事人是否愿意，他必须按照法律允许的方式去行动。法律的这种外在强制，无论是就维护现代人的基本权利来说，还是就现代社会的正常运作来说，都是

---

① 原载《文汇报》2001 年 4 月 9 日。收录于《俞吾金哲学随笔（2）：哲学随感录》，北京师范大学出版社 2016 年版，第 47—50 页。——编者注

必要的。与法律不同的是，道德不是以外在强制的方式发挥作用的，它体现出现代人的自我意识的觉醒和对自己行为的自我调适能力的增强。道德是通过行为者对良知的意识而对其行为方式发生影响的。一个人所信奉的道德观念越高尚，他的道德意识越强烈，他的行为就越体现出自律的境界，他律——我们这里指外在舆论的制约——就越弱化。历史和实践一再告诉我们，任何一个社会一旦出现道德普遍下降的局面，它的存在和发展必然会陷入困境。所以，无论是对现代人的行为而言，还是对以市场经济的运作方式为基础的现代社会的存在和发展而言，法律和道德都是不可或缺的。两者一外一内地制约着人的行为方式和社会的稳定，合则双赢，离则俱伤。

其次，我们应该看到，在"以德治国"和"人治"之间并不存在必然的联系。为了弄清楚两者之间关系，有必要对以下三个概念的含义做一个简要的探讨。一是"人治"，俗称"好人政治"，主张依靠执政者个人的贤明治理国家。孔子说："文武之政，布在方策，其人存，则其政举；其人亡，则其政息。"（《中庸》）这种人存政举、人亡政息的观点完全否认了体制建设的必要性，是"人治"思想的典型体现。二是"以德治国"所蕴含的"德治"，强调执政者施德行仁，举贤使能，并对民众进行德化教育。三是"依法治国"所蕴含的"法治"，主张制定合理的法律并严格依据法律治理国家。

在厘清这些概念的基本含义以后，我们还应该考虑以下的因素：第一，我们必须严格地把握"人治"概念所适用的范围，不能把它随意地加以扩大。人所共知，所有的国家，不管它具备何种政治体制，这种政治体制总是通过人来实施的，我们决不能把它们都称作是"人治"，否则，"人治"这个概念也就失去了它的存在意义。"人治"也就是人存政举、人亡政息的治国观念。第二，现在政府倡导"以德治国"，是不是意味着回到传统社会所主张的"德治"上去了呢？显然不是。两种"德治"在内涵上存在着重大的差别。一方面，传统社会的"德治"是以君臣父子的等级关系和身份制度为基础的，而我们现在强调的"德治"则是以人与人之间的平等的、民主的关系为基础的，因此，在"德"的内涵上是不可同日而语的；另一方面，由于传统社会的"德治"所要达到的目的是君王的家天下的世代延续，所以极易陷入"人治"的困境；而我们现在强调的"德治"所要达到的目的则是社会主义社会的长治久安和民主政体的健全与发展，因此是不可能退回到传统社会的"人治"轨道上去的。这方面存在的差异也是不言而喻的。第三，我们现在并不是孤立地强调"以德治国"，而是把它与"依法治国"紧密地结合起来，不但注重各项体制的建设，而且特别强调执政党和政府要严格按照法律办事，这就从根本上杜绝了"人治"的可能性。相反，通过"德治"和"法治"的互补，既克服了单纯的"德治"在解决不合法的问题时所面临的困难，也克服了单纯的"法治"难以弥补的道义和情感上的空隙，从而大大提高了国家治理上的有效性。

最后，我们也应该清醒地意识到，与"以德治国"和"依法治国"的相辅相成对应的是道德实践主体建设和法权人格建设的相辅相成。在现代社会中，没有普遍的道德实践主体和法权人格的形成，无论是"以德治国"，还是"依法治国"，都难以收到良好的效果。这里的"普遍的道德实践主体"是指人们普遍地、自觉地以高尚的或比较高尚的道德观念（如诚实、讲信用、俭节、勤劳等）来指导自己的一切行为；"普遍的法权人格"是指人们普遍地、自觉地按照法律来指导自己的一切行为，坚定不移地维护并履行自己的权利和义务（如尊重他人的独立人格、反对特权、与各种违法现象斗争等）。

综上所述，"以德治国"与"依法治国"的珠联璧合，不但会对我国的现代化事业产生积极的影响，而且也会极大地改变整个中华民族的精神风貌。

# 反对主观主义，尊重客观规律[①]

江泽民同志的"七一"讲话是对中国共产党建党八十周年的历史经验的科学总结。八十年来，中国共产党从"星星之火"发展到今天拥有六千多万党员的执政党，取得了新民主主义革命和社会主义建设的伟大胜利。但与此同时，在前进的道路上，中国共产党也遭受过许多挫折，有些挫折甚至是非常惨重的，值得我们认真地加以总结。或许可以说，在所有的经验教训中，最重要的一条就是：在任何时候都必须坚决地反对主观主义，尊重并遵循客观规律，按照客观规律办事。历史和实践一再表明，当中国共产党牢牢地记住这一经验教训的时候，革命和建设的事业就得到蓬勃的发展；反之，当主观主义到处泛滥，客观规律得不到尊重的时候，革命和建设的事业就会陷入困境。今天，重新反思并记取这方面的经验教训，无论是对中国共产党本身的思想建设来说，还是对现代化建设事业来说，都具有不可忽视的理论意义和现实意义。

---

[①] 原载《解放日报》2001年9月16日第8版。收录于《俞吾金哲学随笔（2）：哲学随感录》，北京师范大学出版社2016年版，第54—60页。——编者注

# 一、主观主义是革命和建设事业的大敌

毛泽东十分重视在党内开展反对主观主义的思想倾向的斗争。在《关于纠正党内的错误思想》《实践论》《改造我们的学习》《整顿党的作风》《反对党八股》等一系列著作中，他反复地论述了主观主义的种种表现及其危害性。毛泽东指出："我们党内的主观主义有两种：一种是教条主义，一种是经验主义。他们都是只看到片面，没有看到全面。如果不注意，如果不知道这种片面性的缺点，并且力求改正，那就容易走上错误的道路。"①在毛泽东看来，教条主义的特点是：唯书唯上，装出马克思主义的面孔吓唬人，拒绝对历史状况和新鲜经验进行认真的了解和研究；经验主义的特点则是：满足于自己的局部经验或一得之见，并把它们作为普遍性的东西到处加以运用，既不愿意从理论上来反省、总结并提升自己的局部经验，也不愿意对历史上的或现实生活中的新鲜的经验进行认真的思考和探讨。乍看起来，教条主义和经验主义是主观主义的两个极端，但实际上它们是殊途同归，都是以主观上的观念、意志、情绪、想象去取代外部世界的客观规律。

凡是熟悉中国共产党的早期发展史的人都知道，在1935年1月确立毛泽东在党中央和红军中的领导地位以前，主观主义，特别是以陈独秀为代表的右倾投降主义和以王明为代表的"左倾"冒险主义曾经使革命事业遭受了极为惨重的损失。毛泽东反复强调，要正确地指导中国革命并使之获得胜利，就必须持久地、深入地反对主观主义的思想倾向，确立起马克思主义的实事求是的思想态度，"就须不凭主观想象，不凭一时的热情，不凭死的书本，而凭客观存在的事实，详细地占有材料，在

---

① 《毛泽东选集》第3卷，人民出版社1991年版，第819页。

马克思列宁主义一般原理的指导下，从这些材料中引出正确的结论"①。正是通过对主观主义思想倾向的不断的批判、对马克思主义的实事求是的思想路线的认真贯彻，中国共产党领导的新民主主义革命才能沿着健康的轨道向前发展，并取得了伟大的胜利。

中华人民共和国成立以后，特别是从 20 世纪 50 年代后期起，由于一度在思想领域里放松了对主观主义的批判，而在胜利中滋长起来的骄傲情绪又为主观主义的蔓延提供了重要的土壤。正如《关于建国以来党的若干历史问题的决议》一文所指出的："由于我们党领导社会主义事业的经验不多，党的领导对形势的分析和对国情的认识有主观主义的偏差，'文化大革命'前就有过把阶级斗争扩大化和在经济建设上急躁冒进的错误。后来，又发生了'文化大革命'这样全局性的、长时间的严重错误。"②这种主观主义完全忽视了中国的实际国情，忽视了经济发展和社会发展的客观规律，无限地夸大了主观意志、想象和观念的作用，轻率冒进，急于求成，给社会主义建设事业造成了灾难性的后果。遗憾的是，"文化大革命"结束后，这种"主观主义的偏差"仍未得到有力的清算。政治思想领域里的"两个凡是"和经济领域里的"洋跃进"，仍然囿于主观主义的思想路线，在一个时期内，影响了社会主义建设事业。

总之，主观主义不会自动地退出思想舞台，而像中国这样长期以来小农经济占支配地位的国家，更是存在主观主义泛滥的深厚土壤。我们必须清醒地认识到，即使是在社会主义建设时期，反对和遏制主观主义的斗争仍然是我们在思想领域所面临的长期任务。如果在这方面缺乏充分的思想准备，我们就会在实践中遭受挫折。

---

① 《毛泽东选集》第 3 卷，人民出版社 1991 年版，第 801 页。
② 《中国共产党中央委员会关于建国以来党的若干历史问题的决议》，人民出版社 1981 年版，第 10—11 页。

## 二、尊重客观规律是事业兴旺的根本保证

与主观主义的错误思想态度相对立的是实事求是的科学态度。毛泽东这样写道："这种态度，就是实事求是的态度。'实事'就是客观存在着的一切事物，'是'就是客观事物的内部联系，即规律性，'求'就是我们去研究。我们要从国内外、省内外、县内外、区内外的实际情况出发，从其中引出其固有的而不是臆造的规律性，即找出周围事变的内部联系，作为我们行动的向导。"①在这里，毛泽东阐明了实事求是态度的两层意思。第一层：要坚持从实际出发，而不是从主观意志和想象出发去研究现实问题；第二层：要研究、掌握并尊重事物运动的客观规律，并用以指导我们的工作，而不是以书本上的某些"条条"或自己生活和工作经验中的某些偶然性的、局部的东西来指导我们的工作。

毛泽东在新民主主义革命时期写下的许多论著都体现出他对外部世界运动规律的尊重和探求。比如，他的《中国的红色政权为什么能够存在？》通过对当时国内的政治运作规律，特别是军阀割据情况的分析，指出了创建红色根据地的可能性，并奠定了农村包围城市的独特的革命军事战略和理论基础；《中国革命战争的战略问题》不但分析了一般战争的规律，而且着重分析了中国革命战争的规律，从而为中国革命战争的胜利奠定了重要的思想基础；《论持久战》独具慧眼地论述了抗日战争的形势、特点和规律，使中国人民在漫漫长夜中看到了希望；《新民主主义论》则高屋建瓴地阐述了整个中国革命的性质、特征和规律，从而科学地解答了"中国向何处去"的问题。总之，中国共产党之所以能经过二十八年的努力而取得新民主主义革命的胜利，与毛泽东所坚持的探求客观规律、尊重并按照客观规律办事的实事求是的思想路线是分不开的。

---

① 《毛泽东选集》第 3 卷，人民出版社 1991 年版，第 801 页。

平心而论，中华人民共和国成立初期，实事求是的思想路线仍然在中国共产党内起着主导性的作用，但从 20 世纪 50 年代后期起，随着毛泽东对社会主义时期阶级斗争认识的扩大化和个人专断作风的发展，这种思想态度渐渐地被遮蔽起来了，直到 1978 年展开的关于真理标准问题的全国性大讨论和中国共产党的第十一届三中全会的召开，马克思主义的实事求是的思想路线才得到恢复。在这一思想路线的恢复中，邓小平的作用是决定性的。他指出："实事求是，一切从实际出发，理论联系实际，坚持实践是检验真理的标准，这就是我们党的思想路线。我们说重申，就是说把这条马克思主义的思想路线恢复起来。这条思想路线，有一段时间被抛开了，给党的事业带来很大的危害，使国家遭到很大的灾难，使党和国家的形象受到很大的损害。"①在他看来，这条思想路线是由毛泽东确立的，后来毛泽东偏离了这条思想路线，从而造成了现实生活中的一系列错误的决策，这个历史教训应该认真地记取。邓小平还强调，"解放思想，就是使思想和实际相符合，使主观和客观相符合，就是实事求是"②。在这里，十分重要的是，邓小平告诉我们，解放思想并不等于胡思乱想，并不等于主观上的任意的想象，而是要把思想从"本本"或"局部的、教条化的经验"中摆脱出来，在于使思想和实际相符合。在这个意义上，解放思想和实事求是是完全一致的。也正是通过对中国国情（历史、现状）和社会发展规律的深入研究，他创立了"建设有中国特色社会主义理论"。

由于邓小平始终强调实事求是的思想路线，尊重客观规律，特别是社会主义社会初级阶段的经济发展规律，按照客观规律办事，所以，在改革开放的过程中，中国社会顺利地完成了从计划经济向市场经济的转型，并取得了翻天覆地的变化。历史和实践一再告诉我们，只要尊重客

---

① 中共中央文献研究室编：《邓小平关于建设有中国特色社会主义的论述专题摘编》，中央文献出版社 1992 年版，第 17 页。

② 中共中央文献研究室编：《邓小平关于建设有中国特色社会主义的论述专题摘编》，中央文献出版社 1992 年版，第 5 页。

观规律，依照客观规律办事，中国共产党的事业就会兴旺发达。

# 三、历史经验的当代诠释

在"七一"讲话中，江泽民结合当今时代的特征，对尊重客观规律、按照客观规律办事这一重要的历史经验作出了创造性的诠释。

首先，在批判主观主义的思想倾向时，他特别强调了反对教条主义态度的重要性和必要性。他认为："马克思主义具有与时俱进的理论品质。如果不顾历史条件和现实情况的变化，拘泥于马克思主义经典作家在特定历史条件下、针对具体情况作出的某些个别论断和具体行动纲领，我们就会因为思想脱离实际而不能顺利前进，甚至发生失误。这就是我们为什么必须始终反对以教条主义的态度对待马克思主义理论的道理所在。"[①]随着当代中国社会向市场经济转轨，随着科学技术的飞速发展，中国共产党在前进的道路上面临着种种新的问题和挑战。在这样的情况下，只有坚定不移地反对主观主义，特别是教条主义的态度，深刻地认识马克思主义的与时俱进的品质，才能从实际出发，解放思想，抓住机遇，依照事物运动的客观规律，做好各项工作，跟上时代前进的步伐。

其次，江泽民指出："马克思主义的发展史充分说明：解放思想、实事求是，是引导社会前进的强大力量。社会实践是不断发展的，我们的思想认识也应不断前进，应勇于和善于根据实践的要求进行创新。"[②]在这里，江泽民在邓小平提出的"解放思想""实事求是"的基础上，进一步强调了"理论创新"的重要性。当然，他在这里强调的理论创新，并不

---

① 《在庆祝中国共产党成立八十周年大会上的讲话》，人民出版社 2001 年版，第 26—27 页。

② 《在庆祝中国共产党成立八十周年大会上的讲话》，人民出版社 2001 年版，第 28 页。

是主观上的任意的想象,恰恰相反,理论创新正是以对外部世界的客观规律的尊重和遵循作为前提的。也正是在这个意义上,江泽民说:"坚持科学态度,大胆进行探索,使我们的思想和行动更加符合实际,更加符合社会主义初级阶段的国情和时代发展的要求。"①在他看来,只有符合客观规律的理论创新,才能解决好时代向我们提出的各种问题。事实上,理论创新对实事求是的思想路线的贯彻提出了更高的要求。

最后,江泽民强调:"任何时候我们都必须坚持尊重社会发展规律与尊重人民历史主体地位的一致性,坚持为崇高理想奋斗与为最广大人民谋利益的一致性,坚持完成党的各项工作与实现人民利益的一致性。"②这段论述之所以重要,是因为尊重客观规律的思想态度在这里获得了新的透视点,即江泽民揭示了它与尊重人民主体历史地位的一致性。也就是说,尊重客观规律并不仅仅是一个思想方法、认识方法的问题,归根到底也是一个是否尊重人民主体历史地位的问题。历史和实践一再告诉我们,当我们不尊重客观规律,只凭主观想象办事的时候,我们的事业就会遭受挫折,人民群众的利益也会遭受损失。所以,我们应该从代表和维护人民群众的根本利益的高度来认识尊重客观规律、按照客观规律办事的重要性。

---

① 《在庆祝中国共产党成立八十周年大会上的讲话》,人民出版社 2001 年版,第28—29 页。
② 《在庆祝中国共产党成立八十周年大会上的讲话》,人民出版社 2001 年版,第22 页。

# 深入学习深刻领会"七一"重要讲话<sup>①</sup>

## ——从极端的文化观中解脱出来

江泽民在"七一讲话"中指出：各国文明的多样性，是人类社会的基本特征，也是人类文明进步的动力。世界各种文明和社会制度，应长期共存，在竞争比较中取长补短，在求同存异中共同发展。不仅包含着对以往的历史经验教训的总结，也包含着理论上和实践上对新的世界环境的重新体认和策略定位。蕴含着一种博大的、宽容的文化视野和开放的、海纳百川的文化心态，值得我们深长思之。

这充分表明，中国共产党的文化心理和文化政策已经变得成熟了，而在以前，人们的观念总是在两个相反的极端之间徘徊。

# 一、自大心理和自卑心理

众所周知，中国以源远流长的文化著称于世，但不幸的是，在许多人那里，它竟然成了骄傲自大、故步自封的资本。比如，鲁迅先生在

---

① 本文为林尚立、周尚文、俞吾金合著，原载《社会科学报》2001年10月25日第1版。——编者注

《阿Q正传》中就批评过阿Q的那种"精神胜利法"。也有些中国学者认为，中国文化是一种高度成熟的文化，与它比较起来，其他各国的文化还处在蛮荒阶段，完全是不足道的。凡此种种都与自我中心主义的文化心理有着直接的联系。

1840年的鸦片战争使中国人从闭关锁国的沉睡状态中惊醒过来了。虽然某些有识之士提出了"师夷之长技以制夷"的口号，"洋务运动"也随之而兴起，但随着甲午海战的失利和八国联军的入侵，在一部分中国人中萌生起强烈的自卑心理，认为中国文化已经病入膏肓，奄奄一息，再也没有出路了。

从20世纪以来，中国人的文化心理始终在自大和自卑两个极端之间挣扎。中华人民共和国成立以来，尤其是改革开放以来，中国人才逐渐摆脱这两个极端，逐步确立自强自信的文化心理。但是，潜意识中的阴影并未完全消失，一有适当的气候，便会故态复萌。

# 二、排外情绪与崇外情绪

自从中国开埠以来，中国的对外关系，特别是在对西方国家的关系中，排外情绪和崇外情绪总是随着各种政治、军事、文化事件的发生而交替出现。中国人清醒地意识到，中国要发展，就要努力学习西方国家的先进的科学技术、管理经验和文化知识。但少数走极端的人则把中国文化贬得一无是处，"言必称希腊"，这种盲目崇拜西方文化的情绪，在我们的文学艺术和理论作品中时常有所抬头。与此相反的另一种情绪则是盲目排外，以偏狭的民族主义心态，简单地否定乃至排斥外来文化，特别是西方文化。这种情绪源于西方一些国家对中国的入侵。

这种排外和崇外情绪的交替出现，既表明中国人没有从历史的阴影中彻底地摆脱出来，也表明中国人缺乏冷静的理性思考，特别是缺乏对有差异的民族的文化传统的宽容态度。从一个角度看，我们的文化是悠久而成熟的；但从另一个角度看，我们的文化又是幼稚而任性的。


# 三、激进心态和保守心态


自从中国打开国门后，中国人看到了自己的文化生活与西方国家的文化生活之间存在着的巨大的落差。为了尽快消除这种落差，中国人的文化心态变得十分浮躁和激进。这种激进的文化心态正印证了一句古老的格言——弱者诉诸奇迹！

与这种激进心态相对立的是泥古、崇古的保守心态。无论是"半部论语治天下"的治国方略，还是"我注六经"的治学方法，无论是对传统文化的无批判的认同，还是随意地断言未来世纪是"中国文化的世纪"，都自觉不自觉地暴露出一种崇古的心态。这两种对立的倾向的此消彼长，也表明我们的文化心理仍然处在不成熟的状态下。

与上述状态不同，江泽民的"七一讲话"的一个重要意义在于它昭示了中国共产党的成熟的文化心理、文化态度和文化政策，那就是：承认世界和文化是丰富多彩的；尊重各国对自己的发展道路的选择，强调求同存异的宽容心态，谋求人类社会的和平与繁荣。在这样的文化心态指导下，中国的现代化必将沿着健康的轨道向前发展。

# 2002年

# 用发展着的理论指导新实践①

江泽民在中央党校省部级干部进修班毕业典礼时的讲话中指出："首先理论上不能停顿。否认马克思发展的科学性，丢掉老祖宗，是错误的、有害的；教条式地对待马克思主义，也是错误的、有害的。我们一定要适应实践的发展，以实践来检验一切，用发展着的马克思主义指导新的实践。"这段论述充分体现出江泽民对以下三方面关系的新的思考，值得引起我们的高度重视。

其一，新和老的关系。在某种意义上可以说，江泽民的整个讲话都贯穿着他对新和旧的辩证关系的深刻理解。一方面，他高度重视我们所面临的新的发展态势。在上面这段话中，他提出了"新的实践"的概念。在谈到经济建设和经济体制改革的时候，他又指出："在新世纪新阶段，发展要有新思路，改革要有新突破，开放要有新局面。"我们发现在这段简洁的论述中，一共出现了五"新"字。这一连串的"新"字表明，解放思想，适应新的实践，开拓马克思主义理论发展的新境界的重要性。另一方面，江泽民也强调，追求理论建设上的新境界，并不等于不分青红皂白

---

① 原载《文汇报》2002 年 6 月 21 日第 11 版；转载《毛泽东邓小平理论研究》2002 年第 3 期。——编者注

地抛弃一切老的东西。对老的东西要作出具体的分析，也就是说，对那些束缚社会向前发展的条条框框要加以抛弃，但对老的、在今天仍然是合理的东西则要加以维护。这就启示我们，要正确地理解新与老的关系问题。既要解放思想，开拓创新；又要继承传统中合理的因素，从而不重蹈虚无主义的覆辙。

其二，理论和实践的关系。在这段话中，江泽民深刻地揭示了理论和实践之间的辩证关系。一方面，在理论和实践的关系中，实践始终起着基础性的作用。因此，我们的理论研究活动决不应该与实践相分离，决不应该停顿下来，否则，它就会失去自己的生命力。也就是说，我们的理论研究一定要适应实践的发展，以实践来检验一切理论，并根据检验的结果，对原先理论中存在的偏失进行必要的调整。另一方面，理论并不是实践活动的消极的分泌物，实践活动本质上是人的有目的性的活动，而人的目的性总是在一定的理论话语的框架中表达出来的。江泽民强调要用发展着的马克思主义指导我们的新的实践活动。

其三，坚持和发展的关系。在这段话中，江泽民言简意赅地阐述了坚持马克思主义与发展马克思主义的辩证关系。显然，他不主张人们把坚持马克思主义和发展马克思主义割裂开来并对立起来。在他看来，光讲坚持，不讲发展，不了解新情况，不从新的实践活动出发阐释马克思主义，必定会把马克思主义教条化、僵化，从而导致马克思主义的生命力的丧失。反之，光讲发展，不讲坚持，甚至不讲马克思主义的基本立场、观点和方法，其结果就会背离马克思主义，滑向错误的道路。坚持"用发展着的马克思主义"指导新的实践，我们一定会取得社会主义现代化建设的伟大成就。

# 2004年

# 正确认识发展中的三大关系<sup>①</sup>

在当今中国社会，"发展是硬道理""发展是第一要务"已经成为共识。而在现实生活中，实际上存在着两种不同的发展形势：一种是"合理的发展形势"，即不但其发展理念是合理的，而且整个发展进程也取得了相应效果；另一种是"不合理的发展形式"，即不但其发展理念是成问题的，而且整个发展进程也以受挫折、中止或失败而告终。当今世界，为什么有些国家成功走上了自己的发展道路，而另一些国家却在自己的发展道路上举步维艰甚至停滞不前？显而易见，这与各自发展形式的合理与否存在着根本性的关系。那么，究竟什么样的发展形势才合理？笔者认为，只有在实际发展的进程中正确地处理好以下三大关系的发展形式才是合理的。

## 一、主观意志与客观法则之间的关系

发展乃是主观见之于客观的活动。合理的发展形势总是千方百计地使主观方面适合于客观方面，使人的主观意志服从客观法则，从而在实际

---

① 原载《文汇报》2004 年 3 月 3 日；转载《当代贵州》2004 年第 6 期。——编者注

发展进程中获得预期的效果。

与此相反，不合理的发展观念则立足于主观意志，从主观意志出发制定发展规划，完全不顾客观现实和客观法则。当我们回顾中华人民共和国成立以来的历史就会发现，20世纪50年代后期的"大跃进"就是不合理的发展形式的典型表现。当时提出的口号，如"不是做不到，而是想不到""人有多大胆，地有多大产"等，无一不体现出主观意志的无限膨胀和对客观法则的极度轻视。历史早已证明，这种狂热的、不健康的发展形式不但不会给人民大众的生活带来新的希望，相反，它造成了极其严重的后果。这一后果深刻地启示我们，只要人们对发展的理解片面地停留在对主观意志的崇拜中，只要他们无视客观法则，发展进程就会遭受严重挫折乃至失败。

历史的教训极其深刻，然而，并不是在任何情况下人们都会牢牢地记取这些教训的。在今天的经济生活和文化生活中，我们仍然发现"大跃进情结"幽灵般地在游荡。诚然，作为发展中国家，中国应该加快发展步伐，但加快发展的前提仍然是遵循客观法则，如果抽去这个前提，那就会重犯"大跃进"的错误。历史和现实昭示我们，一旦人们撇开客观法则，只凭主观热情和意志去求发展，这样的发展是几乎没有不失败的。

这里说的"客观法则"究竟是指什么？我们认为，它主要包含以下三方面的内容：一是自然规律。自然科学的研究成果早已表明，自然界的存在和发展是有自己的规律的，由森林、草原、湿地、湖泊、河流和海洋等构成的生态系统一旦受到破坏，就会给人们的生存和发展环境造成灾难性的影响。在这方面，人类已经积累了丰富的经验教训。二是市场经济规律。众所周知，市场经济的规律（如价值规律、供求关系规律、资源配置规律等）也是不以人们的主观意志为转移的，人们关于发展的任何规划只有同时也遵循这些规律，才可能收到事半功倍的效果。三是各种相关的法律。在当代社会中，一切人、物和事都处在法律关系的笼罩下，任何一个实际的发展进程，都会牵涉到相应的法律规定。因此，我们的发展理念的确定和实际发展进程的规划必须以合法性作为自己的前提。

总之，当代发展理念与传统发展理念的根本性差别在于，当代发展理念必须自觉地遵循上面提到的三大客观法则，从而确保实际发展进程的顺利进行。

## 二、理想状态与意外因素之间的关系

我们知道，任何一个发展的理念在转化为实际的发展进程之前，总会制定相应的发展规划，而发展规划的制定又是以理想状态为出发点的。那么，什么是"理想状态"呢？所谓"理想状态"也就是假定整个发展的进程都是在不受干扰、没有意外的理想化的状态中展开的。然而，理想和现实毕竟是存在距离的。在现实生活中，理想状态几乎是不存在的，而各种意外的因素往往会光顾我们。只要我们不是停留在理论的层面上抽象地谈论发展问题，而是密切地联系现实生活来看待它，那就不得不注重对任何发展进程中都可能出现的意外因素的思考。

一般说来，在任何发展进程中都存在着两类不同性质的意外因素：一类是积极的意外因素，即在通常的发展进程中，突然出现了一些原来没有考虑到的、但对这一发展进程十分有利的机遇。在这样的情况下，我们就应该从新的实际情况出发，解放思想，抓住机遇，加快发展进程，或使整个发展进程获得更有效的结果。另一类是消极的意外因素，即在通常的发展进程中，遭遇到一些原来未曾预料到的、对发展进程十分不利的因素。在这样的情况下，迅速地调整我们原来的思路和计划，以便最大可能地减少整个发展进程的损失。

就对发展进程中出现的意外因素的思考来说，考虑到可能会有积极的意外因素，即新的、有利的机遇出现，当然是必要的，因为机遇只有对于有准备的头脑来说才是有意义的。然而，更为必要和紧迫的是对发展进程中可能遭遇到的消极的意外因素的高度警惕和关注。中国人通常说的"忧患意识"的一个本质性的内容就是对这种消极的意外因素的高度警惕。如果我们深入地加以考察，就会发现，消极的意外因素主要包含以下三方面的内容：

一是自然界中的意外因素。众所周知，尽管当代科学技术对自然界的宏观和微观的探索都已达到十分深入的地步，但相当一部分自然灾害的发生和它们所造成的实际危害的程度仍然超越了人们原先的预测和想象。这些自然灾害不只对农村经济的发展造成了直接损害，也给城市经济的发展带来了间接影响。事实上，一个发展进程越是依赖自然条件，人们在确立发展理念、制定发展计划的时候，就越需要对可能发生的自然灾害对实际发展进程的"扰动"作出充分预测和估计。

二是社会现实生活中的意外因素。谁都不会怀疑，人们虽然生活在不同制度的社会中，但任何社会的现实生活都无例外地充满了种种风险和偶然因素。国际政治关系的紧张、国际战争或局部战争、国内不同地区之间的冲突、不同宗教派系之间的矛盾、恐怖主义事件的发生、校园枪杀案的频频出现、大规模的流行病引起的恐慌、社会谣言引发的思想混乱等等，所有这些社会生活中可能出现的意外因素，都会给实际发展进程造成严重的影响。

三是由个人的活动引发的意外因素。由于人是社会存在物，人的活动构成了社会现实生活，所以我们很难把这方面的意外因素与社会现实生活中的意外因素截然区分开来。当然，这两类意外因素之间的差异仍然是存在的。我们这里说的"由个人的活动引发的意外因素"，主要是指在任何一种具体发展进程中因为个人活动的偏差所引发的种种意外因素。如劳资纠纷、同一领导层或不同领导层的成员之间的矛盾、某些领导者的腐败行为、某些财会人员挪用公款或卷款潜逃、工作人员操作不当引起的恶性事故等等。历史和实践一再证明，不能轻视这些由个人的活动所引发的意外事件，它们甚至可能给整个发展进程带来难以想象的后果。

要言之，我们的发展理念决不能停留在理想的云层中，而要下降到现实生活的地面上，要从实际出发，确立必要的风险意识、预防意识和应急意识，否则，我们就可能在突发事件面前束手无策。

## 三、全局走向与局部努力之间的关系

现实生活一再启示我们，事物之间、事件之间无不处于普遍的联系之中。当然，在实际发展进程中出现的全局和局部之间的关系是异常错综复杂的，需要我们认真探讨。在我们看来，这一关系蕴含着以下三个不同的层次：

一是从内部考察，任何一个发展进程都存在着部分与部分之间的互动关系。假如我们把整个中国的发展理解为一个具体的发展进程，那么，在这一进程中，政治、经济和文化就构成了它的有机组成部分。如果我们不能使这些部分在结构上协调一致地向前发展，整个发展全局就会遭受挫折。比如，就政治与经济的关系而言，马克思主义早就告诉我们，政治是经济的集中表现，经济生活中的重大问题，如产权、分配方式、劳资关系等，同时也是政治问题。如果不先在政治领域里解放思想，对这些重大的问题获得新的、体现时代特征的认识，经济体制的改革和经济生活的发展就会举步维艰。反之，政治体制的改革、思想观念的解放又有赖于经济体制改革的促进和推动。就经济与文化的关系而言，任何一种经济生活总是在既定的传统文化的背景下展开的，无文化的单纯的经济生活是难以设想的。事实上，在当前中国市场经济生活中存在的一系列现象，如缺乏信用、不认真履行合同、欠债不还、任人唯亲、人情至上等，都源于传统文化的负面价值。也就是说，不在文化领域里批判这些观念，不以普遍的方式确立起道德实践主体和法权人格，健康的市场经济和经济活动都是无法展开的。反之，没有新的经济生活的形成和发展，我们的文化生活又会缺乏前进的动力。就政治与文化的关系而言，我们既不能把西方的政治理论与其文化背景简单地割裂开来，也不能单纯地引入西方政治理论，而不考虑这种理论与中国国情和传统文化背景之间存在着的巨大差异。简言之，在任何一个实际发展进程中，各部分之间的结构关系必须是协调一致的。没有这种部分之间的与时俱进的协调关系，也就不会有全局上的健康发展。

二是从主观方面考察，任何一个发展进程都存在着全局与局部之间的互动关系。实际上，"全局"和"局部"都是相对的概念。当我们置身于某一具体发展进程中的时候，决不能采取坐井观天的态度，而必须对这一发展进程的上下左右的关系获得一个清晰认识。一方面，当我们把这一发展进程视为全局时，要努力处理好它和属于它的各个局部之间的结构关系，以"弹钢琴"的艺术，使各部分协调一致地向前发展。另一方面，当我们站在更高的立场上把这一发展进程视为部分时，我们又要努力处理好它与它所从属的更高的全局之间的关系。

三是从客观方面考察，任何一个发展进程也都存在着人的行为与自然环境之间的互动关系。就不同的自然环境而言，也存在着部分与部分、部分与全局之间的结构关系。如果说整个国际自然环境是全局，那么中国就是局部；同样地，如果把整个中国的自然环境视为全局，那么，长三角就是局部。在这里，"全局"与"局部"的关系也是相对的、充满灵活性的。但不管如何，当任何一个具体的发展进程与相应的自然环境发生联系时，都应该把自然环境的可持续性存在理解为这一发展进程中人的任何行为必须遵循的前提。易言之，当我们从客观方面出发来考察任何一个发展进程时，我们必须高度重视这一进程与自然环境之间的协调关系。否则，自然环境迟早会向我们进行报复，并毁掉我们千辛万苦争取来的一切。事实上，当代人中的先行者早已达到这样的意识，即人与自然之间的关系应该是伴侣关系，而不是征服者与被征服者之间的关系。

综上所述，在讨论发展问题时，仅仅停留在对它的重要性的阐发上是不够的，必须深入地考察实际发展进程中必定会面对的各种错综复杂的关系，准确地梳理并解决好这些关系，这是确保这些发展进程取得预期成果的根本前提。

# 2005年

# 新时期意识形态的特征[①]

　　新时期的意识形态应该具有宽容性，在尊重多样性的基础上，对新时期的思想作出合理的引导。

　　新时期的意识形态应该具有开放性，不断关注、吸纳和提升现实生活中出现的重大问题、新鲜经验。

　　新时期的意识形态应该具有渗透性，以潜移默化的方式在现实生活中发挥作用。

　　社会意识的多样化，是我国经济社会转型期必然出现的一种现象。在这个时期，作为社会意识重要组成部分的意识形态，将以何种方式发挥自己的作用？这是理论工作者应该回答的一个重大问题。

　　不难发现，随着改革开放的深入，社会生活本身正在发生重大的变化。不仅新的事物层出不穷，社会的价值理想、人们的思想意识也处于深刻的嬗变过程中。原来处于边缘状态的诸多观念，如独立性、选择性、多变性和差异性等日益凸显。在这样的历史条件下，意识形态要不脱离实际生活的变化，就应该在保持相对独立性、阶级性等属性的同时，作出相应的调适，以便更有

---

　　① 原载《人民日报》2005 年 6 月 1 日第 9 版。以"新时期意识形态建设之我见"为题，收录于俞吾金：《俞吾金哲学随笔（2）：哲学随感录》，北京师范大学出版社 2016 年版，第69—71 页。——编者注

效地在新时期发挥其应有的重要作用。

新时期的意识形态应该具有宽容性。这里所说的"宽容性",是指意识形态对日常观念、生活方式和价值理想上存在的多样性的认可和提倡。意识形态对每个历史时期的思想文化都起着重要导向的作用,但这种重要导向应该以对多样性的认可而不是对它的排斥作为自己的前提。实际上,多样性正是生活本身的意义之所在。现实生活本身就是千姿百态的,精神生活的多样性就更不用说了。

新时期的意识形态应该具有开放性。这里所说的"开放性",就是向现实生活敞开,不断关注、吸纳和提升现实生活中出现的重大问题、新鲜经验,以之作为自己思考的对象,也作为推动自己发展的动力。孤立、静止、片面的意识形态必定脱离生活,并在内容上渐渐僵化,从而失去对现实生活的发言权和真正意义上的引导作用。新时期的意识形态只有保持开放性,以与时俱进的态度去追踪现实生活,吸纳现实生活中的新鲜经验,从而不断地丰富自己的思想内容,才能显示强大的生命力,并占据时代精神的制高点。

新时期的意识形态应该具有渗透性。这里所说的"渗透性",就是以潜移默化的方式在现实生活中发挥作用。意识形态工作不能简单化、表面化,不能仅以直白的政治口号作为自己的工作语言,这样的工作方式和工作语言不仅会损害意识形态本身的形象,也很难达到预期的目标和理想的效果。新时期的意识形态应该努力使自己以"润物细无声"的方式在现实生活中发挥作用。比如,在影视作品这样的意识形态表现形式中,英雄人物高尚的道德观念应该通过其富有个性的行为而不是通过大段大段的道德说教显现出来。同样,思想政治教育也应该更多地通过领导干部自身的行为方式和光辉形象"渗透"到普通百姓的心中,言不由衷的说教不但很难进入人们的心中,相反还常常成为他们调侃的对象。所谓"行不言之教"正是新时期的意识形态起作用的独特方式。

# 2008年

# 马克思主义的中国化和
# 中国马克思主义的国际化[①]

## ——兼论普遍性与特殊性的辩证关系

　　长期以来，在我国马克思主义研究领域里，存在着一个十分奇特的现象，即"马克思主义的中国化"和"中国马克思主义的国际化"这两个重要的领域常常是在相互分离、相互割裂的状态下得到研究的。也就是说，研究马克思主义中国化的学者始终关注的是如何把马克思主义的普遍真理与中国的具体国情紧密结合起来。在这里，关注的起点和重点主要落在中国社会和实践的特殊性上，但对理论上的普遍性，即应该把马克思主义的哪些普遍真理引入到中国社会中来，却缺乏全面的、深入的反思。反之，研究中国马克思主义国际化的学者始终关注的则是如何把握国外马克思主义的一般理论。在这里，关注的起点和重点主要落在国外马克思主义理论的普遍性上，但对中国社会和实践的特殊性却缺乏兴趣，即使有

---

　　① 原载《改革开放　制度·发展·管理：上海市社会科学界第六届学术年会文集（2008年版）》，上海人民出版社2008年版。收录于王明初主编：《马克思主义中国化研究》第1辑；俞吾金：《被遮蔽的马克思》，人民出版社2012年版，第476—486页；俞吾金：《俞吾金哲学随笔（2）哲学随想录》，北京师范大学出版社2016年版，第321—331页。——编者注

兴趣，也缺乏认真的调查、考察和探究。我们发现，不光在这两个研究领域中存在着特殊性与普遍性之间的分离，而且这两个研究领域之间的隔绝状态也正是特殊性和普遍性分离的重要标志。事实上，从新增设的马克思主义理论一级学科下设的 5 个二级学科——马克思主义基本原理、马克思主义发展史、马克思主义中国化研究、国外马克思主义研究、思想政治教育——的分类来看，尽管"马克思主义中国化研究"与作为"中国马克思主义国际化"的出发点的"国外马克思主义研究"处于同一个一级学科之下，但实际上，它们之间的关系是疏远的，甚至是隔绝的。

本文认为，对"马克思主义的中国化"和"中国马克思主义的国际化"进行分门别类的研究是必要的，但仅仅停留在这种分门别类的研究方式上又是远远不够的。应该把这两个领域综合成一个领域，并从特殊性和普遍性的辩证关系中来考察这一领域，舍此，便无法对其中的任何一个主题进行深入的研究。

# 一、马克思主义的中国化

什么是"马克思主义的中国化"呢？如前所述，马克思主义的中国化就是把马克思主义的普遍真理与中国的具体国情相结合，走出富有自己特色的革命或建设的道路来。

众所周知，在新民主主义革命时期，以王明等人为代表的"左倾"机会主义路线试图模仿俄国十月革命，率先在大城市里发动武装暴动，结果使革命事业遭受了严重的挫折。正是毛泽东，通过对中国国情，尤其是农村情况的深入调查和考察，形成了率先在农村建立革命根据地，以农村包围城市，最后夺取城市，解放全中国的正确的思想路线。中国新民主主义革命的伟大胜利表明，毛泽东关于新民主主义革命的思想路线是完全正确的，而这一思想路线的正确性正是以毛泽东对中国新民主主义时期的具体国情(中国革命的特殊性)的正确把握为前提的。

在社会主义建设时期,尤其是从 20 世纪 50 年代后期起,毛泽东没有再对这个时期的中国国情作出深入的考察和认真的研究,而是轻率地沿用了与新民主主义革命时期相适应的"以阶级斗争为纲"的政治路线;在 60 年代中期,他又亲自发动并领导了"无产阶级文化大革命",进一步提出了"无产阶级专政下继续革命"的错误口号,从而使中国的国民经济濒临崩溃。在粉碎"四人帮"、结束"文化大革命"后,直到 1978 年召开的中国共产党第十一届三中全会上,以邓小平为代表的正确的思想路线才得以确立。按照这条思想路线,在社会主义建设时期,中国共产党的中心工作不再是"以阶级斗争为纲",而是"以经济建设为中心",而贯彻这一新的思想路线的根本路径则是改革开放。改革开放 30 年来,中国经济社会发生了巨大的变化,而这一举世瞩目的变化表明,新的思想路线的正确性正是以邓小平等领导人对中国社会主义建设时期的具体国情(中国建设的特殊性)的正确把握为基础的。事实上,也正是基于对这种特殊性的认可和强调,以邓小平为代表的正确思想路线被称之为"中国特色社会主义理论"。所谓"中国特色",强调的正是中国社会主义建设时期具体国情的特殊性。正如邓小平所说的:"马克思主义必须是同中国实际相结合的马克思主义,社会主义必须是切合中国实际的有中国特色的社会主义。"①

当我们回顾中国共产党及中国社会在新民主主义革命时期和社会主义建设时期走过的坎坷历程时,深切地体会到,马克思主义中国化的要害在于,必须把马克思主义的普遍真理(理论上的普遍性)与中国革命或建设的具体国情(实践上的特殊性)密切结合起来。而在这一结合中,中国具体国情这一特殊性始终是我们思考的起点和重点。当我们说"马克思主义的活的灵魂就是对具体问题进行具体分析",或者说"一定要实事求是、从实际出发"时,我们强调的正是这种特殊性的优先地位。

---

① 《邓小平文选》第 3 卷,人民出版社 1993 年版,第 63 页。

无论如何，对于历史上的和当代的中国人来说，从中国社会和实践的特殊性出发来思索问题、探索解决问题的途径是正确的。但我们也要注意到，在特殊性与普遍性的关系中，存在着一个度的问题。实际上，在马克思主义中国化的过程中，经常出现以下两种错误的思想倾向：一是对中国社会和实践的特殊性估计不足。我们前面提到的新民主主义革命时期的"左倾"机会主义错误和社会主义建设时期，尤其是在"文化大革命"中"左"的思想路线的肆虐表明，在很多情况下，人们对不同历史时期的中国社会和实践的特殊性缺乏认真的思索和深入的把握。二是对中国社会和实践的特殊性做了过度的诠释。按照辩证法的理论，任何特殊性都蕴含着普遍性，世界上并不存在与任何普遍性相分离的绝对的特殊性。

　　上述两种错误倾向都涉及一个共同的、值得引起我们高度重视的理论问题，即在马克思主义中国化的过程中，应该把马克思主义所蕴含的哪些普遍性的真理引进来并加以中国化。显然，这里涉及历史性意识，即对不同历史发展时期中国社会和实践的本质性理论需求的意识。毋庸讳言，在新民主主义革命时期，中国社会和实践的本质性的理论需求主要体现在以下各个方面，如民族独立和民族解放、阶级分析和阶级斗争、政治革命和统一战线、中国共产党的革命政策和策略等。这就要求我们把马克思主义理论中与上述理论需求相关的普遍性真理引进来并加以中国化。在社会主义建设时期，中国社会和实践的本质性的理论需求已不再是工人阶级与资产阶级的矛盾，而是人民对于经济文化迅速发展的需要同当前经济文化不能满足人民需要的状况之间的矛盾。在这种情况下，全国人民面对的主要任务是集中力量发展社会生产力，实现国家工业化，逐步满足人民日益增长的物质和文化需要。基于这样的历史性需求，正确的做法是把马克思主义理论中与这些理论需求相一致的普遍性真理引进来加以中国化。晚年毛泽东所犯的政治错误表明，他不但对社会主义建设时期中国社会和实践的特殊性缺乏足够的估计，而且也没有对马克思主义理论中蕴含的相关的普遍真理作出正确的选择。

这就深刻地启示我们，在马克思主义中国化的过程中，尽管中国社会和实践的特殊性是我们思考问题的起点和重点，但我们对这种特殊性的估计应该保持在适度性的范围之内。事实上，只有正确地理解特殊性和普遍性之间的辩证关系，即特殊性必定蕴含着普遍性，而普遍性必定在特殊性中显现自身，才能对中国社会和实践的特殊性保持适度的估计，并对马克思主义理论中蕴含的普遍性真理作出合乎历史性意识的正确的选择。

## 二、中国马克思主义的国际化

什么是"中国马克思主义的国际化"？其实，这个问题又可以进一步分解为以下两个问题：一是"什么是中国的马克思主义？"，二是"什么是国际化？"。就第一个问题来说，在当代中国社会的语境中，答案是不言而喻的，即中国的马克思主义就是中国特色社会主义理论体系。正如胡锦涛同志所说的："在当代中国，坚持中国特色社会主义理论体系，就是真正坚持马克思主义。"①就第二个问题来说，国际化意味着，当代中国的马克思主义研究者们对国外马克思主义的历史和现状有着全面的、透彻的了解；他们能与国外马克思主义者们进行学术上的全方位的、实质性的对话；他们也能把中国特色社会主义理论体系正确地介绍到世界各国去，使之成为国际上最有生命力和影响因子的理论思潮之一。其实，在经济全球化的背景下，中国不但成了"世界村"的一个成员，而且其马克思主义也成了国际马克思主义思潮中的一个有机的组成部分。也就是说，中国的马克思主义只有自觉地把自身国际化，才能健康地生存和发展下去。

---

① 胡锦涛：《高举中国特色社会主义伟大旗帜　为夺取全面建设小康社会新胜利而奋斗》，人民出版社 2007 年版，第 12 页。

我们发现，在作为"中国马克思主义的国际化"的出发点的"国外马克思主义研究"中，普遍地存在着一种错误的倾向，即研究者们通常会自觉地或不自觉地受到马克斯·韦伯所倡导的"价值中立说"的影响，即把客观地阐释国外马克思主义思潮中的普遍理论作为自己的根本目标。正如阿尔都塞所批评的，这种对"中立性"和"客观性"的崇拜体现出研究者们自身在理论上的麻木和立场上的无根基状态。与马克思主义中国化过程中经常出现的、对中国社会和实践的特殊性的倚重相反，在中国马克思主义国际化的过程中，研究者们通常推崇的却是空疏的普遍性，即满足于对国外马克思主义者们所倡导的普遍理论观念的介绍和诠释。这些研究者们热衷于自己的专业，对国外马克思主义阵营中任何一位微不足道的小人物的言论、对他们撰写的任何一本肤浅的著作、对他们提出的任何一个荒谬的观念，都视若至宝，孜孜不倦地加以翻译、介绍和阐释。然而，他们对中国的历史和现状（即中国社会和实践的特殊性）却不甚了了，对中国共产党几代领导人在社会主义革命和建设的实践中创造性地提出的中国特色社会主义理论体系所知甚少，也缺乏理论兴趣和关注的热情。仿佛只有国外的马克思主义才是真正的马克思主义，而中国的马克思主义却什么也不是，或者至多不过是一种意识形态！

显而易见，这种完全漠视中国社会和实践的特殊性，满足于停留在空疏的理论普遍性中的思想倾向是完全错误的。凡是熟悉马克思主义思想发展史的人都知道，马克思生前就严厉地批判过类似的错误倾向。当俄国尼·康·米海洛夫斯基把马克思在《资本论》第一卷中对西欧资本主义原始积累状况的描述解释为世界上一切地区资本主义起源的方式时，马克思对这种懒汉式的思维方式予以无情的嘲弄：

> 他一定要把我关于西欧资本主义起源的历史概述彻底变成一般发展道路的历史哲学理论，一切民族，不管他们所处的历史环境如何，都注定要走这条道路，——以便最后都达到在保证社会劳动生

产力极高度发展的同时又保证人类最全面的发展的这样一种经济形态。但是我要请他原谅。他这样做，会给我过多的荣誉，同时也会给我过多的侮辱。①

在马克思看来，停留在抽象理论的普遍性上，这种理论必然蜕化为教条，只有把理论的普遍性与实践的特殊性紧密地结合起来，理论的普遍性才能保持其生命的活力。

我们知道，在《改造我们的学习》一文中，毛泽东也透彻地批判过当时中国共产党内存在的类似的错误倾向。当时，许多党员学习马克思主义不是为了中国革命实践的需要，而是为了单纯的学习。他们在言谈中"言必称希腊"，但对中国的历史和现状却不甚了了，甚至是"漆黑一团"。针对这种错误的思想倾向，毛泽东大声疾呼：

> 不单是懂得希腊就行了，还要懂得中国；不但要懂得外国革命史，还要懂得中国革命史；不但要懂得中国的今天，还要懂得中国的昨天和前天。②

在毛泽东看来，这种夸夸其谈的、完全漠视中国社会特殊性的所谓"马克思主义"是不可能引导中国革命走向胜利的。毛泽东自己则努力结合中国社会和实践的特殊性来理解和阐释马克思主义，他的《中国革命和中国共产党》《新民主主义论》等都是这方面的典范之作。

我们也注意到，作为中国社会主义建设时期的总设计师，邓小平在理论上的伟大的原创性不是源于他对马克思主义的本本和普遍的理论观念的熟悉程度，而是因为他确信，只有坚持有的放矢，坚持理论联系实际，把国外马克思主义的普遍理论与中国社会主义建设时期的特殊国情

---

① 《马克思恩格斯全集》第 19 卷，人民出版社 1963 年版，第 130 页。
② 《毛泽东选集》第 3 卷，人民出版社 1991 年版，第 801 页。

紧密结合起来，才是对这些普遍理论的真正理解和把握。他反复告诫我们："实事求是是马克思主义的精髓。要提倡这个，不要提倡本本。我们改革开放的成功，不是靠本本，而是靠实践，靠实事求是。"①比如，在农村经济改革中，邓小平从当时的实际情况出发，倡导了"家庭联产承包制"的新措施；在城市经济改革中，他考虑到当时不少城市的自我封闭状态，提出了"办好经济特区，增加对外开放城市"的新思路；在解决香港回归这一棘手的历史问题时，他又从当时的政治格局出发，提出了"一国两制"的新方案。所有这些都表明，邓小平始终是立足于中国社会和实践的特殊性的基础上来解读并发展马克思主义的普遍理论观念的。

这就深刻地启示我们，中国马克思主义国际化的关键，主要不在于中国的马克思主义研究者们对国外马克思主义的文本和普遍观念的熟悉程度，而在于他们对当代中国的马克思主义，即中国特色社会主义理论体系的兴趣和理解程度。也就是说，只有全面地、深入地把握中国特色社会主义理论体系的内涵和实质，才能超越理论上的"中立性""客观性"和"麻木性"，正确地理解和阐释国外马克思主义的理论观念和思想遗产，从而真正实现中国马克思主义的国际化：

这里是罗陀斯，就在这里跳跃吧！

这里有玫瑰花，就在这里跳舞吧！②

## 中国化和国际化之间的张力

当我们不是把"马克思主义的中国化"和"中国马克思主义的国际化"作为两个各自分离的领域和主题来加以研究，而是把它们综合在一起的

---

① 《邓小平文选》第 3 卷，人民出版社 1993 年版，第 382 页。
② 《马克思恩格斯全集》第 11 卷，人民出版社 1995 年版，第 762 页。

时候，不但问题的复杂性大大地增加了，而且它完全以新的方式呈现在我们的面前。

在这种新的呈现方式中，普遍性体现为当代中国社会对现代性的不懈的追求。正是这种追求促使当代中国的研究者们对经典马克思主义及其当代的表现形式之一——国外马克思主义的普遍理论作出了与现代性的价值取向相契合的理解和阐释。然而，当他们这样做的时候，常常忽略了问题的另一个侧面，即在经典马克思主义及当代国外马克思主义理论中也蕴含着批判、反思和超越现代性价值取向的另一个维度。而这个维度正是通过对东方社会，尤其是中国社会与西方社会的差异的深入反思而展现出来的。也就是说，在这里特殊性体现为中国社会追求现代性的独特的社会背景、历史境遇和现实道路。我们认为，要在马克思主义的中国化和中国马克思主义的国际化之间建立必要的张力，关键在于透彻地理解并把握当代中国社会和实践的特殊性。这一特殊性主要通过以下三个方面表现出来。

一是社会背景。长期以来，对马克思主义理论来源的片面解读导致了当代中国研究者们对中国社会和实践的特殊性的漠视。众所周知，列宁在《启蒙》杂志 1913 年第 3 期上发表了一篇著名的文章《马克思主义的三个来源和三个组成部分》，肯定德国哲学、英国经济学和法国社会主义是马克思主义的三个理论来源。平心而论，列宁的这一见解大体上是合理的，但它包含着一种把马克思理论解释为欧洲中心主义理论的危险。事实上，马克思从 19 世纪 50 年代后期起就开始通过对人类学著作的大量阅读，深入研究欧洲之外的古代社会，如印度村社、斯拉夫公社、俄国土地制度、亚细亚生产方式等，而列宁生前当然没有见过马克思在这方面留下的大量笔记。因此，我们认为，要按照事实的真相，把马克思理解为世界主义者，而不是欧洲中心主义者，就应该超越列宁的观点，把以古代非欧社会作为主要研究对象的人类学理解为马克思主义的第四个理论来源。[①] 长期以来，由于马克思主义理论的人类学来源被边缘化，甚至完全被遮蔽起来了，因而马克思关于亚细亚生产方式的重要论述也被遮蔽起来了，现、当代的中国研究者，如历史学家郭沫若就完全根据欧洲社会演化的"五形态说"来解释中国社会，从而抹杀了中国社会历史背景的特殊性。马克思在 1853 年 6 月 2 日致恩格斯的信中写道：

> 东方(他指的是土耳其、波斯、印度斯坦)一切现象的基础是不存在土地私有制。这甚至是了解东方天国的一把真正的钥匙。[②]

四天后，恩格斯在致马克思的回信中也表明：

> 不存在土地私有制，的确是了解整个东方的一把钥匙。这是东方全部政治史和宗教史的基础。[③]

显然，马克思和恩格斯关于亚细亚生产方式的这些重要论述正是我们透彻地认识中国社会和实践的特殊性的思想武器。

二是历史境遇。作为发展中国家，中国与西方国家之间存在着巨大的历史落差。19 世纪下半叶，中国的一批知识分子努力学习西方国家的先进技术，发展自己的民族资本主义，试图"师夷之长技以制夷"。然而，与此同时，在西方国家中，却掀起了一个批判资本主义制度的社会主义思潮。20 世纪初，在资本主义思潮和社会主义思潮的双重夹击下，中国知识分子陷入了歧路亡羊的窘境，而在俄国十月革命的推动下，他们义无反顾地选择了社会主义的道路。20 世纪 70 年代，当尚处于"文化

---

① 俞吾金：《马克思主义的第四个来源与第四个组成部分》，见俞吾金：《寻找新的价值坐标》，复旦大学出版社 1995 年版，第 320—333 页。
② 《马克思恩格斯全集》第 28 卷，人民出版社 1973 年版，第 256 页。
③ 《马克思恩格斯全集》第 28 卷，人民出版社 1973 年版，第 260 页。

大革命"冲击下的中国政府提出了"实现四个现代化"的宏伟目标时，西方国家又掀起了后现代思潮，开始对现代化和现代性所蕴含的价值系统进行全面的反省和批判。有趣的是，每当中国社会追求什么的时候，西方社会就开始抛弃什么。正是这种巨大的历史错位显示出当代中国社会和实践的特殊性。事实上，在当代中国社会中，前现代性、现代性和后现代性这三大价值系统是并存的，因此，当当代中国人追求现代性时，必须把现代性的价值系统与前现代、后现代的价值系统区分开来，既要坚持现代性的立场，又要批判地借鉴前现代、后现代价值系统中的合理因素，从而对现代性的价值系统作出必要的修正。换言之，当代中国社会所追求的，不是西方国家已经经历过的那种原初的现代性，而是反思的现代性。正是通过这种反思的现代性，中国社会和实践的特殊性得到了充分的展现。

三是现实道路。当代中国社会是从传统的宗法等级制社会和近代以来的殖民地、半殖民地社会中脱胎出来的。这一现实的发展道路蕴含着一个明显的缺陷，我们不妨把它称为"启蒙的缺失"。比较起来，从 14 世纪到 18 世纪，欧洲社会经历了文艺复兴、宗教改革和启蒙这三大思想文化运动。从这三大运动内在精神的连贯性来看，不妨把它们统称为"启蒙运动"。众所周知，启蒙运动的主旨是肯定人性、理性和个性，维护人权、人格和自由。实际上，启蒙的主旨正是现代性价值系统中的基础性的部分。

然而，当我们把考察的目光转向中国社会时，看到的却完全是另一幅景象。传统中国社会是东方专制主义社会，黑格尔在历史哲学中曾经批评说，在传统中国社会中，人人都等于零，只有皇帝是自由的。其实，这个貌似深刻的批评仍然是肤浅的，因为连皇帝的自由也是十分有限的，甚至他们的废立也都完全处于皇族和大臣的操控中。从 19 世纪 40 年代起，由于西方国家的入侵和种种不平等条约的签订，中国逐渐沦为半殖民地半封建社会。在这样的态势下，对于中国当时的知识分子来说，争取民族独立和解放就成了压倒一切的重任。于是，在近、现代中国社会中萌发出来的启蒙思潮，在这个压倒一切的重任的支配下，完全处于边缘化的状态中。也就是说，当代中国人是在启蒙缺失的条件下接受并奉行社会主义价值系统的。然而，必须指出的是，社会主义价值系统是奠基于启蒙运动的价值系统之上的。这就启示我们，当当代中国人在社会主义制度的框架内追求现代性时，还必须补上启蒙这一课。事实上，当人们在伦理学领域里谈论所谓"普世性价值"时，他们谈论的也正是蕴含在启蒙运动中的基本价值取向，而马克思在《1857—1858 年经济学手稿》中所说的"个人全面发展""自由个性"和《共产党宣言》中所说的"每个人的自由"实际上都是对启蒙运动的积极成果的认可和继承。

综上所述，在马克思主义中国化和中国马克思主义国际化的进程中，在当代中国社会追求现代化和现代性的道路上，我们必须从当代中国社会的具体国情出发，努力处理好特殊性和普遍性之间的关系，创造性地应用马克思主义的普遍真理，使中国经济社会和思想文化沿着健康的轨道向前发展。

# 2009年

# 对马克思主义中国化的主体的反思①

## 一、从前反思阶段到反思阶段

按照我们的观点，关于马克思主义中国化问题的讨论，大致上可以划分为两个不同的阶段：第一个阶段是从马克思主义于 19 世纪末传入中国到 20 世纪 80 年代末。我们不妨把这个阶段称为"前反思阶段"（the pre-reflective period）。也就是说，在这个阶段中，中国人关注的是如何把马克思主义的普遍真理引入中国，使之与中国的具体国情相结合。显然，这个阶段的努力主要是纵身向外的，其关注的焦点是如何把马克思主义引入中国，因而可以把这个阶段称之为"前反思的"（pre-reflective）。这个阶段的重要标志是：随着《马克思恩格斯全集》第一版（MEGA 1）和《列宁全集》第一版的翻译和出版，从总体上完成了把马克思主义经典作家的思想引入中国社会的历史任务。

第二个阶段始于 20 世纪 90 年代初，今天仍然处于这个阶段。我们不妨把它称为"反思阶

---

① 原载《探索与争鸣》2009 年第 1 期。收录于俞吾金：《俞吾金哲学随笔（2）哲学随想录》，北京师范大学出版社 2016 年版，第 311—320 页。——编者注

段"。也就是说，在这个阶段中，人们的主要任务已经转化为如何结合中国新民主主义革命和社会主义建设的经验教训，对马克思主义中国化的过程及其理论作出全面的反思和清理。显而易见，这个阶段的主要努力是反身向内的，因而是"反思的"，即把马克思主义中国化本身作为研究对象，通过反思和反省，总结这方面的经验教训，从而使今后马克思主义中国化的道路走得更好。"中国特色社会主义理论"的形成正是这个反思阶段的重要标志之一。

尽管始于20世纪90年代的《马克思恩格斯全集》第2版和《列宁全集》第2版的翻译和出版工作仍然在进行之中，这一标志已表明，当代中国人正站在时代的高度上，试图从总体上重新认识马克思主义及它在中国的传播过程。

## 二、谁是马克思主义中国化的主体

如果我们上面的见解被接受的话，就必须对马克思主义中国化的进程和理论作出认真的反思。本文的反思主要涉及下面这个问题：谁是马克思主义中国化的主体？如同人们在探讨经济全球化问题时，很少去追问：究竟谁是推动经济全球化进程的主体？有趣的是，人们也很少去追问：究竟谁是马克思主义中国化的主体？由于这方面的反思的匮乏，人们常常习惯于以"匿名主体"的方式来讨论马克思主义的中国化问题，从而使这方面的讨论很难深入下去。毋庸讳言，为了弄清问题，人们是不可能把这方面的追问长期搁置起来的。事实上，只有认真反思马克思主义中国化的主体及其局限性，才能明白，尽管中国新民主主义革命和社会主义建设的道路都取得了伟大的胜利，但谁都不会否认，前进的道路是曲折的，在有些地方甚至付出了惨重的代价。

那么，究竟谁是马克思主义中国化的主体呢？我们的回答是：中国共产党党内从事理论研究的知识分子和积极拥护中国共产党路线和政策的党外知识分子。正是这些先进的知识分子构成了马克思主义中国化的主体。然而，这些先进的知识分子并不是从天而降的，他们无一例外地置身于当时中国社会的现实生活中。正是这种现实生活在他们身上留下了深刻的烙印，从而也间接地对马克思主义中国化的进程发生深刻的影响。只要深入分析，就会发现，马克思主义中国化主要包含以下两方面的工作。

其一，把马克思主义经典作家的重要著作翻译并介绍到中国来。众所周知，在蒋介石于1927年发动反革命的"四·一二"政变后，不但中国共产党党员遭到搜捕和迫害，而且马克思主义著作的翻译、出版和传播也被视为非法。在如此困难的情况下，正是这些先进的知识分子，历尽艰难险阻，通过日本、苏联等渠道，打通了马克思主义在中国的传播途径，不断地把马克思主义经典作家的重要著作译介进来，为马克思主义的中国化奠定了基础。

其二，把已经翻译或介绍进来的马克思主义经典作家的重要著作，尤其是其立场、观点和方法运用到中国革命的实践中，努力形成具有中国特色的、条理化的革命经验和理论，从而既在革命实践中丰富和发展了马克思主义理论，又运用马克思主义的普遍真理解决了中国革命中遭遇到的种种具体问题，为中国革命的胜利创造了条件。实际上，正是在把马克思主义的普遍真理运用于中国革命的具体实践的过程中，马克思主义被中国化了，马克思主义经典作家变得家喻户晓了，而他们的伟大思想则成了中国革命和建设事业的指导思想。

在马克思主义中国化的进程中，上述两方面的工作都是不可或缺的。没有第一方面的工作，马克思主义无法传播到中国，从而也无法对中国的革命和建设事业产生决定性的影响。没有第二方面的工作，即使马克思主义进入了中国，也无法实现"中国化"，使之成为家喻户晓的真理。①

今天，当我们站在时代的高度上，重新反思中国社会曾经走过的历史道路时发现：从总体上看，这些先进的知识分子，即马克思主义中国化的主体，出色地完成了上述两方面的工作。然而，我们也必须清醒地意识到，这些知识分子的思想也深受当时中国特殊的历史条件和社会条件的影响。正如《毛泽东选集》(第3卷)中的《附录：关于若干历史问题的决议》(以下简称《决议》)所指出的："半殖民地半封建的中国，是小资产阶级极其广大的国家。"②在中国的具体国情下，由于小资产阶级无法建立自己的政党，因而其革命民主分子转而在中国共产党内寻找出路。其中的一部分经过改造转化为坚定的无产阶级革命者，但也有相当一部分"带着小资产阶级革命性的党员，虽然在组织上入了党，但在思想上却还没有入党，或没有完全入党，他们往往是以马克思列宁主义者的面貌出现的自由主义者、改良主义者、无政府主义者、布朗基主义者等等"③。《决议》还细致地分析了小资产阶级在思想方法、政治倾向和组织生活上的具体表现及对中国共产党党内生活的严重影响。

诚然，我们上面提到的这些致力于使马克思主义中国化的知识分子，大部分是优秀的，但其中一小部分人的思想还是或多或少地受到了小资产阶级思想的侵蚀，从而直接地或间接地对马克思主义中国化的进程产生了某些消极性的影响。

---

① 在《反对党八股》一文中，毛泽东指出："现在许多人在提倡民族化、科学化、大众化了，这很好。但是'化'者，彻头彻尾彻里彻外之谓也；有些人则连'少许'还没有实行，却在那里提倡'化'呢！所以我劝这些同志先办'少许'，再去办'化'。"参见《毛泽东选集》第3卷，人民出版社1991年版，第841页。

② 《毛泽东选集》第3卷，人民出版社1991年版，第991页。

③ 《毛泽东选集》第3卷，人民出版社1991年版，第993页。

# 三、对中国化进程中的历史教训的反思

就马克思主义中国化进程中第一个方面工作，即对马克思主义经典著作的翻译、介绍和传播来说，这些先进的知识分子中的大部分人发挥了积极的作用，但其中少数人受到了小资产阶级的激进主义思想倾向的感染，从而在对马克思主义思想的译介和传播中出现了一定的偏差。比如，在《黑格尔法哲学批判导言》(1844 年)中，马克思写下了两段十分重要的话。其中一段话的德语原文如下：*Mit einem Worte：Ihr Koennt die Philosophie nicht aufheben，ohne sie zu verwirklichen*。① 《马克思恩格斯全集》2002 年版第 3 卷中的译文如下："一句话，你们不使哲学成为现实，就不能够消灭哲学。"② 另一段话的德语原文如下：*Die Philosophie kann sich nicht verwirklichen ohnedie Aufhebung des proletariats，das Proletariat kann sich nicht aufheben ohne die Verwirklichung der Philosophie*。其译文则是："哲学不消灭无产阶级，就不能成为现实；无产阶级不把哲学变成现实，就不可能消灭自身。"③ 我们注意到，德语动词 aufheben 竟然全部被译为"消灭"。

由于这样的译文的影响，理论界有不少人撰文探讨马克思如何"消灭哲学"。其实，这根本上就是一个伪问题。众所周知，马克思所使用的德语动词 aufheben 主要来自黑格尔，而在黑格尔哲学中，aufheben 是一个非常重要的动词，它的含义不是"消灭"，而是"扬弃"。正如黑格尔所说的："扬弃在这里表明它所包含的真正的双重意义，这种双重意义

---

① Karl Marx，Friedrich Engels，*Werke*，*Gesamtausgabe Band 3*，Berlin：Dietz Verlag，1970，S. 384.

② 《马克思恩格斯全集》第 3 卷，人民出版社 2002 年版，第 206 页。

③ 《马克思恩格斯全集》第 3 卷，人民出版社 2002 年版，第 214 页。

是我们在否定物里所经常看见的，即：扬弃是否定并且同时又是保存"①。毋庸讳言，在深受黑格尔哲学影响的马克思那里，aufheben 无疑应该被译为"扬弃"，其含义是既有抛弃又有保留，而精通黑格尔哲学的马克思不可能不了解这一点。事实上，年仅 19 岁的马克思在写给父亲的信中就已经表明："在患病期间，我从头到尾读了黑格尔的著作，也读了他大部分弟子的著作。"②何况，青年马克思在学习法学时对哲学产生了强烈的兴趣，这种兴趣的转移表明哲学对他的思想来说有多么重要。在我们上面提到的同一封信中，马克思在谈到法学研究中的感受时，毫不犹豫地写道："没有哲学我就不能前进。"③即使在《黑格尔法哲学批判导言》中，只要人们认真研读上下文，也会明白，马克思根本不可能说出"消灭哲学"这样的具有虚无主义倾向的话来。实际上，在我们前面引证的马克思的第二段德语原文之前，还有下面这样一段话：*Die Emanzipation des Deutschen ist die Emanzipation des Menschen. Der Kopf dieser Emanzipation ist die Philosophie，ihr herz das Proletariat*。《马克思恩格斯全集》2002 年版第 3 卷把它译为："德国人的解放就是人的解放。这个解放的头脑是哲学，它的心脏是无产阶级。"④从这段准确的译文中可以看出，既然马克思把人的解放的"头脑"理解为哲学，把人的解放的"心脏"理解为无产阶级，怎么可能去"消灭哲学"或"消灭"无产阶级呢？显然，aufheben 只能被译为"扬弃"，而不能被译为"消灭"。

---

① ［德］黑格尔：《精神现象学》(上卷)，贺麟、王玖兴译，商务印书馆 1979 年版，第 75 页。在《小逻辑》中，黑格尔又写道："说到这里，我们顺便须记取德文中 Aufheben (扬弃)一字的双层意义。扬弃一词有时含有取消或舍弃之意，依此意义，譬如我们说，一条法律或一种制度被扬弃了。其次，扬弃又含有保持或保存之意。在这意义下，我们常说，某种东西是好好地被扬弃(保存起来)了。这个字的两种用法，使得这字具有积极的和消极的双重意义，实不可视为偶然之事，也不能因此便责斥语言产生出混乱。反之，在这里我们必须承认德国语言富有思辨的精神，它超出了单纯理智的非此即彼的抽象方式。"参见［德］黑格尔：《小逻辑》，贺麟译，商务印书馆 1980 年版，第 213 页。
② 《马克思恩格斯全集》第 40 卷，人民出版社 1982 年版，第 16 页。
③ 《马克思恩格斯全集》第 40 卷，人民出版社 1982 年版，第 13 页。
④ 《马克思恩格斯全集》第 3 卷，人民出版社 2002 年版，第 214 页。

所以，上面提到的两段译文应该做如下的修改，第一段应改为："一句话，你们不能使哲学成为现实，就不能够扬弃哲学。"第二段则应改为："哲学不扬弃无产阶级，就不能成为现实；无产阶级不把哲学变为现实，就不可能扬弃哲学。"一旦翻译上的问题被纠正了，所谓"消灭哲学"也就成了一个子虚乌有的问题。当然，我们这里关注的焦点不是马克思的这段话如何翻译，而是作为翻译者的主体为什么要以这样的方式进行翻译。或者换一种提问的方式：在翻译中出现这样的现象是否纯属偶然？我们认为，这种在翻译的过程中把语词含义极化的现象并不是偶然的，而是有其深层的原因。事实上，主体之所以把 aufheben 译为"消灭"，因为他不知不觉地受到了小资产阶级激进主义思想倾向的驱动。这一个案表明，马克思主义中国化，并不像人们通常想象的那样，是一帆风顺的。

　　就第二个方面的工作，即在把已经翻译或介绍进来的马克思主义经典作家的重要著作，尤其是其立场、观点和方法运用到中国革命实践的过程中，也是充满坎坷的。众所周知，在中国共产党发展的历史上，曾经多次出现"左"、右倾思想路线的错误，而这些错误的思想路线也与小资产阶级的思想背景有着千丝万缕的联系。正如《决议》所指出的："我们党内历次发生的思想上的主观主义，政治上的'左'、右倾，组织上的宗派主义等项现象，无论其是否形成了路线、掌握了领导，显然都是小资产阶级思想之反马克思列宁主义、反无产阶级的表现。"①这就启示我们，在马克思主义中国化的过程中，一旦主体的思想观念受到小资产阶级或其他错误的思想倾向的影响，中国化就会出现严重的偏差。这一偏差的两种具体的表现形式就是教条主义和经验主义。

　　就教条主义而言，其典型的表现形式是"本本主义"。早在 1930 年 5 月，毛泽东就写下了《反对本本主义》的小册子，严肃地指出："本本主

---

① 《毛泽东选集》第 3 卷，人民出版社 1991 年版，第 996 页。

义的社会科学研究方法也同样是最危险的，甚至可能走上反革命的道路，中国有许多专门从书本上讨生活的从事社会科学研究的共产党员，不是一批一批地成了反革命吗？就是明显的证据。我们说马克思主义是对的，决不是因为马克思这个人是什么'先哲'，而是因为他的理论，在我们的实践中，在我们的斗争中，证明了是对的。我们的斗争需要马克思主义。我们欢迎这个理论，丝毫不存在'先哲'一类的形式的甚至神秘的念头在里面。读过马克思主义'本本'的许多人，成了革命叛徒，那些不识字的工人常常能够很好地掌握马克思主义。马克思主义的'本本'是要学习的，但是必须同我国的实际情况相结合。我们需要'本本'，但是一定要纠正脱离实际情况的本本主义。"①针对当时中国共产党内流行的这种以本本主义为特征的教条主义思想倾向，毛泽东主张对中国社会的历史和现状进行系统的调查研究，以便在充分了解国情的基础上，形成正确的思想路线，制定合理的斗争策略。事实上，毛泽东本人就做了大量的调查研究工作，无论是他的《中国社会各阶级的分析》，还是《湖南农民运动考察报告》，无论是《中国的红色政权为什么能够存在？》，还是《中国革命和中国共产党》等著作，都是对中国社会进行深入调查研究的结果。在《〈农村调查〉的序言和跋》中，毛泽东这样写道："要了解情况，唯一的方法是向社会作调查，调查社会各阶级的生动情况。对于担负指导工作的人来说，有计划地抓住几个城市、几个乡村，用马克思主义的基本观点，即阶级分析的方法，作几次周密的调查，乃是了解情况的最基本的方法。只有这样，才能使我们具有对中国社会问题的最基础的知识。"②在毛泽东看来，在马克思主义中国化的过程中，教条主义贻害无穷，只有彻底地抛弃这种错误的思想倾向，运用马克思主义的基本观点，对中国社会进行周密的调查，把马克思主义的普遍真理与中国的具体国情结合起来，才能使马克思主义的中国

---

① 《毛泽东选集》第 1 卷，人民出版社 1991 年版，第 111—112 页。
② 《毛泽东选集》第 3 卷，人民出版社 1991 年版，第 789 页。

化沿着健康的轨道向前发展，才能保证中国革命取得胜利。

就经验主义而言，乍看上去，它与教条主义正好相反，其实，它们是殊途同归，都属于主观主义的范畴。在毛泽东看来，许多从事实际工作的人，经验很丰富，这些经验当然是十分可贵的。但如果以自己的经验为满足，也是十分危险的。在《整顿党的作风》一文中，毛泽东指出："有工作经验的人，要向理论方面学习，要认真读书，然后才可以使经验带上条理性、综合性，上升为理论，然后才可以不把局部经验误认为即是普遍真理，才可不犯经验主义的错误。"①毛泽东认为，克服经验主义的错误思想倾向，不但要认真阅读马克思主义的著作，而且要善于把实践生活中的重大现实问题提升到理论的层面上。比如，在经济理论方面，中国资本主义的发展，从鸦片战争到 20 世纪 40 年代，已经一百年了，但是还没有产生一本合乎中国经济发展实际的、真正科学的理论书。毛泽东强调说："我们所要的理论家是什么样的人呢？是要这样的理论家，他们能够依据马克思列宁主义的立场、观点和方法，正确地解释历史中和革命中所发生的实际问题，能够在中国的经济、政治、军事、文化种种问题上给予科学的解释，给予理论的说明。"②显而易见，朴素的经验主义不但是马克思主义中国化的障碍，也是不可能引导中国革命取得胜利的。

从上面的论述可以看出，尽管教条主义与经验主义的出发点是不同的，但它们在思想方法上却是一致的，它们都把马克思主义的普遍真理与中国革命的具体实践分割开来，把片面的、相对的真理夸大为普遍的、绝对的真理。在毛泽东看来，当时党内的情况表明，教条主义比经验主义的危害更大，更值得警惕。事实上，只有坚持不懈地与教条主义和经验主义这两种错误的思想倾向展开积极的斗争，马克思主义的中国化才可能取得丰硕的成果。

---

① 《毛泽东选集》第 3 卷，人民出版社 1991 年版，第 818—819 页。
② 《毛泽东选集》第 3 卷，人民出版社 1991 年版，第 814 页。

综上所述，只要我们不泛泛地谈论马克思主义中国化问题，就应该对马克思主义中国化的主体作出深刻的反思，而这样的反思正是为了确保马克思主义的中国化始终沿着健康的轨道向前发展。

# 2010年

# 走出"科学技术决定论"的误区<sup>①</sup>
## ——对中国现代化道路的一个反思

马克思创立的历史唯物主义学说在其发展的进程中一再面临着被曲解的命运。我们发现，在历史唯物主义的阐释史上，涌动着一股暗流，即试图把它曲解为"科学技术决定论"的暗流。回顾中国现代化发展的历史进程，也会发现，这股暗流不但经常会涌现出来，而且已在人们的无意识层面上赢获了普遍的认同，因而思想批判的光芒常常无力穿透它。

## 一、何谓"科学技术决定论"

所谓"科学技术决定论"，在我们看来，主要包含以下两方面的内容：一是把科学技术理解为一种积极的、革命性的力量；二是认定科学技术在人类社会发展史上起着根本性的决定作用，它可以解释并解决一切问题。这种理论滥觞于19世纪的欧洲，在20世纪和21世纪初形成了广泛

---

① 原载《马克思主义研究》2010 年 6 期。收录于《生命、知识与文明：上海市社会科学界第七届学术年会文集（2009 年度）（哲学·历史·文学学科卷）》，第 1—8 页；俞吾金：《被遮蔽的马克思》，人民出版社 2012 年版，第 132—142 页。——编者注

的社会影响，并在对历史唯物主义的阐释中不知不觉地上升为主导性的理论话语。

按照马克思的历史唯物主义学说，经济生活中的生产力和生产关系的矛盾构成人类社会的基本矛盾，而在这一基本矛盾中，生产力始终是伴随着人们的需要的变化而向前发展的、决定性的活跃的力量。显然，在马克思主义哲学的阐释者那里，如果上述基本见解没得到全面的、合理的理解的话，历史唯物主义学说极有可能被曲解为"经济决定论"或"生产力决定论"。

众所周知，马克思的历史唯物主义学说还告诉我们，生产力是由以下三个要素，即劳动者、劳动对象和以生产工具为主的劳动资料构成的。在这三个要素中，以生产工具为主的劳动资料是判断不同社会历史阶段生产力水平的客观标尺，而生产工具的发展与否，又取决于其中蕴含着的科学技术含量。显而易见，在马克思哲学的阐释者那里，如果上述见解也没有得到完整的、合理的理解的话，历史唯物主义学说极有可能从"经济决定论"或"生产力决定论"进一步变形为"生产工具决定论"或"科学技术决定论"。

那么，究竟是什么原因导致了科学技术决定论的形成和发展，并使它在对历史唯物主义学说的阐释中上升为主导性的理论话语呢？我们认为，主要是由以下两个原因引起的。

其一，由于受到历史条件的限制，马克思和恩格斯在叙述历史唯物主义学说时，常常因为维护唯物主义的基本立场而忽略了对不同要素之间的能动的、辩证关系的阐述。在1893年7月14日致弗·梅林的信中，恩格斯指出："此外，只有一点还没有谈到，这一点在马克思和我的著作中通常也强调得不够，在这方面我们大家都有同样的过错。这就是说，我们大家首先是把重点放在从基本经济事实中引出政治的、法的和其他意识形态的观念以及以这些观念为中介的行动，而且必须这样做。但是我们在这样做的时候为了内容方面而忽略了形式方面，即这些观念等等是由什么样的方式和方法产生的。这就给了敌人以称心的理由来进行曲解或歪曲。"①恩格斯这里说的"为了内容方面而忽略了形式方面"，也就是我们上面所指出的，为了强调唯物主义这一根本性的思想内容而忽略了不同要素之间在形式上的互动关系。

比如，在《哲学的贫困》中，马克思认定："手推磨产生的是封建主的社会，蒸汽磨产生的是工业资本家的社会。"②毋庸讳言，马克思的这一见解主要肯定了生产工具在人类历史发展上的重要作用，但由于表达上过于言简意赅，因而给后来的阐释者留下了广阔的阐释空间。事实上，有些阐释者就把马克思的这一见解曲解为"生产工具决定论"。进而言之，由于手推磨和蒸汽磨之间的差异是由它们在科学技术含量上的差异引起的，所以上述见解也很容易被曲解为"科学技术决定论"。

又如，恩格斯《在马克思墓前的讲话》中告诉我们："在马克思看来，科学是一种在历史上起推动作用的、革命的力量。任何一门理论科学中的每一个新发现——它的实际应用也许还根本无法预见——都使马克思感到衷心喜悦，而当他看到那种对工业、对一般历史发展立即产生革命性影响的发现的时候，他的喜悦就非同寻常了。"③显然，恩格斯在这里提到的马克思的见解，主要限于对科学技术的正面价值的肯定。在他看来，马克思甚至把科学视为"一种在历史上起推动作用的、革命的力量"。对于后来的阐释者来说，很容易引申出把历史唯物主义与"科学技术决定论"等同起来的阐释结果。尽管马克思在《资本论》和其他著作中也批判过科学技术的负面价值，论述过工人如何在雇佣劳动中沦为大机器的附庸，但他们并不愿意对马克思的科学技术观作出全面的探索和解释。

从上面的论述可以看出，全面地、准确地、完整地理解马克思主义经典作家的思想，在当前具有特别重要的意义。实际上，恩格斯在 1890 年 9 月 21 日致约·布洛赫的信中，已经意识到："根据唯物史观，历史

---

① 《马克思恩格斯选集》第 4 卷，人民出版社 1995 年版，第 726 页。
② 《马克思恩格斯选集》第 1 卷，人民出版社 1995 年版，第 142 页。
③ 《马克思恩格斯选集》第 3 卷，人民出版社 1955 年版，第 777 页。

过程中的决定性因素归根到底是现实生活的生产和再生产。无论马克思或我都从来没有肯定过比这更多的东西。如果有人在这里加以歪曲，说经济因素是唯一决定性的因素，那么他就是把这个命题变成毫无内容的、抽象的、荒谬无稽的空话。"①

这段话表明，马克思的历史唯物主义学说只是在"归根到底"的层面上，把现实生活的生产和再生产视为历史过程中的决定性因素，而超越这种"归根到底"层面的任何其他的决定论，当然也包括科学技术决定论在内，马克思和恩格斯都是不愿意加以认同的。

其二，科学技术在当代的迅猛发展也助长了科学技术决定论的蔓延。1968年，哈贝马斯在其《作为"意识形态"的技术与科学》一书中指出："自19世纪的后25年以来，在先进的资本主义国家中出现了两种引人注目的发展趋势：第一，国家干预活动增加了；国家的这种干预活动必须保障[资本主义]制度的稳定性；第二，[科学]研究和技术之间的相互依赖关系日益密切；这种相互依赖关系使得科学成了第一位的生产力。"②无疑哈贝马斯关于科学技术是第一生产力的见解为科学技术决定论日益普遍地被人们所接受提供了新的、重要的思想助力。

我们必须清醒地意识到科学技术决定论的危害性。首先，科学技术决定论将使历史唯物主义失去自己的活力，蜕变为一种机械的宿命论；其次，这种理论只是狭隘地把"科学"理解为"自然科学"，完全排斥了人文社会科学理论和人文精神在人类历史发展上的重大意义与作用；最后，这种理论把蕴含在科学技术和生产工具中的"物"的因素的重要性无限地加以拔高，从而完全忽略了"人"的要素的重要性，仿佛人只是经济关系或科学技术之"手"牵动的一个木偶，人完全无法改变自己的命运和处境，而只能像罗马诗人贺拉斯笔下的乡下佬那样傻乎乎地等候在河边：

---

① 《马克思恩格斯选集》第4卷，人民出版社1995年版，第695—696页。
② [德]哈贝马斯：《作为"意识形态"的技术与科学》，李黎，郭官义译，学林出版社1999年版，第58页。

乡下佬等候在河边，

企望着河水流干；

而河水流啊、流啊，

永远流个不完。①


# 二、科学技术决定论在中国


我们发现，在中国追求现代化的历史进程中，科学技术决定论的幽灵一再以各种方式表现出来，严重地干扰了中国现代化的历史进程。下面，我们考察科学技术决定论在中国现代化道路上的四种不同的"现身"方式。必须加以说明的是，"科学技术决定论"并不是由哪个人直截了当地提出来的，而是我们在理论研究中发现的一种广有影响的思想倾向。它总是以隐蔽的形式蕴含在人们关于科学技术的种种见解、言谈和口号之中，甚至牢牢地盘踞在人们的无意识的心理层面上，只有自觉的、深入的反思才能使之上升到意识的层面上，并受到应有的批判。

在中国追求现代化的道路上，科学技术决定论的第一次现身是在 19世纪下半叶。事实上，谁都不会否认，中国现代化道路的起始点一直可以追溯到 19 世纪 60 年代。当时处于晚清时期的中国社会，仍然坚守着东方专制主义的政治思想传统，并以大卜独尊的傲慢和闭关自守的无奈苟延残喘。然而，两次鸦片战争的失利终于在中国朝野引起了巨大的震动，从而逐步形成了以曾国藩、李鸿章、左宗棠、张之洞为代表的洋务派和洋务运动。

---

① 转引自［德］康德：《未来形而上学导论》，庞景仁译，商务印书馆 1982 年版，第 5页。

在某种意义上可以说，魏源的《海国图志》（成书于19世纪四五十年代）先行地道出了洋务派和洋务运动的秘密。当时，朝廷里的顽固派把西方先进的科学技术斥之为"奇技淫巧"，魏源并不同意这种肤浅的观点。在他看来，西方的科学技术，无论是对民生的发展，还是对军事上的防御来说，都是有用的，而"有用之物，即奇技而非淫巧"，因而他主张"以夷为师""师夷之长技以制夷"。也就是说，要努力学习西方先进的科学技术，以子之矛，攻子之盾，用它来制服西方入侵者。无疑地，在当时闭关锁国、夜郎自大的氛围中，魏源的上述思想具有进步的历史意义。然而，在他的思想中，也蕴含着一个错误的理论前提，即对于一个国家来说，科学技术的先进与否，是决定一切的。毋庸讳言，只要中国人把西方人的先进的科学技术学到手，就一定能制服西方人。明眼人一看就知道，这个错误的理论前提蕴含着科学技术决定论的萌芽。尽管魏源在《海国图志》中也论及西方国家的民主政治制度，并对其赞赏有加，但他这方面的见解在其整个思想中并不具有基础性的、核心的地位和作用。

我们之所以说《海国图志》先行地道出了洋务派和洋务运动的秘密，是因为它大致上承袭的正是魏源的思路，即试图在不触动清政府专制统治的前提下，通过学习西方并逐步拥有自己的先进技术，特别是军事技术的方式，大力发展自己的实业、商业和金融业，尤其是军事工业，增强自己的国力，以遏制西方国家和东方其他国家的入侵。然而，1894—1895年甲午海战的失败彻底终结了洋务派和洋务运动的迷梦，表明了魏源所倡导的"师夷之长技以制夷"的想法是多么天真！痛定思痛，当时中国的知识分子在理论上和实践上迅速地从对洋务运动的认同转向对政治维新运动拥戴。可是，当他们匆匆忙忙地"转身"时，却忽略了对作为洋务运动的理论前提的科学技术决定论的清理和批判。事实上，当时的中国社会在科学技术方面极端落后，这种批判意识也很难萌发出来。

科学技术决定论的第二次"现身"是在20世纪20年代，它通过1923—1924年爆发的"科玄论战"而充分地显现出来。当时，以胡适、丁文江为代表的"科学派"认定，科学对人生观的确定具有决定性的意义，而以张君劢为代表的"玄学派"则认定，科学无法决定并支配人生观。尽管这两派之间的争论并没有达成什么共识，但比较起来，"科学派"的观点是更深入人心的。① 胡适在为 1923 年由上海亚东图书馆出版的《科学与人生观》所写的序中指出：这三十年来，有一个名词在国内几乎达到了无上尊严的地位；无论懂与不懂的人，无论守旧和维新的人，都不敢公然对它表示轻视或戏侮的态度。那个名词就是"科学"。这样几乎全国一致的崇信，究竟有无价值，那是另一问题。从这段话中可以看出，当时的"科学"观念在中国的影响之巨。然而，明眼人一看就知道，在这种对科学技术"无上尊严的地位"的盲目"崇信"中，在这种认定科学完全能够决定人生观问题的自信中，无疑地隐藏着科学技术决定论的思想酵素。一旦获得合适的气候条件，这种思想酵素就会像热带植物一样，快速地成长起来并蔓延开来。

科学技术决定论的第三次"现身"是从 20 世纪 60 年代到 1978 年党的十一届三中全会。1964 年 12 月，在第三届全国人民代表大会第一次会议上，根据毛泽东的建议，周恩来在政府工作报告中首次提出了"四个现代化"（工业现代化、农业现代化、国防现代化、科学技术现代化）的口号，并设想分两步走来实现这一宏伟的目标：第一步，用 15 年左右的时间，建立一个比较完整的、独立的工业体系和国民经济体系，从而大体接近世界先进水平；第二步，到 20 世纪末，全面实现四个现代化，使中国工业走在世界前列。周恩来认为，要实现四个现代化，关键在于科学技术的现代化。尽管周恩来的想法是合乎情理的，因为与先进国家比较，当时中国在科学技术方面还是相当落后的，确实需要作出异乎寻常的努力，才能逐步接近发达国家已经达到的发展水平。然而，把科学技术的发展理解为实现四个现代化的关键，仍未超越科学技术决定

---

① 事实上，1919 年爆发的五四运动已经提出了"德先生"（democracy）和"赛先生"（science）的口号，从而把"科学"置于决定性的位置上。

论的思想窠臼。事实上，随着史无前例的"文化大革命"的爆发，四个现代化的目标和设想也就被束之高阁了。时隔10年，直到1975年1月，重病缠身的周恩来才再次受毛泽东委托，在第四届全国人民代表大会第一次会议的政府工作报告中重提四个现代化的口号。然而，实践表明，在晚年毛泽东所坚持的"以阶级斗争为纲"的错误思想路线的引导下，四个现代化的口号是不可能真正付诸实践的。周恩来、毛泽东于1976年相继逝世后，华国锋试图在错误思想路线的框架内来促进中国现代化的发展，搞所谓"洋跃进"。结果表明，这种南辕北辙的做法也是不可能获得任何积极的成效的。总而言之，在这个时期内，由于四个现代化仅仅停留在纸面上而没有付诸实践，所以，蕴含在"科学技术现代化是关键"这一得到普遍认同的见解中的科学技术决定论的酵素还处于潜伏的状态中，它与工业、农业、国防现代化及其他方面（如人的素质）的现代化之间的紧张关系还未显现出来。然而，在人们的无意识层面上，仍然有一种对科学技术决定论的普遍的认同。

科学技术决定论的第四次"现身"是在改革开放以来的30多年中。谁都不会否认，改革开放使当代中国社会发生了翻天覆地的变化，而在这一变化中，科学技术的现代化确实也发挥了重要的作用。然而，在许多场合下，这一作用都被不适当地夸大了。其实，在"科技兴国""科教兴国"和"科学技术是第一生产力"这类具有片面性和简单化倾向的时尚的口号中，科学技术决定论的幽灵再度出现在我们的面前。① 这一次，它的活跃程度似乎远远地超过了前面三次，而当代中国人似乎也迷恋于科学技术带来的各种益处和便利，而忽略了这把"双刃剑"已经造成的灾难和正在造成的更大的灾难。

事实上，改革开放以来的实践生活已经以自己独有的方式在拒斥科学技术决定论了。一方面，人们逐步认识到，20世纪六七十年代关于

---

① 所谓"科技兴国"和"科教兴国"中的"科"字，指的都是自然科学。在大学里，"重理轻文"的倾向长期以来得不到纠正。此外，理工科设院士，而人文社会科学不设院士的现象也蕴含着"学科歧视"的错误倾向。总之，自然科学始终处于"唯我独尊"的位置上。

"四个现代化"的提法是片面的，因为这个提法缺乏系统性，没有把基础设施现代化、通讯现代化、教育现代化等现代化的其他要素整合进去，更为严重的是，没有把现代化的核心要素——人的素质的现代化考虑进去。要言之，"四个现代化"的主要着眼点是"物"，而不是"人"。面对着先进的科技设备（如公共场所的电话、电缆等）被不法分子盗卖和市场上出现的假冒伪劣商品，人们终于意识到，如果人的素质没有现代化，那么科学技术的现代化和其他方面的现代化都不过是一句空话。明眼人一看就知道，"精神文明""依法治国"和"以德治国"这样的口号之所以被提出来，正是基于上面的考量。显而易见，这些口号既是对"科技兴国""科教兴国""科学技术是第一生产力"这类片面性的口号的补充，又是对它们的修正和超越。另一方面，人们也逐步认识到，在科学技术及其相应的思维方式主宰一切的地方，人的尊严、社会的公正和人文精神必定会被边缘化，并在现实生活中导致灾难性的后果。其实，谁都明白，全部科学技术都是由人来研究、发明并加以控制的，一旦人性中恶的倾向得不到遏制，科学技术就完全可能蜕变为作恶的工具，从而使人类走向毁灭。在这个意义上，奠定人的行为基础的人文精神比起科学技术来，无疑起着更为根本的作用。

改革开放以来，尽管中国政府已经在实践上采取了一系列措施来遏制科学技术决定论观念的蔓延。然而，在理论上这一错误观念却从未遭到系统的批判和自觉的清算。

# 三、如何走出科学技术决定论的误区

如前所述，在相当大的程度和相当宽的范围内，科学技术决定论已经得到当代中国人的认同，这种认同甚至已经深入到无意识的层面上。我们认为，要彻底改变这种局面，走出科学技术决定论的误区，至少得在以下三点上作出努力。

第一，重新认识科学技术的本质与作用。我们知道，德国哲学家海德格尔在 1950 年出版的《技术之追问》一书中区分出两种不同的技术：一是手工技术，如农村里的风车、水车、手摇的纺纱机等，它们不可能对人与自然界、人与人的关系产生灾难性的影响；另一种是现代技术，如化学、电业、核物理、航天、生命工程等，它们以实质性的方式改写着人与自然界、人与人的关系，并已对整个人类的生存环境造成了无法挽回的影响。海德格尔认为，现代技术不同于手工技术，它不再是一个中性的概念，而是一个否定性的概念，而"现代技术之本质居于座架之中"①。所谓"座架"，一方面，体现出人类对整个自然界的征服和操纵，导致的结果是人类生存环境的严重毁坏；另一方面，又体现出一部分人对另一部分人的控制和操纵，导致的结果是贫富差异的扩大和种种异化现象的蔓延。在海德格尔看来，现代技术已经把人连根拔起，只有一个上帝可以救渡我们。海德格尔的上述论断启示我们，再也不能简单地在"科学技术"和"革命力量"之间画等号了。而哈贝马斯则继承了韦伯和马尔库塞的批判思路，既肯定实践形态上的科学技术是第一生产力，又肯定理论形态上的科学技术已经蜕化为当代资本主义社会的意识形态，它不遗余力地维护着资本主义的统治。无疑地，当代西方哲学家的这些研究成果应该引起我们的高度重视，并促使我们重新反思以往关于科学技术的种种见解的合法性。

第二，从中国的具体国情出发来确立科学技术发展的战略。一方面，我们必须清醒地意识到，作为发展中国家，与西方发达国家比较，我们在科学技术上还存在着相当大的差距。因此，在追求现代化的道路上，中国还要坚定不移地发展自己的科学技术，尤其是现代科学技术，不然，中华民族不但难以自立于世界民族之林，甚至有可能被开除球籍。另一方面，我们也必须清醒地意识到，科学技术的发展必定会导致

① 《海德格尔选集》，孙周兴选编，生活·读书·新知上海三联书店 1996 年版，第943 页。

科学技术决定论的蔓延，因而我们必须努力弘扬人文精神，遏制科学技术决定论在思想文化上的泛滥，而人文精神的核心内涵则是尊重人格，维护人权，维护社会的公平和正义。

第三，全面理解"科学"概念的含义，去除对人文社会科学的学科歧视。众所周知，英文中的 science 、法文中的 science 通常是指"自然科学"，而德语中的 Wissenschaft 则涵括了全部自然科学和人文社会科学。我们应该从 Wissenschaft 的含义上来重新界定并全面认识"科学"的含义，尤其是要纠正人们心理中普遍存在的歧视人文社会科学的现象。其实，近年来的金融危机表明，经济理论和金融决策上的错误会导致什么样的结果，而经济理论和金融决策都从属于社会科学。历史和实践一再表明，忽视人文社会科学必定会导致精神文明的退化和思想传统的坠落。必须从马克思所倡导的个人全面发展的视角上重建自然科学和人文社会科学之间的"生态平衡"。在某种意义上，人类文明的新生正有赖于这种精神上的平衡。

综上所述，走出科学技术决定论的误区，不仅要从实践上采取相应的、有效的对策和措施，而且要从理论上自觉地、系统地批判科学技术决定论，从而维护历史唯物主义的本真精神，在中国现代化的道路上避免西方国家已经走过的弯路。

# 2012年

# 平等观念与核心价值[①]

  在社会主义核心价值内涵中，平等观念很重要。无论是从历史上、理论上看，还是从现实生活中看，平等观念都应该被置于社会主义核心价值的基础性层面上。

  首先，平等观念是欧洲启蒙运动的产物。1755 年，卢梭在其应第戎学院的征文启事所发表的论文《论人类不平等的起源和基础》中，开宗明义地提出了自己的平等观念。他认为，人类中有两种不平等：一种是自然上的或生理上的不平等，是由性别、年龄、健康、体力、心灵等引起的；另一种是精神上或政治上的不平等，是由地位、财富、特权等导致的。显然，第一种不平等作为自然差异是无法消除的，而第二种不平等作为经济地位、社会身份和政治权利的差异则是有可能被消除的。

  在启蒙精神的基础上形成起来的现代西方文化传统中，平等观念起着基础和核心的作用。当代美国政治哲学家罗尔斯在《作为公平的正义：正义新论》中对正义的两个原则的论述，经典性地阐明了平等观念重要："（1）每一个人对于一种平等的基本自由之完全适当体制都拥有相同的不

---

[①] 原载《解放日报》2012 年 3 月 20 日第 8 版。——编者注

可剥夺的权利，而这种体制与适于所有人的同样自由体制是相容的。(2)社会和经济的不平等应该满足两个条件：第一，它们所从属的公职和职位应该在公平的机会平等条件下对所有人开放；第二，它们应该有利于社会之最不利成员的最大利益（差别原则）。"细心的读者一定会发现，在这两个著名的原则中，"平等"这个词先后出现了三次，而且差别原则明确表示，如果政府在经济和社会方面不得不实行某些不平等的法规或政策，那么其中获益最多的应该是处于最不利状态下的那部分人。罗尔斯关于正义、平等的理论，为当代美国社会的发展指明了方向。

其次，平等观念也是马克思主义、社会主义追求的根本观念。马克思主义的创始人批判地继承了启蒙运动的思想遗产，进一步把社会主义的根本使命理解为消灭私有制，建立人与人之间的新型的平等关系。然而，正如马克思在《哥达纲领批判》中所指出的，在刚从资本主义社会脱胎出来的共产主义社会的初级阶段（即我们所说的社会主义阶段），"平等的权利按照原则仍然是资产阶级的权利"，因为在这个阶段中，平等是以同一尺度——劳动来计量的，而正如卢梭在前面指出的，由于人们在自然上的或生理上的特征方面的差别，他们在经济分配方面仍然处于不平等的地位。恩格斯在1875年3月致奥·倍倍尔的信中，也明确表示，用"消除一切社会的和政治的不平等"来代替"消灭一切阶级差别"是不妥当的，因为在共产主义的初级阶段，还根本不可能"消除一切社会的和政治的不平等"。尽管如此，马克思主义的创始人仍然坚定不移地强调，应该把追求切实可行的平等作为社会主义发展的根本目标。

最后，平等观念在近现代中国社会的语境中也正是辛亥革命追求的目标。然而，尽管辛亥革命颠覆了帝制，但它并没有真正触动根深蒂固的等级制度、级别观念和特权意识。改革开放以来，尽管传统的计划经济模式向市场经济的模式转型，尽管体制上的改革也在不断地深入，尽管主流意识形态不再谈论阶级和阶级斗争，但少数干部以权谋私、权力寻租的现象仍然比较严重，而整个社会也在渐渐地裂变成价值取向上存在着重大差异的不同阶层和群体。

我们认为，平等观念应该成为社会主义核心价值中的基础性观念。事实上，也只有在这一观念的基础上，其他价值观念才能得到健康的发展。

# 从四重关系解读核心价值[①]

　　党的十八大提出，倡导富强、民主、文明、和谐，倡导自由、平等、公正、法治，倡导爱国、敬业、诚信、友善，积极培育和践行社会主义核心价值观。这里提出的十二个观念如同一串宝石，不但各自熠熠生辉，又相互映衬，构成了一幅社会主义核心价值的灿烂画卷。我们可以从以下四重关系出发来解读这幅画卷。

　　一是人与国家的关系。改革开放以来，我国发生了翻天覆地的变化，并上升为世界上第二大经济体，但我们必须清醒地意识到，我国仍然是世界上最大的发展中国家。正是基于这样的考虑，"富强"成了社会主义核心价值中基础性的观念。所谓富强，既表明中国人要坚定不移地走共同富裕的道路，也表明中国应该变得日益强大，并自立于世界民族之林。中国近现代史是一部血泪斑斑的历史，记载着我们国家和人民受欺凌的历史。痛定思痛，我们国家一定要彻底改变过去积贫积弱的状态，变得富强起来。而国家的富强一方面要求每个公民都具有强烈的"爱国"情怀和"敬业"精神，另一方面也要通过"人民外交"的方式，努力与其他国家保持"友善"的关系，为我国

---

　　① 原载《金华日报》2012 年 12 月 3 日全文转载。——编者注

的发展创造一个和平的国际环境。

二是人与市场的关系。我们正处于从计划经济向市场经济转型的过程中。而在社会主义市场经济的建设中，"法治"的重要性不言而喻。如果说，西方的市场经济是自下而上地发展起来的，那么，中国的市场经济则是以自上而下的方式催生出来的，因而缺乏相应的法律准备和制度准备。传统中国社会是伦理本位的社会，因而普遍的法权人格的确立仍然有待时日。毋庸置疑，如果没有良好的法治条件，市场经济就会处于无序状态；同样地，如果参与市场生活的人缺乏普遍的"诚信"意识，交易成本就会大幅度上升，经济生活就会乱象丛生。尽管法治环境和诚信意识适用于更宽广的生活范围，但在确立社会主义市场经济秩序的过程中无疑会发挥更重要的作用。

三是人与人的关系。如果说，在传统中国社会中，每个人都有自己的身份，人与人之间处于垂直的等级关系，那么，在社会主义社会中，人与人之间的关系应该是"平等"的，即不允许任何特权的存在。当然，这里所说的平等首先是指政治上的平等、机会上的平等。按照马克思的看法，在社会主义初级阶段，这种平等仍然具有资产阶级法权的性质。与平等观念相辉映的是"公正"观念。公正不仅意味着一个人会得到与他付出的劳动相应的报酬和奖励，而且也表明，社会对资源的分配是公平的、合理的。这就为人民的生活提供了良好的政治生态环境。与此同时，在社会主义社会中，每个人都拥有法律所规定的"自由"。正是这种自由为人民以合法的方式追求自己心目中的幸福、为社会主义社会物质生活和精神生活的繁荣提供了巨大的思想动力。毋庸置疑，个人的自由权利和人与人之间的平等关系都要靠"民主"制度来维系。所以，伴随着经济社会的发展，我国的民主政治建设的步伐也正在加快。

四是人与自然的关系。党的十八大报告的一个引人注目的亮点是把"文明""和谐"这两个重要的观念，即生态的观念引入到人们的全部社会生活中。英国哲学家弗兰西斯·培根曾经提出"知识就是力量"，主张人类应该拷问自然界，强迫它交出自己的贡品。在这样的理论支配下，自然界成了人征服的对象。事实上，西方国家在追求现代化的道路上已经严重地破坏了生态环境，从而给人类未来的发展投下了阴影。中国作为后发展国家，及时对自己的现代化道路作出了修正，即不再把自然界作为征服的对象，而是把它作为自己的伴侣，把人与自然的和谐作为伟大的社会理想来追求。这样，也把人们通常理解的"文明"观念提升到一个新的高度。

# 马克思主义与中国发展道路①

## 一、资本主义的丧钟敲响了吗

有人提出"资本主义的丧钟至今尚未敲响，马克思主义的预言失效了吗?"这样的问题，我们发现，这个问题包含着一些复杂的因素，不是三言两语就可以解答的。下面，我们将从四个方面来解答这个问题。

1. 马克思主义经典作家如何论述关于资本主义丧钟的问题

马克思主义经典作家并不是无条件地谈论资本主义丧钟的。在马克思看来，资本主义可以区分为以下两个不同的历史发展时期:

一个是上升时期，即资本主义在封建社会的胞胎中逐步形成，并与封建社会展开殊死斗争，最后赢得了自己统治地位的初期阶段。马克思和恩格斯在《共产党宣言》中曾经说过:"资产阶级在历史上曾经起过非常革命的作用。"②当时的资产阶级，作为上升时期的资本主义的化身，主要

---

① 陶德麟等:《当代中国马克思主义若干重大理论与现实问题》，人民出版社 2012 年版，第 33—87 页。——编者注

② 《马克思恩格斯选集》第 1 卷，人民出版社 1995 年版，第 274 页。

开展了以下三个方面的工作：其一，破坏了一切封建的、宗法的、田园诗般的关系，斩断了把人们束缚于天然尊长的形形色色的封建羁绊，从而"把宗教虔诚、骑士热忱、小市民伤感这些情感的神圣发作，淹没在利己主义打算的冰水之中"①。其二，对全部社会关系不断地进行革命，以至于"一切固定的僵化的关系以及与之相适应的素被尊崇的观念和见解都被消除了，一切新形成的关系等不到固定下来就陈旧了。一切等级的和固定的东西都烟消云散了，一切神圣的东西都被亵渎了。人们终于不得不用冷静的眼光来看他们的生活地位、他们的相互关系"②。其三，资本主义用琳琅满目的商品和强制性的贸易打破了各民族闭关自守的局面，"一句话，它按照自己的面貌为自己创造出一个世界"③。总之，资产阶级在不到一百年的阶级统治中所创造的生产力，比以往一切世代创造的生产力还要多、还要大。如果从历史唯物主义角度看问题，那么资本主义在上升阶段所起的革命作用是无法否认的。

另一个是开始走下坡路并陷入周期性危机的历史阶段。马克思和恩格斯指出："只要指出在周期性的重复中越来越危及整个资产阶级社会生存的商业危机就够了。在商业危机期间，总是不仅有很大一部分制成的产品被毁灭掉，而有很大一部分已经造成的生产力被毁灭掉。在危机期间，发生一种在过去一切时代看来都好像是荒唐现象的社会瘟疫，即生产过剩的瘟疫。"④因为资本主义的所有制太狭隘了，它已经无法适应自己呼唤出来的巨大的生产力的发展了。于是，"资本阶级用来推翻封建制度的武器，现在却对准资产阶级自己了。但是，资本阶级不仅锻造了置自身于死地的武器；它还产生了将要运用这种武器的人——现代的工人，即无产者"⑤。

---

① 《马克思恩格斯选集》第 1 卷，人民出版社 1995 年版，第 275 页。
② 《马克思恩格斯选集》第 1 卷，人民出版社 1995 年版，第 275 页。
③ 《马克思恩格斯选集》第 1 卷，人民出版社 1995 年版，第 276 页。
④ 《马克思恩格斯选集》第 1 卷，人民出版社 1995 年版，第 278 页。
⑤ 《马克思恩格斯选集》第 1 卷，人民出版社 1995 年版，第 278 页。

在《资本论》第 1 卷中，马克思进一步分析了资本主义进入后一个发展阶段时出现的各种值得注意的现象：一方面，资本家群体无情地剥夺雇佣劳动者，从而导致了资本主义社会中贫富之间的巨大差异和对立；另一方面，在无时无刻不存在的兼并和欺诈中，资本越来越集中在少数人手中，劳动过程中的协作也不断扩大，科学日益自觉地被应用于生产技术中，越来越多的人被卷入世界市场网，资本主义制度日益具有国际化的性质。"资本的垄断成了与这种垄断一起并在这种垄断之下繁盛起来的生产方式的桎梏。生产资料的集中和劳动的社会化，达到了同它们的资本主义外壳不能相容的地步。这个外壳就要炸毁了。资本主义私有制的丧钟就要响了。剥夺者就要被剥夺了。"①

我们注意到，马克思这里表述得很严格，他不是说"资本主义的丧钟要敲响了"，而是说"资本主义私有制的丧钟要敲响了"。也就是说，马克思的"丧钟说"主要是针对资本主义的私有制的。后来，列宁在《俄国资本主义的发展》（1895 年年底—1899 年 1 月）中指出："资本主义愈高度发展，生产的这种集体性与占有的个人性之间的矛盾就越剧烈。"②列宁这里所说的"个人性的占有"指的正是资本主义的私有制。在《帝国主义是资本主义的最高阶段》（1916）中，列宁明确告诉我们，帝国主义就是垄断的资本主义，尤其是金融资本和工业资本结成同盟，形成垄断，并通过资本输出，控制乃至垄断了整个世界市场，一方面造成了千百万人的贫困，另一方面又造成了食利国和寄生阶层。列宁在该书的《法文版和德文版序言》中明确指出："帝国主义是无产阶级社会革命的前夜。从 1917 年起，这已经在全世界范围内得到了证实。"③

列宁这里所说的"无产阶级社会革命的前夜"与马克思所说的"资本主义的丧钟要敲响了"实际上是同一个意思。差别在于，在列宁看来，20 世纪初的资本主义已经进入帝国主义发展阶段，而帝国主义作为垄

---

① 马克思：《资本论》第 1 卷，人民出版社 1975 年版，第 831—832 页。
② 《列宁选集》第 1 卷，人民出版社 1995 年版，第 236 页。
③ 《列宁选集》第 2 卷，人民出版社 1995 年版，第 582 页。

断的资本主义，正是资本主义发展的最高阶段。这个最高阶段同时也是最后阶段，因为其丧钟已经敲响，或者按照《圣经》中的说法，"抬他出去的脚已经站在门口了"。

至于马克思所说的"资本主义私有制的丧钟要敲响了"的根本原因乃是由社会化大生产和生产资料的私人占有之间的根本矛盾引起的。况且，历史和实践都表明，尽管资本主义的辩护士们不断地论证资本主义制度的永恒性，然而，资本主义制度与任何其他的社会制度一样，都不是永恒的，它只不过是一种短暂的、历史的形式而已。

2. 能说"资本主义的丧钟至今尚未敲响"吗

我们先来看看，马克思在《资本论》第 1 卷中究竟是用何种时态来表达上述见解的。请注意，中央编译局的译文是这么表达的：这个外壳就要爆炸了。资本主义私有制的丧钟就要响了。剥夺者就要被剥夺了。其实，这段译文的德语原文如下：Sie wird gesprengt. Die stunde des kapitalistischen Privateigentums schlägt. Die Expropriateurs warden expropriiert. ① 有趣的是，引文中的第一句话和第三句话都使用了德语将来时表达式中的时态动词 werden（wird 是 werden 的单数第三人称现在时直陈式），唯独第二句未加上 wird 这个时态。从上下文看显然是处于省略的考虑，因为在连续两个句子中使用同一个时态动词会对文风造成损害。事实上，马克思也不可能在两个将来时态句子（即第一句和第三句）中插入一个其他时态的句子。由于 Sie（指上文的"资本主义外壳"kapitalistischen Hülle）、Die Stunde（丧钟）都是单数形式，因而在构成将来时时使用了 wird。

一经对照，我们马上就会发现，中央编译局的上述译文至少存在着以下三个问题：其一，这三个句子中都出现了"了"字，而按照中文使用上的习惯，"了"字一般被用于完成时态，而不应该出现在将来时态中。其二，"剥夺者"这一译法不妥，因为原文的 Die Expropriateurs 是以复

---

① K. Marx, F. Engels：*Werke* (*Band* 23)，Berlin：Dietz Verlag，1973，s. 791.

数形式出现的，与 Sie(kapitalistischen Hülle)、Die Stunde 的单数形式不同。上述三个句子的译文未体现出单、复数名词在翻译上的差异。其三，第一、二个句子都不应该使用主动语态，而应该像第三个句子那样，使用被动语态加以表述，因为尽管资本主义锻造出来的武器开始针对它自己了，但作为资本主义代表的资产阶级并不会自动地退出历史舞台，资产阶级既不会主动地炸毁自己的制度，也不会主动地敲响自己的丧钟，炸毁资本主义制度和敲响资本主义丧钟的主体应该是无产阶级。基于上面的考虑，我们认为，这段话的德语原文应该翻译如下：这个外壳将被炸毁。资本主义私有制的丧钟将被敲响。剥夺者们将被剥夺。经过这番文字上的考证和订正，我们发现，马克思并没有说，在他生活的那个时代，资本主义的丧钟已经敲响，而是说资本主义私有制的丧钟将被敲响。那么，马克思说的"将被敲响"究竟是指什么时候呢？尽管晚年马克思对可能爆发的俄国革命寄予厚望，但他并没有预言这场革命将在哪个具体的时间段爆发。

弄清了上面的情况后，下面我们再来讨论关于"资本主义的丧钟至今尚未敲响"的表述是否正确。我们认为，尽管马克思没有说明资本主义私有制的丧钟在哪个具体的时间段被敲响，但实际上，在马克思逝世以后，资本主义私有制的丧钟已经多次被敲响了。有人也许会提出疑问：丧钟是为死者而鸣的，既然资本主义迄今尚未死亡，怎么能说它的丧钟已经被敲响了呢？事实上，我们应该区分两个不同的概念：一个是"总体的资本主义"的概念，用伊曼纽尔·沃勒斯坦的话来说，就是作为"现代世界体系"的整个资本主义；另一个是"局部的资本主义"，即某个地区或国家的资本主义。当我们说，在马克思逝世后资本主义的丧钟已经多次被敲响，这里说的"资本主义"是指"局部的资本主义"，而不是指"总体的资本主义"，这是必须加以说明的。下面，我们再就"局部的资本主义"的死亡问题作出进一步的分析。

其一，俄国、中国等一系列社会主义国家的诞生，这本身就敲响了资本主义私有制的丧钟。当然，在 1989 年的东欧剧变后，苏联、东欧的社会主义国家又退回到资本主义社会中去了，但这并不能表明，资本主义私有制的丧钟没有被敲响过，而是表明尽管资本主义私有制的丧钟已经在1917年的"十月革命"中被敲响了，但资本主义制度并不甘心于自己的死亡，它还在做最后的挣扎。然而，从社会主义退回到资本主义并不是社会主义国家的必然命运，恰恰相反，社会主义取代资本主义才是历史发展的真正的方向。一方面，中国作为一个社会主义国家，在其发展的进程中，通过实行改革开放的政策，不但取得了翻天覆地的成就，而且已经成长为世界上第二大经济体。这个雄辩的事实已经证明，并不是所有的社会主义国家都会退回到资本主义社会中去。另一方面，苏联和东欧的社会主义国家之所以退回到资本主义社会中去，完全是与它们未从自己的具体国情出发，制定出准确的发展战略有关。当然，像弗朗西斯·福山（Francis Fukuyama，1952—　）一样，用这些国家发展中出现的挫折来证明资本主义制度的永恒性同样是愚蠢的。从历史上看，法国资产阶级革命就经历过旧皇室的多次复辟。何况，社会主义革命乃是人类历史上最彻底的革命，在其发展的进程中，当然会出现更复杂的局面和更大的挫折。然而，决不能用这种挫折去证明资本主义私有制的丧钟从来没有被敲响过。

其二，马克思早已在《资本论》中预见到资本主义危机将会在今后资本主义社会的发展中周期性地出现。其实，无论是1929—1933年的世界性经济危机，还是2008—2011年的世界金融危机和欧洲国家的债务危机，以及在不同地区和国家发生的数不尽的商业危机和其他危机都充分表明，资本主义肌体已经病入膏肓。无论是1968年巴黎的"五月风暴"，还是2011年的"占领华尔街行动"，都以某种方式敲响了资本主义制度的丧钟。广而言之，每一次危机，尤其是世界性的危机，也都等于在宣告资本主义的病症和死亡时刻的来临。尽管资本主义制度也千方百计地进行改革，北欧的所谓"福利国家"就是一种流产了的改革实践。然而，资本主义社会的改革是有限度的，它可能改革一切，但不可能放弃自己得以存身的根本制度——私有制。何况，如果人们用全球性眼光去看待资本主义的话，就会发现，世界上资本主义制度搞得比较好的，没有几个国家，而即使是这些国家，也处于重重矛盾和危机之中。至于晚起的资本主义国家，在世界市场早已被发达的资本国家瓜分的情况下，根本不可能有乐观的前景。一方面，发达资本主义国家竭尽全力进行资本输出，让自己的资本占领更多的阵地，把后发展国家的资本主义扶植起来；另一方面，它们也会在竞争和垄断中竭力扼杀后发展国家的资本主义力量，以确保发达资本主义国家对世界市场的独占。总之，正如马克思在前面已经指出过的那样，资本主义私有制这个狭隘的外壳是无法容纳生产力的巨大发展的，它迟早会被革命阶级所炸毁。

3. 为什么"局部的资本主义"的丧钟已经多次被敲响，但"总体的资本主义"仍然没有寿终正寝，其主要原因是什么

我们认为，之所以出现目前这样的格局，原因是多方面的。

其一，按照马克思的观点，任何一种社会制度，在其能够容纳的生产力充分发挥出来之前，是不会灭亡的。在《〈政治经济学批判〉序言》中，马克思指出："无论哪一个社会形态，在它所能容纳的全部生产力发挥出来以前，是决不会灭亡的；而新的更高的生产关系，在它的物质存在的条件在旧社会的胎胞里成熟以前，是决不会出现的。所以人类始终只提出自己能够解决的任务，因为只要仔细考察就可以发现，任务本身，只有在解决它的物质条件已经存在或者至少是在生成过程中的时候，才会产生。"①也就是说，尽管从当前的情况来看，资本主义制度已经危机重重，但它仍然拥有残存的活力，仍然有力量通过自己制度上的局部调整来化解它所面临的种种困难和危机。

其二，当今的资本主义与马克思所描述的原始积累时期的资本主义比较起来，无论是在内涵上还是在形式上，都已经发生了重大的变化。尽管后发展国家在搞资本主义时，仍然无法摆脱原始积累时期就已发生过的种种残暴的现象，然而，发达资本主义国家毕竟在其发展的过程中

---

① 《马克思恩格斯选集》第 2 卷，人民出版社 1995 年版，第 33 页。

作出了许多改良，甚至借鉴了社会主义国家的一些政策和措施，因而马克思所说的"无产阶级的绝对贫困化"的发展趋向实际上并没有出现。事实上，为了自己的安全，也由于受到政治上、宗教上、道义上和文化上的约束，资本主义社会也不得不努力改善无产阶级和小资产阶级的生活条件和艰难处境。也就是说，想尽一切办法来缓和日益尖锐化的贫富差异和冲突。

其三，发达资本主义国家通过向后发展国家、殖民地国家转嫁危机，得以延长自己的生命。只要研究一下近代史，马上就会发现，发达资本主义国家通过军事干预和入侵、政治控制和不平等条约的签订、经济上的资本输出和对落后国家资料的掠夺，为自己积累了多少物质财富。光从发达资本主义国家的博物馆、艺术馆、拍卖会上看，就会发现，他们从全世界落后国家那里掠夺了大量艺术作品和物质财富。正如马克思在分析资本的原始积累时所指出的："资本来到世间，从头到脚，每个毛孔都滴着血和肮脏的东西。"①资本的扩张绝不是按照田园诗般的方式来进行的，而是充满了血腥味。马克思无限愤怒地写道："美洲金银产地的发现，土著居民的被剿灭、被奴役和被埋葬于矿井，对东印度开始的征服和掠夺，非洲变成商业性地猎获黑人的场所：这一切标志着资本主义生产时代的曙光。这些田园诗式的过程是原始积累的主要因素。跟踵而来的是欧洲各国以地球为战场而进行的商业战争。这场战争以尼德兰脱离西班牙开始，在英国的反雅各宾战争中具有巨大的规模，并且在对中国的鸦片战争中继续进行下去，等等。"②谁也不会否认，发达资本主义国家就像吸血鬼一样吸干了其他国家的血液，从而为自己百病丛生的肌体注入了新的活力。当然，这也不过是苟延残喘而已。

其四，国际共产主义运动中出现的诸多问题也在某种程度上延缓了资本主义制度的生命。众所周知，列宁缔造了世界上第一个社会主义国

---

① 马克思：《资本论》第1卷，人民出版社1975年版，第829页。
② 马克思：《资本论》第1卷，人民出版社1975年版，第819页。

家，然而，社会主义作为新生事物，还缺乏经验，所以，无论是在国家管理、决策还是建设中，都面临着全新的探索，而从传统社会继承过来的一切又会按照自己的逻辑继续发挥作用，从而阻碍社会主义社会中一切真正有价值的、合理因素的发展。事实上，马克思在《哥达纲领批判》中只是描述了未来共产主义社会的蓝图，但社会主义革命成功后，社会主义建设究竟如何展开，马克思在其著作也没有具体的论述。事实上，我们也不可能以此去苛求马克思，因为他毕竟生活在一个多世纪以前。这就需要所有的社会主义国家把马克思主义的普遍真理与自己国家的具体国情紧密地结合起来，对国家的现状作出准确的判断，从而制定出准确无误的发展战略。事实上，只要回顾一下这些社会主义国家走过的历程，就会发现，有多少错误和偏失伴随着它们。其他不用说，也许只要指出一点就可以了，即 20 世纪给人类造成最大损害的竟然是两大社会主义思潮：一是希特勒的"国家社会主义"（the national socialism）；二是以斯大林为代表的"苏联社会主义"（the Soviet socialism）。毋庸置疑，社会主义思潮所产生的问题，也相当程度上延缓了资本主义制度的生命期。

4."马克思主义的预言失效了吗?"

我们的回答是否定的。主要的理由如下。

其一，当马克思告诉我们，"资本主义私有制的丧钟将被敲响"时，他并没有告诉我们，具体什么时间丧钟才会被敲响。在这个意义上，马克思的预言并没有失效。实际上，假如马克思的预言十分具体，反倒可能带有乌托邦的性质，也很容易被证伪。毋庸置疑，马克思这句话告诉我们的只是资本主义发展的未来趋势和命运，正如我们在前面所论述的，马克思逝世后，资本主义一再陷入各种危机；苏联、东欧和中国等社会主义国家的兴起，都是对马克思预言的一定意义上的证实。尽管社会主义运动的发展出现了巨大的挫折，但马克思的预言并没有被超越。相反，只要资本主义的根本制度仍然是私有制，事实上，这一点是根本不可能改变的，那么，马克思的伟大预言就始终是有效的。在马克思的一生中，确实也做过一些更具体的预言，但也得到过辉煌的证实。比如，在《路易·波拿巴的雾月十八日》一书的结尾处，马克思曾经预言："如果皇袍终于落在路易·波拿巴身上，那么拿破仑的铜像就将从旺多姆圆柱顶上倒塌下来。"①果然，在 20 年后，即 1871 年巴黎公社的起义中，工人们推倒了旺多姆圆柱顶上的拿破仑铜像。马克思的预言得到了证实。

其二，马克思的预言需要从更长的历史发展时段中加以领悟。众所周知，马克思在《资本论》中作出的预言更多地基于资本主义发展的逻辑趋向。比如，马克思分析，当资本家有可能获得百分之三百的利润时，他们连自己可能被送上绞刑架也不怕。其实，这就是一种逻辑上的分析。在现实生活中，当一个资本家被告知，他在某一桩非法的生意中有可能获得百分之三百的利润，但其代价是他可能被送上绞刑架时，他是不会轻易地铤而走险的。如前所述，当马克思从资本主义发展的内在逻辑出发，作出这样的预言时，他排除了真实历史中可能出现的各种偶然因素。其实，正如我们在前面所分析的，资本主义制度也在采用各种补救措施，以改变自己必然会遭遇到的历史命运。当然，正如马克思所指出的，只要资本主义的基本矛盾仍然存在，那么，即使各种补救措施能够使它苟延残喘，但它的根本命运是无法加以改变的。

其三，人们曾以类似的方式批评过马克思预言的有效性，但事实证明这种批评是多么轻率。众所周知，意大利学者葛兰西在 1917 年 11 月 24 日的《前进报》上发表了一篇著名的论文，标题是《反对〈资本论〉的革命》。在这篇论文中，他把列宁领导的俄国革命称为反对卡尔·马克思的《资本论》的革命。为什么他会这么写？因为在他看来，按照马克思在《资本论》中作出的结论和预言，社会主义革命应该在全世界同时获得胜利，然而，"十月革命"却是在世界资本主义发展的最薄弱的环节——俄国发生的，由此，葛兰西得出了如下的结论：布尔什维克驳斥了卡尔·

---

① 《马克思恩格斯选集》第 1 卷，人民出版社 1995 年版，第 688—689 页。

马克思，他们以明确的行动和成功的结果证明，历史唯物主义的法则并不像人们将认为或已经认为的那样，是一成不变的。其实，马克思的历史唯物主义理论并没有被驳倒，为什么俄国重又退回到资本主义社会中去了？因为归根到底，在俄国资本主义制度所能容纳的生产力充分发挥出来之前，俄国资本主义是不会自动退出历史舞台的。列宁发动的"十月革命"是完全正确的，然而，苏联共产党的失误最终又导致了资本主义在苏联的复辟。在这个意义上，苏联共产党的失误也在客观上参与了资本主义复辟的"共谋"。由此可见，葛兰西不但没有证伪历史唯物主义，反而证明了历史唯物主义是颠扑不破的真理。

## 二、为什么说马克思主义没有过时

有人提出了"马克思主义诞生以来，世界已发生了翻天覆地的变化，许多事物已经过时，那么马克思主义也随之'过时'了吗？"这样的问题。其实，这个问题的提出及它的表达方式都表明，提问者在观念上存在着许多模糊之处，需要一一加以澄清。我们对这个问题的解答将围绕以下三个方面来展开。

1. "马克思主义"这个术语指称的对象究竟是什么

当人们使用"马克思主义"这个术语时，他们总以为自己谈论的对象是十分明确的。其实，不经过细致的分析，这个术语的含义仍然是不明确的。人们既可以把马克思本人的思想称作"马克思主义"，也可以把马克思、恩格斯、列宁、斯大林、毛泽东等人的思想称作"马克思主义"，也可以把以卢卡奇为代表的西方国家的非正统的研究者们的思想称作"马克思主义"，也可以把"第二国际""第三国际""第四国际""欧洲共产主义""左翼政治"等称作"马克思主义"。这样一来，他们马上就会发现，未经反思的"马克思主义"这个术语在内涵上和外延上都是不明晰的。从语言哲学的角度来看，当人们说出"马克思主义"这个"能指"（signifier）

时，它的"所指"（signified）究竟是什么，这是他们先要搞清楚的。打个比方，会议桌周围坐着十个人，正在开会。每个人面前放着一杯茶。当某个与会者在发言中谈到"这杯茶"（能指）时，他究竟指称桌子上的哪杯茶（所指），这是听他说话的人必须弄清楚的。同样地，当人们使用"马克思主义"这个"能指"时，也必须弄清楚，这个能指实际指称的对象（所指）究竟是什么。

我们的看法是，在使用"马克思主义"这个术语之前，至少先要搞清楚以下三个术语之间的差异，即"马克思主义""马克思主义创始人的思想""马克思的思想"。如前所述，既然"马克思主义"是一个所指不明确的术语，我们不如从这个术语退回到另一个术语——"马克思主义创始人的思想"。众所周知，"马克思主义的创始人"只有两个人，即马克思和恩格斯。有人也许会提出：马克思和恩格斯的思想不是完全一致的吗？确实，马克思和恩格斯在不少问题上的见解是一致的，他们也在共同的革命事业和理论研究上结下了深厚的友情，但我们还是不得不承认，他们的某些观点，甚至是十分重要的观点上是不一致的。只要人们认真地阅读马克思和恩格斯之间的全部通信，就很容易发现，他们对某些问题的看法是有差异的。实际上，仔细地研读马克思和恩格斯的著作，要发现这样的差异点也是不困难的。比如，在《路德维希·费尔巴哈和德国古典哲学的终结》（以下简称《终结》）中，恩格斯提出，思维与存在、精神与自然界的关系问题是一切哲学，特别是近代哲学的基本问题，"哲学家们依照他们如何回答这个问题而分成了两大阵营。凡是断定精神对自然界说来是本原的，从而归根到底承认某种创世说的人（而创世说在哲学家那里，例如在黑格尔那里，往往比在基督教那里还要繁杂和荒唐得多），组成唯心主义阵营。凡是认为自然是本原的，则属于唯物主义的各种学派"①。显而易见，恩格斯反对唯心主义者从精神出发去看问题，坚决主张唯物主义者应该从自然界出发去看问题。

---

① 《马克思恩格斯选集》第 4 卷，人民出版社 1995 年版，第 224 页。

有趣的是，恩格斯在出版《终结》时，也把马克思的《关于费尔巴哈的提纲》作为"包含着新世界观的天才萌芽的第一个文件"附在书后。然而，马克思《关于费尔巴哈的提纲》的第一条就告诫我们："从前的一切唯物主义(包括费尔巴哈的唯物主义)的主要缺点是：对对象、现实、感性，只是从客体的或者直观的形式去理解，而不是把它们当作感性的人的活动，当作实践去理解，不是从主体方面去理解。"[1]也就是说，早在恩格斯的《终结》出版四十多年前，马克思已经在《关于费尔巴哈的提纲》中指出，应该从实践、从主体出发去看问题。然而，如上所述，恩格斯仍然主张从自然界出发去看问题。也就是说，他仍然是一个隐蔽的费尔巴哈主义者，因为费尔巴哈就是把自然界作为自己观察和思考的出发点的。不难看出，这就是马克思和恩格斯从哲学上看问题时的不同的出发点。再如，就哲学观而言，马克思主张，哲学是与现实斗争紧密结合在一起的，它"不是在世界之外"[2]，而是"文化的活的灵魂"[3]。但恩格斯却认为，"对于已经从自然界和历史中被驱逐出去的哲学来说，要是还留下什么的话，那就只留下一个纯粹思想的领域：关于思维过程本身的规律的学说，即逻辑和辩证法"[4]。也就是说，哲学与现实斗争是无关的，它不过是"一个纯粹思想的领域"。在这个意义上，恩格斯又是一个隐蔽的黑格尔主义者，因为黑格尔所崇尚的逻辑学正是这样一个纯粹思想的领域。

　　上面的例子表明，尽管马克思和恩格斯都被尊为马克思主义的创始人，但他们的思想是存在着差异的。至于马克思思想与列宁、斯大林、毛泽东之间的差异就更不用说了。可见，"马克思主义创始人的思想"仍然是一个所指不明晰的概念。于是，我们决定退回到"马克思的思想"这个概念上去。许多人认为，讨论马克思的马克思主义总不会再有什么问

① 《马克思恩格斯选集》第 1 卷，人民出版社 1995 年版，第 54 页。
② 《马克思恩格斯全集》第 1 卷，人民出版社 1995 年版，第 220 页。
③ 《马克思恩格斯全集》第 1 卷，人民出版社 1995 年版，第 220 页。
④ 《马克思恩格斯选集》第 4 卷，人民出版社 1995 年版，第 257 页。

题了。事实上，问题仍然存在，因为马克思并不是从出生的第一天起就是一个马克思主义者，马克思的思想至少可以区分为"青年时期的马克思思想"和"成熟时期的马克思思想"。众所周知，青年时期的马克思在思想上深受黑格尔、费尔巴哈和其他青年黑格尔主义者（如布·鲍威尔）的影响，他当时作为柏林的"黑格尔俱乐部"的成员之一，也是一个青年黑格尔主义者。尽管马克思青年时期的思想是马克思的思想，但却不是马克思主义的思想。根据法国哲学家阿尔都塞（Louis Althusser，1918—1990）的研究，在马克思思想的发展史上存在着"一个认识论的断裂"（an epistemological break），而《关于费尔巴哈的提纲》《德意志意识形态》则是其思想断裂，即发生根本性变化的时期。也就是说，在马克思的思想中，真正能够被称为"马克思主义"的思想，要从1845年算起，即从他开始形成自己独立的思想时算起。

经过上面的讨论，我们可以得出如下的结论，即如果人们在最严格的意义上使用"马克思主义"这个术语，它所指的对象就是成熟时期的马克思的思想。得出这个明确的结论后，我们是否可以继续往下讨论问题了呢？恐怕还不行。我们还得先搞清楚马克思本人对所谓"马克思主义"的看法。恩格斯在1890年8月27日致保·拉法格（Paul Lafargue，1842—1911）的信中，曾经提到有许多年轻的资产者、大学生和著作者涌入德国党内这种现象，随后指出："所有这些先生们都在搞马克思主义，然而他们属于10年前你在法国就很熟悉的那一种马克思主义者，关于这种马克思主义者，马克思曾经说过：'我只知道我自己不是马克思主义者。'马克思大概会把海涅对自己的模仿者说的话转送给这些先生们：'我播下的是龙种，而收获的却是跳蚤'。"[①]从这段论述可以看出，连马克思本人也不承认自己是马克思主义者。马克思的这句名言所涉及的理论问题，直到当代诠释学的语境中才得到充分的探索。这一探索主要表现在以下两个方面。

---

① 《马克思恩格斯选集》第4卷，人民出版社1995年版，第695页。

一是肯定"对对象的理解"（understanding to an object）与"被理解的对象"（an object understood）之间存在着差异。人们常常把马克思主义视为"被理解的对象"，但他们作为理解者，一旦阅读了马克思的文本，他们心目中的马克思主义就成了"他们所理解的马克思主义"，即成了他们自己"对对象的理解"。假定某个研究者出版了一本书，书名是《马克思哲学》。其实，这个书名并不具有合法性，因为它混淆了"被理解的对象"和"对对象的理解"之间的差异。在诠释学的意义上，准确的书名应该是《我对马克思哲学的理解》，因为书中的观点只是作者对自己所理解的马克思哲学观点的陈述，至于这些陈述究竟是否符合马克思的本意，还需要通过学术上的鉴定才会变得明朗起来。这样一来，就产生一个问题：当人们谈到"马克思主义"这个术语时，他们实际上谈论的是"他们所理解的马克思主义"。也就是说，他们已经不知不觉地把自己的理解附加到作为理解对象的马克思主义的身上去了。正如一千个人去理解孔子，就会出现一千个不同的孔子一样；同样地，一千个人去理解马克思，也会出现一千个不同的马克思。毋庸置疑，一千个人去理解马克思主义，也会出现一千种不同的马克思主义。因此，当某人提到"马克思主义"这个术语时，首先要对自己作出批判性的反思，即要反问自己：我所理解的马克思主义究竟是不是真正的马克思主义，我有没有把某种错误的认识附加到马克思主义的身上？

二是理解中的"媒介"（medium）问题。众所周知，许多人了解马克思主义，不是直接地阅读成熟时期马克思的著作，而是通过第二手资料，通常是通过马克思主义教科书（如艾思奇主编的《辩证唯物主义历史唯物主义》）去理解马克思主义的，而这些教科书或其他第二手资料的作者又往往已经把某些不正确的认识附加到他们所理解的马克思主义身上。因此，要准确地理解马克思主义，就必须抛开教科书或其他第二手资料这样的"媒介"，直接去阅读马克思本人的著作。然而，直接阅读马克思仍然存在着两个必须注意的问题：一是阅读者仍然需要对自己"理解的前结构"（the pre-structure of understanding）作出批判性的反思，即要这样追问自己：我在阅读马克思的著作时，准备带入理解过程的"先入之见"（prejudice）是合理的吗？如果不合理，这个阅读者就会犯与哲学教科书或其他第二手资料的作者同样的错误，即把不准确的认识附加到他所理解的马克思主义的身上；二是被阅读的马克思的著作也可以区分为两种不同的类型：一是马克思用原文（如德语、法语或英文）撰写的文本；二是已经被翻译成汉语的文本。许多人了解的马克思主义乃是在汉语译本的基础上的马克思主义，他们显然忽略了一个极为重要的问题，即在汉语翻译中存在诸多问题，有些问题甚至是十分严重的。我们这里只举一个例子加以说明。

人所共知，马克思在《〈黑格尔法哲学批判〉导言》（1844）中曾经说过一句话：Mit einem Worte：Ihe koennt die Philosophie nicht aufheben，ohne sie zu verwirklichen. ① 中央编译局的译文是："一句话，你们不使哲学成为现实，就不能够消灭哲学。"② 显而易见，这里的"消灭哲学"完全译错了，因为德语动词 aufheben 应该被译为"扬弃"，即既有抛弃，又有保留。也就是说，马克思原话的准确译文应该是："一句话，你们不使哲学成为现实，就不能够扬弃哲学。"其实，普通人随便怎么想都会怀疑，马克思怎么可能去"消灭哲学"，因为在同一个文本中，马克思还告诉我们："德国人的解放就是人的解放。这个解放的头脑是哲学，它的心脏是无产阶级。"③ 如果哲学被消灭了，那么德国人的解放岂不是成了无头脑的解放？④

从上面的论述可以看出，单是把"马克思主义"这个术语的外延和内涵确定下来，就不是一件简单的事情。当然，在做了上面的考察以后，我们有条件继续讨论下去了。

2."世界已经发生翻天覆地的变化"能否成为马克思主义过时的理由

---

① K. Marx, F. Engels：*Werke*（*Band* 1），Berlin：Dietz Verlag，1970，S. 384.

② 《马克思恩格斯选集》第 1 卷，人民出版社 1995 年版，第 8 页。

③ 《马克思恩格斯选集》第 1 卷，人民出版社 1995 年版，第 16 页。

④ 参见俞吾金：《"消灭哲学"还是"扬弃哲学"？》，载《世界哲学》2011 年第 3 期。

我们知道，马克思的生卒年是 1818—1883 年。即使从马克思的出生年份——1818 年加以推算，到今年也不到 200 年。为什么提问者不去追问，已经过了两千多年的孔子、孟子、苏格拉底、柏拉图和亚里士多德的思想有没有过时？毋庸置疑，两千多年比二百年的变化更"翻天覆地"，但为什么没有人去追问这样的问题呢？这充分表明，对马克思主义是否过时提出疑问的人本身对马克思主义就抱有某种偏见。

　　在我们看来，外部世界的变化，不论这种变化有多么大，都不能成为马克思主义是否已经过时的理由。判断马克思主义是否过时的根本依据应该是：在马克思的著作中被主体化的那些问题现在是否已经过时。众所周知，在马克思著作中被主体化的两个最重要的问题是资本主义和社会主义。从一方面看，资本主义这个问题在我们当今的时代仍然是主题。从马克思逝世后列宁提出资本主义已经进入其最后的发展阶段——帝国主义，但今天我们正在经历的、波及全世界的金融危机及欧洲国家的债务危机，都涉及对当今资本主义的重新反思问题，而当国外的学者们进行这样的反思时，他们都充分利用了马克思的思想资源，尤其是他的《资本论》。早在 20 世纪 60 年代，阿尔都塞就出版了《读〈资本论〉》（1965）这部重要的著作，而从 2008 年金融危机以来，马克思的《资本论》再度成为热销的著作。从另一方面看，社会主义这个主题也不但没有被超越，反而成为理论探索中越来越重要的焦点。事实上，像中国这样的社会主义国家，通过改革开放和对以前的所谓"穷过渡的社会主义"的反思，走上了新的发展道路，而这条道路，即中国特色的社会主义的道路已经取得了巨大的成就。当然，也产生了不少的新问题，需要我们认真地加以总结。马克思当时关注的最重要的问题——资本主义和社会主义，今天仍然没有被超越。既然这些问题没有被超越，结论自然就是：马克思主义没有过时。

　　其实，每一个尊重事实的人都会发现，马克思主义非但没有过时，反而在当代人的心目中变得越来越重要，不然怎么解释：像中国这样拥有 13 亿人口的大国怎么会明确表示马克思主义是自己的指导思想？在英国 BBC 广播公司举行的世纪名人投票中，为什么马克思会名列前茅？所有这些都表明，马克思仍然是我们的同时代人，马克思主义非但没有过时，反而是我们这个时代的真正的主题。

3. 应该怎样在马克思主义学说中区分出马克思揭示的"普遍真理"和他当时在具体问题上所作出的"个别结论"？前者是永远不会过时的，而后者则可能随着历史条件的变迁而过时

有人也许会问：这里提到的马克思学说中的"普遍真理"究竟指什么呢？我们认为，马克思的历史唯物主义理论、劳动力和剩余价值理论、资本主义批判理论、科学社会主义理论、阶级斗争与生产发展的一定历史阶段相联系的理论等，都是普遍的、颠扑不破的真理。在西方马克思主义的发展史上，就不断有学者断言，马克思主义的普遍真理已经过时，马克思的思想已经被超越。我们在前面曾经举过葛兰西的例子，在这里再举当代法国学者鲍德里亚的例子。

1973 年，鲍德里亚出版了《生产之镜》这部著作，借用法国心理学家拉康的"镜像阶段"理论，试图对马克思学说作出颠覆性的批评。鲍德里亚指出："在政治经济学的所有层面，都存在着拉康在镜像阶段描述的东西：通过生产图式，生产之镜，人类在意象中形成了意识。生产、劳动、价值，通过这些，一个客观的世界出现了，通过这些，人们达到了对自己的客观认识——这是一种意象。正是在这里，人们通过劳动实现着对自身的辨认，在他的影子中完成着自己（他自己的目的），通过这面正在运转的镜子，这种理想的生产主义自我反思着自己。这个过程不仅发生于物质化的经济形式中，这种形式痴迷于由交换价值体系决定的效率，而且通过政治经济学之镜更深地发生于符码的多元决定中：在这种通过镜像的认同中，人们只能将自己看作是生产、实现物质变换或者带来价值的人。"[1]在鲍德里亚看来，不仅在马克思的经济理论中存在着生产之镜，而且在马克思整个学说中都存在着生产之镜，因为马克思把物

---

① ［德］鲍德里亚：《生产之镜》，序言，仰海峰译，中央编译出版社 2005 年版，第 4 页。

质生活资料的生产视为人类的第一个历史活动，在此基础上，马克思还探讨了人的生产(即生育)、精神生产和社会的生产等问题。鲍德里亚发挥道："马克思将经济学的理性方式普遍化了，并作为人类生存的一般模式推广到整个人类历史中。他以宏大的模拟模式来描述整个人类历史。他用来反对资本秩序的分析工具，正是资本精心阐述的最巧妙的意识形态幻象。"①按照他的看法，马克思基于生产之镜的资本主义批判非但不是对资本主义的批判，反而成了资本主义意识形态的共谋。

毋庸置疑，鲍德里亚对马克思学说的批判是完全站不住脚的。事实上，鲍德里亚完全搞错了，资本主义意识形态的幻象或镜像主要表现在下述理论上，即关于资本主义制度是一种理想化的、永恒的形式，关于人类的自然状态和鲁滨逊式的个人，关于商品、货币、资本拜物教的种种观念等等。在这里，我们恰恰要指出，正是马克思的生产理论才深刻地揭示出资本主义社会的秘密。在批判费尔巴哈的肤浅的唯物主义观点时，马克思曾经指出："这种活动、这种连续不断的感性劳动和创造、这种生产，是整个现存感性世界的非常深刻的基础，只要它哪怕只停顿一年，费尔巴哈就看到，不仅在自然界将发生巨大的变化，而且整个人类世界以及他(费尔巴哈)的直观能力，甚至他本身的存在也就没有了。"②马克思这里提到的生产正是人类社会得以存在和发展的基础。

也许有人会提出：英国哲学家洛克、古典经济学家亚当·斯密和大卫·李嘉图早已提出了劳动价值理论。在这一点上，马克思似乎并没有超越这些学者。事实上，正是这样的错误见解遮蔽了马克思本人作出的伟大贡献。劳动价值理论确实是由这些学者建立起来的，但人们没有注意到，正是这一理论把剩余价值的起源严严实实地掩盖起来了。马克思对这一理论的推进主要表现在以下两个方面：第一，马克思区分了两种劳动：一种是生产性的劳动，即创造新价值的劳动；另一种是非生产性

---

① [德]鲍德里亚：《生产之镜》，仰海峰译，中央编译出版社 2005 年版，第 14 页。

② 《马克思恩格斯全集》第 3 卷，人民出版社 1960 年版，第 50 页。

的劳动（比如家中的仆役），尽管这种劳动是有用的，但它并不创造新价值。马克思所说的"生产"就是指生产劳动，即创造新价值的劳动。第二，马克思提出了自己的价值理论，这就是"劳动力价值理论"。尽管这一价值理论与英国古典学者提出的价值理论只有一字之差，但体现出价值理论的划时代的发展。因为只有在资本主义的雇佣劳动中，劳动力才能作为商品在市场上被他的所有者自由地出卖给雇主，而劳动者的劳动时间可以被划分为两个不同的部分：必要劳动时间生产雇主付给劳动者的工资；而剩余劳动时间则替资本家生产剩余价值。也就是说，剩余价值的秘密根本不可能在英国古典学者的劳动价值理论中显现出来，因为"劳动"这个笼统的、含混的概念恰恰掩盖了剩余价值的起源，只有马克思提出的劳动力价值理论才能揭示剩余价值的秘密。

鲍德里亚或许会借口当代社会已经成为消费社会，消费行为以及这种行为的符号化已经起着决定性的作用，因此以生产为基础的马克思学说似乎已经过时了。诚然，当代人的消费行为对生产什么以及如何生产都产生了不可忽视的影响，而消费的符号化也使商品越来越多地超越了其自然功能（使用价值），但无论如何，鲍德里亚应该看到，生产活动在整个社会经济活动中的基础性的作用。如果没有任何商品被生产出来，消费就成了无源之水。事实上，2008年以来的金融危机已经驳倒了鲍德里亚对马克思学说的批评。危机就是由消费领域的超前性（分期付款）和过度符号化（信用卡、证券、期货等）引起的，因而重要的是返回实体经济，而实体经济也就是马克思在他的经济学著作中始终作为主要考察对象的生产经济。在《资本论》第3卷中，马克思在谈论到联合起来的生产者对生产资料的控制时，曾经指出："但是不管怎样，这个领域始终是一个必然王国。在这个必然王国的彼岸，作为目的本身的人类能力的发展，真正的自由王国，就开始了。"①马克思这里所说的"必然王国"就是指物质生活资料生产的领域，简言之，即生产的领域。不管今后人类

---

① 马克思：《资本论》第3卷，人民出版社1975年版，第927页。

社会的发展会出现多么大的变化，生产这个必然王国始终构成人类生存和发展的基础。由此可见，鲍德里亚对马克思的驳斥是何等苍白！

　　肯定马克思揭示的"普遍真理"永远不会过时，并不等于说马克思作出的某些"个别的结论"不会过时。实际上，马克思和恩格斯自己也谈到了他们著作中"个别的结论"的过时。在他们为《共产党宣言》所撰写的德文版序言(1872)中，他们指出："不管最近25年来的情况发生了多大的变化，这个《宣言》中所阐述的一般原理整个说来直到现在还是完全正确的。某些地方本来可以作一些修改。这些原理的实际运用，正如《宣言》中所说的，随时随地都要以当时的历史条件为转移，所以第二章末尾提出的那些革命措施根本没有特别的意义。如果是在今天，这一段在许多方面都会有不同的写法了。由于最近25年来大工业有了巨大发展而工人阶级的政党组织也跟着发展起来，由于首先有了二月革命的实际经验而后来尤其是有了无产阶级第一次掌握政权达两月之久的巴黎公社的实际经验，所以这个纲领现在有些地方已经过时了。特别是公社已经证明：'工人阶级不能简单地掌握现成的国家机器，并运用它来达到自己的目的。'"①由此可见，尽管马克思和恩格斯仍然肯定，"这个《宣言》中所阐述的一般原理整个说来直到现在还是完全正确的"，但他们并不讳言，"这个纲领现在有些地方已经过时了"。这就是马克思主义经典作家对待自己著述的实事求是的态度，永远值得我们认真学习。


# 三、马克思主义为什么不是乌托邦


　　有人提出："马克思主义的许多预言没有在现实世界中实现，马克思主义是乌托邦吗？"显然，我们的回答是否定的。我们对这个问题的回应将围绕着以下三个方面来展开。

---

　　①　《马克思恩格斯选集》第1卷，人民出版社1995年版，第248—249页。

1. 什么是乌托邦

"乌托邦"(Utopia)这个术语最早来自英国学者莫尔(Thomas More，1478—1535)的一部同名著作《乌托邦》(1516)。莫尔按照希腊语创制出这个术语，其含义是"乌有乡"，即子虚乌有、根本不存在的地方。这个乌托邦或乌有乡实际上也就是作者心中虚构出来的理想国。在《乌托邦》这部著作中，莫尔借一位航海家的嘴，描述了他心目中的乌托邦：在那里，财产是公有的，乍看起来，每个人都一无所有，但实际上每个人都是富有的；劳动是光荣的，每个人每天劳动 6 个小时，产品十分丰富，劳动以务农为主；每个人生活都很朴素、节俭，并以此为幸福；城市人口得到严格的控制，每座城市只规定 6000 个住户；医疗卫生得到了高度的重视，对患者处处体现出人性化的关怀；人们都笃信宗教，也能从事自由的学术研究等。被莫尔用细腻的笔调描绘出来的这一乌托邦蓝图，大概相当于 16 世纪初英国人生活的理想化。在莫尔之后，"乌托邦"这个术语的含义逐渐被泛化，意指人们理想或梦想中的某个国度或地方。在普通人的理解中，这个术语是贬义词，即意指一种不切实际的空想。

从西方历史上看，莫尔并不是第一个空想主义者，早在两千多年前，柏拉图(Plato，公元前 427—前 345)写下了《理想国》①。事实上，莫尔关于乌托邦财产公有这一条规则就来自于柏拉图。当然，莫尔不同意柏拉图关于取消家庭的主张，乌托邦把家庭理解为社会生活的基础和细胞。在莫尔之后，也涌现出一大批乌托邦主义者和乌托邦的作品，如康帕内拉(Tommaso Campanella，1568—1639)的《太阳城》、培根(Francis Bacon，1561—1626)的《新大西岛》、摩莱里(Morelly，生卒年不详)的《自然法典》、梅叶(Jean Meslier，1664—1729)的《遗书》、圣西门(Henri Saint-Simon，1760—1825 )的《论实业制度》、卡贝（Etienne Cabet，

---

① 由于从古希腊文翻译过来的理想国的英文词是 republic，因而也有人把柏拉图这部著作译为《共和国》。

1788—1856)的《伊加利亚旅行记》、莫里斯（William Morris，1834—1896)的《乌有乡消息》等。另外，像马布利（Mably，1709—1785)、巴贝夫（Gracchus Babeuf，1760—1797)、欧文（Robert Owen，1771—1858)和傅立叶（Charles Fourier，1772—1837)等，也都是我们耳熟能详的空想社会主义或共产主义者的名字。

从中国历史上看，先秦诸子也都有崇古的倾向和热情。也就是说，他们都向往曾经存在过的古代的美好社会，尤其是尧、舜时代的社会。无论是《礼记·礼运篇》记载的"路不拾遗，夜不闭户"的大同世界，还是老子向往的"小国寡民，结绳而治"的理想社会，直到清代康有为撰写的《大同书》都充分表明，人类的乌托邦的热情是永远不会消褪的。

怎样看待人类的乌托邦思想和热情呢？在《社会主义从空想到科学的发展》一书中，当恩格斯评论空想社会主义思潮时曾经指出："这种历史情况也决定了社会主义创始人的观点。不成熟的理论，是同不成熟的资本主义生产状况、不成熟的阶级状况相适应的。解决社会问题的办法还隐藏在不发达的经济关系中，所以只有从头脑中产生出来。社会所表现出来的只是弊病；消除这些弊病是思维着的理性的任务。于是，就需要发明一套新的更完善的社会制度，并且通过宣传，可能时通过典型示范，从外面强加于社会。这种新的社会制度是一开始就注定要成为空想的，它越是制定得详尽周密，就越是陷入纯粹的幻想。"①在恩格斯看来，乌托邦思想表述得越是具体，它的空想的成分也就越大，因为所有这些思想都奠基于不成熟的资本主义生产关系，因此，蕴含在这些思想中真正有价值的东西不是建设性的内容，而是批判性的内容。

众所周知，即使在资本主义发展的初期，那种崇拜金银的拜金主义倾向已经弥漫在整个社会生活中，莫尔在《乌托邦》中无情地嘲笑了这种倾向："原来乌托邦人饮食是用陶器或玻璃器皿，制作考究而值钱无几；至于公共厅馆和私人住宅等地的粪桶溺盆之类的用具倒是由金银铸成。

---

① 《马克思恩格斯选集》第3卷，人民出版社1995年版，第724页。

再则套在奴隶身上的链铐也是取材于金银。最后，因犯罪而成为可耻的人都戴着金耳环、金戒指、金项圈以及一顶金冠。乌托邦人就是这样用尽心力使金银成为可耻的标记。所以别的民族对于金银丧失，万分悲痛，好像扒出心肝一般；相反，在乌托邦，全部金银如有必要被拿走，没有人会感到损失一分钱。"①谁都不会怀疑，这段有趣的论述集中反映出乌托邦人对拜金主义的批判意识。所以，后来列宁也说过，在未来的共产主义社会里，黄金将用来造厕所。实际上目前世界上不少地方（包括香港）已经制造出所谓"金厕所""金马桶"，继承了乌托邦人的思路。

与乌托邦主义者对现实生活的批判意识相反，尽管他们关于未来理想社会的建设性意识中也包含着一些合理的成分，如主张财产公有、保护妇女和儿童的权利、限制和压缩工作日、肯定劳动的价值、建议设立幼儿园和养老院等，但从总体上看，他们关于未来社会蓝图的构想是不成功的，即完全陷于空想的。正如恩格斯所评论的："总之，同启蒙学者的华美诺言比起来，由'理性的胜利'建立起来的社会制度和政治制度竟是一幅令人极度失望的讽刺画。"②恩格斯撰写的《英国工人阶级状况》和马克思撰写的《1844 年经济学哲学手稿》都是对这幅讽刺画的极好的说明。

总之，只要有人类的地方，就会有现实生活；只要有对现实生活不满的人，就会产生乌托邦思想和情绪。从一方面看，任何乌托邦思想都蕴含着对现实生活的批判，因而它总是能够提供出反思现实生活的极其宝贵的批判性的思想资源；从另一方面看，任何乌托邦思想都蕴含着对未来的理想社会的构想，而这些构想同样蕴含着富有启发意义的思想酵素。然而，从总体构想上来看，它们都是不成功的，因为它们构想于资本主义发展的初期，而它们所构想出来的理想社会的狭隘性是与当时生产关系的狭隘性相适合的。正如马克思在《1857—1858 年经济学手稿》中

---

① ［英］莫尔：《乌托邦》，戴镏龄译，商务印书馆 1982 年版，第 68 页。
② 《马克思恩格斯选集》第 3 卷，人民出版社 1995 年版，第 723 页。

所指出的："如果我们在现在这样的社会中没有发现隐蔽地存在着无阶级社会所必需的物质生产条件和与之相适应的交往关系，那么一切炸毁的尝试都是堂·吉诃德的荒唐行为。"①显然，按照马克思的看法，在不具备一定的物质条件的基础上，无论是乌托邦思想中包含的批判意识还是建设性的意识，都注定会流于荒诞。

2. 马克思主义是乌托邦吗

其实，准确的提问方式应该是：马克思主义关于社会主义和共产主义的学说是乌托邦吗？因为马克思的全部学说并不都是讨论未来社会的，所以，他的学说中只有讨论未来社会的部分才关涉到这里正在探讨的主题。细心的读者一定会发现，在《社会主义从空想到科学的发展》中，恩格斯早已告诉我们："这两个伟大的发现——唯物主义历史观和通过剩余价值揭开资本主义生产的秘密，都应当归功于马克思。由于这些发现，社会主义变成了科学"②。显而易见，恩格斯区分了两种不同类型的社会主义：一种是"空想社会主义"（the utopian socialism）；另一种是"科学社会主义"（the scientific socialism）。前者才是真正的乌托邦，而后者则是关于未来社会的科学见解。恩格斯启示我们，马克思主义在任何意义上都不是乌托邦，而是对资本主义社会的透彻的批判和对未来社会的科学预见。综合马克思和恩格斯的诸多论述，我们发现，以马克思为代表的"科学社会主义"与以圣西门、欧文和傅立叶为代表的"空想社会主义"的根本差异主要表现在以下三个方面。

其一，历史条件上的差异。如前所述，空想社会主义盛行于资本主义发展的初期，尽管城市手工业者一开始就是为交换而生产，但他们也有自己的园圃和小块土地，也生产自己需要的大部分东西，并在公共森林中放牧牲畜，从森林中取得木材和燃料。正如恩格斯所指出的："以交换为目的的生产，即商品生产，还只是在形成中。因此，交换是有限

---

① 《马克思恩格斯全集》第 46 卷（上），人民出版社 1979 年版，第 106 页。
② 《马克思恩格斯选集》第 3 卷，人民出版社 1995 年版，第 740 页。

的，市场是狭小的，生产方式是稳定的，地方和外界是隔绝的，地方内部是统一的；农村中有马尔克，城市中有行会。"①然而，在马克思提出科学社会主义学说的时候，资本主义生产方式已经牢固地建立起来了，这在英国表现得尤为典型。与英国资本主义发展同步的所谓"羊吃人运动"使破产了的农民流向城市，成了最早的无产阶级，即雇佣劳动者。于是，"集中在资本家手中的生产资料和除了自己的劳动力以外一无所有的生产者彻底分裂了。社会的生产和资本主义占有之间的矛盾表现为无产阶级和资产阶级的对立。"②在马克思生活的时代，资本主义已经取得长足的发展，资本主义制度已经取得统治性的地位，这就使马克思有条件对资本主义社会及其制度进行透彻的批判，并在这一批判的基础上形成科学社会主义的理论。

其二，理论基础上的差异。空想社会主义者是从抽象的资产阶级人性论出发的，正如恩格斯所指出的，"他们和启蒙学者一样，并不是想首先解放某一个阶级，而是想立即解放全人类"③。当然，这样的想法完全是不现实的，也是根本不可能取得成功的。因为不但目标本身是含混的，而且也缺乏实现这一目标的主导性力量。相反，马克思在批判同时代的资产阶级历史唯心主义思潮时创立了历史唯物主义理论，这一理论不但揭示出资本主义社会发展的规律和趋向，而且明确地指出，无产阶级是颠覆资本主义统治的根本力量。正如马克思和恩格斯在《共产党宣言》中所指出的："随着大工业的发展，资产阶级赖以生产和占有产品的基础本身也就从它的脚下被挖掉了。它首先生产的是它自身的掘墓人。资产阶级的灭亡和无产阶级的胜利是同样不可避免的。"④

其三，探索结果上的差异。由于受到历史条件和理论眼光的限制，空想社会主义者们并没有，实际上也根本不可能对资本主义社会进行深

---

① 《马克思恩格斯选集》第 3 卷，人民出版社 1995 年版，第 746 页。
② 《马克思恩格斯选集》第 3 卷，人民出版社 1995 年版，第 745 页。
③ 《马克思恩格斯选集》第 3 卷，人民出版社 1995 年版，第 721 页。
④ 《马克思恩格斯选集》第 1 卷，人民出版社 1995 年版，第 284 页。

入的研究，正是马克思经过对资产阶级政治经济学的长期研究，发现了被种种假象遮蔽着的剩余价值理论，从而不但发现了资本主义剥夺的全部秘密，也揭示了资本主义必然遭遇到的周期性经济危机，从而为无产阶级的解放指明了道路。这一道路从争取缩短工作日的斗争出发，一直到采取暴力的手段推翻资产阶级的统治。

从上面的论述可以看出，马克思的社会主义理论根本不是乌托邦，而是指导无产阶级争取自己解放的科学理论。马克思在世时，巴黎公社的社员以伟大的热情和历史的主动性争取自己的解放，他们掌握政权达两个月之久。尽管巴黎公社最后失败了，但它毕竟是无产阶级夺取政权的第一次尝试。四十多年后，列宁领导下的第一个社会主义国家——苏联诞生了。在苏联的影响下，东欧、中国、朝鲜、古巴、越南等国家也先后进入了社会主义的行列。当前，虽然社会主义事业的发展经受了严重的挫折。但这是由诸多原因引起的。无论如何，这些社会主义国家的诞生证明，马克思的科学社会主义理论是颠扑不破的真理。总之，历史和实践都表明，马克思主义不是乌托邦，而是指导无产阶级走上解放道路的科学真理。

3. "马克思主义的许多预言没有在现实世界中实现"，这能够成为判定马克思主义是乌托邦的理由吗

值得注意的是，提问者并没有明确地告诉我们，这里提到的"马克思主义的许多预言"究竟是指哪些预言。须知，"预言"这个术语也包含着广阔的诠释空间。但即使如此，我们仍然可以从以下几个方面加以回应。

其一，马克思不但是革命家，也是科学家，他对自己提出的任何理论见解，包括预言，都抱着十分谨慎的态度。马克思对俄国学者查苏利奇（В. В. Засулиу，1851—1919）关于俄国未来社会发展前景的提问就采取了非常严谨的态度。查苏利奇在给马克思的信中谈到了俄国革命者都十分关注俄国农村公社未来的命运。不少革命者认为，它作为一种古老的形式，注定要灭亡。查苏利奇为此而在信中询问马克思："假如你能说明，你对我国农村公社可能的命运以及世界各国由于历史的必然性都

应经过资本主义生产各阶段的理论的看法，给予我们的帮助会是多么大。"①

马克思为复信中写下了三份草稿，细致地分析了俄国社会各方面的状况。在1881年2月底到3月初写下的草稿三中，当马克思谈到俄国的农村公社时指出："在整个欧洲，只有它是一个巨大的帝国内农村生活中占统治地位的组织形式。土地公有制赋予它以集体占有的自然基础，而它的历史环境（资本主义生产和它同时存在）又给予它以实现大规模组织起来的合作劳动的现成物质条件。因此，它可以不通过资本主义制度的卡夫丁峡谷，而吸取资本主义制度所取得的一切积极成果。它可以借使用机器而逐步联合耕种代替小土地耕种，而俄国土地的天然地势又非常适合于使用机器。如果它在现在的形式下事先被引导到正常状态，那它就能直接变成现代社会所趋向的那种经济体系的出发点，不必自杀就能获得新的生命。"②然而，经过一段时间的斟酌，马克思对三个草稿中写下的东西仍然感到不满意，他在1881年3月8日致查苏利奇的正式信件中又指出："这种农村公社是俄国社会新生的支点；可是要使它能发挥这种作用，首先必须排除从各方面向它袭来的破坏性影响，然后保证它具备自然发展的正常条件。"③很容易注意到，马克思在正式的回信中没有再提到"它可以不通过资本主义制度的卡夫丁峡谷，而吸取资本主义制度所取得的一切肯定成果"这样的预言。由此可见，马克思在任何理论问题上作出预言时都是非常谨慎的，绝不会以信口开河的方式来表达自己的理论观点。

其二，预言是否实现的问题是不应该笼统地加以讨论的：一方面，正如我们在前面已经指出过的，马克思的诸多预言并没有规定具体的时间。比如，马克思在逝世前曾预言俄国会发生革命，但他并没有说俄国在哪一年会发生革命。后来俄国发生的1905年的资产阶级革命和1917

---

① 《马克思恩格斯全集》第25卷，人民出版社2001年版，第757页。
② 《马克思恩格斯全集》第25卷，人民出版社2001年版，第479页。
③ 《马克思恩格斯全集》第25卷，人民出版社2001年版，第483页。

年的社会主义革命也证实了马克思的预言。既然马克思的诸多预言都没有涉及具体的时间，也就不存在"没有在现实世界中实现"的问题。另一方面，也有些预言必须经过相当长的时间才能实现或被证实。正如马克思在《〈政治经济学批判〉序言》所说的那段话："无论哪一个社会形态，在它所能容纳的全部生产力发挥出来以前，是决不会灭亡的；而新的更高的生产关系，在它的物质存在条件在旧社会的胎胞里成熟以前，是决不会出现的。"①苏联的解体既有苏联共产党失误的原因，也有俄国资本主义所能容纳的全部生产力还未发挥出来的原因。这就启示我们，对许多现象，需要长时期的观察才能引申出马克思的预言是否实现的结论。

其三，预言总是在一定的历史条件下，按照事物发展的内在逻辑而作出的。而当马克思作为预言者在考虑事物发展的内在逻辑时，根本不可能估计到新的历史条件下无限丰富的偶然性对事物发展的内在逻辑的干扰和影响。比如，马克思在《资本论》里提到了无产阶级"绝对贫困化"的问题。在当时的历史条件下，无产阶级的生活确实非常贫困，而资本家作为人格化的资本，像吸血鬼一样，吸附着无产阶级的劳动，马克思关于无产阶级"绝对贫困化"的预言正是按照资本无限制地榨取劳动这种逻辑趋向提出来的。但是，资本主义也在自己发展的道路上，由于无产阶级本身起来为改善自己的生存条件而斗争，也由于各种文化力量的制约，至少在发达国家，无产阶级"绝对贫困化"的现象并没有出现。但人们也不能依此而断言马克思的这个预言失效了。为什么？因为马克思是在不同的历史条件下，根据资本发展的内在逻辑作出这一预言的。事实上，这一预言本身并没有错，只是它在新的历史条件下被修正了。

其四，对预言是否实现的问题，人们通常是从事物的表层出发去加以理解的，如果他们从更深的层次出发去观察和思考问题，他们就有可能放弃原来的轻率的断言。比如，按照马克思对资本主义经济危机的分析，最发达的资本主义国家中社会化生产与个人占有之间的矛盾是最为

---

① 《马克思恩格斯选集》第 2 卷，人民出版社 1995 年版，第 33 页。

尖锐的，因此，毋庸置疑，社会主义革命应该最先在发达资本主义国家中爆发，然而，实际上出现的情景是，社会主义革命却是在资本主义发展非常薄弱的俄国取得了胜利。正如我们在前面已经指出过的，包括葛兰西在内的许多学者都认为马克思的预言没有实现。然而，如果人们换一个角度看问题，就会发现，资本主义发展相对落后的国家成了社会主义国家，它会遭遇到更多的困难，因为它面临着两个重大的任务：一是发展经济，使之达到与发达资本主义国家相应的水平，如果完不成这个任务，它根本不可能存在下去；二是创造性地实践社会主义，走出一条符合自己国情的新路。这条路同样是充满艰险的，只要研究一下任何一个社会主义国家的发展历史，就决不会怀疑这一点。因此，当人们从马克思的最基本的理论——历史唯物主义出发去看待马克思的上述预言时，就会发现，马克思的预言并没有错。果然，由于历史提供的偶然机遇，资本主义发展相对落后的国家也有可能率先发生革命，但它们仍然要补上类似于发达资本主义国家的经济发展课，只要它们稍加忽视，就有可能像苏联、东欧国家一样，重新退回到资本主义社会中去。这就像运动员因抢跑而受到惩罚，只好重新退回到自己的起跑线上一样。如果人们看得更远一些，就会发现，马克思的某些预言在历史唯物主义这个基础理论的层面上仍然是有效的。

综上所说，马克思是不喜欢做预言的。他在 1843 年 9 月致卢格的信中写道："新思潮的优点就恰恰在于我们不想教条式地预料未来，而只是希望在批判旧世界中发现新世界。"[①]在这里，马克思十分明确地告诉我们，他所代表的新思潮的特征恰恰是不作出轻率的预言，而是努力在批判旧世界的过程中去发现新世界。因此，即使马克思不得不作出某些预言的时候，他也是非常谨慎的。在马克思逝世一百多年后，我们应该更多地从批判学说的本性的维度去理解马克思所作出的伟大的理论贡献，理解马克思在批判中确立起来的新世界观的基本立场和观点，而不

---

① 《马克思恩格斯全集》第 1 卷，人民出版社 1956 年版，第 416 页。

是拘泥于他的某些"个别的结论",纠缠于他的某个预言是否实现等。这就深刻地启示我们,阅读马克思,理解马克思,也需要找到一种合适的方式,而不是纠缠在一些偏颇的,甚至细节性的问题上。

# 四、为什么说当代中国发展道路体现了马克思的东方社会形态演进模式

有人提出,中国改革开放三十多年取得的成就,究竟是在走资本主义道路还是马克思主义中国化的成果?我们的回答是:自改革开放以来,中国经济社会确实发生了举世瞩目的巨大变化。在短短三十多年时间里,为什么中国会取得如此大的成就?换言之,中国发展道路取得成功的理论依据是什么?深入的研究启示我们,这些问题的答案深藏于马克思的社会形态理论之中。然而,长期以来,马克思的这一理论却没有引起理论界的充分重视,而附加在这一理论上的种种错误的认识和其他的原因,又使人们迟迟未能认清它的重大价值。我们试图追随马克思的思路,澄清他的社会形态理论的原初含义,肯定它对中国发展道路的根本性指导意义,从而阐明中国所走的道路正是马克思主义中国化的道路,是社会主义的道路。我们的论述将围绕以下三个方面来展开。

1. 马克思理论探索中的另一条线索

在马克思一生的理论探索中交织着两条不同的线索:一条是主线,也是明线,即马克思对资本主义社会及其资产阶级政治经济学的批判性研究,《资本论》就是马克思这方面理论探讨的最重要的结晶。另一条是副线,也是暗线,即马克思对前资本主义社会及其资产阶级人类学的批判性研究。青年马克思偏向于哲学人类学的研究,成熟时期的马克思则偏向于对实证人类学的研究,其成果散见于马克思的论著、笔记、文稿和书信中。

从 19 世纪 50 年代起,马克思就开始了他的实证人类学研究之旅,据美国学者诺曼·莱文对阿姆斯特丹国际社会史研究所收藏的马克思的

全部读书笔记的研究，马克思在 1853 年这一年就读了 8 本论印度的书，11 本论俄国的书。① 比如，马克思阅读了法国医生、旅行家弗朗索瓦·贝尔尼埃（Francois Bernier）的《大莫卧儿等国游记》后，在 1853 年 6 月 2 日致恩格斯的信中这样写道："贝尔尼埃完全正确地看到，东方（他指的是土耳其、波斯、印度斯坦）一切现象的基础是不存在土地私有制。这甚至是了解东方天国的一把真正的钥匙。"②

在 19 世纪 60 年代，马克思阅读了哈克斯特豪森（A. F. F. von Haxthausen，1792—1866）的著作《俄国的农村制度》，钻研了毛勒（G. I. Maurer，1790—1872）关于中世纪马尔克公社的农业史和制度史方面的著作③，并在 1868 年 3 月 14 日致恩格斯的信中，对毛勒的相关著作做了高度评价："老毛勒的这些书（1854—1856 年的，等等），具有真正德意志的博学，但同时也具有亲切而易读的文风"④。

在 19 世纪七八十年代，马克思在理论探索上实现了一个漂亮的转身，即几乎搁下了对《资本论》第二卷、第三卷的撰写和修改，把注意力转向对实证人类学的研究。为了直接阅读俄国人类学家的著作，马克思还自学了俄语。1876—1878 年间，马克思研究了古代斯拉夫制度。⑤

现在我们要询问的是：究竟出于什么原因，晚年马克思颠倒了研究主线和副线之间的关系，把主要的注意力转向实证人类学？我们认为，

---

① 参见杜章智：《国外对马克思晚年人类学笔记的研究》，载《马列主义研究资料》1987 年第 1 辑（总第 47 辑），人民出版社 1987 年版，第 171 页。

② 《马克思恩格斯全集》第 28 卷，人民出版社 1973 年版，第 256 页。

③ 参见《马克思恩格斯选集》第 1 卷，人民出版社 1995 年版，第 875—876、890 页。恩格斯在为《共产党宣言》1888 年英文版所写的一个注中指出："在 1847 年，社会的史前史，成文史以前的社会组织，几乎还没有人知道。后来，哈克斯特豪森发现了俄国的土地公有制，毛勒证明了这种公有制是一切条顿族的历史起源的社会基础，而且人们逐渐发现，村社是或者曾经是从印度到爱尔兰的各地社会的原始形态。最后，摩尔根发现了氏族的真正本质及其对部落的关系，这一卓绝发现把这种原始共产主义社会的内部组织的典型形式揭示出来了。随着这种原始公社的解体，社会开始分裂为各个独特的、终于彼此对立的阶级。"参阅《马克思恩格斯选集》第 1 卷，人民出版社 1995 年版，第 272 页注②。

④ 《马克思恩格斯全集》第 32 卷，人民出版社 1974 年版，第 43 页。

⑤ 杜章智：《国外对马克思晚年人类学笔记的研究》，见《马列主义研究资料》1987 年第 1 辑（总第 47 辑），人民出版社 1987 年版，第 171 页。

晚年马克思之所以把主要注意力转向人类学，其直接的动因是：1871年巴黎公社失败后，欧洲陷入了沉寂，革命中心开始向东方转移，马克思希望借助于实证人类学研究，深入地了解东方社会的性质，从而为未来的东方革命指出一条明确的道路；而其间接的动因则是：通过对非欧社会，尤其是亚细亚生产方式的研究，超出欧洲中心主义的视野，探寻人类社会演化的普遍规律。而这个普遍规律不是别的，正是马克思在长期思考中不断加以完善的社会形态理论。

2. 马克思的社会形态理论揭示出东、西方社会演化的不同路向

一提到马克思的社会形态理论，人们首先想到的是所谓"五形态说"，在1938年出版的《联共（布）党史简明教程》四章二节中，斯大林写道："历史上有五种基本类型的生产关系：原始公社制的、奴隶占有制的、封建制的、资本主义的、社会主义的。"①在斯大林看来，原始社会、奴隶社会、封建社会、资本主义社会、社会主义社会构成了人类历史发展的五个不同的社会形态，而这五个社会形态对所有国家的历史发展都具有普适性。显然，这是对"五形态说"的经典性表述。半个多世纪以来，这种学说在苏联、东欧和中国理论界一直占据着主导性的地位。

每个不存偏见的人都会发现，马克思系统地加以表述的不是"五形态说"，而是"三形态说"。在《1857—1858年经济学手稿》中，马克思从经济关系与人的发展的角度提出了"三形态说"："人的依赖关系（起初完全是自然发生的），是最初的社会关系，在这种形态下，人的生产能力只是在狭窄的范围内和孤立的地点上发展着。以物的依赖性为基础的人的独立性，是第二大形态，在这种形态下，才形成普遍的社会物质变换，全面的关系，多方面的需求以及全面的能力的体系。建立在个人全面发展和他们共同的社会生产能力成为他们的社会财富这一基础上的自由个性，是第三个阶段。第二个阶段为第三个阶段创造条件。因此，家长制的、古代的（以及封建的）状态随着商业、奢侈、货币、交换价值的

---

① 《联共（布）党史简明教程》，人民出版社1975年版，第137页。

发展而没落下去，现在社会则随着这些东西一道发展起来。"①

显然，马克思在这里所说的第一个社会形态是以"人的依赖关系"作为根本特征的，这种社会形态还处于自然血缘关系和狭窄的地域关系的制约下。毋庸讳言，原始公社、亚细亚所有制、奴隶社会、封建社会都从属于这一社会形态，马克思在这段话中所说的"家长制的、古代的（以及封建的）状态"可以说把上面提到的不同的社会形式都包含进去了。

马克思提到的第二个社会形态的根本特征是"以物的依赖性为基础的人的独立性"，这种社会形态已经形成了普遍的社会物质（商品）交换，从而为人的多方面需求和能力的全面发展创造了条件。显然，这种社会形态指的是商品经济高度发展的社会形式，从手稿的上下文可以看出，马克思所说的"现代社会"正是指资本主义社会。

马克思提到第三个社会形态是以"建立在个人全面发展和他们共同的社会生产能力成为他们的社会财富这一基础上的自由个性"作为根本特征的，实际上就是指未来共产主义社会。在马克思看来，共产主义社会不是自然的产物，而是历史的产物，因为"要使这种个性成为可能，能力的发展就要达到一定的程度和全面性，这正是以建立在交换价值基础上的生产为前提的，这种生产才在产生出个人同自己和同别人的普遍异化的同时，也产生出个人关系和个人能力的普遍性和全面性"②。也正是在这个意义上，马克思强调："第二个阶段为第三个阶段创造条件。"在晚年人类学笔记，特别是在《马·柯瓦列夫斯基〈公社土地占有制〉一书摘要》中，马克思才借用柯瓦列夫斯基的部分表述，明确地概括道："总之，过程如下：(1)最初是实行土地共同所有制和集体耕种的氏族公社；(2)氏族公社依照氏族分支的数目而分为或多或少的家庭公社，即'南方

---

① 《马克思恩格斯全集》第46卷(上)，人民出版社1979年版，第104页。
② 《马克思恩格斯全集》第46卷(上)，人民出版社1979年版，第108—109页。

斯拉夫式的家庭公社'。"①由于人类社会演化的起点——氏族公社通过实证人类学提供的材料得到了科学的规定，这样一来，马克思在《1857—1858年经济学手稿》中提出的"三形态说"在以下两个方面进一步被完善化了。

一方面，对第一社会形态的内涵和差异获得了新的认识。如前所述，在稍晚于《1857—1858年经济学手稿》的《〈政治经济学批判〉序言》(1859)中，马克思指出："大体说来，亚细亚的、古代的、封建的和现代资产阶级的生产方式可以看作是经济的社会形态演进的几个时代。"②在这段话中，亚细亚生产方式被置于最前面的位置上。但在晚年人类学笔记所蕴含的社会形态理论中，以土地公有和集体耕种为特征的氏族公社③被置于最前面的位置上，而亚细亚生产方式则被阐释为氏族公社解体后形成的次生或再生的所有制形式。

从亚细亚生产方式开始，欧洲社会与东方社会的演化出现了不同的路向。对于欧洲社会来说，经过亚细亚生产方式的过渡后，相继出现的是"古代的"(相当于奴隶所有制)、封建的和现代资本主义生产方式。因此，第一社会形态在欧洲的表现形式是：氏族公社、亚细亚生产方式、奴隶社会(或古代社会)、封建社会。对于东方社会，如印度、俄国、中国等国家来说，亚细亚生产方式一直延续下来，与欧洲现代资本主义生

---

① 《马克思恩格斯全集》第45卷，人民出版社1985年版，第242页。马克思上述结论也在恩格斯写于1882年9月中至12月的《马尔克》一文中得到了印证。恩格斯这样写道："有两个自发产生的事实，支配着一切或者几乎一切民族的古代历史：民族按亲属关系的划分和土地公有制。"参阅《马克思恩格斯全集》第19卷，人民出版社1963年版，第353页。

② 《马克思恩格斯选集》第2卷，人民出版社1995年版，第33页。

③ 如前所说，斯大林在叙述"五形态说"时把"原始公社"放在最前面，这也是许多研究著作中常用的概念，而我们在这里为什么用"氏族公社"呢？因为"原始公社"这一用语在马克思那里具有远比"氏族公社"复杂的含义。比如，在《资本论》第1卷第2版(1873)的一个注中，马克思指出："仔细研究一下亚细亚的，尤其是印度的公社所有制形式，就会得到证明，从原始的公社所有制的不同形式中，怎样产生出它的解体的各种形式。"马克思在这里把"原始社会"理解为人类社会演化的起点，但在1881年致俄国学者维·伊·查苏利奇的复信草稿——初稿中，马克思又指出："各种原始公社(把所有的原始公社混为一谈是错误的；正像地质的形成一样，在这些历史的形成中，有一系列原生的、次生的、再次生的等等类型)的解体的历史，还有待于撰述。"显然，马克思在对俄国古代社会的研究中，意识到"原始社会"概念的多重含义。参阅《马克思恩格斯全集》第19卷，人民出版社1963年版，第432页。

产方式相颉颃。因此，第一社会形态在东方的表现形式是：氏族公社、亚细亚生产方式。

另一方面，对第二社会形态的内涵和差异也获得了新的认识。在《1857—1858年经济学手稿》中，第二社会形态的根本特征是"以物的依赖性为基础的人的独立性"，从上下文可以看出，马克思指称的是资本主义制度。但在其晚年人类学思想中，马克思展示出第二社会形态在东方国家，尤其是俄国发展的新的可能性，这就是马克思在1881年2—3月间写给查苏利奇的复信草稿中所说的跨越"资本主义制度的卡夫丁峡谷"。但马克思认为，这种跨越需要两方面的条件：一是俄国农村公社长期以来保持的土地公有制度不被破坏；二是能够享用资本主义制度的一切肯定的成果。马克思这样写道："如果说土地公有制是俄国'农村公社'的集体占有制的基础，那么，它的历史环境，即资本主义生产和它的同时存在，给它提供了大规模地进行共同劳动的现成的物质条件。因此，它能够不通过资本主义制度的卡夫丁峡谷，而享用资本主义制度的一切肯定成果。"①

有了上述两方面新内容的补充，马克思的"三形态说"不仅在内容上被充实化、完善化了，而且在表述上也变得明晰化了。我们认为，"三形态说"有两种不同的表现形式：就其抽象的表现形式来说，它揭示了人类社会演化的普遍规律；就其具体的表现形式来说，它有差异地揭示了欧洲社会与东方社会不同的演化模式。

马克思"三形态说"的抽象表现形式是：第一个社会形态（人的依赖关系）→第二个社会形态（以物的依赖性为基础的人的独立性）→第三个社会形态（人的全面发展和自由个性）。马克思"三形态说"的具体表现形式有以下两种。一种是欧洲社会形态的演进模式：第一个社会形态（氏族公社、亚细亚所有制、奴隶制、封建制）→第二个社会形态（资本主义所有制）→第三个社会形态（未来共产主义所有制）；另一种是东方社会

--------

① 《马克思恩格斯全集》第19卷，人民出版社1963年版，第437页注①。

形态的演进模式：第一个社会形态（氏族公社、亚细亚所有制）→第二个社会形态（跨越"资本主义制度的卡夫丁峡谷"的社会主义所有制）→第三个社会形态（未来共产主义所有制）。①

3. 中国发展道路体现了马克思社会形态理论中的东方社会形态的演进模式

众所周知，列宁没有阅读过晚年马克思的人类学笔记，也不可能看到马克思致查苏利奇的复信草稿。如前所述，这些复信草稿撰写于1881年，与列宁撰写的《俄国资本主义的发展》(1895—1896)的出版只相隔14年！但马克思和列宁对俄国当时的国情却作出了不同的判断。事实上，马克思当时期待的俄国革命，并不是欧洲社会形态演进意义上的社会主义革命（即在高度发展的资本主义制度内部发生革命），而是东方社会形态演进意义上对"资本主义制度的卡夫丁峡谷"的跨越（即在资本主义制度旁边发生革命，但仍然"享用资本主义制度的一切肯定成果"）。

虽然列宁不了解马克思这方面的思想，但他在实践中很快就意识到这方面问题的重要性。实际上，列宁早在建党的过程中就与普列汉诺夫发生过关于俄国社会性质的争论。普列汉诺夫认为，从俄国所处的地域和社会结构来看，俄国在相当程度上具有与印度、中国相似的亚细亚生产方式的特征。而列宁则认为，俄国本质上已经是资本主义国家。直到20世纪20年代，列宁才认识到，俄国至今还没有摆脱半亚细亚的不文明状态。尽管列宁在实践中对俄国社会的性质获得了新的认识，并试图通过"新经济政策"来刺激苏联经济的发展，但列宁的过早逝世，又使苏联在其发展道路上出现了失误。坚持"五形态说"的斯大林始终从马克思关于欧洲社会形态演进的理论出发去看待苏联社会的性质和发展道路，他和他的后继者们一方面陷入了军备竞赛，另一方面又完全不知道马克思所说的"享用资本主义制度的一切肯定成果"的重要性，终于导致了苏

---

① 参见张凌云：《马克思的社会形态理论与当代社会主义》，武汉出版社1991年版，第40—41页。

联的解体。

20 世纪二三十年代，在苏联理论界的影响下，中国史学界也掀起了一场关于亚细亚生产方式和中国社会性质的大讨论。但当时史学界的领军人物郭沫若、李亚农等把马克思关于欧洲社会形态演进的理论生搬硬套到对中国社会的分析中，认为中国不但存在着封建社会，也存在着奴隶社会。1938 年，斯大林的"五形态说"问世后，这方面的争论也就难以为继了。尽管中国史学界存在着对中国社会性质的误判，但毛泽东领导的新民主主义革命，由于从当时中国的具体国情出发，取得了伟大的胜利，就像俄国革命的胜利为苏联跨越"资本主义制度的卡夫丁峡谷"准备了必要条件，中国革命的胜利也为中国跨越"资本主义制度的卡夫丁峡谷"准备了相应的条件。

中华人民共和国成立以后，在和平发展时期，史学界误判中国社会性质的消极影响开始发生作用了。事实上，在对中国社会性质的判定上，毛泽东与郭沫若、李亚农的基本观点是一致的。①

在中国历史发展的这个紧要关头，1978 年举行的党的十一届三中全会上果断放弃了"以阶级斗争为纲"的政治路线，确立了"以经济建设为中心"的新的发展路线，并在实践中逐步形成了中国特色社会主义理论，而这一理论在主要方面都切合马克思的社会形态理论，尤其是马克思关于东方社会形态演进的理论。下面，我们对邓小平的理论贡献做一个简要的分析。

第一，重新判定中国社会的性质。如前所述，按照马克思的看法，中国像印度一样，是典型的亚细亚生产方式的国家。在《资本论》第 3 卷中，马克思明确地指出："在印度和中国，小农业和家庭工业的统一形成了生产方式的广阔基础。此外，在印度还有建立在土地公有制基础上

---

① 在《中国革命和中国共产党》(1939)中，毛泽东写道："中华民族的发展……从原始公社崩溃，社会生活转入阶级生活那个时代开始，经过奴隶社会、封建社会，直到现在，已经有了大约四千年之久。"参阅《毛泽东选集》第 2 卷，人民出版社 1991 年版，第 622 页。

的村社的形式，这种村社在中国也是原始的形式。"①尽管邓小平没有使用过"亚细亚生产方式"的概念，更没有把这种生产方式理解为中国古代氏族公社解体后的所有制形式，但他敏锐地意识到东方社会与欧洲社会的差异，并把中国理解为落后的东方大国。有鉴于此，邓小平指出："我们党的十三大要阐述中国社会主义是处在一个什么阶段，就是处在初级阶段，是初级阶段的社会主义。社会主义本身是共产主义的初级阶段，而我们中国又处在社会主义的初级阶段，就是不发达的阶段。一切都要从这个实际出发，根据这个实际来制订计划。"②显而易见，邓小平之所以把当代中国社会的性质判定为共产主义的初级阶段，目的就是要摆脱欧洲中心主义的思维框架，退回到中国作为落后的东方大国的实际境况中，并从这一实际境况出发来确立自己的发展道路。

第二，重新确定社会主义的根本任务。马克思的社会形态理论启示我们，未来共产主义社会要做到"各尽其能，按需分配"，其前提是生产力的高度发展和物质产品的充分涌流。所以，马克思在叙述其"三形态说"时强调："第二阶段为第三阶段创造条件。"邓小平对此有深刻的领悟，他认为，在中国这样落后的国家中，社会主义的根本任务不是去消灭商品经济、消灭阶级，而是发展生产力："社会主义阶段的最根本任务就是发展生产力，社会主义的优越性归根到底要体现在它的生产力比资本主义发展得更快一些、更高一些，并且在发展生产力的基础上不断改善人民的物质文化生活……社会主义要消灭贫穷。贫穷不是社会主义，更不是共产主义。"③不用说，邓小平的上述见解完全符合马克思的观点。事实上，没有生产力的高度发展，没有马克思所说的"以物的依赖性为基础的人的独立性"，不但自由个性和个人的全面发展是不可能的，而且社会主义和共产主义也会变成空话。

第三，制订"改革开放"的发展战略。马克思关于东方社会形态演进

---

① 马克思：《资本论》第 3 卷，人民出版社 1975 年版，第 373 页。
② 《邓小平文选》第 3 卷，人民出版社 1993 年版，第 252 页。
③ 《邓小平文选》第 3 卷，人民出版社 1993 年版，第 63—64 页。

的理论启示我们，以相互隔绝的农村公社为基础的亚细亚生产方式会长期处于封闭的、停滞不前的状态中。因此，对于像俄国、中国这样的亚细亚所有制的国家来说，不同时"享用资本主义制度的一切肯定成果"，最终想要跨越"资本主义制度的卡夫丁峡谷"是根本不可能的。从历史上看，中国长期处于闭关自守的状态下；中华人民共和国成立后又采取了"一边倒"（倒向苏联）的外交政策，后来中苏关系出现裂痕，甚至到了剑拔弩张的地步。中国与西方国家的外交关系直到 20 世纪 70 年代初才开始恢复。邓小平意识到，对于中国这样的落后国家来说，不改革、不开放而试图发展自己是根本不可能的。因而，他反复强调："社会主义要赢得与资本主义相比较的优势，就必须大胆吸收和借鉴人类社会创造的一切文明成果，吸收和借鉴当今世界各国包括资本主义发达国家的一切反映现代化生产规律的先进经营方式、管理方法。"[1]与此同时，改革一切不适应于社会主义生产力发展的经济的、社会的、政治的体制。正是邓小平制定的"改革开放"的伟大发展战略使中国社会三十多年来发生了巨大的变化。

第四，开辟"社会主义市场经济"的发展道路。如前所述，在致查苏利奇的复信草稿中，马克思对俄国通过未来革命而建立起来的新的社会形态所蕴含的经济模式提出了这样的要求：一方面，要跨越"资本主义制度的卡夫丁峡谷"；另一方面，又要"享用资本主义制度的一切肯定成果"。但马克思没有对这种未来的经济模式进行命名。其实，每一个不存偏见的人都会发现，邓小平提出的"社会主义市场经济"正是对这一经济模式的准确命名。长期以来，人们坚守"市场经济＝资本主义，计划经济＝社会主义"的错误的、僵化的观念，邓小平严厉地驳斥了这种观念："计划经济不等于社会主义，资本主义也有计划；市场经济不等于资本主义，社会主义也有市场。计划和市场都是经济手段。社会主义的本质，是解放生产力，发展生产力，消灭剥削，消除两极分化，最终达

---

[1] 《邓小平文选》第 3 卷，人民出版社 1993 年版，第 373 页。

到共同富裕。"①当然，必须指出的是，正如马克思强调只有俄国革命才能挽救俄国公社一样，也只有中国共产党始终保持其执政党的地位，才能确保"社会主义市场经济"的长期发展和繁荣。

第五，建设社会主义的民主和法制。马克思认为，亚细亚生产方式赖以为基础的农村公社是在政治上导致东方专制制度的自然基础。马克思在谈到印度的现状时就曾指出："这些田园风味的农村公社不管看起来怎样祥和无害，却始终是东方专制制度的牢固基础"②。而与这种专制制度相伴随的则是农民和小生产者对行政权力的崇拜及民间流行的"清官意识"。邓小平认识到，要推进社会主义生产力的发展，就要坚定不移地改革一切不适应于生产力发展的传统体制，而改革的焦点则是政治体制改革。邓小平明确指出："政治体制改革包括民主和法制。我们的民主同法制是相关联的。"③事实上，不以法制为基础的民主只能导致无政府主义，"文化大革命"中所谓的"大民主"就是典型的例子。当然，邓小平强调，中国也不能照搬西方人的民主观念，而必须立足于自己的国情，发展社会主义民主政治。

上面论述的五个方面大致勾勒出邓小平有中国特色社会主义理论的总体框架。由于这一理论是从中国具体国情出发的，因此，处处显示出它和马克思的社会形态理论之间的亲和性。事实上，就在邓小平重新出来工作不久，人民出版社就出版了《马克思恩格斯全集》第 45 卷(1985)，其中收录了马克思关于科瓦列夫斯基、摩尔根、梅恩和拉伯克的四篇人类学笔记，而马克思关于菲尔的人类学笔记则单独刊登在由中央编译局编纂的《马列主义研究资料》1987 年第 1 辑上。不用说，晚年马克思人类学笔记的相继出版，为中国理论界重新认识马克思社会形态理论的原初含义和历史价值提供了明确的方向和重要的动力。

马克思的这些珍贵的笔记及其社会形态理论表明，马克思非但不主

---

① 《邓小平文选》第 3 卷，人民出版社 1993 年版，第 373 页。
② 《马克思恩格斯选集》第 1 卷，人民出版社 1995 年版，第 765 页。
③ 《邓小平文选》第 3 卷，人民出版社 1993 年版，第 244 页。

张把欧洲社会形态演进中的"奴隶制""封建制"简单地套用到东方国家，尤其是印度、中国和俄国上去，反而经常阐明为什么东方国家没有经历过这样的所有制形式。比如，在《马·柯瓦列夫斯基〈公社土地占有制〉一书摘要》中，马克思指出："由于在印度有'采邑制''公职承包制'（后者根本不是封建主义的，罗马就是证明）和荫庇制，所以柯瓦列夫斯基就认为这是西欧意义上的封建主义。别的不说，柯瓦列夫斯基忘记了农奴制，这种制度并不存在于印度，而且它是一个基本因素。"①马克思所说的印度的情况同样适合于中国。

真正说来，中国既未存在过罗马意义上的奴隶社会，也未存在过中世纪意义上的封建社会。其实，马克思早已明确指出，中国传统社会体现为农村公社为基础的亚细亚生产方式，而在"在亚细亚的（至少是占优势的）形式中，不存在个人所有，只有个人占有；公社是真正的实际所有者；所以，财产只是作为公共的土地财产而存在"②。实际上，正是亚细亚生产方式长期以来保留着的这种土地公有制，为跨越"资本主义制度的卡夫丁峡谷"准备了重要条件。正如马克思在谈到俄国的农村公社时所指出的："俄国吸取这种生产方式的肯定成果，就有可能发展并改造它的农村公社的古代形式，而不必加以破坏（我顺便指出，俄国的共产主义所有制形式是古代类型的最现代的形式，而后者又经历过一系列的进化）。"③

这样一来，我们不但明白了中国社会的性质，也对中国革命的性质获得了新的理解。我们认识到，中国革命的秘密不应该到马克思关于欧洲社会形态演进的理论中去寻找，而应该到马克思关于东方社会形态演进的理论中去寻找。要言之，与俄国革命一样，中国革命也不是欧洲意

---

① 《马克思恩格斯全集》第 45 卷，人民出版社 1985 年版，第 283—284 页。
② 《马克思恩格斯全集》第 46 卷（上），人民出版社 1979 年版，第 481 页。
③ 《马克思恩格斯全集》第 19 卷，人民出版社 1963 年版，第 444 页。

义上的、在充分发展的资本主义制度内部爆发的社会主义革命①，而是在东方社会意义上的、在资本主义制度旁边爆发、既要跨越资本主义制度的卡夫丁峡谷又要享用资本主义制度的一切肯定成果的社会主义革命。对欧洲的社会主义革命来说，关键是如何掌握市民社会的领导权；而对东方的社会主义革命来说，关键是如何发展生产力。显然，看不到这两种不同的社会主义革命之间的重大差异，无论是在欧洲，还是在亚洲，都无法取得革命的最终胜利。由于苏联共产党没有意识到这一点，苏联最终仍然落入了"资本主义制度的卡夫丁峡谷"。现在，全世界的希望都转向了中国。

与此同时，我们对当代中国的发展道路也获得了新的理解。这条发展道路既不能用西方自由主义的理论来解释，也不能用俄国历史上存在过的民粹主义理论来解释。因为这两者都忽视了作为执政党的中国共产党在推进"社会主义市场经济"中所起到的核心作用。其实，俄国跨越"资本主义制度的卡夫丁峡谷"的前提是爆发俄国革命，而俄国革命的前提则是俄国共产党的领导。因此，没有俄国共产党的领导，以后的一切都不可能发生。这种情况同样适合于中国。没有中国共产党的领导，现有的一切也不可能发生。

综上所述，我们认为，只有马克思的社会形态理论才能对当代中国的发展道路作出合理的解释。实际上，正确地指引这一发展道路的中国特色社会主义理论正是马克思的社会形态理论与当代中国具体国情相结合的伟大结晶。

---

① 这个主题后来在西方马克思主义的创始人之一，意大利马克思主义者葛兰西的《狱中札记》中得到了详尽的探讨。

# 五、为什么说马克思主义是当代
# 中国振兴的指导思想

有人提出：中国共产党人在"文化大革命"前曾经成功地把马克思主义与中国革命实际相结合，使中国的革命和建设都取得了胜利，如今要实现中华民族振兴，建设社会主义强国，还有没有必要把马克思主义与中国的社会主义建设实际相结合？应该如何相结合？毋庸置疑，我们的回答是肯定的。要实现中华民族振兴，建设社会主义强国，不但要自觉地把马克思主义与中国的社会主义建设实际结合起来，而且要认真总结以往的经验教训，把结合工作做得更好，更出色。为了从理论上全面地回答这个问题，我们将从以下三个方面来论证这一结合的前提、灵魂和方法。

1. 前提：努力把握马克思主义的基本理论

要把马克思主义与中国的社会主义建设的实际紧密结合起来，首先要搞清楚，马克思主义学说的基本理论是什么。《在马克思墓前的讲话》中，恩格斯告诉我们："正像达尔文发现有机界的发展规律一样，马克思发现了人类历史的发展规律，即历来为繁芜丛杂的意识形态所掩盖着的一个简单事实：人们首先必须吃、喝、住、穿，然后才能从事政治、科学、艺术、宗教等等；所以，直接的物质的生活资料的生产，从而一个民族或一个时代的一定的经济发展阶段，便构成基础，人们的国家设施、法的观点、艺术以至宗教观念，就是从这个基础上发展起来的，因而，也必须由这个基础来解释，而不是像过去那样做得相反。"①显而易见，按照恩格斯的观点，历史唯物主义理论就是马克思主义的基本理论。正是这个理论给予我们观察、思考任何社会问题的基本立场和出发

---

① 《马克思恩格斯选集》第 3 卷，人民出版社 1995 年版，第 776 页。

点。如果用通俗的话来说，就是：人类首先要生存在这个世界上，而生存在这个世界上需要物质生活资料，因此人类的第一个历史活动就是从事物质生活资料的生产。一般说来，人类只有在自己的生存和安全得到确保的情况下，才可能去从事其他的活动。历史唯物主义理论在当代美国心理学家马斯洛（Abraham Harold Maslow，1908—1970）提出的"需求层次论"（the theory of hierarchy of needs）上也得到了充分的印证。按照马斯洛的这一理论，在通常的情况下，人有以下五个层次的需求：吃东西活着、安全、性和繁衍后代、得到他人的尊重、自我实现。这里所说的"吃东西活着"和"安全"与恩格斯上面说的"吃、喝、住、穿"意思非常接近。如果用日常用语来表达，就是所谓"民生问题"。它启示我们，在任何社会形式中都存在着民生问题，而民生问题始终是任何社会都不得不面对的基本问题。在社会主义建设时期，我们在把握历史唯物主义这一基本理论时特别要注意以下三点。

第一，社会主义的首要任务是发展生产力。马克思主义经典作家认为，贫穷并不是社会主义。恰恰相反，社会主义制度的建立为人们以合法的方式追求自己心目中的幸福生活打开广阔的空间，因而在社会主义建设中，始终应该把解放和发展生产力放在基础性的位置上，以满足人民群众日益丰富的物质和文化生活上的需求。邓小平非常深刻地领悟了历史唯物主义的这一基本道理，他告诉我们："马克思主义的基本原则就是要发展生产力。马克思主义的最高目的就是要实现共产主义，而共产主义是建立在生产力高度发展的基础上的。社会主义是共产主义的第一阶段，是一个很长的历史阶段。社会主义的首要任务是发展生产力，逐步提高人民的物质和文化生活水平。"①而发展生产力又需要努力做好以下两个方面的工作：一是改革开放，即学习世界文明中一切先进的、合理的东西，破除束缚生产力发展的生产关系和体制；二是维护国际和平，从而为社会主义建设事业的顺利进行创造良好的环境。

---

① 《邓小平文选》第 3 卷，人民出版社 1993 年版，第 116 页。

第二，重视社会主义民主政治制度的建设。如前所述，从事社会主义建设首先要解决好民生问题，但这并不等于说，我们可以忽视社会主义民主政治的建设。事实上，马克思早已告诫我们，政治是经济的集中表现，重大的经济问题同时也是政治问题。只有积极慎重地推进政治体制的改革，健全和完善社会主义民主政治制度，才能最大限度把生产力解放出来。正如邓小平所指出的："现在经济体制改革每前进一步，都深深感到政治体制改革的必要性。不改革政治体制，就不能保障经济体制改革的成果，不能使经济体制改革继续前进，就会阻碍生产力的发展"①。无数历史经验，尤其是"文化大革命"的经验告诉我们，没有民主，就没有社会主义。当然，政治体制的改革、民主政治的完善必须以社会的稳定为前提。

第三，重视文化建设，形成社会主义核心体系。中国有 56 个民族，13 亿人口，差不多占全世界人口的五分之一。如何从价值观念上把全中国人民的思想凝聚起来，使社会主义建设事业沿着健康的轨道向前发展，具有十分重要的意义。一方面，要批判地继承中国传统文化；另一方面，也要批判地借鉴国外一切有价值的思想文化遗产。十七届六中全会关于文化问题的决议充分体现出建设社会主义核心价值体系的重要性和必要性。

2. 灵魂：注重具体问题分析

在把马克思主义的基本理论与中国社会的具体国情结合起来的过程中，既要克服教条主义、本本主义的错误观念，注重实地考察和调查，努力从实际出发，实事求是，把理论与实际紧密结合起来；又要克服机会主义、实用主义的错误观念，注重对马克思主义基本理论的学习和领悟，确立思想的高度，学习从长远利益和根本利益出发来观察问题和处理问题。这就需要我们牢牢地记住下面这个真理，即具体问题具体分析是马克思主义的活的灵魂。

---

① 《邓小平文选》第 3 卷，人民出版社 1993 年版，第 176 页。

第一，革命时期和建设时期。回顾 20 世纪 50 年代后期到"文化大革命"结束这个历史发展阶段，一个不可忽视的经验教训是，晚年毛泽东没有对新民主主义革命时期和社会主义建设时期工作重心上的差异作出具体的分析，而是简单地把革命时期的工作重心"以阶级斗争为纲"搬用到建设时期中，从而导致了阶级斗争扩大化的一系列严重后果。直到邓小平主持的 1978 年的党的十一届三中全会上，才把"以经济建设为中心"确定为建设时期的工作重心，从而使中国社会主义建设事业走上了健康发展的道路。

第二，"左"的干扰和右的干扰。众所周知，无论是在新民主主义革命时期，还是在社会主义建设时期，始终存在着来自"左"、右两个不同方向的错误倾向的干扰。正如邓小平告诫我们的："搞社会主义，搞四个现代化，有'左'的干扰。我们党的十一届三中全会以来，着重反对'左'，因为我们过去的错误就在于'左'。但是也有右的干扰。所谓右的干扰，就是要全盘西化，不是坚持社会主义，而是把中国引导到资本主义。"①邓小平的这段重要论述为社会主义建设时期的反倾向斗争指明了方向。当然，究竟是反"左"，还是反右，不能抽象地加以谈论，必须坚持具体问题具体分析的正确态度。

第三，改革开放和社会稳定。一方面，历史和实践都表明，社会主义建设事业要取得成功，就必须对一切不适合生产力发展的体制进行彻底的改革，同时认真地学习并吸收世界文化中一切有价值的东西。在《青年团的任务》一文中，列宁曾经指出："只有了解人类创造的一切财富以丰富自己的头脑，才能成为共产主义者。"②列宁尖锐地批评了当时俄国的"无产阶级文化派"，这一派的代表人物试图把无产阶级文化与传统的文化割裂开来并尖锐地对立起来。在列宁看来，这无异于宣扬虚无主义的观点。实际上，无产阶级文化应该具有海纳百川式的博大胸怀，

①　《邓小平文选》第 3 卷，人民出版社 1993 年版，第 225 页。
②　《列宁选集》第 4 卷，人民出版社 1995 年版，第 285 页。

继承并改造人类历史上一切优秀的思想文化遗产。当然，必须注意到，当我们积极地推进改革开放时，也应该对改革开放的程序、范围和限度作出具体的分析。尤其是要认识到，只有确保社会稳定，改革开放才能有序地展开。历史经验一再提醒我们，如果社会的稳定成了问题，社会主义建设事业就可能被中断，严重的无政府主义状态甚至会导致中国社会的解体。当然，我们也必须认识到，"稳定"并不等于鸦雀无声，否则这个社会的承受能力就太差了。总之，我们必须对每一发展阶段上改革开放与社会稳定关系的适度性作出具体分析，以确保社会主义建设事业稳步向前发展。

3. 方法：如何辩证地处理好当前一些重大关系

正如马克思所指出的，辩证法就其本性来说，是批判的、革命的，它不仅为中国的新民主主义革命提供了重要的方法论原则，也为社会主义建设提供了方法论上的启示。毋庸置疑，努力掌握辩证法，会使我们避免前进道路上可能出现的种种障碍。我们认为，在社会主义建设的过程中，辩证地处理好以下三组关系，具有十分重要的意义。

第一，社会主义社会发展的客观规律与人们的主观能动性之间的关系。无数历史教训，尤其是"大跃进"的教训启示我们，辩证地看待这一关系至关重要。在社会主义建设事业中，人民群众焕发出极大的能动性。不用说，这种能动性是极其可贵的，但它同时也带有自己的盲目性，必须积极地谨慎地加以引导。在"大跃进"时，人们曾经提出了"人有多大胆，地有多大产""不是做不到，而是想不到"等豪言壮语。作为领导者，在这样的氛围中决不能头脑发热，而应该清醒地意识到隐藏在这些豪言壮语背后的小资产阶级的狂热性，历史唯物主义教导我们，社会历史的发展是服从客观规律的，决不能用主观意志上的任意性和狂热性去取代社会发展的客观规律。事实上，"大跃进"之所以失败，是因为当时的许多做法都违背了客观规律。比如，人们根据常识就能明白，水稻亩产不可能达到十万斤，但当时的报纸上的大幅标题就是这么写的。各地都争先恐后地"放卫星"，结果只能是弄虚作假，给社会主义建设事业造成严重的危害。我们一定要认真吸取这样的教训。一方面，应该调动一切积极性和主观能动性来推进社会主义建设；另一方面，又必须把这种积极性和主观能动性安放到客观规律的基础上，使它们以合理的方式发挥自己的作用。

第二，追求社会正义与提高发展效率之间的关系。毋庸置疑，加快发展速度、提高发展效率，是所有追求现代化国家的奋斗目标。在市场化导向的、竞争激烈的社会中，时间就是金钱，效率就是利润。换言之，效率不高的经济社会活动必然处于被淘汰的范围内。然而，在片面追求效率的发展模式中，贫富差异会变得越来越严重，直到对社会关系的安全产生严重的威胁。实际上，这种对效率的片面追求，既不应该成为现代化的奋斗目标，也不应该成为社会主义建设的伴生物。历史和实践都表明，现代社会的良性发展是无法撇开正义理念的。当代美国哲学家罗尔斯(John Rawls，1921—2002)甚至把正义理解并阐释为现代社会的"价值的价值"，认为在任何情况下政府都不应该借口"国家利益"而违背正义。在正义所涉及的范围内，分配正义具有基础性的地位和作用，因为正义就其通常的含义来说，就是一个人得到的东西与他付出的东西是相称的。罗尔斯强调的正义的两个原则中的所谓"差异性原则"，即在某些情况下，政府不得不采取有损于一部分民众利益的政策时，弱势群体遭受的损失应该是最少的。其实，这条重要的原则也间接地关涉到分配正义的问题。我们认为，在正义与效率的关系上，应该始终把正义放在首位，因为这是一个社会、一个政府得以自立的根本原则。也就是说，只能在正义的基础上去追求提高效率，而决不能把这种关系颠倒过来。否则，整个社会的精神就会被破坏，从而导致灾难性的后果。与其他社会形式不同，社会主义社会更应该自觉地把正义放在全部价值观念的首位。事实上，只要正义的原则在社会生活中获得了普遍的主导性的意义，这个社会的发展效率也自然而然会被提高。

第三，民族文化认同与自由个性的关系。人所共知，自由是现代社会追求的基本价值之一，也是马克思追求的共产主义社会的根本理想，他甚至把"建立在个人全面发展和他们共同的社会生产能力成为他们的社会财富这一基础上的自由个性"①理解为共产主义社会的根本标志。然而，我们必须看到，中国是一个发展中的国家。自近代以来，由于西方列强和东邻的入侵，中国一直处于半殖民地的状态下。于是，民族救亡运动成了近代中国社会的主旋律，而救亡总是诉诸集体活动，这样一来，以自由个性为追求目标的启蒙运动就始终处于边缘状态下。事实上，马克思关于共产主义社会的理想既源于启蒙精神，又高于启蒙精神。在这个意义上，不自觉地接收启蒙的熏陶，也就是等于放弃了共产主义的理想。我们已处于经济全球化的时代，正在把整个地球变成一个村落。在这种情形下，民族文化精神上的认同就变得越来越重要。事实上，一旦失去这种认同，中国人就会在精神上处于飘荡无根的状态下，就像尼采描绘的"无家可归"状态。在中国社会未来的发展中，民族文化认同具有非同寻常的重要性。乍看起来，既要追求自由个性，又要追求民族文化认同，似乎是矛盾的。其实，完美的理想状态恰恰体现为两者的辩证统一。

---

① 《马克思恩格斯全集》第 46 卷(上)，人民出版社 1979 年版，第 104 页。

# 附　录

## 1986年

# 中国和第三世界[①]

## 一、革命的策略

　　毛泽东的观点未能被党很好接受的原因之一是来自莫斯科的压力，莫斯科要求保持同国民党的联盟，因为过多的农村动荡将危及国民党。然而，蒋介石已经趋向右派，如果需要的话，他将不惜牺牲同共产党人的联盟以求得大商业界的支持。当共产党人在上海（中国产业工人的最大中心）组织了一个成功的起义时，蒋介石无情地反戈一击。成百上千的共产党员被屠杀，整个党遭到取缔。尽管（遭受了）这次巨大的灾难，斯大林由于害怕失去国民党的支持，仍然想和已经同蒋介石分裂的国民党左派领袖合作，而这就意味着限制农民的革命运动。

　　共产国际曾迫使中国共产党追随斯大林在1927年到1928年所提出的不一贯的政策，这一政策包括同国民党的机会主义的联盟，也包括旨在表明1926年到1927年的行动并不是一个失败

---

　　① 此文为戴维·麦克莱伦著，由吴晓明、俞吾金摘译自《马克思以后的马克思主义》（波士顿·米夫林公司1981年英文版）第四部分。（David Mclellan, *Marxism after Marx an Introduction*, Part 4, Boston: Houghton Mifflin Co, 1981.——编者注），载《毛泽东邓小平理论研究》，1986年第2期。——编者注

的持续不断的武装起义。在这些可以预料其失败的武装起义之后，毛泽东把共产党的剩余部队撤退到位于湖南东部边界的偏僻的井冈山山区。在那里，尽管党的中央委员会对土地改革还有某种怀疑，但他毕竟可以实践这方面的一些观点。

在1927年的《湖南农业运动考察报告》中，毛泽东还没有提出关于土地改革的具体意见，但他在其他文献中所表达的观点却是非常激进的，把所有的土地所有者都划为敌人，甚至处死了其中的一些人。但对中央委员会来说，这样还不够。无论如何，当时共产主义者的军事控制是软弱的，而来自农民的反对是强烈的，而对于军队来说，不招怨于他们是至关重要的。所以在1929年4月，当共产主义的根据地从井冈山转移到更适宜的赣南地区时，毛泽东改变了他的只没收地主财产的政策，而根据家庭人员的多少重新分配这些财产。当共产主义者的力量增长，江西省苏维埃在1930年2月建立起来时，甚至允许富农保留他们的土地。

在这个阶段，社会和经济的改革都旨在促进军队的复兴。正是红军力量的保存和兴旺最终保证了毛泽东的观点在党内的胜利。20世纪20年代后期，毛泽东并不全然相信中央委员会关于城市无产阶级领导权的观点，在中央委员会的一些同志看来，党员应当无例外地是农民或无产阶级，他们对全力出击的斗争比根据地的逐渐扩展远为担心。然而，毛泽东由于地处偏僻而没有受到过多的干扰。1929年，随着武装起义的失败，以李立三为首的中央委员会由于仍然期望城市成为革命的策源地，因而命令毛泽东分散他的力量，红军只要在农村中准备群众以支持无产阶级就行了。按照李立三的观点，城市是统治阶级的头脑和心脏，而乡村不过是四肢。因此，说"农村包围城市"或"依靠红军夺取城市是完全荒谬的"。[1] 然而，根据周恩来的说法，毛泽东却认真地看待了这

---

[1] 转引自[德]B. 施瓦茨：《中国共产主义和毛的兴起》(Benjamin Schwartz, *Chinese Communism and the Rise of Mao*, Cambridge：Harvard University Press，1951，p. 139.——编者注)。

一事实：无产阶级在党内的比率已经由 1926 年的大约三分之二下降到 1929 年的百分之三。毛泽东争辩说，中国是一个帝国主义列强正在争夺的半殖民地国家，其后果是各革命阶级陷入内部纷争，这就意味着苏联的革命模式是不适合的。因此，"单纯的流动游击政策，不能完成促进全国革命高潮的任务，而朱德、毛泽东、方志敏式之有根据地的，有计划地建设政权的，深入土地革命的，扩大人民武装的路线是经由乡赤卫队、区赤卫大队、县赤卫总队、地方红军直至正规红军这样一套办法的，政权发展是波浪式地向前扩大的，等等的政策，无疑义地是正确的"①。

1929 年秋季，莫斯科关于世界革命的政策更加紧迫，并催促中国党对主要的城市中心发起进攻。毛泽东可能是被动地参加了。这些进攻失败之后，党中央委员会比以前更厉害地处于莫斯科的控制下，从半地下状态的上海转移到较为安全的江西根据地后，它同毛泽东之间无论是在无产阶级领导权问题上，还是在军队事务上的分歧变得尖锐了。毛泽东汲取了中国的古典的传统，他宣称，"我们的战略是'以一当十'，我们的战术是'以十当一'"②。在已经变得非常权威的那些章节中，毛泽东把他们的战术概括如下："'分兵以发动群众，集中以应付敌人。''敌进我退，敌驻我扰，敌疲我打，敌退我追。''固定区域的割据，用波浪式的推进政策。强敌跟追，用盘旋式的打圈子政策。''很短的时间，很好的方法，发动很大的群众。'这种战术正如打网，要随时打开，又要随时收拢。打开以争取群众，收拢以应付敌人。三年以来，都是用的这种战术。"③

然而，对于中央委员会来说，诱敌深入于共产主义地区以便包围它的政策是过于保守了。20 世纪 30 年代前期，毛泽东的战术在击败国民党的围剿中被证明是成功的。但是，在 1933 年的第五次围剿时，随着

---

① 《毛泽东选集》第 1 卷，人民出版社 1991 年版，第 98 页。
② 《毛泽东选集》第 1 卷，人民出版社 1991 年版，第 225 页。
③ 《毛泽东选集》第 1 卷，人民出版社 1991 年版，第 104 页。

毛泽东在日益斯大林化的党内失去影响，正面打击国民党的政策招致了惨败。国民党已经用碉堡包围了共产主义地区，对于红军来说，唯一可走的道路就是突围出去，到别处寻找避难所。1934 年，他们这样做了，12 个月艰苦跋涉了六千里，越过了最困难的地带，终于在中国西北部的延安找到了安全的根据地。正是在长征时期，在 1935 年 3 月的遵义会议上，毛泽东成了党的无可争议的领袖。

1935 年到 1949 年，是共产主义力量稳步扩张的时期，先是同国民党建立反对日本侵略者的统一战线，尔后是反对国民党本身的内战。在延安根据地，实行了温和的土地政策：地租被限制在产品的三分之一以内不没收土地，鼓励开荒以帮助共产党人在食物方面基本上达到自给自足；减少政府的财政需求，军队和党的官员参加农作和其它生产活动。共产主义飞地的备战需要意味着比过去更重视军队。

"每个共产党员都应懂得这个真理：'枪杆子里面出政权'。我们的原则是党指挥枪，而决不容许枪指挥党。但是有了枪确实又可以造党，八路军在华北就造了一个大党。还可以造干部，造学校，造文化，造民众运动。延安的一切就是枪杆子造出来的。枪杆子里面出一切东西。"①

长征部分地表明是一次反日的远征，共产党人由于被视为日本侵略者的最坚定的反对者而赢得了许多支持者。莫斯科(的压力)和日本的侵略迫使共产党人同国民党合作，这种合作从来都不是非常可靠的，双方都意识到，最后的内战是不可避免的。

在 1940 年的《新民主主义论》中，毛泽东概括地阐述了关于革命前途的观点。这篇文章坚持了列宁主义的学说，这是被斯大林主义的人民阵线特别强调的 1935 年以后第三国际的政策。毛泽东当时提到了革命的阶段，认为资产阶级民主革命是先于社会主义革命的："中国革命的历史进程，必须分为两步，其第一步是民主主义的革命，其第二步是社

---

① 《毛泽东选集》第 2 卷，人民出版社 1991 年版，第 547 页。

会主义的革命，这是性质不同的两个革命过程。"①但是，这种民主主义不是旧式的民主主义，是一种新民主主义。"而在革命的阵线上说来，则属于世界无产阶级社会主义革命的一部分了。"②由于帝国主义这一现象，作为世界革命一部分的中国革命成了一个社会主义革命，因此，中国革命尽管是资产阶级的，却能够在无产阶级的领导之下进行。

毛泽东超出了列宁关于某一个革命阶级专政的论述，他试图从整体上强调中国人民革命的特点。对这一革命的资产阶级性质的强调迎合了那些对社会主义并不怀有热情的农民。

同时，面临来自国民党的强大压力，以及随着共产主义地区的扩大和党员人数的增加，毛泽东打算加强和整顿党。1942年的整风运动这样做了。毛泽东特别关注的是，党不应当是外国模式，尤其是苏联模式的简单的翻版。他指出成为伟大中华民族的一部分而和这个民族血肉相联的共产党员，离开中国特点来谈马克思主义，只是抽象的空洞的马克思主义。因此，使马克思主义在中国具体化，使之在其每一表现中带着必须有的中国的特性。

# 二、毛泽东的哲学

同时，毛泽东致力于给党一个哲学基础，他写了题为《实践论》和《矛盾论》两篇论文。在第一篇论文中，毛泽东强调指出："首先，马克思主义者认为人类的生产活动是最基本的实践活动，是决定其他一切活动的东西。"③此外，"尤以各种形式的阶级斗争，给予人的认识发展以深刻的影响。在阶级社会中，每一个人都在一定的阶级地位中生活，各

---

① 《毛泽东选集》第 2 卷，人民出版社 1991 年版，第 665 页。
② 《毛泽东选集》第 2 卷，人民出版社 1991 年版，第 667 页。
③ 《毛泽东选集》第 1 卷，人民出版社 1991 年版，第 282 页。

种思想无不打上阶级的烙印"①。毛泽东继续了以卢卡奇、葛兰西和晚期列宁为典范的马克思主义传统。对马克思来说，强调理论与实践相结合是根本性的，可是考茨基、早期列宁和斯大林却并非如此。《实践论》把《关于费尔巴哈的提纲》同一种粗浅的、归纳的、自然科学的方法密切结合起来，否认马克思主义有任何本体论的基础或内在的形而上学。这同毛泽东自己对书本知识和教条主义的厌恶是非常一致的，也同他力图在理论上证明自己的政策的愿望是非常一致的。延安的政权尽管按共产主义的规范来说是非正统的，但它在实践上的成功正是其本身的证明。因为马克思主义的辩证唯物主义哲学强调理论对于实践的依赖关系，"理论的基础是实践，又转过来为实践服务。判定认识或理论之是否真理，不是依主观上觉得如何而定，而是依客观上社会实践的结果如何而定"②。

在《矛盾论》中，毛泽东首先把流行的思想派别划分为"形而上学的或庸俗进化论的宇宙观"。它用"孤立的，静止的和片面的观点去看事物"，并"简单地从事物外部去找发展的原因"。与此相反的是"唯物辩证法的宇宙观"，它"主张从事物的内部、从一事物对他事物的关系去研究事物的发展，即把事物的发展看做是事物内部的必然的自己的运动，而每一事物的运动都和它的周围其他事物互相联系着和互相影响着。事物发展的根本原因，不是在事物的外部而是在事物的内部，在于事物内部的矛盾性"③。

与《实践论》中反对有关所有存在物的本质的说法相似，称矛盾是普遍的，它"存在于一切事物的发展过程中……每一事物的发展过程中存在着自始至终的矛盾运动"④。这种观点非常接近于建立一种本体论原则。毛泽东批判了德波林和他的学派主张矛盾并不出现在过程的开端，

---

① 《毛泽东选集》第 1 卷，人民出版社 1991 年版，第 283 页。
② 《毛泽东选集》第 1 卷，人民出版社 1991 年版，第 284 页。
③ 《毛泽东选集》第 1 卷，人民出版社 1991 年版，第 301 页。
④ 《毛泽东选集》第 1 卷，人民出版社 1991 年版，第 305 页。

而仅仅出现在其发展的某一阶段上的观点。

但同矛盾的普遍性相比较，毛泽东更重视的是矛盾的特殊性。教条主义者"不了解诸种革命情况的区别，因而也不了解应当用不同的方法去解决不同的矛盾，而只是千篇一律地使用一种自以为不可改变的公式到处硬套，这就只能使革命遭受挫折，或者将本来做得好的事情弄得很坏"①。不同的矛盾需要用不同的方法来解决。毛泽东特别愿意分析他称之为主要矛盾和矛盾的主要方面的东西，他写道："在复杂的事物的发展过程中，有许多的矛盾存在，其中必有一种是主要的矛盾，由于它的存在和发展规定或影响着其他矛盾的存在和发展。"②对于当时的政策说来，这段话的含义是显而易见的：抗日战争是主要矛盾，而反对国民党的斗争则暂时成为第二位的矛盾。就历史唯物主义的一般原理说来，毛泽东的观点导致了一种对于政治和文化的上层建筑因素的潜在的重视，他在后面充分地探讨了这个问题，他写道："生产力、实践、经济基础，一般地表现为主要的决定的作用，谁不承认这一点，谁就不是唯物论者。然而，生产关系、理论、上层建筑这些方面，在一定条件之下，又转过来表现其为主要的决定的作用，这也是必须承认的。当着不变更生产关系，生产力就不能发展的时候，生产关系的变更就起了主要的决定的作用……当着政治文化等等上层建筑阻碍着经济基础的发展的时候，对于政治上和文化上的革新就成为主要的决定的东西了。"③

毛泽东的最后一个观点是，任何矛盾中的要素不仅是相互补充的——相互成为对方存在的必要条件——而且在它们自身的相互转化中是同一的。战争转化为和平，或者特别是，"被统治的无产阶级经过革命转化为统治者，原来是统治者的资产阶级却转化为被统治者，转化到对方原来所占的地位"④。结论是，"矛盾的斗争贯串于过程的始终，并

---

① 《毛泽东选集》第1卷，人民出版社1991年版，第311页。
② 《毛泽东选集》第1卷，人民出版社1991年版，第320页。
③ 《毛泽东选集》第1卷，人民出版社1991年版，第325—326页。
④ 《毛泽东选集》第1卷，人民出版社1991年版，第328—329页。

使一过程向着他过程转化，矛盾的斗争无所不在，所以说矛盾的斗争性是无条件的、绝对的"①。

# 三、阶级和矛盾

在 1945 年党的第七次代表大会上，毛泽东作了题为《论联合政府》的报告，指出："只有经过民主主义，才能达到社会主义，这是马克思主义的天经地义。而在中国，为民主主义奋斗的时间还是长期的……没有一个由共产党领导的新式的资产阶级性质的彻底的民主革命，要想在殖民地半殖民地半封建的废墟上建立起社会主义社会来，那只是完全的空想。"②然而，在 1953 年第一个五年计划开始时，毛泽东说过，向社会主义的过渡实际上在 1949 年已经开始了。但这是否意味着阶级已经消灭了呢？回答是：在过渡时期，阶级斗争将继续存在，不过向社会主义的过渡可能是和平的，因为资产阶级与农民和无产阶级的矛盾是，或者至少可能是非对抗性的。的确，资产阶级经常被肯定为是欢迎社会主义的。1937 年的论文《矛盾论》坚持主张，由于矛盾是无所不在的，所以即使是社会主义，也将存在着矛盾。但是，这个观点只是在毛泽东 1957 年的题为《关于正确处理人民内部矛盾的问题》的文章中得到了认真的发挥。毛泽东在这篇文章中指出，中国已经取得了社会主义的胜利，社会主义正在建设的过程中，但是矛盾——敌我矛盾和人民内部矛盾还将存在。敌人由各种反对社会主义革命的社会力量和集团所组成。敌我矛盾是对抗性的。而人民内部矛盾则是各种各样的："在我国现在的条件下，所谓人民内部的矛盾，包括工人阶级内部的矛盾，农民阶级内部的矛盾，知识分子内部的矛盾，工农两个阶级之间的矛盾，工人、农民同知

---

① 《毛泽东选集》第 1 卷，人民出版社 1991 年版，第 333 页。
② 《毛泽东选集》第 3 卷，人民出版社 1991 年版，第 1060 页。

识分子之间的矛盾，工人阶级和其他劳动人民同民族资产阶级之间的矛盾，民族资产阶级内部的矛盾，等等。我们的人民政府是真正代表人民利益的政府，是为人民服务的政府，但是它同人民群众之间也有一定的矛盾。这种矛盾包括国家利益、集体利益同个人利益之间的矛盾，民主同集中的矛盾，领导同被领导之间的矛盾，国家机关某些工作人员的官僚主义作风同群众之间的矛盾。这种矛盾也是人民内部的一个矛盾。"[1]
"工人阶级和民族资产阶级之间存在着剥削和被剥削的矛盾，这本来是对抗性的矛盾。但是在我国的具体条件下，这两个阶级的对抗性的矛盾如果处理得当，可以转变为非对抗性的矛盾，可以用和平的方法解决这个矛盾。"[2]

---

[1] 中国人民大学哲学系编：《毛泽东哲学著作学习文件汇编》(下册)，中国人民大学出版社 1958 年版，第 1262 页。

[2] 中国人民大学哲学系编：《毛泽东哲学著作学习文件汇编》(下册)，中国人民大学出版社 1958 年版，第 1263 页。

# 编者说明

（一）本卷收录了俞吾金先生 1985 年至 2014 年发表的马克思主义中国化研究方面的著述，包括 2 部著作（《科学发展观》和《穿越问题域——科学发展观重大理论问题探要》），以及 32 篇相关文章。本卷另收入吴晓明先生和俞吾金先生合译的 1 篇译文作为本卷附录。

（二）各篇文章的版本选择，以完整性和修改时间为标准。即：如不同版本差别较大，则收录内容最完整的版本；如各版本主体内容大致一致，不过有小的差别，则收录时间上靠后的修订版本；如各版本基本相同，则收录最初发表的版本。

（三）各篇文章的格式按照《俞吾金全集》的统一体例进行了相应调整。

（四）各篇文章的版本信息以及注释等方面的调整，都以编者注的形式予以标注。编者对原文文字进行了校订。

（五）本卷由张雪魁、胡云峰编校。

《俞吾金全集》编委会

2022 年 2 月

**图书在版编目（CIP）数据**

马克思主义中国化研究文集/俞吾金著 . —北京：北京师范大学
出版社，2024.9
（俞吾金全集）
ISBN 978-7-303-29580-7

Ⅰ.①马… Ⅱ.①俞… Ⅲ.①马克思主义－发展－研究－中国
Ⅳ.①D61

中国国家版本馆 CIP 数据核字（2023）第 225928 号

营 销 中 心 电 话　010-58805385
北 京 师 范 大 学 出 版 社
主题出版与重大项目策划部

MAKESI ZHUYI ZHONGGUOHUA YANJIU WENJI
出版发行：北京师范大学出版社　www. bnupg. com
　　　　　北京市西城区新街口外大街 12-3 号
　　　　　邮政编码：100088
印　　刷：北京盛通印刷股份有限公司
经　　销：全国新华书店
开　　本：730 mm×980 mm　1/16
印　　张：29
字　　数：428 千字
版　　次：2024 年 9 月第 1 版
印　　次：2024 年 9 月第 1 次印刷
定　　价：128.00 元

策划编辑：祁传华　　　　　　　责任编辑：郭　瑜
美术编辑：王齐云　　　　　　　装帧设计：王齐云
责任校对：段立超　陶　涛　　　责任印制：马　洁　赵　龙